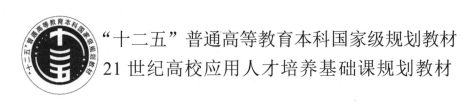

"十二五"普通高等教育本科国家级规划教材

21世纪高校应用人才培养基础课规划教材

大学生职业生涯规划与就业指导

（第二版）

赵麟斌　主　编

李秋斌　洪建设　陈一收　副主编

内 容 简 介

本书内容主要包括：就业与就业指导、就业观念、就业心理、职业与职业道德、职业生涯规划、就业市场与就业方式、就业综合素质、就业技巧、就业制度与政策、就业信息与程序、就业法律等。

本书从实用的角度出发，由具有多年大学生就业指导工作经验的一线优秀教师编写，内容丰富，结构清晰，概念清楚明确，并配有大量阅读材料和实例说明，适合高等院校作为大学生就业指导课程的教材。

图书在版编目(CIP)数据

大学生职业生涯规划与就业指导（第二版）/赵麟斌主编. —北京：北京大学出版社，2011.8
（21世纪全国高校应用人才培养基础课规划教材）
ISBN 978-7-301-19426-3

Ⅰ.①大… Ⅱ.①赵… Ⅲ.大学生—职业选择—高等学校—教材 Ⅳ.①G647.38

中国版本图书馆CIP数据核字（2011）第172248号

书　　　　名：	大学生职业生涯规划与就业指导（第二版）
著作责任者：	赵麟斌　主编
责 任 编 辑：	吴坤娟
标 准 书 号：	ISBN 978-7-301-19426-3/G・3208
出　版　者：	北京大学出版社
地　　　址：	北京市海淀区成府路205号　100871
网　　　址：	http://www.pup.cn
电　　　话：	邮购部 010-62752015　发行部 010-62750672　编辑部 010-62756923　出版部 10-62754962
电 子 邮 箱：	编辑部 zyjy@pup.cn　总编室 zpup@pup.cn
印　刷　者：	三河市北燕印装有限公司
发　行　者：	北京大学出版社
经　销　者：	新华书店
	787毫米×980毫米　16开本　18.5印张　387千字
	2008年8月第1版
	2011年8月第2版　2025年6月第25次印刷
定　　　价：	49.00元

未经许可，不得以任何方式复制或抄袭本书之部分或全部内容。
版权所有，侵权必究
举报电话：010-62752024；电子邮箱：fd@pup.cn

给大学生就业创业以更多的关心和帮助

我长期在人事部门工作,由于直接联系高校毕业生就业,因此深有感触,更怀有特殊的感情。

就业是民生之本,毕业生就业工作更要坚持以人为本。高校毕业生作为智力型的人力资源,作为人才队伍的主要增量来源,实现其充分就业,关系到毕业生的生存与发展,关系到毕业生个人价值和社会价值的实现,关系到和谐社会建设的有序推进,关系到改革发展稳定的大局,关系到人才强国战略的实施,关系到科学发展观的贯彻落实。

毕业生就业工作要适应形势的发展变化。近年来,随着人事制度和高等学校教育体制、招生制度改革的不断深入,大学毕业生的就业制度也随之发生了根本性的变化,逐步形成了由计划经济时代的统一分配到市场经济体制下的"市场导向,政府调控,学校推荐,学生与用人单位双向选择,中介提供服务"的新的就业模式,初步建立起新的大学毕业生就业工作的管理体制、工作机制和服务体系。制度的创新客观上要求大学毕业生应与时俱进,逐步树立与市场经济体制相适应的正确就业观,从思想观念上相应实现转变。而这些转变,都需要我们提供更多的指导和帮助。福建省在这方面进行了有益的探索,在全国率先实施了大学生职业能力提升计划,举办了全省大学生职业规划节活动,政府有关部门先后出台了支持鼓励高校毕业生自主创业有关优惠政策,高校和社会服务机构采取多种形式帮助毕业生自主创业,在很大程度上促进了毕业生充分就业和创业。在毕业生总量持续增长的情况下,每年高校毕业生就业率均达80%左右,中等职业学校毕业生就业率均超过90%。

同时,也要看到当前毕业生就业工作中的薄弱环节,如人才培养与市场需求相脱节的问题还没有很好解决,引导和鼓励毕业生面向基层就业的长效机制还有待完善,自主创业、灵活就业的支持政策落实还不够到位,政府部门的公共服务能力有待进一步提升,等等。福建省2008年高校和中等职业学校毕业生达34万多人,其中省内高校毕业生和省外高校福建生源毕业生将超过19万人,比去年增幅近20%,继续保持着毕业生总量大,整体就业形势趋紧的态势,加上往年未能就业的数万名毕业生,今年毕业生就业任务非常艰巨,毕业生就业难依然牵动着社会各界的神经。我们已探索并将继续采取一系列的措施去解决这一难题,其中很重要的一个环节就是要通过做好大学生职业生涯规划与就业指导,增强学生的综合素质,提高他们的就业竞争力,帮助他们在激烈的就业竞争中较为顺利地实现就业。

欣闻闽江学院副院长赵麟斌教授牵头，精心策划，多方论证，组织力量编写了《大学生职业生涯规划与就业指导》一书。该书紧密结合当前高校毕业生就业实际，积极回应严峻的就业挑战，以就业观念为红线，以职业生涯规划为起点，以就业技巧为主题，系统地阐述了大学生职业生涯规划与就业指导，这些理论和方法对于当代大学生今日的择业、就业、创业，将来的人生运筹，乃至生活的其他方方面面都具有较强的指导作用。一分耕耘，一分收获。赵麟斌教授长期从事高等教育管理和地方党政部门领导工作，在实践中积累了丰富的教学和管理经验，他为毕业生就业工作所做的探索和努力，无疑是值得我们学习的，他主持编撰的这本书值得从事高校就业指导工作的同志和课程教师参考。同时，我们也期待有更多的类似书籍和教材问世，希望更多的大学生能够从中获益，更好地实现自己的人生价值。

"路漫漫其修远兮，吾将上下而求索"。大学之"大"，学生之"学"，社会之"会"……无一不是时代的要求。只要设身处地地去考虑，我们就会发现，促进毕业生就业还有很多工作需要我们去努力。

谨以这些感念，与业内人士共勉。

2008 年 7 月

目 录

绪论 行进在就业的道路上 1
  一、大学生就业指导的基本蕴涵 1
  二、大学生就业指导的必要性 3
  三、大学生就业指导的学科体系 4

第一章 就业与就业指导 6
  第一节 就业与就业指导概述 6
    一、就业的内涵及意义 6
    二、职业及其特征 7
    三、就业指导的内涵与内容 8
  第二节 就业指导的历史沿革 10
    一、国外就业指导的发展轨迹 10
    二、当代失业问题治理及趋势 12
    三、我国大学生就业制度与就业指导的历史演变 14
  第三节 国外就业指导比较研究 17
    一、发达国家就业指导引介与评价 17
    二、国外先进指导经验对我国的有益启示 23
    回顾与反思 27

第二章 就业观念 29
  第一节 就业观念概述 29
  第二节 几种重要的就业观念 32
    一、职业平等观 32
    二、学历观 34
    三、能力观 37
  第三节 树立正确的就业观 39
    一、树立科学发展的就业观念 39
    二、树立先就业后择业的思想 39
    三、树立自主创业的新型理念 40
    四、树立面向基层服务社会的志向 41

　　　　　五、树立竞争性的就业思维 43
　　　　　六、破除精英观念，降低期望值 44
　　　　回顾与反思 45

第三章　就业心理 47

　　第一节　就业心理及误区 47
　　　　　一、现代大学生就业观 47
　　　　　二、现代大学生就业的心理特点 48
　　　　　三、当前大学生就业心理误区 49
　　第二节　大学生就业心理冲突与心理障碍 50
　　　　　一、大学生就业心理冲突 50
　　　　　二、大学生就业心理障碍 53
　　第三节　各类大学生就业心理指导 56
　　　　　一、树立正确就业心理观的途径 56
　　　　　二、女大学生就业指导 57
　　　　　三、生理缺陷学生的就业指导 59
　　　　　四、特长大学毕业生的就业指导 60
　　　　回顾与反思 63

第四章　职业与职业道德 64

　　第一节　职业分类及要求 64
　　　　　一、职业 64
　　　　　二、职业分类 65
　　　　　三、职业要求 68
　　第二节　职业测验和选择 71
　　　　　一、职业测验 71
　　　　　二、职业选择 74
　　第三节　职业道德的内容及其培养 78
　　　　　一、职业道德的含义 78
　　　　　二、职业道德的内容 79
　　　　　三、职业道德的培养 82
　　　　回顾与反思 86

第五章　职业生涯规划 87

　　第一节　职业生涯规划的概念与理论 87
　　　　　一、职业生涯规划的产生与发展概况 87

二、职业生涯规划的概念 87
　　三、影响职业生涯的因素 90
　　四、国外职业生涯理论评介 91
第二节　职业生涯规划的内容 94
　　一、职业生涯规划的分类 94
　　二、职业生涯规划的特征 95
　　三、职业生涯六大定律 97
　　四、职业生涯规划内容 98
第三节　职业生涯规划的决策方法 99
　　一、职业生涯规划基本方法 99
　　二、职业生涯规划基本步骤 101
　　三、职业生涯规划的目标设定 103
　　四、职业生涯规划修订 105
　　回顾与反思 108

第六章　就业市场与就业方式 109

第一节　就业市场 109
　　一、大学生就业市场的含义 109
　　二、大学生就业市场的特点 110
　　三、大学生就业市场的类型 111
　　四、大学生就业市场的现状与存在的问题 112
　　五、就业市场完善与发展的路子 115
第二节　就业方式 116
　　一、就业求职 116
　　二、报考公务员 117
　　三、自主创业 118
　　四、提高学历层次 119
　　五、志愿服务西部 121
　　六、"三支一扶"服务基层 122
　　七、选聘村官，投身农村 123
　　八、出国留学 124
　　九、参军入伍 124
　　十、选调生 125
　　回顾与反思 130

第七章　就业综合素质 131

第一节　就业综合素质的类型 131
　　一、就业综合素质的含义与特征 131

二、就业综合素质的基本构成 133
　第二节　就业综合素质的测评 137
　第三节　就业综合素质的炼就 156
　　一、思想道德素质的炼就 156
　　二、职业道德行为的养成 157
　　三、科学文化素质的储备 158
　　四、实践能力的培养 159
　回顾与反思 162

第八章　就业技巧 163

　第一节　自荐材料的准备 163
　　一、设计自荐材料的基本原则 163
　　二、简历 165
　　三、求职信 169
　　四、其他自荐材料 170
　第二节　笔试 171
　　一、笔试的种类 171
　　二、笔试的准备 173
　　三、笔试的题型与答题技巧 173
　第三节　面试 175
　　一、面试的种类 175
　　二、面试的内容 177
　　三、面试过程及其注意事项 178
　回顾与反思 185

第九章　就业制度与政策 186

　第一节　就业制度和就业政策概述 186
　　一、计划经济条件下"统包统分"的就业制度 186
　　二、改革开放后的大学生就业制度 187
　第二节　现行的就业制度和政策 191
　　一、我国现行的就业制度 191
　　二、现行就业方针和政策 194
　第三节　应对就业制度和政策变化的策略 195
　　一、高校毕业生就业形势分析 195
　　二、大学生就业前的准备工作 198
　回顾与反思 205

第十章　就业信息与程序 ... 206

第一节　就业信息的概念和特点 ... 206
一、就业信息的概念 ... 206
二、就业信息的特点 ... 207
三、就业信息的功效 ... 208

第二节　就业信息的分类和内容 ... 210
一、信息的内容 ... 210
二、信息的分类 ... 213

第三节　就业信息收集方法 ... 214

第四节　就业的基本程序 ... 220
回顾与反思 ... 225

第十一章　就业法律 ... 226

第一节　相关就业法律法规概览 ... 226
一、《劳动法》 ... 226
二、《劳动合同法》 ... 229
三、《就业促进法》 ... 230
四、《就业服务与就业管理规定》 ... 231
五、《公务员法》 ... 232
六、《劳动争议调解仲裁法》 ... 233

第二节　就业的侵权与维权 ... 234
一、当代大学生面临的就业困境 ... 234
二、大学生就业的合法权益 ... 237
三、大学生就业维权重在预防 ... 238

第三节　就业法律意识培养 ... 242
回顾与反思 ... 249

附录 ... 250

后记 ... 282

参考文献 ... 283

绪论　行进在就业的道路上

就业，对当代大学生来讲，是一个热门话题，几乎从踏入"象牙塔"的那一刻起，就业便成了大学生交流的高频词汇。综观新中国成立以来大学生就业改革之路，走的是一条从计划经济向市场经济转变的路子，那么在就业改革的道路上，高校应当作何为？而大学生应作何准备？诸如此类的问题，困扰着大学生的生活，成为大学生思考与思虑的焦点。焦虑与思索是行动的原动力。高校须以"原动力"做好分内之事，有效地指导学生就业，并逐步转化成指导性的"话语"。

一、大学生就业指导的基本蕴涵

1. **大学生就业指导重在"导"**。从现有资料上看，对于"就业指导"之类的书籍可谓汗牛充栋。但对"就业指导"本身含义的解释则凤毛麟角，因此在就业指导过程中，作为行为主体之一的高校应理清"就业指导"的概念。从本义上讲，就业指导的内涵之本质在于"导"，即就业指导重在"导"，强调的是一种引导和领导，而不是一种依赖、依靠或包办。当前大学生就业的新形势决定了大学生"等、靠、要"的思想是难以为继的，而只能是以"导"的方式，从信息、政策及心理等方面指引学生就业，这是就业技术层面上的"导"，这对于即将毕业的大学生适合。但是就业指导之"导"，并非仅仅指大学毕业生，而是大学的一个系统工程，贯穿于大学教育的始终，因为"临时抱佛脚"使得许多毕业生难以适应社会，未就业而先失业，因此"导"是一个系统工程，从大学入学之日起便是就业指导之时。这里应当指出的是，既然大一开始就准备就业，那么我们一心扑在就业问题上便可以了。实际上，这种思想是有百害而无一利的，就业指导之"导"追求的是一种渗透式的"导"，并非急功近利之"导"，大学伊始，更多的是一种长远准备。俗话说得好，机会永远都垂青有准备的人。但是基础不牢，地动山摇，缺乏人文社科基础知识，缺乏精深专业背景，即使有机会，也是属于他人的，与没准备的人擦肩而过。当前大学生就业过程中，常常听到类似"笑柄"：部分大学生自感"满腹经纶"而英雄无用武之地。殊不知，自我感觉是满腹经纶，仅仅是满腹草包，英雄无用武之地实际上并非是英雄。究其原因便是"地基"不牢靠，因此对大学生"导"，不单单是"立竿见影"的"导"，而是一种"静水潜流"的"导"。唯此，才能真正把握"导"之内涵，才能把握就业指导之内涵。

2. **大学生就业指导的研究对象**。任何一门学科固有其区别于其他学科的研究对象，这是学科得以存在的前提条件，如果缺乏或者混淆了研究对象，那么学科的独立性便不复存在，学科也不能成其为学科。与其他学科相似，对于"就业指导"这一学科，须先剖析研究对象，从总的来说，就业指导主要研究以下两个对象：

一是"就业"。这是大学生就业指导的核心问题，是牵动所有大学生的关键性问题。大学生的学习生活终究是要走向结束的，而与之紧密相联的便是大学生"就业"，因此，就业成为这一学科的第一个研究对象，缺失或忽视对"就业"的研究，那么其他的一切都将是"多余的"。二是"大学生"。这是大学生就业指导的第二个研究对象。除了研究"就业"之外，还需将"就业"与大学生有机结合起来，体现就业群体的特殊性。大学生作为社会特殊的就业群体，是接受过高等教育的，群体的特殊性成为就业研究的关键点，群体的就业期望值自然成为研究难点，因此研究过程中必须将二者结合起来，有的放矢地"指导"，缺乏"靶"的任何"箭"，其发射都是多此一举。这样，研究大学生就业指导须将"大学生"与"就业"同时作为对象，只有确定了研究对象，才能真正做到"导"，使"导"成为大学生就业的"导航"。任何忽视或忽略研究对象中的一个或两个，任何所谓大学生就业指导只能是一种"共性"的分析，而这种分析的多余性便是"显而易见"。

3. 大学生就业指导的研究方法。大学生就业指导的研究主要遵循以下三种方法。

一是理论研究与实证相结合的方法。理论研究是"导"，是具有根本性的"工具"，但就业指导不能只是纯粹的学理研究，这种深邃思维必须与实证相结合，才能真正地与大学生的实际相结合，否则研究将成为无本之木。二是中外比较研究的方法。比较研究是学界的基本研究方法，积极借鉴国外先进的"就业指导"经验，取其精华，去其糟粕，达到"洋为中用"的目的，同时借鉴中国古代的就业指导方法，中国古代尽管具体措施较少，但基本的指导性语言今天仍有其借鉴意义，即可谓"以史为镜，可以正衣冠"（《贞观政要》），古今中外皆为我用，则"导"不难矣。正如清代彭端淑所说："世有难亦乎，为之，则难者亦易矣；不为，则易者亦难矣"（《为学》）。三是中国化研究，研究遵循"中国化"路线。借鉴古今中外的经验仅仅是研究的开端，必须将精华不断地"镶入"中国土壤，彰显指导的现实性、科学性与价值性。一旦忽视研究中国大学生就业的实际，那所谓的"国际惯例"，则可能造成误导而非指导。

4. 大学生就业指导的历史—逻辑轨迹。国外就业指导的历史—逻辑轨迹。就业指导在国际上是一门新兴的学科，具有现代性特征的就业指导，萌芽于19世纪末20世纪初，以美国加州一所工艺学校推行专业指导为滥觞，此后，欧、日等国家和地区也重视就业指导，并开设相关课程，在借鉴这段历史之时，我们将之置于第一章"发达国家就业指导引介与评价"，并做详细介绍，读者亦可以从中探索国外的具体经验。总的说来，国外就业指导走的是一条"就业形势推动→进行就业指导→形成就业指导课程"的路子，实际上就是遵循"实践→理论→实践"的路子。

国内就业指导的历史—逻辑轨迹。我国就业指导最早可以追溯到《周礼》对行业进行"百工"式的分类,这是职业分类的开始,初见职业端倪,也"不自觉"地开始了就业指导,广大劳动人民根据自身的性质与实际情况(主要受出身、经济等条件制约)选择了自身的职业(总的说来,中国古代绝大多数人的是从事农业或与之相关的行业),"百工"式的就业指导仅仅是萌芽,长期的自给自足的自然经济使得就业的必要性和内在冲动减弱,农业成为绝大多数人的最"不自觉"但最经常的选择的职业。

具有现代性意义的就业指导始于 1916 年的清华大学指导学生就业,此后中国进入职业或就业指导新的历史时期,从历史发展轨迹可以看出,中国现代性的就业指导走的是一条"借鉴"的路子,但是新中国成立以来的就业路子则是与经济、政治体制相契合,彰显了国家经济与政治对就业巨大的影响作用。

二、大学生就业指导的必要性

就业指导是大学生就业走向的先导,是就业形势等诸多因素共同作用的必然结果,也是与国际接轨的必然趋势。总的说来,就业指导有其必要性,这是多元合力的必然结果。

1. **就业指导是提升大学生素质的"工具"**。就业指导从表面上看是以就业为"分内之事"(诚然这也是就业指导的第一要义),但就业指导的"导",要求全面发展学生的德、智、体等方面素质,以符合社会的需要。这样客观上使得大学生必须将外在压力转化为内在动力,从基础上夯实大学生的基本素养,提高综合素质,只有有效地夯实基础,才能真正符合就业指导新要求的素质结构,这样,就业指导便成为提升大学生素质"不自觉的工具"。

2. **社会就业形势严峻**。2011 年中央经济工作会议明确指出"要坚持更加积极的就业政策,把促进充分就业作为经济社会发展的优先目标",这是在党的十七大报告中再次提出"就业是民生之本"之后,再一次把就业问题摆在新的优先发展的战略高度,另一侧面也反映了我国社会面临着严峻的就业压力。

受我国经济体制转型的影响,我国进入了比较高失业率阶段,随着农业科技水平的提高,农业剩余劳动力数量大幅增加,冲击了城镇的就业市场,增加就业压力,此外社会总体劳动力供大于求,形成了大量富余劳动力,诸如此类的因素在很大程度上加剧就业的严峻压力。而这种压力具有传递性,社会总体压力使得大学生的就业岗位被挤占或者试图挤占其他社会就业岗位,形成社会就业与大学生就业在拉力和压力的双重作用下显得更加严峻,为此只能正确地引导大学生,转变大学生就业思维,立足现实,做到顺利而满意的就业。

3. **大学生内部就业形势严峻**。近年来,我国的高等学校招生规模日益扩大了,高等教育已由"精英化"向"大众化"过渡,自从 1999 年扩招以来,高校招收人数逐年增加,而就业岗位和机会并没有以同样速度增加,且国际国内经济形势依然处在不时变化之中，两相比较，随之而来的是大学生就业难的问题。

据统计，从1999年高校扩招开始，到2002年开始有高校扩招的大学生毕业，毕业生人数每年以60万至70万增加，大学生的就业率呈不断下降趋势。2004年大学毕业生为280万，截至9月份，本科院校毕业生就业率为73%，高职专科就业率为61%。2005年高校毕业生达到338万人，比2004年增加了58万人，而相应的高校毕业生平均就业呈下降趋势。2006年高校毕业生人数再创新高，达到413万人，比2005年增加了75万人，增幅达22%。加之2003年、2004年、2005年又分别有近70万大学生未能实现毕业，这样2006年需就业的大学生人数即达到了600万。2007年全国普通高校毕业生人数达到495万人，比2006年增加82万人，截止9月，全国普通高等学校的毕业生实现就业的人数是351万人，大约144万的应届高校毕业生未能如期就业。有关权威机构的大学生就业状况调查显示，2007年大学生就业率只有71%，2008年全国高校毕业生将超过559万人，到了2011年，全国毕业生达670万，创历史新高，就业形势更趋严峻。数字在很大程度上说明我国大学生内部严峻就业形势。针对这一严峻的形势，如若没有正确的疏导与指导，将对高等教育产生"难以估量"的影响，一方面对于知识价值的评价问题，数量上更多大学生无法如期就业，"知识无用论"又再次抬头，这势必影响高校的整体发展；另一方面严峻的就业形势使得学生的就业焦虑症凸显，波及学生的培养质量，对于国家教育素质水平多有负面效应，而只有正确就业指导，才能减少负面效应，达到社会和谐有序。

三、大学生就业指导的学科体系

大学生就业指导是一个完整的学科体系，根据本书编排的体例，将之划分为十二章节，具体如下。

1. **绪论**。该部分主要从大学生职业生涯规划和就业指导称其为学科的角度出发，探究就业指导的蕴含，指出就业指导重在"导"，并以此为逻辑起点，理清了研究对象和研究方法，突破了传统的一般认为只有一个研究对象的藩篱，将"大学生"和"就业"作为对象。中外比较研究是研究的基本思路，而这一思路的贯彻必须以中外就业指导的历史逻辑轨迹为基点，才能达到洋为中用，古为今用的目的。

2. **就业与就业指导**。该部分采用"回忆式"的方式，运用综述的方法，集中整理了就业的相关概念和历史沿革，注重介绍了国外就业政策的发展变化，为后续章节进一步借鉴国外的经验提供了素材和基础。

3. **就业观念**。观念是行动的先导。在大学生就业指导过程中，本书重视就业观念的灌输与引导，因为就业观念在很大程度上决定了大学生的就业方向和就业动力，因此必须从世界观、人生观和价值观等哲学的理念上教育和引导大学生，为大学生铺设就业的思想道路。

4. **就业心理**。这是就业过程中大学生经常碰到的问题,所以具有普适性的特点。在就业心理的指导过程中,我们坚持以人为本的原则,深入探究大学生就业过程所遇到的就业心理冲突和障碍,并结合实际有的放矢地提出对策。同时针对不同的大学生群体提出具有特殊性意义的指导。

5. **职业与职业道德**。大学生终究是要走上就业道路的,而职业则是就业道路上的"花朵",任何就业者都必须"采摘"。因此介绍职业的基本概况,包括分类及发展历史等对大学生颇有裨益,并且职业道德和职业是共生的,在从事职业的过程中,大学生必须敢当职业道德的表率。

6. **职业生涯规划**。大学生从大一开始便着手进行有效的职业准备和规划,并且必须在三年或四年的学习过程中有步骤有秩序地进行,才能度过美好的大学生活,并为以后的职业发展提供良好的基础。对此本章主要重点从规划的必要性及步骤等方面引导学生进行卓有成效的职业生涯规划。

7. **就业市场与就业方式**。就业市场是大学毕业生在就业过程所必须了解的重要信息,因为大学生只有认识到就业市场的现状,才能根据自身的特点,设计就业的途径和方向。而就业方式则与就业市场是有机联系整体,大学生在校期间,必须有意识地了解就业方式,逐步准备,这样才能在就业过程中做到从容不迫。如若不做好准备,而是力图"现炒现卖",那么很有可能就成了"剩菜"。

8. **就业综合素质**。素质是大学生就业的基础,因此在大学生学习过程中,必须注重素质的培养,特别是注重德智体等关乎就业素质的培养。为此,本章以素质的内涵为起点,深入探讨素质的类型,并针对不同的素质提出不同的方法,做到"对症下药"。

9. **就业技巧**。技巧是就业过程中的毕业生所必须遵循的方法。实践证明,在就业过程中,大学生单单具备良好的能力是远远不够的,所以高校必须适时地给毕业生予指导,本章主要从笔试、面试以及自荐材料的写作等方面进行全方位的指导。

10. **就业制度与政策**。就业制度与政策是就业的"指挥棒",毕业生在就业过程中必须熟悉制度和政策,并力图做到用制度和政策指导实际的就业工作,达到与制度和政策相契合。

11. **就业信息与程序**。就业信息对大学生就业具有举足轻重的作用,在实际中,大学生必须能够有效地收集信息,辨析信息和利用信息,为此本章从信息的种类、收集以及运用方面做了较为详尽的论述。

12. **就业法律**。法律是行为强制性的"指南针"。在就业过程中,大学生也应以此为航标,正确地了解法律,特别是与就业相关的法律,使自己能够正确地使用法律,较好地维护自身的合法权益,达到学习就业法律之目的。

第一章 就业与就业指导

"国以才立,政以才治,业以才兴。人才是事业发展最可宝贵的财富。"[1]全面建设小康社会和和谐社会的宏伟事业需要亿万人才,呼唤亿万人才,落实科学发展观离不开人才强国战略的支撑和保障。人才资源在经济和社会发展中具有基础性、战略性、决定性的地位和作用。当代大学生经受过专业化的教育,具备和掌握了为党和国家作贡献的本领,具有较强的创新精神和报效祖国的强烈愿望,是十分宝贵的人才资源,是国家事业可持续发展的生力军。近几年来,随着经济体制改革的不断深化、人口总量的不断增长,尤其是高校招生规模的不断扩大,整个社会的就业形势日益严峻,大学生就业问题更是成为当前的社会焦点问题。正视挑战,化压力为动力,积极应对教育体制改革过程中伴随的就业问题,是落实以人为本教育理念的现实需求。

第一节 就业与就业指导概述

民生是社会的根本,就业又是民生的根本。党的十七大将民生为重点的社会建设摆在更加突出位置,这体现了在新时期党和政府立足于解决人民最关心、最直接、最现实的利益问题,从推动和谐社会建设的战略高度和全局角度来关注就业问题。能否解决好就业问题,不仅关系到个人价值的实现,而且还关系到经济社会的持续、协调发展以及社会的长治久安。回顾多年来的发展历程,高校就业指导工作在探索中求发展,在摸索中求改进,取得了不少成绩,但仍存在专业化、科学化和系统化不足的缺陷,影响并制约着质量和水平的提高。加强对高校就业指导的内容、方法和发展趋势的研究,提高就业指导水平和服务质量,对缓解结构性矛盾带来的就业压力,实现"人尽其才,各安其职"的人才优化配置目标是不可或缺的。

一、就业的内涵及意义

影响大学生就业的因素很多,从国家的文化传统、社会制度、政策体制、就业机制到大学生个人的条件、能力、素质、价值观,以及形势与机遇等都会对就业产生影响。归纳起来,就业的内涵涉及两方面的内容,一是社会客观条件,二是个人的主观因素。前者包括宏观社会制度和发展水平所能提供的岗位数量与种类、职业待遇与标准等,后者指个人的知识结构、专业素质、道德品质、心理状态、性格特征、职业预期、家庭背景和社会关系网络等。就业是这两方面因素共同作用的结果。

唯物辩证法认为，事物的变化发展是内因和外因共同作用的结果，内因是事物变化发展的根据，外因是事物变化发展的条件，外因通过内因起作用。就业不仅取决于求职者的个人综合素质，还受到外部客观条件的制约和影响。从本质上讲，就业是个复杂的社会经济问题，应该从以下几个方面理解它的内涵及意义。

从民主权利的角度来看，生存权、发展权是最基本的人权，是享受其他人权的前提。"我们首先应该确立一切人类生存的第一个前提也就是一切历史的第一个前提，这个前提就是：人们为了能'创造历史'，必须能够生活，但是为了生活，首先就需要衣、食、住以及其他东西。"[2]作为现代社会人们参加生产、获取报酬和发展事业的最基本方式，就业在很大程度上制约和影响着生存权和发展权的实现。可见，就业是人的基本权利，没有就业权，就很难落实生存权和发展权。

从政治文明的角度来看，"人的本质不是单个人所固有的抽象物，在其现实性上，它是一切社会关系的总和。"[3]以就业为形式的劳动使人们建立其以生产关系为基础的一系列社会关系，是促进文化交流、化解各种矛盾、提高社会文明程度的重要方式。就业不仅是人谋生的手段，是一种自力更生的美德和人类自我价值的体现，也是政治稳定昌明、社会和谐有序、人民安居乐业的前提，更是体现社会公平正义和以人为本的核心价值的基本途径。

从经济社会的角度来看，就业的实质是劳动者为谋取生活资料而与生产资料结合从事的社会劳动。就业的水平在受到社会生产方式和生产力水平制约的同时，也对社会生产和经济发展具有巨大的反作用。人们不但通过劳动和就业获得生计，而且还由此再生产了劳动力，积累了社会物质财富，保证了社会能量的新陈代谢和经济发展的后续动力。

从法律的角度来看，就业是劳动者在法定劳动年龄内从事某种有报酬或有经营收入的社会职业的法律行为。按照《中华人民共和国劳动法》的规定，它是一个年满16周岁的具有劳动权力能力和劳动行为能力的公民，在自愿的基础上参加劳动或者自主创业的行为。

二、职业及其特征

离开职业，人们将无业可就。就业就是人们谋取职业，并从职业中获得必要生活和生产资料，实现人生价值的过程。职业，是指人们从事相对稳定的、有收入的专门类别的社会劳动。它具有以下基本内涵及特征。

1. **职业是人们就业的对象，职业是角色，就业是扮演角色**。因此，只有通过"社会人"的就业，才能使职业显示出其价值、功能和作用。

2. **职业是需要一定专业技能的工作，具有专业性和技术性**。职业随着社会分工的产生而出现，在技术不断发展与变革的现代社会，职业的分工将越来越细，新的职业种类会不断出现，其技术性特征也将越来越明显，对就业者的专业技能要求也会越来越高。

3. **职业体现人们的社会角色，具有社会性**。就业是个人融入社会的基本方式。从事一定职业的人，便由单一的个人向"社会人"转化。不同的职业表明了不同的社会角色和身份，体现了不同人的生活方式、经济状况、社会地位、知识结构和价值定位。

4. **职业活动是人们创造社会价值或经济价值，进而获得他们应有的报酬和实现人生价值的活动**。在职业活动中，人们不但获得物质上的报酬，而且还能充实精神生活，丰富社会交往，产生愉悦感、满足感。

5. **职业具有相对的稳定性和规范性**。职业具有明显的时间限度，短期从事的某项业务称不上职业。专门的职业活动与现在社会普遍存在的兼职活动在时间特征上有本质区别，兼职是利用空闲和业余的时间从事谋利或公益性活动的过程，而职业活动则有相对固定的时间要求，即稳定性。规范性则是指职业活动具有相应的行业规矩，必须具有一定的资格，按照一定的规范从事。例如，教师行业要求从业者具备教师资格证，并符合为人师表、道德先行和知识专业等特殊要求。

6. **职业具有时代性**。不同时代有不同的职业种类和要求。知识经济时代与农业时代、工业时代产生的职业种类不尽相同。随着时间的推移，一些落后的技术被淘汰以后，相关的职业也将退出历史舞台；而时代的发展和变化，又会催生一些新兴职业。

三、就业指导的内涵与内容

就业指导，在英美国家又叫"职业指导"或"生计指导"，日本称之为"出路指导"。《中国教育百科全书》中的解释是："职业指导，亦称职业咨询或就业指导，指根据社会职业需要针对人们的个人特点以及社会与家庭环境等条件，引导他们较为恰当地确定职业发现、选择劳动岗位或者转到新的职业领域的社会活动，是沟通求职者和用人单位、教育部门和社会的有效途径。"根据经济合作与发展组织（OECD）的界定，它是"旨在帮助各种年龄段的个人作出教育、培训、就业选择和管理的全部活动。活动内容包括提供就业信息和个人与职业是否匹配的测评工具，开设生涯指导课程和培训以及进行面对面的指导和咨询等。"可见，高校就业指导，不仅服务于毕业生的就业环节，而且还要贯穿大学学习的全过程，它关乎大学生的发展和前途，是为大学生提供学习、指导和服务等各种活动的总和。它应该包含以下六个方面的内容。

1. **心理指导是就业指导的基础性环节**。择业，是每个人事业发展的起点和关口，是人生历程上的重大选择。对于力图实现理想的大学生来说，择业既要处理好各种矛盾关系，又要面临市场化带来的竞争压力，是一次心理交锋的过程，往往容易引发各种心理问题，这会影响他们从"学校人"到"社会人"角色的顺利转换。心理指导是指毕业生在择业过程中出现心理障碍和心理问题后，指导者根据心理学原理，运用心理学方法，帮助他们进行心理调试，找准心理定位，保持良好心理状态的过程。通过适当的心理指导，毕业生往往能提高自我认识水平，对职业目标进行正确定位。

2. **思想观念指导是就业指导的前提**。择业观念正确与否，直接决定择业的成败。"自主择业"既给大学生带来自由和机会，也造成他们在思想观念上的困惑与障碍。观念指导的任务就是要把世界观、人生观和价值观的教育渗透到就业指导工作中，落实到择业标准、职业道德、成才路径等方面上，使大学生形成将自身的科学发展与国家社会的需要有机统一起来的就业观念。引导大学生处理好个人与社会、现实与理想、环境与成才等关系，克服择业期望值与现实社会需求之间的偏差，是适应市场经济发展和就业指导改革的必然要求。

3. **就业技能指导是就业指导的核心部分**。求职是一门艺术，包含许多技巧、方法和经验，具有很强的实践性、经验性，对于大学生来说充满着挑战和机遇。如果说综合素质是就业的硬件，那么择业的技巧和方法则是软件。软件适应硬件配置，可以最大程度地发挥优势；两者不相匹配，则容易丧失优势，降低成功率。一般来说，面临择业的毕业生，普遍存在思想准备不足、临场慌乱及缺乏技巧等问题。高校就业指导要努力帮助大学生把握住求职过程中转瞬即逝的机会，充分而又完美地展现出最佳精神状态和能力水平。而且，现在大学生求职面临着多种的方式的考验，既有笔试、面试，又有实习、自我推荐和社会公关等方面的要求。对于大学生而言，随机应变和临场发挥的能力以及各种应试技巧，是综合素质中亟需突破的"瓶颈"。

4. **政策法律指导是就业指导的重点**。大学生就业受到国家就业方针政策和相关法律法规的制约，只有在充分了解就业政策的前提下，才能够纠正大学生的关于就业方面的片面认识，引导他们走出就业的误区，在政策允许范围内灵活自主地就业。为避免盲目性、随意性和急功近利性，帮助他们解读政策，把握机遇，更好地实现自身的职业理想，有必要对大学生进行政策法律指导。了解就业的体制、渠道、程序和手续，可以使大学生更自主、更方便地就业。同时，法律层面上的指导，既可以使大学生更好地在求职过程中保护好自身的合法权益，又能帮助他们避免不必要法律纠纷，用更多的精力把握自己，搏击市场，选择职业。

5. **形势与信息分析指导是就业指导的基本途径**。就业过程是一个复杂的双向选择的动态过程，信息资源的开发十分重要。毕业生供求信息失真、失衡现象不仅给用人单位带来招聘的麻烦，也容易导致毕业生误判形势、思想困惑，在一定程度上造成了"要不到、分不来、求不得、流不畅"的人才高消费与毕业生期望过高的双重困境。实践表明，学生职业定位方面的许多问题都源于缺乏对职业信息的有效分析。

职业信息主要包括国家经济和社会发展的整体趋势、人才市场供求形势分析、近年毕业生就业状况和当年毕业生的专业结构等方面。一旦缺乏必要的信息指导和形势分析，就业指导就容易成为"纸上谈兵"，缺少针对性和实效性。因而，职业信息的咨询服务和就业形势的客观分析便成为就业指导的关键内容。就业指导应该通过各种有效途径，向学生全面深入地介绍社会相关职业的性质、地位、内容、条件和发展机会，并能结合学生的个性特征和个人优势进行科学评价和合理选择，为学生的最终选择提供有益的参考。

6．创业指导。时代呼唤创业者，环境造就创业者。21世纪是一个充满挑战和机遇的世纪，是一个创业的大好时机，因此，在严峻就业形势和职业倦怠现象面前，对年轻的大学生来说，创业具有很强的吸引力。大学生自主创业既可以缓解就业的结构性压力，还可以提升大学生群体乃至整个国家的创新能力，为国家的兴旺发达提供不竭动力。

创业是最积极、最主动的就业。与发达国家相比，我国毕业生的创业率还很低。对大学生进行创业指导，是适应经济社会科学、可持续、跨越式发展要求的长远大计，是高等教育培养高层次人才的功能体现。在大学生中开展创业指导和教育活动，就是要树立学生的社会责任感与历史使命感，激发进取心，培养创业意识和增强创业能力。

第二节　就业指导的历史沿革

在高等教育步入大众化的历史阶段，无论是发达国家，还是发展中国家都面临着大学生就业的现实问题。纵观中西方高校就业指导的发展历程，不难发现，其发展与社会、经济、教育的发展是同步的。由于世界教育文化的不断交流，中西方高校就业指导的差异也将逐渐减少，且会朝着共同的方向努力。追溯就业指导发展的历史轨迹，借鉴先进国家的就业指导经验，可以使我国就业指导实践少走弯路，更好地为国家的跨越式发展提供人力资本。

一、国外就业指导的发展轨迹

就业指导最早起源于美国，已有上百年历史。它主要是受西方国家经济社会发展、技术变革、职业分化以及失业问题治理的推动而产生、发展起来的。新技术的广泛运用既创造了一系列新的职业，扩展了人们选择职业的机会，也催生了就业指导的客观物质基础和社会条件。产业革命导致职业的高度分化和失业者数量激增是就业指导产生的两个直接原因，因此，就业指导是与职业分工同时同步进行的，并在职业结构变动和职业多样化、专业化的动力驱使下，不断丰富内涵的。

1．初创阶段。早在1894年，美国加州工艺学校就有人开始推行。

1898年，美国底特律中央中学校长杰西·戴维斯开始在学校教育中探索实施教育咨询和职业咨询，强调职业信息的重要性，并开始为学生提供就业信息。

1901年，美国热衷于社会改良运动的青年律师弗兰克·帕森斯在波士顿设立了公民服务机构，帮助失业青年和移民制定寻找职业的计划。1908年，身为社会学教授的他，创立了世界上第一个职业指导机构——波士顿地方职业局。1909年，弗兰克·帕森斯等人出版了职业指导专著《职业的选择》，首先使用"就业指导"的概念，提出帮助人们正确选择职业的三因素理论，确立了职业指导在现代社会的地位，标志着职业指导领域的创立。

1910年，美国召开第一次全美职业指导大会。随后，美国职业指导协会成立，并开始出版期刊《职业》。[4]

1911年美国哈佛大学首开先河，在大学生中开设了就业指导课。

1913年，美国成立了职业指导协会，到第二次世界大战结束时，已经有会员3000余人。

由于当时心理学尚未建立起完整的体系，与就业指导理论相关的社会学、人类学、经济学等相关学科也处于发展阶段，就业指导的中心是实现"人与职业的匹配"，工作仅仅是明确了基本要素，建立在经验层面上，慈善性质明显，范围也局限在收集与传递职业信息资料、提出建议和简单培训内，未形成正式的理论，对劳动者素质提高的作用不明显。

2. **发展阶段**。从20世纪20年代起，以美国为中心的职业指导运动兴起。1917年波士顿地方职业局并入哈佛大学教育研究生院更名为哈佛大学教育研究生院就业指导局。此后，就业指导在美国大学得到了迅速的发展。第一次世界大战以后，心理学、社会学等相关学科发展起来以后，就业指导理论也逐渐充实自己的理论内涵和实现途径。职业指导已经引起世界各国关注，英国、德国、日本、加拿大和原苏联等国家的职业指导事业都开始发展起来，逐渐地由社会渗透进学校，而且日趋科学化、制度化、规范化。

这一阶段受心理科学发展的推动和影响，相关从事者开始意识到，"就业指导应当协助求职者认识、接受和发展适当的自我形象，并接受和发展相应的职业角色形象，从而在职业行为形成的过程中既满足个人需要，又造福社会。"由此，他们开始从个人发展与社会需求相结合的高度来研究、处理就业指导工作，使之提高到更高的层次上。

3. **成熟阶段**。自20世纪70年代开始，西方国家大学逐渐实现了精英教育向大众教育的转变，高等教育的普及带动了毕业生人数的增长，随之出现的大学生"就业难"问题，引起了西方国家政府的广泛关注，高校就业指导显得越来越重要。为了解决学生"就业难"问题，西方国家在国家宏观政策、高校就业指导两个层面促进大学生就业，形成了一套行之有效的就业模式，积累了诸多经验和做法，对提高大学毕业生率起到了重要作用。

受"人本主义"思潮的影响，美欧等国在世纪之交以不同形式相继阐述了内容相同的新职业能力观。该观念认为，职业能力在内涵与外延上具有广泛的概念，它不再局限于具体岗位的专门知识与技能的要求，开始蕴含着"职业生涯"的价值理念，所注重的不仅是一个人的职业价值，更加注重人作为"人"的生存和发展的价值，重视人的生命意义。职业指导的做法演变为"辅导"。教育者不再扮演高高在上甚至是无所不知的长者形象，而更多的是处于一个提供服务的位置，即处于"非指导"地位，充分尊重来访的个体，相信个体具有自我认识、自我选择职业和规划人生的能力。[5]

该阶段的就业指导发展路向是：从静态的一次性就业观到动态的就业发展观，再到融生活、休闲、工作于一体的全方位、立体式的综合发展观。可以说，在适应社会变革、职业分工和失业问题治理的要求下，该时期的就业指导从最初的有限范围逐渐拓展开来，应用多学科的视角进行研究，产生了适合人性发展，符合社会发展潮流的丰富的职业指导理论成果。但"美国等西方国家的职业指导理论大多以人文主义为基点，注重人的个性发展，强调教育的个体功能，忽视社会功能，导致功利主义泛滥，有其局限性。"[6]

二、当代失业问题治理及趋势

国际社会长期以来普遍关注青年就业及其失业治理问题。1995年世界社会发展首脑会议发表了《哥本哈根宣言》，强调将充分就业视为经济、社会政策最基本的优先领域，并要求特别关注青年就业不足的现象。1995年联合国大会通过的《到2000年及其后世界青年行动纲领》（以下简称《行动纲领》）中将青年就业列入十大优先领域，并提出了四项行动建议：建立自主就业机制，为青年特殊群体提供就业机会，从全局利益出发从事志愿者服务，扩大技术高速发展部门的就业机会。

1997年11月在日本神户召开的全球就业大会指出，"以适当政策促进青年就业是应得到解决的关键问题"，"实现从学习到就业的合理过渡对青年就业具有决定性意义"。会议认为必须采取有效措施，使青年"在校内和校外活动从业经验，得到就业指导信息和建议，受到职业推荐和培训"。在《行动纲领》的指导及后续国际性政策的推动下，针对国际形势发生的重大而深刻的变化，近年来国际社会对青年就业及其对策方面呈现出一些新的发展趋势。

1. **国际化**。世界青年事务的国际化由来已久，近年来显得更加明显和突出。1974年11月9日，联合国科教文组织第十八届大会通过的《关于职业技术教育的建议》指出，"学习和职业的方向指导，应看成是一个连续的过程和教育的一个重要组成部分，其目的是帮助每一个人在教育上和职业上作出正确的选择"，大大提高了包括大学生在内的青年就业指导的国际关注度。1996年11月联合国举办世界青年论坛，其中青年与就业工作组通过了青年自谋职业、青年特定群体创造就业等行动建议，提议实施适合目标群体的劳动力市场政策,加强国家、区域、国际级别的政策对话,鼓励私营企业参与促进青年就业的对话。此后,青年就业问题就以国际化的形式在世界各个国家之间相互交流,共同促进。

2. **政府化**。为了在未来的国际竞争中能够立于不败之地,各国政府也都采取了积极的政策和措施,制定有利于促进大学生就业的综合治理政策体系。政府还通过改革和完善市场机制,坚持市场化导向,充分发挥价格在配置劳动力资源方面的主导作用;建立和完善就业服务及指导体系;建立健全社会保障体系;完善法律法规等,多方面、多途径建立国家就业安全网。

针对大学生缺乏技能的特征,世界各国纷纷采取就业前职业培训、职业指导、基本技能训练和介绍工作经验等方式帮助大学生就业,发挥了积极的作用。不少国家政府不仅运用产业、财政等宏观政策工具调节国民经济运行水平,扩大社会对劳动力的总需求,还直接出资创造就业岗位,以优惠的信贷利率扶持大学生自主创业。如法国推行的"青年就业计划"就是由政府出资,在教育、文化、环境、社会救助、家庭及卫生领域新增 22 种职业,专门招聘 26 岁以下及从未领过失业补贴的 30 岁以下失业青年,并且其报酬不低于法定最低工资水平。[7]

3. **社会化**。企业以及各种用工单位在决定大学生劳动就业和劳动条件等方面发挥着关键性作用,社会化的操作和运营,有利于大学生就业培训渠道的拓展、就业政策和就业咨询体系的完善与就业条件的改善。在经济社会可持续发展的战略框架下,以人为本的核心理念也进一步增强,大大凸显了社会发展政策人文性特征,有力推动大学生就业问题及其治理的社会化进程。许多国家,动员社会合作者、非政府组织及地区力量参与制定和实施青年就业政策和方案,成为促进大学生充分就业的重要途径之一。

1998 年国际雇主联盟代表大会制定了帮助青年就业的行动计划,使企业家参与职业培训、创造就业和制定政策的工作。纵观各国就业指导的内容不难发现,他们普遍把大学生看作未来社会的中流砥柱,积极支持和推动大学生的社会参与,强调社会对大学生的责任。为充分开发大学生在精神、道德、知识、身体和职业等方面的潜能,他们在不同程度上保证了青年人力资源开发所必需的各种先期投入。

4. **市场化**。20 世纪 80 年代以来,许多国家开展了以市场化为导向的改革,充分发挥价格在配置劳动力资源方面的主导作用。在西方发达国家,人才资源的配置都是由市场调节来实现的,因此,大学就业指导部门作为劳动力市场的中介机构,其基本功能也只是顺应市场走势,围绕市场动态的变化来促进人才合理流动。也正因为如此,这种功能更大程度地体现为一种引导和服务,而不具有干预市场的倾向。[8]转型国家和发展中国家进行了市场经济体制改革,逐渐缩减国家干预的范围和强度等,完善以价格机制为核心的市场体系,促进劳动力在城乡及地区之间的自由流动，以消除市场失灵造成的非自愿失业。[9]

5. 法制化。 从法律与政策的高度对待大学生就业问题，提高国家对就业问题的制度化程度和常规化意识，保证各方行动的合法性和合理性，是就业问题受到关怀与重视的最强有力的反映。不少国家从立法、司法、行政和社会等各个途径加强对青少年合法权益的保护，为有效治理失业问题，在宏观、微观、制度、组织等方面采取了综合治理对策，鉴于大学生就业问题的特殊性，他们还制定了细化的政策措施和完善的法律条文。美欧发达国家普遍制定了与青年就业相关的促进法、保障法、劳动保护法等等。促进就业问题的法律化、规范化，能切实保护大学生的利益。如德国的《青年人劳动保护法》、《就业促进法》等，切实保护了青年就业的权力和利益。此后，许多国家也纷纷效仿，为改善青年弱势群体的就业及生存状况提供了法律依据。

6. 专业化。 专业化不仅是就业指导事业发展的内在要求，也是大学生个性化发展的必然诉求。在国际上，专业化已经成为衡量职业成熟性的关键性指标，它既包括人员的专业化，也包括内容、方式和手段的专业化。在欧美，大多数国家制定出了一套完整的就业指导服务体系，无论是就业指导的软条件，如理论、理念、内容和方法等，还是就业指导的硬设施，如机构、场所、人员队伍和政策法规等，都是在专业化的基础上得到发展，并发挥了卓有成效的作用。他们认为，人与职业之间的关系密切，且二者的发展目标趋向一致，就业指导是一种发展援助活动，具有很强的社会公益性、高尚性和人文性特征。由此，就业指导的工作在欧美社会中得到普遍的认可和尊重，保证了就业指导及其从事人员应有的社会和法律地位，从而大大推动了就业指导水平的专业化发展进度。

三、我国大学生就业制度与就业指导的历史演变

我国高校就业指导（教育）由来已久，它随着就业制度的变更而不断演变，在不同时期具有不同的内容和形式。

旧中国是就业指导的发轫期。1916年清华大学校长周寄梅先生首次将心理测试的手段应用在学生的职业选择中，这标志着职业指导在我国的发端。

新中国成立后的很长一段时间内，由于高级专门人才缺乏，在计划经济体制下，国家对大学毕业生实行统筹分配。经历了几次改变，由开始的大行政区之间调剂、国家统筹分配，形成了后来的毕业生在国家统一政策管理下，实行分级负责、相互调剂的计划体制。当时的就业教育主要集中在毕业前夕，通过政治学习、党团组织活动、开会讨论、个别谈话等方式，教育毕业生"坚决服从国家分配"、"到祖国最需要的地方去"、"哪里需要就到哪里安家"，要求毕业生必须做到个人利益服从国家利益，听从组织安排。[10]在"统包统配"的年代，这种思想政治教育方式是很有成效的。

"文革"十年，普通高考制度遭到巨大破坏，大学生来自青年工人、农民、军人中的优秀分子，他们大多数哪里来哪里去，几乎不存在自主择业与就业指导的问题。

随后，高校毕业生的就业制度随着改革开放的大环境逐步推进，大体上经历了"统包统分"→"供需见面"→"双向选择"→"自主择（创）业"等几个阶段。具体发展过程可基本分解为以下 4 点。

1. **在改革开放的动力驱使下，中国的高校毕业生分配采用了初步适应商品经济体制的"供需见面"模式。**"供需见面"的目的是沟通供需信息渠道，使高校培养环节和社会用人环节有效衔接，最大限度地做到专业对口，人尽其才。具体的做法是在就业主管部门的组织或协调下，由学校与用人单位直接联系，学校负责向用人单位介绍专业培养目标、知识结构和毕业生的具体情况，用人单位则提供需求计划、单位概况和用人要求等信息。

2. **1989 年大学生就业制度进一步深化改革，由"供需见面"转变到"双向选择"。**"双向选择"是毕业生和用人单位相互选择的就业方式，是高等院校毕业生就业制度改革的目标之一，既是教育体制改革的要求，又是劳动人事制度改革的重要组成部分。1989 年，国务院批转了原国家教委《关于改革高等学校毕业生分配制度的报告》和《高等学校毕业生分配制度改革方案》，明确了高等学校毕业生分配制度的目标是：在国家就业方针政策指导下，逐步实行毕业生自主选择、用人单位择优录用的"双向选择"制度。此后，"双向选择"开始在全国高校中得到推广实行，多种形式的就业市场开始逐步形成。

3. **1993 年大学生就业制度再次由"双向选择"进展到"自主择业"。**1993 年中共中央、国务院颁布的《中国教育改革和发展纲要》确定了毕业生就业制度改革的目标是：改革高等学校毕业生"统包统分"和"包当干部"的就业制度，实行少数毕业生由国家安排就业，多数学生"自主择业"的就业制度。同年，党的十四届三中全会进一步提出，建立劳动力市场，形成劳动者与用人单位双向选择的就业机制。1994 年，原国家教委下发的《关于进一步改革普通高等学校招生和毕业生就业制度的试点意见》提出，国家不再以行政分配而是以方针政策指导、奖学金制度和社会就业信息来引导毕业生自主择业，逐步建立起"学生上学自己缴纳部分培养费用，毕业后多数人自主择业"的机制。

根据以上对高校毕业生就业指导的精神和原则，国家从 1994 年开始实行招生"并轨"、缴费上学和"自主择业"的改革试点。1998 年全国高等院校按照新体制运作，2000 年已经基本实现毕业生就业制度新旧体制的转轨。自此，大学毕业生就业就业真正面向市场。与此相配套，国家发布人才需求信息、加强就业咨询指导，社会建立人才市场，发展职业介绍与就业培训的中介组织，为毕业生就业提供服务。

4. **1999 年高校扩招后，高等教育由精英教育迅速转向大众教育，大学生就业问题很快成为社会关注的热点。**面临严峻的就业形势，国家积极调整人才培养机制，拓宽就业渠道，放宽就业限制，深化就业服务，一系列大学生就业新政策应运而生。根据1999年国务院批转教育部《面向21世纪教育振兴行动》以及2002年教育部、公安部、人事部、劳动社会保障部联合制定的《关于进一步深化普通高等学校毕业生就业制度改革有关问题的意见》等文件精神，建立了"市场导向、政府调控、学校推荐、学生与用人单位双向选择"的就业机制。

2002年以后，国家每年都根据大学生就业实际情况出台若干就业政策，适应大学生就业需要的政策制度体系和就业市场体系逐渐完善；就业服务体系初步建立，网络平台开始发挥作用，2003年开通的"中国高校毕业生就业服务信息网"已连通有关部门的就业网、省级毕业生就业网站、社会人才网站，初步形成高校毕业生就业的网络平台，其在就业工作中的重要作用初步显现。

适应就业制度的变迁，就业指导在高校内逐步推开，内容和形式不断地得到丰富。我国现代意义上的大学生就业指导的真正兴起，应该是从20世纪90年代开始的。在此之前，由于计划分配是大学生的主要就业渠道，高校针对毕业生开展的也主要是服从和服务为核心内容的思想教育和职业道德教育。大学生就业的主渠道逐渐被人才市场所取代以后，毕业生虽然走出了计划的束缚，却引来了市场的挑战。面对市场化运作带来的就业危机，就业指导的地位和作用得到大幅度提升。

20世纪80年代中期，北京、上海一些职业中学开始试行职业指导。

20世纪90年代，原国家教委成立了全国高等学校毕业生就业指导中心，要求各地和各学校也要逐步建立起就业指导机构并开展工作。

1995年原国家教委办公厅发出通知，要求全国高校开设"就业指导"课程。

1997年全国高校毕业生就业指导中心制定了《大学生就业指导教学大纲》，标志着我国毕业生就业指导工作步入正轨。许多省市和高校纷纷建立毕业生就业指导中心，出版了一批诸如《大学生求职择业指导》、《大学生求职择业手册》之类的书籍和《大学生就业指导教程》等教材，大学生"就业指导"课程和就业指导讲座也开始以不同的形式开展。

1999年，劳动社会保障部推出了职业指导人员国家职业标准，组织编写全国统一培训教材，在组织培训的基础上，实行统一的鉴定考核，并按《职业指导办法》的精神，逐步做到职业指导员持证上岗。[11]

21世纪初，高校毕业生就业直接关系到党和国家提出的全面建设小康社会宏伟目标以及科学发展观的落实，社会广泛关注的民生问题以后，就业指导常规化建设的呼声日益强烈，就业指导成了高校的"一把手"工程。

2007年教育部办公厅发出《大学生职业发展与就业指导课程教学要求》的通知，提倡从2008年起所有高校开设职业发展与就业指导课程，纳入公共课教学计划，贯穿到高校学生就读的全过程，规定经过3~5年完善后全部过渡到必修课。

第三节 国外就业指导比较研究

我国《高等教育法》明确规定"高等教育应为其毕业生和结业生提供就业指导与服务"。这表明大学生就业指导不仅是社会发展需要的反映，同时也应是高校的责任与义务。20 世纪 90 年代初，我国高校毕业生就业制度实施了改革，在毕业生就业由计划分配逐步向供需见面、双向选择和自主择业转化的过程中，高校大学生就业指导应运而生。回顾多年来高校大学生就业指导的历程，我们不难发现，大家在探索中求发展，在摸索中求改进，并努力为大学生实施最好的职业指导和帮助。然而，就业指导的专业化、系统化和科学化的缺乏已严重影响高校大学生职业指导的质量和水平。拓宽视野，坚持开放性的思维方式和洋为中用的立场，参照国外尤其是发达国家的就业指导模式和方法，追踪国外相关研究领域的基本结论、最新成果和发展趋向，在客观比较中发现就业指导的普遍规律和基本特性，并结合当代国情和社会人文情境，构建适合中国特色的就业指导理论体系和运行机制，已经刻不容缓。

一、发达国家就业指导引介与评价

（一）美国

美国是高等教育发展最快的国家之一，也是世界上较早开展就业指导的国家。在长期经验积累和理论深化的基础上，美国形成了政府、高校、中介机构和用人单位各自发挥作用、密切配合、协同进行的完善而高效的大学生就业指导体系，为大学毕业生提供全面、高效并有针对性的就业指导和服务，积极推动大学毕业生充分、顺利的就业。

1. **尊重市场规律**。美国大学毕业生就业依照市场规律运行，实行自主择业。美国没有专门的大学生就业市场，政府部门中也没有专门管理高校毕业生就业工作的机构。政府只是把毕业生看作整个社会就业市场的一部分看待，对就业不直接干预和限制。

2. **行政和法律手段促进就业**。美国联邦政府和州政府虽然没有设立管理大学生就业的专门机构，但他们对毕业生就业很重视，政府的相关职能部门通过出台相应的法律法规和政策推动毕业生就业工作。联邦政府劳工部主要负责调节宏观就业、失业及学校培训等情况，进行职业分类统计分析，发布有关职业前景的预测，制定有关就业的法规、制度，在宏观上为毕业生就业提供信息，为政府决策和个人择业提供参考依据。而且，各州政府设有发展局，负责推进就业工作，经费由联邦政府核拨，州政府还设有公立的职业介绍所和私立的职业介绍机构，并使其成为整个毕业生就业工作体系的组成部分。

从 1971 年起，美国制定了一系列有关促进就业的法规。1971 年制定《紧急就业法》，1973 年制定《康复法》，1978 年制定《充分就业和经济平衡增长法》，1980 年制定《综合就业与培训法》，1982 年制定《工作培训伙伴法》，1983 年制定《职业恢复和教育规定》，1986 年制定《就业年龄歧视法》，1988 年制定《家庭支持法》，2000 年制定《劳动力投资法》等，为就业指导工作提供了法律上的支持与保障。[12]

美国联邦政府为了鼓励大学生到特定的地区或从事特定的职业，采取了许多激励措施，其中最为常见的做法是免除学生的贷款义务。在美国从事高风险、公益性和服务性行业的大学生，都能享受到免除贷款份额的优惠，有的甚至高达50%～100%。除了这些激励创业的政策外，美国还鼓励学生创业。

3. 社会中介机构发挥积极作用。美国有许多非赢利性就业中介组织，在学生和用人单位、高校与用人单位之间从事与就业相关的业务，发挥着桥梁和纽带作用。以美国最为著名的全美高校和雇主协会（National Association of Colleges and Employer，NACE）为例，目前已有一千八百多家高校和一千九百多家用人单位成为其会员，每年为一百多万大学生提供就业服务。NACE 依托其网站，每季度对新毕业生的基本工资、各种职业的发展前景、求职和招聘过程中可能遇到的法律问题等进行调查分析，借助时事通讯和发行刊物的手段向外界提供涵盖 70 个专业、50 种用人单位、70 个工种的基本工资情况；另外，还为 57 类硕士、22 类博士提供底薪信息。

4. 用人单位和高校积极承担社会责任。用人单位在美国大学生就业中扮演着十分重要的角色。美国的用人单位非常重视学生的实践经验，并积极为其创造条件，提供具体支持，其建立起来的协调高效的用人机制，使社会的人才资源配置更加快速协调，使毕业生择业效率更高。美国高校重视合作教育，通过实习计划，使学生自身工作能力和专业技能得到提高，增强毕业生在就业市场中的竞争力，又可以获得办学信息，提高办学和人才培养的针对性，加强了学校的教育功能和生存基础。大学和企业通过建立良好互动的关系，大多数单位愿意提供带薪实践机会，有些单位还提供与新聘员工相近的工资。

5. 高校强化就业指导和服务质量。美国 70%的大学生是通过教授、导师、就业机构推荐就业单位而就业的。就业指导在大学内处于中心地位，美国高校对就业指导机构的经费投入较多，做到专人分管、机构健全、人员配备完整、管理到位和手段现代化。虽然各校的就业指导机构设置、运作方式不尽相同，但都在毕业生就业中发挥了至关重要的作用。

（1）就业指导工作与市场需求相结合。美国高校通过社会各界对各个高校总体评价情况排名公布以及产学合作教育等方式，加强与职业界的联系，加强与社会的结合，以了解就业市场需求，主动适应经济的发展，满足大学生就业和劳动力市场的要求。[13]

（2）高校就业指导机构自成体系。高校内一般设有毕业生就业指导中心，在毕业生就业工作中发挥着重大的作用。有些高校内的就业指导机构还自成体系：第一层次是校就业辅导中心，以就业辅导和服务为主；第二层次是学院就业辅导机构，以开展就业心理咨询为主；第三层次是系、专业就业辅导人员，以辅导学生专业定向为主。[14]

（3）注重对就业辅导人员的资格要求。美国高校对就业辅导人员的素质要求很严格。就业辅导中心主任一般具有辅导学、咨询学、高等教育硕士学位或博士学位。负责学生心理测试、能力评估、求职咨询等工作的学生就业工作人员，一般也具有心理学硕士或博士学位，并具有职业咨询师资格。据统计，目前全美共有职业咨询师16万人，其中80%在高校，为校内职业咨询师，其他专门从事就业辅导的工作人员也需要获得辅导学、咨询学等学位，并具有介绍工作、推荐人才、搜集信息知识能力和较好的人际交往能力，同时各高校也还有自己的具体要求。

（4）个性化的就业指导模式。美国是开展就业指导工作最早的国家，也可以说是开展大学生个性化指导最早的国家。在美国，就业指导机构配备足量的专职和兼职人员，一般就业指导专职人员与毕业生的比例多在1∶200左右，这一比例使得每个毕业生都能得到有针对性的就业指导。[15]

（二）英国

英国的高校就业服务被公认为是全球的"领头羊"，对许多国家的影响很大。21世纪初，欧盟成员国和中东欧国家还在提供职业指导和信息服务等方面借鉴英国经验并寻求其帮助。英国以政府、用人单位、高校和大学生作为就业指导的主体，以"市场就业制度"或"自由就业制度"为基础，配备较多的专职人员在大学生中开展内容全面、形式多样、方法先进的就业指导，帮助学生及时了解就业市场的变化，培养学生的职业兴趣和职业定向意识，提高学生的就业技能和就业方法，为大学生就业提供能力和方法的指导。[16]

1. 明确的宗旨和良好的氛围。在长远的发展战略定位和质量意识的影响下，英国高校在大学生就业指导方面确定了以服务为宗旨的工作目标，为他们做好大学生的就业指导工作奠定了坚实的基础。视学生为顾客，为他们提供高质量的服务，帮助他们选择专业、完成学业、顺利就业以及在工作岗位上继续提高。这种工作目标定位，使得各高校均把大学生的就业率视为学校发展的生命线，将就业问题有机融入学校教学、科研和管理的各个层面，不仅设立就业指导服务中心等专门机构，配备专职人员从事就业指导服务，而且还强调就业指导服务的全员参与，定期召开会议向各学院院长通报就业进展，根据就业情况调整专业发展规模与方向，明确个人导师和宿舍总监对学生进行就业指导服务的责任，即通过一系列切实有效的措施在大学校园内营造出人人关心就业、人人参与就业的良好环境氛围。

2. **专业化机构和职业化队伍**。英国高校均设有专门的就业指导机构，配备专职人员，拥有一支高素质的专业化就业指导队伍。就业指导服务中心的工作人员主要由职业顾问和信息职员构成。职业顾问都拥有心理学等专业的博士学位，并有在大型企业和相关部门从事人力资源管理工作经历，丰富的工作实践和系统的理论学习合二为一，他们对毕业生的辅导除了就业外，还为他们做排忧解难、对症下药的心理辅导。信息职员则具有一定的图书馆工作经历或学科背景，能够胜任就业信息导航服务和资料编辑整理出版工作。

除就业指导服务中心的专职工作人员外，一些学校还进一步加强了对学生导师的就业指导培训，如给导师发放就业辅导材料、举办针对导师的专场就业辅导讲座等，通过各种形式给导师灌输就业的市场化观念，成功地借助各种载体将就业理念渗透到学生专业学习和校园生活的方方面面。英国高校对大学生就业指导工作人员尤其是指导教师的要求很严格，包括：（1）要求有很强的专业知识，以便对毕业生进行专业性和针对性很强的就业咨询指导；（2）要求知识面比较宽广，具备相关方面如法律、心理学、公共关系等方面知识；（3）要求有相当丰富的实践工作经验。他们还非常注重对指导教师的培训，专门对指导教师开设了研究生一级的指导教程，取得学校认可的指导证书以后才能正式上岗。

3. **交互型的信息共享平台**。20世纪80年代以后，英国高校就业指导服务中心意识到传统的依靠时间耗费的就业指导属于劳动密集型工作，并不能充分利用其现有的专业资源，要全面提升就业指导服务就必须借助计算机等现代技术手段。各校都建立了自己的毕业生就业指导服务网站，网站内容涉及机构职能、信息发布、法规制度及职业测试等就业指导的各个部分，并形成了完善的、功能齐全的覆盖面广泛的就业信息网络，提供全方位的网上信息查询、网上指导与网上招聘等。[17]

同时，一些社会毕业生服务机构的网站也进行了有关的行业性调查，分析各行业毕业生需求形势和预测等。如2001年投入使用的官方就业信息服务网站是针对所有社会成员的就业指导服务网站，英国官方的毕业生就业指导服务网站是由高等教育指导服务委员会资助运行，负责全方位提供各类毕业生就业市场信息、岗位需求信息以及网上职业发展设计和工作实习信息、暑期实践信息、志愿服务信息等，据核查，每月有将近46 000用户点击该网站。此外，各行业协会也建立了行业性就业指导服务网站对毕业生提供就业帮助。

4. **高效协同的工作模式**。英国的多元化就业指导主体在有效分工的基础上，经常互通有无、交流经验，形成了分工合理、有效合作的协同工作模式。

首先，政府和劳动部门一般都建立一个全国通行就业指导和服务的网络平台，为大学生和用人单位双方提供交流媒介。英国政府采取了相应的一系列政策，其中重要的是强化劳动局系统的就业服务职能，靠社会保障体系给予较充足的经费投入，加强就业培训，使大学生就业服务主体上体现为政府行为。由政府投资，劳工部负责建立了面向公众的统一网站，为雇佣双方提供了交流媒介，这也是大学生除学校以外获取信息的最重要途径。

其次，学校与政府、社会和企业的分工合作，除了就业信息的交流共享外，三者还各自发挥资源优势，共同丰富就业指导内容，完善就业指导体系。在就业技能培训中，无论是课程内容的设置还是培训形式等都采取了学校、社会和雇主多方参与的合作机制，充分保证了大学生就业指导教育理论与实践的高度统一，以及大学生职业选择与社会劳动力市场需求的有效衔接。企业直接承担在校生和毕业生的实践和实习，将就业指导与员工的选聘相结合，实现了双方共赢。英国还有一些非营利性就业组织，如雇主协会等也发挥了积极作用。

最后，在学校内部，高校加强了校内不同机构和部门间的合作，主要是就业指导服务中心与各学部学院之间的工作协作，如在就业指导课程的讲授以及就业宣讲活动、行业性招聘活动的组织协调等方面进行分工配合。

（三）日本

日本是世界上最重视教育的国家之一，在长期的高校毕业生就业指导工作之中，积累了丰富的经验。目前，日本高校入学率已超 60%，可以说已经迈入高等教育大众化的阶段。可是在经济持续低迷、失业率升高的严峻时期，高校毕业生仍保持了较高的就业率，其高校就业指导体制值得我们思考和借鉴。

日本高校注重通过提高学生就业竞争能力来增强学校的知名度，90%以上的大学设有校级职业指导机构，40%以上的大学设有院（系）级职业指导机构，就业指导机构大多属于学校主导型，学校的就业指导机构由分管学生事务的副校长直接领导，并依托一整套完备的系统发挥作用。[18]

1. **班主任系统**。日本高校也实行班主任制度，班主任在日常中通过个别指导、商谈制度，对学生进行单独的指导。

2. **一对一系统**。2002 年，日本文部省公布了《大学学生生活的充实方针和政策》的报告，提出改善学校学生生活的种种方针和政策，并要求各大学应不断改善教育内容和方法，积极培养学生的职业观和勤劳观，对学生实施一对一的细致入微的就业指导，建立和完善学校内的就业指导体制。[19]

3. **情报收集系统**。日本的就业指导体系中有由专业职业组成的情报收集系统，该组织负责调查市场人才需求，拜访用人公司，收集企业用人材料或者人才需求等信息。每年日本文部省还联合负责全社会就业和劳动问题的厚生劳动省对大学生就业进行信息调查、收集和分析，分析结果成为制定大学毕业生就业相关政策和措施的重要参考依据。

4. **辅导系统**。就职前指导制度，对争取就业者进行学习方法等适当的辅导。

5. **数据库系统**。具有多年传统历史，值得信赖的信息网，使就业信息唾手可得。

纵观日本多年来的就业指导实践，我们可以发现它具有以下明显特征：

1. **法制化**。为了确保其职业指导活动的正常开展，政府积极推行法律主义，促进"竞争移动"社会的形成。所谓法律主义，在日本，与劳动相关的重要事务都是以国家法律的形式作出规定，包括毕业生的就业指导工作，它是法律规定的义务。《宪法》、《劳动基准法》、《职业安定法》、《雇佣对策法》和《学校教育法》等一系列法组成了完整的劳动法律体系，确保了法律执行的强制性和教育机会的公平性，保证了毕业生就业市场的公平。在此基础上，文部省还发布了一系列指令，如《以关于学校要恰当地进行出路指导的通知》等，把职业指导正式纳入学校教育内容，对学校职业指导人员的培训、选拔、队伍建设及待遇等都做了规定。

2. **制度化**。日本的职业指导体系非常完备，职业指导工作被列入各个阶段的教育目标中。从大学一年级起，大学内部的就业指导机构就会为新生提供有关就业的教育，安排综合课程，使学生对就业有一个初步的印象；从二年级起，就会对学生的就业意愿进行调查，根据其意愿联系相关的就业体验企业，使学生对自己希望从事的工作有实际的体会；从大学三年级起，则进行相关的适应能力调查，召开各种就业说明会等活动。就业指导是一个伴随着学生四年大学生活的连续过程。

3. **规范化**。日本所有高校的院系都设有"学生就业指导课"。在就业指导过程中，学校帮助学生建立健全和规范的个人就业档案，全面反映学生的各种情况。最引人注目的是许多日本大学开展针对日本人特点的综合个性报表的检测，对毕业生进行一种适性检查的就业综合考试对学生的基本素质、个性和能力做比较为科学的评估。毕业前夕的就业指导更是细分为自我分析阶段、组织各种就业指导讲座和业界说明会、就业实战三个阶段。

4. **专业化**。1997年日本文部省就发布指令，把"职业指导主事"改为"进路指导主事（即出路指导主任）"，并进一步明确了出路指导主任的职责，从此，出路指导主任开始步入日本的职业指导中。而日本对职业指导人员的从业资格要求也较高，一般要具有心理学、教育学、咨询学或人力资源管理等相关学科的硕士或博士学位，通过职业指导人员的培训和考核，从而推动职业指导的专业化和专家化。许多学校还成立由学校领导挂帅并由各学部（系）的主任教授（系主任）和教师组成的"大学就业指导委员会"，发挥各方面的力量，分工合作，共同参加学生的就业指导工作。

5. **信息化**。为了更好地帮助学生就业，日本大学都建立就业需求信息库和公司企业基本情况数据库，并使就业信息网络化。就业指导机构注重加强与用人单位的联系，开辟新的就业渠道，通过校友联合会、互联网等收集社会需求信息，并及时向学生发布。日本已经建立了一个高效运作的就业信息化服务系统。学生可以随时随地通过网络查阅到自己所需要的全国乃至世界各地的职业需求信息。而且，日本完善了职业指导的网络模式，应用计算机辅助就业系统，实施人机对话，对毕业生进行个性倾向、职业偏好调查，设计职业分类和职业标准等，使就业指导变得更加科学和快捷。

6. **人本化**。20世纪50年代末，文部省颁布训令，改为"出路指导"，从原来择业指导扩展为生存方式指导和自我实现能力指导，把职前、职中和职后相统筹，确立了具有浓厚人文色彩的生涯辅导的理念。"学生就业指导课"为大学生提供的服务全面而周到，针对不同专业学生安排相关的就业讲座和咨询服务，并为学生提供各种社会实习项目，如在校期间的社会体验活动、志愿者服务和社会实践等。就业指导注重不同学生之间的差异，对不同就业需求的学生提供不同的指导内容，采取个别辅导与小组辅导相结合的形式，还通过模拟应聘面试、多媒体教学等多种形式对学生进行指导。

二、国外先进指导经验对我国的有益启示

通过以上发达国家就业指导方法的介绍，可以发现我国当前就业指导体系和运行机制中的不足之处，也可以从中挖掘出一些有益于改进我国就业指导方式方法，提升就业指导质量的有益经验。

1. **强化全程化的就业指导理念与工作机制**。发达国家通过全程化的就业指导，大学生能够很客观地评价自己，从社会需求的实际出发择业，不会盲目地选择高薪职业。发达国家的就业指导机构从宏观上看，已经不再是简单意义上的行政机构，它们承担着与大学生就业有关的服务、咨询和研究功能，贯穿于大学教育的始终，已经内化为大学教育的一门重要课程。我国大多高校只进行就业政策、就业信息和技巧方面的指导。服务对象也只限于应届毕业生，而忽视对在校生在整个教学过程中的职业准备的前期指导，使毕业生仓促走上社会。由于缺乏长期系统的业务培训，以现阶段的水平，无论是在人员素质、知识储备还是占有信息上，都还无法将就业指导课作为一门课程列入课程计划，更无法贯穿于大学教育的整个过程。大学生就业指导应是以职业生涯与发展理论为基础的全方位指导，重视从学生自我认识、专业推荐、专业选择、职业准备到求职就业的各个环节。这样既符合"授之以鱼，不如授之以渔"的大学生自我发展的利益诉求，又为他们能够"最大限度地反哺社会"，实现社会的和谐、可持续发展提供科学途径。

2. **突出服务宗旨，提升指导质量**。欧美国家的高校迫于市场压力，为了生存与发展，它们视就业率为生命线，坚持以服务为宗旨，着力提升就业指导的质量，带来了较高的社会效益和经济效益。而我国毕业生按计划分配的模式虽然逐渐被"市场导向、政府调控、高校推荐、毕业生和用人单位双向选择"的方式所替代，但计划经济的消极影响仍然存在。最大的体现就是高校工作有时候不以服务为主，而以管理为主，这与市场经济要求的人才资源配置模式很不相符。就业指导的未来发展

趋势，应该是伴随社会主义市场经济发展，在深化工作的同时迎接变革，管理工作做好的同时，以市场为导向加强就业服务工作。

3. **建立职业指导师资格制度，形成专业化队伍结构**。在就业指导质量比较高的国家里，它们对专职工作人员的资格审查严格，要求具备与职位相关的学历和能力，即使是一般的工作人员也要求具有相关的学习背景和工作经验，而且二者都要接受严格的培训、监督和绩效评价。而在我国，就业指导人员多属兼职，少有专业相关者，"半路出家"的政工干部、辅导员居多，缺乏相关时间、精力从事一对一的个性化辅导，注重管理、政策宣传和就业技巧。调查研究能力弱，理论水平和实践能力上不去。这方面的比较说明，未来国内的就业指导如果需要保证质量，无疑要求建立起职业指导师的评审制度和资格认证制度，使相关的从业人员具有专业知识结构、专职从事指导工作。

4. **密切校企联系，发挥共赢效应**。西方国家为了保证大学生顺利就业，高校与企业有着良好的合作关系，它们不仅在合作中互利共赢，而且还能为学生与国家分忧解难。目前，我国高校的就业指导大多把范围局限在学校内部，即使与企业的合作也是短期性、浅表性的，校企双方很难在其中获益，大学生在形式性的见习、实习活动中难以提升自身综合素质。而且由于缺少必要的信息沟通，校企之间在人才培养和需求上会存在"人才高消费"、"有才无市"和"求之不得"的双重困境。首先，应广泛建立大学生就业体验制度。这是我国大学目前尚未建立的一种对培养大学生就业能力十分有利的制度，建议应将这一制度引入我国大学课程体系。其次，大学课程内容体系要广泛征求企业界的意见，反映企业界的要求，切实完善产学研一体化的体系。

5. **开设创业课程，培养学生自主创业的能力**。1998年10月首次世界高等教育大会通过的《21世纪的高等教育：展望和行动宣言》提出：树立以学生为中心的观点，培养学生的创业技能，使毕业生不再仅仅是求职者，而首先成为工作岗位的创造者。英国教育的精髓是培养学生的独立工作能力和创造性思维，同时还培养学生的团队合作精神。美国政府通过减免贷款份额等优惠措施积极鼓励大学生自主创业，以缓解就业困难。

美国大学毕业生的自主创业率在15%左右，而我国仅为0.3%。"以创业带动就业"的方针在党的十七大报告和多次政府工作报告中反复提及，培养学生的创业意识和创业能力，鼓励大学生根据自己的职业特长，或者根据自身的能力自主创业，为学生自主创业提供实际锻炼的平台，这既是在新形势下破解就业难题，实现广大大学生群体充分就业，不断改善民生问题的需要，也是提升民族创新能力和竞争优势的内在要求。与此形成对比的是，我国高等院校的创业教育还处于起步阶段，尚未形成一套适合我国国情与教育发展现状的行之有效的创业教育体系，并未取得理想的效果，难以满足大学生创业需求。开设创业课程，已经势在必行。

6. **健全大学生就业信息的系统与网络。**西方国家的学校就业指导已经形成了国家、社会、学校、企业及家庭的网络化格局,网络化的信息平台和资源信息库为大学生和用人单位之间的信息沟通创造了便利条件。美英等国的政府部门和日本的情报收集系统都为大学生就业提供了具体而详细的信息资源,使得高等学校的人才能在就业市场中自由流动、合理配置。我国政府可以借鉴它们的经验,加快就业信息服务,健全就业信息网络,建立专门为大学生就业服务的全国性信息网络,包括毕业生信息、用人单位需求信息、就业咨询服务和职业交流会等。此外,还应当建立毕业生就业状况的统计监测系统和对就业市场的预测系统,对我国经济现状及走势,对就业态势作出科学的分析和预测,作为制定就业政策和进行就业指导的必要依据。

阅读材料

八仙过海 各显神通:多元的就业途径

1. 用人单位高校专场招聘会。一般由用人单位通过高校就业指导部门安排,在指定高校举办招聘应届毕业生的小型招聘会。

信息披露渠道: 高校就业指导部门的就业网站、公告栏披露,学院网页、公告栏公告。

特点: 涉及的专业、人数不太多,但招聘对象目的性强——指定高校、指定专业的毕业生,应聘成功几率大;特别是安排在学院、系一级招聘的,成功的几率更大。由用人单位到高校内招聘是目前毕业就业的主要渠道。

建议: 主动参与,积极应聘。

2. 高校组织举办的毕业生(年度)双选会。一般由高校就业部门通过发函、电话联系全国各地用人单位参加。每年一次,大多安排在每年的11~12月份。也有的高校在春季举办第二次双选会。

信息披露渠道: 高校就业指导部门的就业网站、公告栏披露。

特点:

(1)参加的用人单位多,分布在各行业、地区、各层次,如国有、股份、民营企业,活动地点一般安排在本校及附近宾馆;

(2)需求的专业和人数均多,毕业生可在较大范围内选择;

(3)一般除了举办高校自己的毕业生外,还会有许多外校的毕业生前来应聘。因此,用人单位的选择也大,可在多个院校选择毕业生。

建议:

(1)信息量大,但竞争激烈,因此尽早入场,多投简历,赶在用人单位停收简历前将自己的简历投出;

（2）主动与用人单位招聘人员联系，登门推荐自己，把握机会尽早签约。

3. 行业主管部门举办的专场招聘会。一般由中央、地方各个行业主管部门组织所属单位在高校举办中型招聘会。如中石化总公司人才招聘会、全国金融系统毕业生招聘会。

信息披露渠道： 学校就业指导中心就业网站、公告栏披露。

特点： 对与行业相关的专业需求量大，并会涉及较多专业，应聘成功率大。

建议： 相关专业学生应积极应聘，其他专业的学生也应参与，选择适合自己的岗位。

4. 地区赴高校专场招聘会。由各地（市）人事局、大中专毕业生就业管理部门组织本地各企事业单位在高校举办的大型招聘会，既有沿海发达地区，也有中、西部地区。

特点： 用人单位分布在各个行业，需求专业和人数较多，毕业生生源不限于本地区。

建议： 对于毕业生特别是想回生源省份的毕业生或想到该地区就业的毕业生来说，不失为一个好机会，应积极应聘。

5. 省（市）大中专毕业生双选会。各省（市）人事部门、大中专毕业生就业管理部门在本地举办的大型招聘会，一般安排在寒假期间或前后，也有的省市在毕业生派遣后的七月中下旬再次举办。

特点： 参会用人单位基本为本省（市）单位，需求信息较多，但由于回乡毕业生参会太多，竞争过于激烈，应聘成功率不高。

信息披露渠道：当地新闻媒体，专业网站（如中国大学生就业网等）。

建议： 抱着试一试的态度参与，尽早到会，提前收集需求信息，可在会前会后多做自我推荐工作，提高成功率。信息披露渠道：当地新闻媒体，专业网站（如中国大学生就业网等）。

6. 各地（市）人才交流市场举办的招聘会。各地（市）人才交流市场会不定期举办各类招聘会，但涉及范围过大，包括不同层次、不同专业，不同籍贯人才。

信息批披露渠道： 当地新闻媒体、电视、广播和传单等。

特点： 一般要求应聘者具有一定的工作经验，一般不解决户口入户问题，应聘成功率不高。

建议： 对于不要求解决户口入城，寻求短期聘用工作的毕业生来说，这是一个选择。但应注意查验对方营业执照，签订用工合同，保护好自身利益。对人才市场上的劳务中介机构要查验证明，防止被虚假信息骗钱，防止招聘骗局。

7. 网上招聘会。这类招聘会近年兴起，毕业生登录专门网站通过查询用人单位需求信息、投递电子简历等方式完成应聘工作。部分高校也正在开发，实施网上双选系统。

信息披露渠道： 中国大学生就业网、人才网等相关网站。

特点： 由于不能像现场面试那样对毕业生进行测试，尚未被多数用人单位重视采用。

8. 其他就业途径。院系老师推荐、父母亲友安排和实习单位聘用等。

毕业生求职特别提醒。

1. 防止陷入假借招聘大学生实为传销的陷阱。

2. 提高防范意识，防止少数人利用大学生求职愿望迫切心理，假借招聘大学生骗取钱物。正规单位一般不会在招聘过程中要求大学生交纳保证金、培训考试费等。

3. 端正思想，凭借自己实力应聘，应聘过程中做到不卑不亢，对招聘人员的不合理要求要予以拒绝。女大学生在应聘中不宜独自一人在较封闭的场所与招聘人员接触，如不好拒绝，应邀请同学一起前往。

4. 应聘时碰到困难和问题，及时同辅导员老师和学院副书记联系。

（资料来源：北京大学生联盟）

 回顾与反思

1. 就业指导的基本内容及其地位？
2. 职业的特征？
3. 当代失业问题治理及趋势？
4. 欧美就业指导的特点及借鉴意义？

【注释】

[1] 胡锦涛. 在庆祝中国首次月球探测工程圆满成功大会上的讲话. 新华社，2007年12月12日.

[2] 马克思恩格斯全集第3卷，第31页.

[3] 马克思恩格斯选集第1卷，第60页.

[4] 段丽华，储克森. 中西方高校就业指导比较探析[J]. 职业技术教育，2007（16）.

[5] 杨曼曼，徐恩秀. 生涯辅导理念在中国发展的本土化问题[J]. 河北师范大学学报（教育科学版），2006（6）.

[6] 杨志军. 职业指导理论的历史与前瞻[J]. 当代教育论坛，2007（5）.

[7][9][20] 井海明，王淑玉，何大年. 国外大学生就业模式及其对我国的借鉴意义[J]. 中国青年政治学院学报，2006（6）.

[8] 管红. 国外大学生就业指导及启示[J]. 中国大学生就业，2006（24）.

[10] 冯建力，宁焰. 就业教育基础[M]. 科学出版社，2005：18.

[11] 秦自强，王刚. 大学生就业指导新编[M]. 北京大学出版社，2004：11-12.

[12] 马永堂. 国外促进就业法研究及对我国的启示与思考[J]. 中国劳动，2005（3）.

[13] 王宝义. 中美大学生就业指导模式比较研究[J]. 现代教育科学, 2004（1）.

[14] 娄进举. 美国大学生就业指导工作及启示[J]. 交通高教研究, 2003（5）.

[15] 黄光杰, 韩瑾. 国外高校就业服务及启示[J]. 职业技术教育, 2007（17）.

[16] 韩洁. 从牛津大学看英国大学就业指导服务（上）[J]. 中国就业, 2006（11）.

[17] 周红, 夏义堃. 英国高校就业指导服务的发展启示[J]. 江苏高教 2006（5）.

[18] 娜琳. 日本高校就业指导及给我国的启示[J]. 内蒙古师范大学学报（教育科学版），2007（3）.

[19] 吉田辰雄. 生涯教育论——从进路指导到生涯教育[M]. 支省堂, 2005：36.

第二章 就业观念

20世纪末的高校招生改革与劳动就业体制的变革，使得大学毕业生的就业问题变得更为严峻。2009年我国高校毕业生610万人，2010年，我国高校毕业生达630万人，而2011年比2010年又净增40万人，因此，2011年高校的就业工作面临更大困难。然而，事物的另一面却是，农民工在城市中非常活跃，总数估计有8000万到1亿的农民工填补了城市中数以万计的就业岗位。于是，人们就会问：在城市里根基尚浅的农民工可以找到工作，为什么学有所成的大学毕业生却难以找到工作呢？由此，我们很自然地想到了大学生就业观念的问题。在严峻的就业形势下，改变就业观念与调整就业心态对大学生来说是当务之急，也是解决社会群体疑惑的方式方法。

第一节 就业观念概述

"没有革命的理论，就不会有革命的运动。"[1]观念是行动的先导，有什么样的观念存在，就有什么样的行为方式产生。1959年，约翰·霍兰德提出了具有广泛社会影响的"人业互择理论"，他认为，心理、思想和素质将影响择业人员的择业倾向，即对择业问题的看法、信念和态度以及处理这些问题的方法，并最终影响到职业的选择。就业观念是指人们对于各种不同职业的意向、评价以及对就业所持有的态度，是人们的择业倾向和就业行为在思想中的反映。对于选择不同职业的理由，判断职业的好坏，个人适合何种职业等问题的回答，皆源于就业观念的不同而有所差异。这种差异性不仅受一定的社会、政治、经济、文化的状况影响，而且受个人的世界观、人生观和价值观影响，这种差异影响了人们对各种职业的选择，同时还影响着人们对所从事职业的态度。

在不同历史时期，受经济发展水平和就业体制因素的制约，产生了不同的占主导地位的就业观念。因此，不同年代人们的就业观念也发生深刻的变化。例如20世纪50年代出生的人，这一代人是在计划经济体制下成长起来的，他们在相当程度上沿用计划经济的思维来处理生活和工作问题，传统思想较重，更多听从别人的安排，这一代人对工作的要求是百分之百的稳定。20世纪60年代出生的人，他们受上一辈人的影响很大，接受的教育比较多，大多被分配了一些所谓的"轻松活"，也不想在工作中太折腾，满足于在"比上不足，比下有余"的心态中工作和生活，是力图不稳定但不敢不稳定的"摇摆的一代"。但20世纪70年代出生的人则大相径庭，他们有较高的知识层次和创新能力，在变革时代中成长，懂得机遇和努力的重要性，在强调社会价值的同时，开始强调个人价值。他们约一半人受父母及社会"官本位"

和稳定思想的影响，追求相对稳定，比较"安分"；部分人则受中国经济热潮的影响，创造思维强烈，独立愿望强。

从现实上看，当代大学生存在着各种各样的就业观。从择业动机看，有个人私利型、单纯经济动机型、光宗耀祖型、成就功名型和贡献社会型等；从择业倾向看，有的将是否利于专业发展放在首位，有的把地域选择放在首位，有的将行业选择放在首位，还有的希望薪酬待遇好等，各种不同的就业观和就业行为，使得人才市场上不断出现就业"冰点"和"热点"；从社会学角度分析，大学生的职业选择是一种理性选择的过程，是受个人利益驱使的行为。韦伯认为，人类行为由两个因素组成：利益和社会关系。不是思想，而是物质和合理的利益直接控制着人的行为。大学生作为一个文化层次较高的群体，拥有较多的文化资本，其就业观念必然受到各方面利益的驱使。现有的就业分配制度使得大学生的就业观念更加理性和务实，主要表现为以下三方面。

1. **传统性**。儒学的价值观基本上代表了西汉汉武帝以来中国人的主流价值取向。政治权力的魅力及读书、考试为获得政治权力提供了可能性和种种便利条件，使得古今的读书人拥有了相似的心态和相似的行为，并使得这种心态和行为成为民族心理。现实社会中，读书求上进而谋取较好的职务、职位，从而获取较丰厚的经济收益和较高的社会地位，这也是不争的现实。自从1994年国家公务员录用考试制度正式实行以来，全国报考公务员的人数逐年增加，其中大学毕业生成为最主要的增长源。

2. **务实性**。大学毕业生越来越关注收入、培训、社会保障与发展空间等与切身利益相关的问题，趋利避害和物质享受心理使他们倾向于寻找比较舒适安定、待遇优厚的工作。但是在目前严峻的就业形势下，这种观念极难变成现实，因为大城市和国有单位吸纳大学毕业生的能力毕竟有限，但第三产业的就业容量较大。事实上，实践经验表明：小企业解决大就业，这是带有普遍性的现象，大学毕业生只有拓宽思路，实现多元化就业，才能走出就业困境。

3. **先就业，后择业**。这与传统就业观念相比变化明显。传统就业观念重视初次就业以及很少转换工作岗位，强调只有找到一个相对稳定的工作单位，才称得上就业。不稳定的、临时性的、没有单位依托的工作，难以被视为就业。现代就业观念的基本特点是市场本位，大部分大学毕业生选择先就业，通过实践丰富提高自己，然后通过转换工作谋求发展，这已为多数大学毕业生所接受并逐步成为主流就业思维，当然，传统性就业观念也较难从思维的"深处"剔除，因为这是一个长期的历史过程。

辩证唯物主义认为，观念是意识的一种表现形式，是意识中比较稳定、严整的思想观点，观念的问题实质上就是意识的问题。马克思、恩格斯认为"意识一开始就是社会的产物，而且只要人们还存在着，它就仍然是这种产物"。[2]同样地，大学生的就业观念和其他社会的意识一样，都是社会存在的产物，是在一定的经济社会发展历史条件下对社会就业现象的主观反映，大学生的就业观念也是一种社会意识，随着经济发展和社会进步而不断变化，那种在计划经济下，依靠国家统配的大学生就业观念已不占主流了，而双向选择、自主择业，接受市场经济规律的挑战已逐步被广大学生认可。

此外，意识具有主观能动性，反作用于客观世界。大学生的就业观念对经济社会的发展有很强的反作用。但社会意识与社会存在不具有同步性，使得大学生的就业观念与经济社会的发展未必始终一致。与此同时，各种形式的社会意识相互影响，在一定程度上也影响着大学生的就业观念。作为青年人的大学生由于缺乏足够独立的社会意识判断能力，在意识的相互影响下，多数表现为从众心理，接受了社会上所"流行"的文化准则，并作为选择职业的"标杆"。例如部分大学生受传统价值观念和社会心理的影响，在就业时极端倾向于城市、高报酬和安逸生活，宁愿放弃原有的专业，正是这样的思想，造成人才流动的异常，影响经济社会（特别是落后地区）的发展。

因此，正确的就业观应当是与经济社会发展相适应就业观。但实际上，当前不少大学毕业生片面认为留在大城市、大单位才能体现自己的人生价值，才能实现理想和抱负，而较少考虑到自身择业期望值是否符合实际，所选职业是否符合社会的需要，是否适合所学的专业，是否能够发挥才能和特长，一味地追求物质待遇和区位优势，重地位、轻事业，重名利、轻奉献，缺少责任感，不愿到急需人才的基层或条件艰苦、位置相对偏远的地区就业。据《中国中小企业信息化发展报告（2007）》显示，目前我国中小企业和非公有制企业数量已超过 4 200 万。中小企业和民营企业已成为我国吸纳大学生的主力军，能够为个人创造更多的成功机会。因而，中小企业的发展空间较为广阔，况且中小企业求贤若渴，人才需求量大，二者有机结合不仅有利于中小企业的发展，而且有利于大学生更好地发挥聪明才智。我国加入WTO后，对大学生求职择业带来了新的机遇，也面临新的挑战，社会对人才需求的标准也越来越高，我国目前生产力还比较落后，社会为大学生提供的工作岗位也不可能达到全部满意。大学毕业生数量和各行各业对高素质人才的需求相比还远远不够，地区之间人才供求结构不平衡，特别是中西部地区和广大基层对大学毕业生的需求仍十分迫切。国家鼓励大学生到中西部地区、到基层、到农村、到中小企业就业，这些地方也是最需要各类人才的领域。因此，大学生应进一步调整就业方向，树立勤奋创业、建功立业的观念，主动到祖国最需要的地方去干一番事业，为和谐社会建设多作贡献。

总之，经济社会的发展和大学生就业观念之间的关系，从哲学上讲是存在与意识的关系，二者相互影响，互相依存；经济社会发展决定着大学生就业意识，大学生的就业意识对经济社会发展有重要的反作用。所以，一定要正确认识二者的辩证关系，一切从实际出发，才能真正树立起正确的大学生就业观。

第二节　几种重要的就业观念

我国的社会主义市场经济体制已经逐步建立起来，并逐步走向完善。高校毕业生的就业制度也已经实施十多年，"双向选择、自主择业"的就业体制正趋于完善和成熟，但高校毕业生的就业观念在一定程度上仍处于计划经济的时代，还被优厚的薪酬待遇和工作稳定的观念牢牢束缚。当前，高等教育已由精英教育迈入了大众化的教育阶段，"大都市、好单位、高工资"的理想，"铁饭碗"的时代已经过去了。大众化时期的大学生要从观念上准备好与大众化相符的就业观和职业观，要牢固树立起正确职业平等观、学历观以及能力观。

一、职业平等观

平等是一个既古老又新颖的话题。正如马克思所说："一切人，作为人来说，都有某些共同点，在这些共同点所的范围内，他们是平等的，这样的观念自然是非常古老的。"[3]

在奴隶社会，奴隶主与奴隶主之间有某些共同点，因此他们之间是平等的；而奴隶主与奴隶之间在多数地方是没有共同点的，因此两者之间自然没有平等可言（特例除外）。通常情况下，奴隶主之间的平等可视为正常，而奴隶主与奴隶之间的平等就显得荒唐。封建社会更甚，等级森严并不断秩序化，不同的阶级之间根本没有平等可言，各阶层内部才可以要求平等，并且这种要求也是适度的。可以看出，这时的"平等观"实际上是从"政治地位"与"经济地位"上去找寻共同点。随着资本主义社会的发展，文艺复兴运动展开，号召"人类生来是而且始终是平等的"，为人权问题的提出奠定了基础，自由和平等也就自然地被视为人权。

马克思主义者从经济、政治以及人权等角度对平等作出如下解释："一切人，或至少是一个国家的一切公民，或一个社会的一切成员，都应当有平等的政治地位和社会地位。"[4]在这里，平等已不再是某一阶级、某一阶层、某一集团的专属，而是指一切人，这是每一个人的基本权利。

职业平等观实际上是指一切职业都是平等的，工作无好坏之分，岗位无贵贱之别，不管做什么工作，工作者在人格上都是平等的，都要一视同仁，不要区别对待。这就要求大学生在就业时首先要放下天之骄子的"架子"，树立正确的就业观。凭诚实的劳动以求得生存与发展，问心无愧，在任何岗位上都应倍感光荣和自豪。当前，我国还将继续推进高等教育大众化，到2020年实现高等教育毛入学率达到40%的目标。大众化教育提高了我国民众受高等教育的比例，也提高了国民的素质，但同时也给大学毕业生就业带来了巨大压力。大学毕业生与社会需求之间的关系已经由最初的"供不应求"转为相对"供大于求",而且,这种用人单位的"买方市场"状况在较长时期内难以得到缓解。高等教育实现大众化后,大学毕业生的就业岗位便从"金字塔"的顶部向下转移,大部分毕业生处于"非精英"层面。在教育大众化和教育普及化的发达国家,大学生做保姆、开出租车、当清洁工是很正常的事情,甚至博士生、硕士生刷盘子、送牛奶、做搬运工也并非鲜见。

调查表明,从大学毕业生最愿意去的就业单位类型分布可以看出,排在前面的是政府机关、科教文卫事业单位、科研院所、大型三资企业。个体经济、私营企业则是他们最不愿就业之处。从表面上看,大学毕业生愿去什么单位就业是无可厚非的。但是,在目前和今后的一段时间内由于多种原因的影响,政府机关、科研院所、科教文卫事业单位、大型三资企业,吸纳大学毕业生的能力是有限的,很难大量接收大学毕业生。在大众化就业时代的环境下,所有大学毕业生都去政府部门和企事业单位就业,显然是不切实际的。但大学毕业生因多种因素影响,不太愿意去就业的个体经济、私营企业,恰恰是最具吸纳能力的就业领域。改革开放以来,乡镇企业、民营企业、个体企业发展势头强劲,需要大量的人才,到那里工作容易施展才华,实现自身价值。应该说,大学毕业生选择个体经济、私营企业等非公有制单位就业,是明智而切合实际的选择。

尽管"平等"一词早而有之,职业平等亦是客观现实。而当代大学生为何尚未建立起一种职业平等观,从大学生的视角审视,主要原因有以下三点。

1. **就业期望值偏高**。目前,大学生在择业时特别关注职业中"含金量"(即薪金)。毕业生首选的就业地区是北京、上海等大城市,其次是沿海开放城市,愿意去边远省区工作的则较少。许多人才市场的有关负责人表示,现在就业市场不是没有岗位,而是大学生期望值过高,不屑去做"位卑薪低"的职业。部分大学生认为自己所学的专业是"热门"专业,需要的单位多,供不应求,不愁找不到单位,不愿意到条件艰苦和边远的地区去锻炼、去工作。此外,大学毕业生在择业时往往列出职业的等级。一家权威的职业调查公司,在全国十余所著名高校对一千多名在校大学生进行了抽样调查。结果显示,当代大学生在就业选择上最愿意选择的职业,按照企业所有制排列在前三位的依次是:中外合资企业占 32.2%、外商独资企业占 30.1%、民营合资企业占 10%。按照行业排列在前几位的依次是:金融证券业占 23.2%、商业占 14.7%、高新技术产业占 9.6%、政府机关占 9%、医疗卫生业占 6.7%、教育行业占 6.7%、IT 行业占 6.5%。从调查中可以发现,大学生在职业选择方面就业期望值偏高。

2. **就业盲目攀比**。部分学生受功利观念的影响,在择业时考虑所选单位是否在大城市,偏重于高薪职业,同时还考虑专业是否对口,是否有利于自身的发展。他们不深入了解所选职业的内在要求,偏离了自己的能力而盲目定位,过高地估计自身的实力,其结果要么错失良机,要么难以胜任。

许多大学毕业生在选择工作时，眼中只有"管理"、"公司"、"办公室"，而对"技术"、"车间"、"工厂"等不屑一顾。部分大学生宁愿挤破头去争当一个月收入不足2 000元的文秘岗位，也不愿投一份简历到一个月薪2500元的技术工人岗位，只因为"领子是蓝的"。与此相应，大学生就业市场上仍存在所谓"二不"（非外企不去，非高薪不去）、"三多三少"（外企多，国企少；城市多，乡镇少；东部多，西部少），"天南海北"（就业只去天津、南京、上海、北京）等诸多说法。很多学生在就业时迟迟不能签约，是因为不切实际地拿自己和同学或者学长们比较。比如华东地区某省某大学计算机系的一位毕业生说："眼看着同学与大公司签了合同，一个月拿4000元的薪水。大家都是一个寝室的，四年来朝夕相处，我比他差了的话，脸上怎么挂得住，我平时的成绩都比他们好，找工作比不上他们的话，实在不好交代。就算找一些有名无'实'的单位，钱虽然挣得不是很多，起码别人问起的时候会比较有面子"。这种"面子"心态在大学生中大有人在。

3. 就业盲目从众。 部分大学生择业时往往容易受环境和周围人的影响，在从众心理的影响下忽视了自身的特长、自己的专业以及自己的发展方向，盲目跟从他人；也有些大学生不能主动适应市场经济的要求，思想意识仍停留在计划经济体制的思维下，等、靠、要依赖思想严重，结果贻误了择业机会，影响了自身的成长发展，失去了检验自己、磨练意志，了解和适应社会的机会，成为未就业的一分子。

在计划经济体制下，上大学意味着"光宗耀祖"和身份的跃迁，是"天之骄子"而不是"布衣平民"，就业则由国家统包统分。而今，这种就业模式似长江之水，滚滚向东流。自主择业，双向选择，是当今与未来就业的主流，当代大学生应因时而变，摆脱传统就业思维模式的束缚，建立起全新的就业平等观，不盲目地追求职业的声望，不过分地计较单位的性质、工作环境及个人的身份，不要一旦求职遇挫，便埋怨没有门路，生不逢时，专业不抢手，否则许多新的就业机会将在犹豫徘徊中失去。

二、学历观

中国人历来是很重视学历的。很多地方的招聘都要明确划分一个学历等级，而较少考虑是否真正需要。根据广东省高校毕业生就业指导中心统计的研究生、本科生和高职生三者的供需比，分别是1∶2.77，1∶1.48和1∶0.17，由此可见，大学生的就业形势十分严峻。特别是对专科生来讲更是一个重大的挑战，因为专科生在用人单位看来，一是没有本科文凭，学历不够；二是没有工作经验。同样地，本科生也存在这一问题。在部分高级招聘会上，大多单位便以"非研究生免谈"为挡箭牌，招聘对象为研究生。为此，不少的本科生为实现理想，找到如意的单位和工作，选择了"待业"，或"留校"进行复习考试。专科生考本科，本科生考硕士，硕士生考博士，还有部分是待申请出国的"留学生"。而今，"留校"不就业的毕业生越来越多,形成了一个新的群体——"啃老族"。

就业的学历门栏越来越高带来了一系列问题,其中所学非所用或者高分低能便是其中主要问题之一,这些问题一直困扰着国内的企业。如今,部分用人单位在招聘时,对本专科毕业生的学历要求越来越模糊了,人才理念开始转化,用人单位逐步从原来的唯学历观转变成技能与学历并重,甚至形成优先考虑技能,学历作为参考因素的理性择才方法。据山东薪酬网对山东省大学毕业生的一项薪酬调查显示,在大学毕业生职业生涯的起始阶段,学历对薪酬的影响日趋降低,而综合能力才是决定毕业生薪酬的关键因素。《××市高校学生职业发展与就业研究报告》中显示,在用人单位看重的指标中,"学历"被排在"所学专业"、"毕业院校"、"学习成绩"、"知识技能"以及"实践经验"之后位列第六。可见,现在人才理念已经越来越趋向理性化了。

一般来说,整个社会对各级人才的需求结构呈"金字塔"型。社会不仅需要从事高深学问研究和创造发明的高新技术人才,而且需要把现有科技转化为产品和现实生产力的大批熟练工人。目前,大学生出现过剩态势,其问题不在于大学生不为社会所需,而在于培养出的大学毕业生综合素质不高,仅仅通过单纯的理论知识学习,并没掌握较多的实践技能,而实用的技能技巧正被就业市场所亟需。

随着社会的不断发展,当初炙手可热的研究生教育也已逐渐从精英教育向大众化教育转化,大众化教育就会有"大众"特质的就业,这也是我国社会经济发展的必然趋势。在市场经济条件下,高级技工薪酬高于博士生,本科生重读高职院校等现象也时有耳闻,而工厂车间亦非高学历人才的"禁区",一切都说明社会和用人单位开始正视"人才高消费"现象,读研已经不是找到"高级"或高薪工作的垫脚石,在实践中大学生应该更加理性地认识学历和就业的关系。调查表明,在2010年各省市高校毕业生的初次就业率中,部分省市出现了硕士生初次就业率低于本科生的情况,这种现象被称之为学历与就业的"倒挂"。这从一个侧面给曾经过热的研究生热潮敲响了警钟,也使得人们更加理性的姿态思考对于高学历的盲目崇拜。

其实学历并非越高越好,有一个经常被职业管理家讲述的故事。有一个人(姑且称之为咕咕)花了10年时间,终于买到了自己的第一座房子。咕咕很有远见,决定把房子作为投资手段来出租,房子装修一般,但可以出租了。广告贴出去三天,响应者不少,但是租金却没有期望的高,只有每个月3500元。咕咕不满意,决定再花两年的时间来继续装修。两年装修完成了,咕咕又发布了出租计划,响应者依然云集。但是咕咕沮丧地发现,自己用了两年时间装修的房子能出租价格稍高一点,每个月4 500元,但是还是没有期望那么高。咕咕下定决心继续装修。

这次的装修用了6年,大概近30岁的时候,装修终于完成了!咕咕发现,自己的房子租金比别人高出一大截!每个月6 000元!咕咕统计了周围所有房屋的租金价格,写出一份报告:房子的装修程度成为影响房屋租金的决定因素。

然而,这种决策正确吗?

隔壁一起入户的邻居点点，他一开始就把房子出租了出去，自己则开始出去工作。当咕咕的高档装修完成的那天，点点正在第二套房子的购买合同上面签字——8年不是一个很短的时间，房子的租金加上8年的工资，足够点点买第二套房子了。

听到这个地方，你还觉得咕咕的选择合适么？如果你继续坚持的话，请你继续看下去。咕咕的房租依然比点点的高，但是却远远比不上点点的两套房子。而且时间一天天过去，两座房子的装修都会老化。等到第四年的时候，精细装修和普通装修的房子价格差异已经不大。咕咕和点点的房子租金都差不多，所不同的是：点点的收入大约是咕咕的两倍。

这个职业生涯的规划，在此将学历比作房子也许未必恰当，但能说明一些问题。可以这样说，大专和本科，算是普通装修的房子；研究生是后来的精细装修；而博士就是加装豪华装修。需要指出的是，装修是会越来越贬值的。工作经验是另一座房子。就好比我们的房价，这座房子越早投资越好，因为他只会越来越升值。

学历的高低是一本不可忽视的经济账。假设本科生工资2 500元，6年后升到5 000元（按照发达地区的工资水平）那么这6年的平均工资就是（5000+2500）/2=3750元；6年的总收入就是27万元，也就是说，当博士毕业和当年的同班同学一起应聘的时候，他已经亏了27万元！应指出的是，博士生在某些行业将有更好的前途，但是如果考虑到6年的工作经验，以及这段时间积累起来的人脉和工作能力，本科生和博士的学历竞争力基本持平。在很多实践性很强的行业中，特别是关注具体能力的外企或者民企，由于学历造成的起步优势会在三年之内慢慢消失。既然如此，为何还有那么多人选择考研，选择深造呢，原因有以下两点。

1. 传统社会文化心理的冲击。 社会文化心理对用人单位的用人政策影响的突出的表现便是"学历高消费"观念。高学历成为众多招聘单位的重要条件，仍有相当多单位坚持，以致产生许多顺口溜："非研究生免谈"，"硕、博多多益善，本科等等再看，大专靠边站站"。实际上，不少单位是用高学历人才来装点"门面"，不一定让人才"尽其用"，继而造成人才的实际功用的丧失。同时也给大学生的合理流动设置了一定人为的障碍，对于实现人力资源优化配置造成了不利影响。

2. 名牌效应依然存在。 现在许多国内企业对毕业生的教育背景还是十分看重的，毕业院校成为用人单位的重要参考指标。加之，现今大学的入学门槛越来越低，同为大学生，能力上却是参差不齐，所以用人单位只能视学校品牌和专业为"第一道防线"。

中国高等教育将会继续扩大规模，大学生的就业困难还会持续，大学生应调整和优化就业观念和自身层次结构，尽快实现从大学生"天然的"人才观到有知识的新型劳动者转变，如若就业观念不能适应这一转变，面对当前大学生就业难的现状，"有岗无业、有业无岗"的矛盾人将存在，并在一定程度上有所恶化。

三、能力观

近年来,大学生开始践行但丁的话"走自己的路",不能死啃书本,而是跳出"象牙塔",成为各种社会活动的积极参与者。与此同时,各种考级考证兴盛一时,许多大学生在临近毕业时,能拿出一叠叠证书,证明自己高人一筹。考证热的兴起,说明大学生能力观的觉醒,意识到能力的筹码在就业中的地位,力图在分数和能力之间求得平衡,达到学历与能力均衡发展的目的。

能力是由诸多要素的综合体,能力不是单纯的掌握知识,而是以创新能力为宗旨,塑造个性自我的人才观。人才应具备什么样的能力?时代特征与社会发展要求大学生在就业中要树立起能力观,主要包括以下四方面。

一是思维能力。思维能力包括观察力、识别力、思考力、评介力等。观察是思维活动的开始,适时地、准确地观察是做出判断的前提,这是识别力、思考力和评介力的先决条件,而且正确的观察更为关键。识别力是思维能力的重要组成部分,即对自己所需学习的知识的洞察、辨别及确认能力。通过对知识的识别,大学生发现自己真正需求的东西从而选择性地学习,达到学习有的放矢。思考和评介是认识问题、分析问题、解决问题的综合性智力活动,是一个人思维水平提高的锤炼过程,是创新能力培养的先决条件,更是个人思维能力高低的重要标准。独立思考和判断能力的培养过程恰恰就是创造性思维的形成过程。能力观强调思维的无限伸张性,提倡以兴趣和特长为基础的学习,重视学习过程中的深度思考和广度拓展,从自我智力、思维模式上充分挖掘个性化的创新潜能,把自己打造成个性化突显的创新人才,并力争成为社会的"稀缺资源"。

二是表现力。表现力是指通过某种介质将个性化思维活动表现出来的能力,在外在表现上主要是个人的行为模式与行为能力。当今是一个充分鼓励人们形成新观念、新思想、新方法的时代,任何个人都可以大胆地用某种方式解释或诠释思维,其中个体的想象以及由之所形成的创造能力成为一个含金量最高,也最受推崇的能力。同时,表现力还要求具有足够的竞争意识和魄力,在学习过程中不畏惧他人,敢于向任何人或者"权威"挑战,敢于用独创的东西与别人竞争,不怕失败。

三是工作的基本技能。能力观将把"兴趣、动机、态度"置于优先地位,主张"个性化教育",认为"三基"(读、写、算)的训练是不可缺少的。但是,"三基"已无法涵盖能力观下的基本技能,随着社会的进步,先进技术大量涌现,学习者不但要有厚实的知识基础,如文学、史学、哲学、政治、经济、法律和自然科学等方面的知识,还应熟练地使用一些辅助工具,例如:外语、计算机等。只有这样才能真正把握技能,才能成为能力较佳的人才或准人才。

四是社会适应能力。实际上就是一个人在社会中与他人相处、进行工作、继续学习的能力。它主要包括三个方面的内容：首先是快乐生活和强壮的身体，这是任何人生存的根本。其次是健康向上的价值观，注重自我实现与奉献社会的人生观，活泼的性格，开放灵活的处事能力，与他人相互协作的团队意识等。同时还应正确定位人际关系。无论社会怎样变化，还要求大学生都要对自己有着清晰的定位，能使自己在复杂社会中正确定位，发现自身与他人交往的优劣势，独立思考人性，自主的做出判断并积极行动，及时准确地解决问题。

在诸多能力当中，当代大学生的必须具有两种起码的能力：一是自主学习的能力，二是转化知识的能力。学习的能力体现在自主学习能力上，转化知识的能力则是指将所学知识转化为实际应用的能力。转化知识的能力又细化为两个方面：应用能力和创新能力。应用能力表现为较强专业操作能力和较强实践动手能力，是大学生能力的最重要组成部分；创新能力是对知识进行创造性应用发展，是教育发展的根本要求。可见，大学生的能力具体表现在三个方面：自主的学习能力，实际应用能力和创新能力。除此之外，大学生还必须具有两类特殊的能力：即竞争能力与心理承受能力，它们成为步入社会参与竞争的马车"两个轮子"。

一是提高竞争能力。当代大学生应增强竞争意识，了解将来就业的形势，在校期间努力学习，提高自身综合能力，为将来就业增加斗争的"工具"，破除那种进了大学就进了保险箱的思维。要提高竞争能力，第一步便是打好专业基础，进而进行职业生涯规划。这有助于在学好专业知识的同时，根据自己的兴趣、爱好，利用课余时间，通过自学等途径，学习有关知识，培育竞争能力，决定与自己兴趣、爱好相一致的就业目标，适时提高竞争能力。

二是提高心理承受能力。部分大学生在择业就业面前茫然不知所措，无法明确自己究竟想从事什么工作和能从事什么工作，缺乏自信心和应变能力，突显心理准备的不足；部分大学生因为有所谓的"关系"而骄傲自满、得意忘形，诸如此类虽为人之常情，但并非人应所有。当代大学生应提高择业就业心理素质，做好积极的心理准备，避免一时难以找到预期工作而产生急躁、失望、惶恐情绪，怨天尤人，自暴自弃的心理；应加强良好心理素质的养成，正确认识自己，树立自信力。认清自身的素质和条件，用"我能干什么"的眼光全面地审视一下自己，给自己做出一个正确的评价。这样才能使自己在择业过程中做到扬长避短，发挥优势；应提高心理承受能力，就业过程中遇到挫折能够以较冷静和坦然的态度对待，挫折固然不是令人愉快的事，但它能给人以教训，而这便是前进的财富，并能给人锻炼的机会，弱者在挫折面前垂头丧气，强者视挫折为前进的动力。因此，遇到挫折，要正确对待，要从中总结经验教训，重新寻求目标。

第三节　树立正确的就业观

当前大学毕业生就业难在很大程度上是受滞后的就业观念影响，因而大学毕业生就业面临一个重要的问题就是大学毕业生必须适应社会的发展，转变滞后的就业观念。"环境不易改变，不如改变我们自己。"大学生就业的首要问题便是转变就业观念，树立正确的就业观，实现以市场为本位的转变，这些主要表现在以下六点。

一、树立科学发展的就业观念

随着我国大学毕业生就业制度改革的深入，"供需见面，双向选择"已成为当代大学毕业生就业的基本途径。但受各种思潮和观念的影响，大学生就业过多地重视个体经济利益，往往把职业的经济报酬作为就业的首要条件。对工资高、待遇好的职业趋之若鹜，舍弃了国家利益和职业的理想价值，特别是急功近利的思想忽略职业科学发展。有一部分毕业生只注重自身感受和体验，较少考虑社会需求和实际情况，在价值取向和道德选择上表现为"唯我独尊，个人至上"，就业时滋长了虚荣、攀比心理和好高骛远的心态。还有部分毕业生对就业关心不够，甚至不闻不问，视工作为"儿戏"，辞职成为"家常便饭"，甚至长时间处于待业状态。

作为年轻有为的大学生，要认识到就业不完全是个人的事，在学有所成之后，从宏观上讲，首先，要考虑到在力所能及范围内为祖国作贡献，为家乡的经济发展作贡献，把为国家奉献和实现自身价值结合起来。从微观上讲，自身的发展应与祖国和人民的目标相一致，这样在自我成材和发展的道路上才不会走弯路，才能真正地为构建社会主义和谐社会添砖加瓦。

二、树立先就业后择业的思想

"铁饭碗"是计划经济体制的产物，在社会主义市场经济条件下已大为不同，因为即使是在计划经济体制下也难以完全做到。随着社会对人才要求的进一步提高，人才资源总是在不断的交换和流动中得到优化配置。因此，毕业生应该意识到，初次就业对于许多人来说，更多的是一种实践经历、一种接触社会的方式、一种融入社会的渠道，大学生在一生中都要有多次就业的思想准备。

我国的计划经济体制影响了就业观念，一直处于计划经济时代，就业终身制观念既影响了过去的一代人，也影响到了当代青年人。实际上，很多大学毕业生迟迟找不到工作（或预期工作）很多是这一原因使然，有些毕业生思维中不是认为这个公司太小，就是认为那个企业工资太低，或者认为在某个单位工作让别人瞧不起，瞻前顾后，错失就业良机，因此，必须打破一次就业定终身的就业观念，因为随着社会的发展，很难断定一个企业或单位能够一辈子好或是不好，立于不败之地的企业毕竟是少数，也就是说，企业的不稳定势必造成企业人员的流动性。

中国的传统是无论干什么都求"稳"，四平八稳固然好，对个人来说既可以节约时间与资源，又可早有所成。但是，在经济体制和用人制度发生重大改革的今天，即使是国家机关，也已经不是"终身"的岗位；精简、裁员、末位淘汰已司空见惯。科学技术的突飞猛进和知识的加速更替，用人制度的改革和人才市场的规范，必将使失业和就业成为一生中常见之事。因此，每个大学毕业生都要树立"先就业、后择业"的观念，有多次就业的思想准备，走一条面对现实、降低期望、先融入社会再谋求发展的路子。大学生初次就业毕竟是职业生涯的开始，它并不表示一生只能在这个岗位上工作，今后可供选择的机会仍很多。比较实际的方法应是先谋生计，再图发展；先立足于现有岗位，丰富经验，锻炼和增长才干，然后在岗位中寻找机会逐步实现自身的理想。如果企图一步到位，有业不就，不但错过锻炼自己的机会，而且也给家庭和社会带来负担，特别对经济较困难的大学生而言，这种压力更为巨大。可以说，从个人的职业生涯发展过程看，大学生进入社会的第一件事是就业，先在从业中丰富自己的实践经验，积累了更多更深刻的感知后，再找机会选择合适的理想职业，分步到位。况且，由于科技发展使产业结构不断调整，一些传统产业可能萎缩消亡，新兴产业应运而生，这使得"跳槽"成为正常的事情。据不完全统计，在美国平均每人一生要调换四到五次工作，西方八国专门研究就业问题的部长级会议就提出了"未来劳动就业市场将要求每个人具有从一项职业转换到另一项职业的能力"。因此，如若斤斤计较眼前的职业岗位是否理想，或者迟迟不就业，也会使自己在就业道路中，丧失了机会甚至迷失了方向。

三、树立自主创业的新型理念

在计划经济体制下，国家对大学生实行统一分配政策。随着经济体制改革的不断深入，劳动用工制度改革把职业选择的自主权与主动权交还给劳动者。而作为知识的承载者——大学生，也必须从体制的影响中走出来，尽快适应这种变化，增强自主意识，把职业的选择权和自身命运掌握在自己手中。在这种情况下，大学生应根据自身条件和特点，包括个人专业优势、兴趣爱好、生理心理特点等，进行最佳选择。但现在的大学毕业生，敢于和愿意自我创业的人较少。其中，高等教育没有为学生创造创业能力培养的机制是其主要原因；另外，社会缺乏鼓励学生自己创业，独立发展的相关制度与政策，但究其根本是大学毕业生缺乏自我创业的观念。从进入高校求学到学成毕业，最后到谋业，很少或者根本没有考虑自我创业，更没有进行自我创业的可行性研究。应当说，大学毕业生较缺乏自主创业意识，只有少数学生愿意自主创业，即使有创业意识，但由于创业条件或基础薄弱，也多放弃创业实践。同时，许多毕业生认为一走出校门就自主创业是不理智的，会冒很大的风险。

但成功总是与风险密切相关，社会只有在创业中才能不断发展，同样地，具有创业精神和创业能力的毕业生才能从等待工作机会转向创造就业机会。

创业是自力更生地寻求与谋取职业，是自主创建事业。为此，大学生应树立正确的人生观、价值观和择业观，敢于向传统观念挑战。树立自主创业的观念，改变过去那种一味依赖国家与父母的观念，克服计划经济时期"进了单位的门就是单位的人"，生老病死都由单位包下来的陈旧观念。在就业问题上充分发挥自己的主观能动性，增强创业意识，提高创业能力，提升创业水平，克服"向别人要饭碗"的观念，自己创业当老板。大学毕业生要清醒的认识创业是冒险，更是难得的学习机会。

近年来，国家、社会和高校也越来越重视大学生创业教育和创新能力的培养，并在政策上予以鼓励与支持。国家和地方政府出台了各种政策措施缓解就业压力，为广大毕业生自主创业提供良好的外部环境。如对有创业愿望并具备创业条件的高校毕业生，及时提供创业培训、创业指导、项目开发、小额担保贷款、跟踪扶持等全方位、宽领域、多层次的服务；通过政府设立小额贴息贷款，或借助社会风险投资基金等方式，扶持大学生开办、承包和改进企业，特别是小型科技民营企业；对毕业生自主创业经营活动，在一定期限内减免税费等。对毕业生来说，应借助有利的政策优势，发挥所学知识的优势，培养创业激情，挖掘创业潜能，寻求可行的创业机会，尽量避免成为"思想上的巨人，行动上的侏儒"，这样不仅可以成就创业的理想，而且也可以为社会提供就业的岗位，为社会多作贡献。

新一代大学生精力旺盛，有着强烈的挑战自我的欲望和实现自我的激情。"创业"，这包含机遇与挑战的字眼，已经成为无数大学生心中的梦想，并促使许多大学生去追创业之梦。创业的实践家在创业过程中深邃地指出："创业是一种精神，创业是一种意识，创业是一种素质。创业不是个人行为，创业是合作和表率。创业不是谋取私利，创业者是坚定的爱国者，富有激情的实践者，艰苦创业的实干家。"

四、树立面向基层服务社会的志向

宁可做初级"白领"也不做高级"蓝领"，这是相当一部分毕业生的心态。据不完全统计，有70%以上的毕业生希望到国家机关、外企和高新技术企业工作，一半以上的毕业生期望薪金在2 000元以上，约1/5的期望在3 000元以上，毕业生们不愿去偏远、艰苦的地方，特别是不愿意从基层干起，不愿意去做营业员、销售员、业务员、技术员等所谓劳动等级较低的职业。这些职业在他们看来根本不能发挥他们的聪明才智，认为是"大材小用"，这进一步强化了就业难问题。毕业生不愿做基层工作，远离基层，根本上在于缺乏自我认知和长远目光。无论做什么管理工作，都必须精通相关的流程等，只有这样，管理才能真正做到得心应手，游刃有余。《孟子》曰："天将降大任于斯人也，必先苦其心志，劳其筋骨，饿其体肤，行拂乱其所为，所以动心忍性，增益其所不能。"所以，大学毕业生不能目光短浅，远离基层，"立足"高层；应当志存高远，放长眼光，只有从基层做起，积累经验，积蓄力量，以后才能做成大事业。正如孙中山先生所说："青年要立志做大事，不要立志做大官。"大学毕业生都应清醒地明白"万丈高楼平地起"的道理。

　　一方面，当前高校毕业生就业的确面临着困境和问题，另一方面，广大基层特别是西部地区、艰苦边远地区和艰苦行业以及广大农村还存在人才匮乏的状况。一些县（市）完全能提供比城市好得多的工作和待遇，但很多大学生还是不愿去，十几年寒窗苦读，好不容易"熬"到大城市，又要回到县（市），心里觉得委屈，认为走向基层以及中小城市是"没出息的开始"。实际上，西部缺乏人才，渴望人才，尊重人才，那里将有更大的用武之地，有更大的发展空间，西部大开发已逐步形成有利于大学毕业生施展才华和成就事业的舞台。在一线工作能锻炼人的意志和能力，有助于积累各方面的经验，得到宝贵的第一手资料，使其厚积薄发，实现跨越式发展。大学生应将就业的姿态放"低"，将人生的目标抬"高"，在城市就业已趋于饱和的情况下，选择到基层就业是一种理性的、现实的行为。大学生到基层，有利于社会主义新农村建设，也有利于锻炼自己的能力。大学毕业生要根据劳动力市场的需求，找准自己的位置和发展空间，实现自己的人生价值。

　　部分毕业生认为基层是指异常贫瘠的地区，一听说"基层"二字就却步不前，不敢问津，其实基层是相对于城市的概念，基层空间广阔，"空白点"多，在基层创业较容易成功。古今中外，很多卓越的领导人和企业家都是从基层做起，在基层积累工作经验，获得丰富的工作经历，然后逐步迈向成功。高校毕业生到基层就业主要是指毕业生在以下单位或地区就业：县及县以下党政机关、事业单位和社会团体组织；建制村、城镇社区、中小企业；面向基层和西部地区就业的国家项目和地方项目；部队、艰苦行业企事业单位等。从20世纪50年代开始，国家的毕业生就业政策都一直强调要面向基层，面向生产、科研、教学的第一线，大学毕业生是面向基层、面向生产、科研、教学、经营、管理、医疗卫生服务等社会职业活动的第一线的技术型、应用型人才，应该适应这一政策和需求。

　　此外，职业是一种社会分工，都是社会的平等成员，都会受到社会的尊重，就个人发展而言，职业只有发展方向不同，三百六十行，行行出状元。不管白领蓝领，只要精通业务，干得出色就是人才。尤其是在信息化的今天，体力劳动与脑力劳动的工作已很难做出严格的区分，即使当服务员、营业员等体力劳动者在诸多场合中也须懂外语、知法律、晓礼仪，需要的已不是"卖苦力"，而是"知识型蓝领"。据统计，发达国家制造业中，技师、高级工、中初级工比例为35：50：15，高素质工人比例占据了大多数。知识型蓝领非常需要有着较好理论基础的大学生，他们的思维、知识和学习能力是成为一名高级蓝领的必备条件。因此，大学毕业生必须克服劳动等级论的思想，树立起正确的观念，甘于从最累最苦的基层工作做起。

五、树立竞争性的就业思维

由于社会和个人都在不断变化和发展，职业目标的选择不应一次定终身，因此，职业选择应处在动态过程中，即使暂时没有适合的岗位，也可考虑一些条件相近的职业，通过牺牲部分眼前利益以积累工作经验或调整发展方向等，以图日后实现宏愿，不断优化职业目标。大学生要用发展的眼光看待职业、自身和社会。保守求稳的一次性就业和职业终身制观念是在长期计划分配体制影响下形成的，这已不符合当前社会发展的需要。目前社会崇尚的是流动性职业，分步定位，大学生要深刻认识到市场经济的法则就是优胜劣汰，就是竞争法则，当前的双向选择模式也必然导致大学生之间的就业竞争。不管择业，还是从业，都必须树立竞争的观念，竞争机制已深入到社会生活的各方面，增强竞争意识，要正视竞争，勇于竞争，善于竞争，通过竞争寻求理想的职业；通过竞争，实现个人的职业理想；通过竞争，实现个人的社会价值。

要积极参与就业竞争，并在竞争中获胜，仅有竞争意识是远远不够的，还必须具备雄厚的竞争实力。竞争实力是综合素质的体现，包括思想品德素质、知识结构、心理素质等。在公开、公正、公平的竞争原则下，竞争实力是实现择业理想的"资本"和"第一推动力"。因此，大学生在学习与实践中要不断提高自己的能力和整体素质，不断提升自身的竞争实力，平时多关注与训练求职时的临场竞技状态，尝试竞争行为，体验竞争情景，提高竞争能力。对于参与就业竞争的大学毕业生来说，要知道竞争就会有成功的喜悦也有失败的痛苦，要有接受失败的心理承受力，保持良好的竞争心态，要培养抗挫心理，正确对待挫折，做好战胜挫折的心理准备。当择业遇到失败时，大学生应积极设法寻求新的机遇，努力争取下一次就业竞争的成功。把暂时失业变成自主、充分和全面发展的条件、机会和动力，这样才能逐步造就高超的竞争能力。

要积极参与就业竞争，就要广泛收集就业信息。毕业生力图获得理想的就业岗位，盲人瞎马式到处乱撞与守株待兔式坐等机遇都不可取，必须对各种就业信息进行系统的收集、整理和筛选，对就业市场和就业形势进行深入的调查研究。要积极参与就业竞争，还要敢于毛遂自荐。开放竞争的现代社会，要求大学毕业生不能采取消极等待的态度，必须充分利用一切有利条件，展示自身的能力和素质，主动参与就业竞争。通过应聘、试岗、实习来施展自己的才华；通过与其他就业群体比敬业、奉献精神，比苦干、实干作风，来展示自身的比较优势，争取理想工作岗位。

竞争意识随着市场经济的发展已逐步深入人心，在改革开放的大潮中，那些缺乏竞争意识和能力的企业，大都免不了有走下坡路甚至倒闭的下场。同样地，一个人若没有强烈的竞争意识和较强的竞争实力就很难站稳脚跟，就更谈不上个人的发展了。因此，当代大学生一定要树立起竞争观念。

总之，大学毕业生为适应当今就业形势的需要，必须从心理上、认识上调整自身的就业观念，建立起健康的就业理念。只有这样，在求职中才能正确面对各种竞争和挫折，并最终获得成功，找到适合自己的理想职业。

六、破除精英观念，降低期望值

1977年，邓小平同志高瞻远瞩，提出恢复高考制度的伟大决策，人们上大学的梦想终于实现了。但是上大学仍是少数人的"专利"，当时人们形容考大学是"千军万马过独木桥"，被录取的大学生人数很少，只有少数优秀学子才能考上大学，大学生更是被称为"骄子"，是同龄人中的精英。在以后相当长历史时期内，国家对大学毕业生实行统一分配的政策，合格的大学毕业生根本不存在找工作的问题，而且一旦被分配到工作单位，往往都被安排到相对重要的工作岗位，可见，当时实行的是"精英式高等教育"的政策。但随着改革开放的深入，我国在政治、经济、教育等各方面都取得了前所未有的飞速发展，国家逐年加大对教育的投资力度，不断创建新的大学，已有的大学也在逐年扩大招生，致使在校大学生和大学毕业生总数增长速度加快，国家改变了对大学毕业生实行统一分配政策，实行大学毕业生"双向选择"的就业方式。我国的高等教育已经从精英教育逐步转变为大众化教育，大学生已不再是"天之骄子"，逐渐成为社会中普通一员。社会的发展必然走向知识普及化，高等教育日益向所有适龄青年敞开大门，大学生的价值较之以前有所下降，这种下降主要表现为数量增加。在熙熙攘攘的招聘会上，到处都是各所高校毕业的学子们，正焦急地找寻着买家，所以，现在的大学生们应认清就业形势，调整心态，坦然面对。

我国是一个发展中国家，又是一个人口众多的国家，大学生必须从多渠道、多方式入手实现就业，根据职业兴趣、专业特点、实际能力选择职业，降低就业期望值，要把眼光压低，根据社会需要，从基层干起，在实践中锻炼自己，提高自身的才学，增强竞争力。同时，毕业生要注重现实，主动顺应时代需要，降低就业期望值。作为大学毕业生，刚毕业后的职业是个人事业规划开始的最佳时期，事业成功与否取决的因素很多，大学生只有通过在职业生涯的锻炼和体验中，才能尽早的提高工作能力，获取丰富的实践经验，才能最终达到提升职业价值的目的。大学毕业生在选择工作岗位时对工作地要求较高，多数毕业生不愿到老、少、边、穷地区就业。实际上，基层和欠发达地区能为大学生的发展提供更广阔天地。

阅读材料

拨开迷雾 水到渠成：就业观念七忌

大学毕业生在择业过程中，往往出现个人期望与社会现实的矛盾、个人理想与市场制约的矛盾，如果不能正确处理这些矛盾，就会形成就业观念上的许多误区。

据北京高校毕业生就业指导中心统计显示,目前大学毕业生择业主要存在七大误区。

1. 追热门,随大流。专家提醒:不少毕业生择业时易受社会上一些舆论的左右,盲目从众,追逐热门,而不考虑自身条件及职业特点和社会整体需求,结果既影响择业又压抑了自己的优势。

2. 过分强调职业的社会地位。据一项对89个城市的就业统计显示,公务员职位虽然只为大学毕业生提供1%的就业岗位,但却吸引了30%大学生的目光,千军万马挤这个就业"独木桥",反映出大学生群体择业取向存在一定偏差。

3. 追求高薪高酬职业。专家提醒:不少学生在求职过程中,不顾职位是否学以致用,也不管是否是自己专业特长、兴趣能力所及,而优先考虑那些高薪高酬、福利好的职业和单位,今天认为这个单位待遇不错,明天又觉得那个单位有利于自己发展,在多个单位中难以取舍,结果高不成低不就,丧失就业机会。

4. 片面强调就业地区。许多学生求职的理想地点是北京、上海及东部沿海发达城市,稍偏远的地区就不予考虑。

5. 图轻松,缺乏事业心。一些毕业生在择业时避苦就易,目光总盯着工作轻松、稳定、竞争不激烈的单位,在职业选择上有些学生虽然意识到基层艰苦行业需要人才,最能锻炼自己,却又怕基层条件差、埋没了自己的才能。

6. 一味追求个人兴趣满足。职业是人们满足兴趣、发展自我的一个途径,但如果一味率性而为地择业,不顾主客观条件,便会在择业时遇到许多冲突和阻碍,反而屡屡受挫。

7. 狭隘地理解专业。由于社会现实的种种限制,个人所学专业与社会需要并不能一一对接。专家提醒:如果求职学生狭隘理解"专业对口",就会使择业范围和发展空间大大缩小,易导致挫败感和消极情绪。

针对大学毕业生就业观念七忌,专家建议正在求职的毕业生,树立正确的择业观,更新择业观念,摆脱传统束缚,消除爱慕虚荣、自我封闭、消极怠慢等心理;同时加强自身修养,客观认识社会转型时的诸多现实,达到个人、社会、国家利益的统一,在主客观限定范围内,寻找适合于自己的就业道路。

(资料来源:根据南方网 http://www.southcn.com/job/graduates/200501180111.htm 整理)

回顾与反思

1. 与传统就业观念相比,当前大学生的就业观念主要有哪些变化?
2. 在社会主义市场经济体制下,大学生要树立怎样的就业观念?
3. 结合自身情况,谈谈对"先就业后择业"思想的理解。
4. 政府对大学生自主创业有什么鼓励和支持措施?

【注释】

[1] 中共中央马克思恩格斯列宁斯大林著作编译局编. 列宁选集（第1卷）[M]. 北京：人民出版社，1972.

[2] 〔德〕马克思，恩格斯. 马克思恩格斯全集（第3卷）[M]. 北京：人民出版社，1960.

[3] 〔德〕马克思，恩格斯. 马克思恩格斯选集（第3卷）[M]. 北京：人民出版社，1972.

[4] 中共中央马克思恩格斯列宁斯大林著作编译局编. 马克思恩格斯选集（第3卷）[M]. 北京：人民出版社，1972.

第三章 就业心理

市场经济方兴未艾，就业竞争优胜劣汰。调适心理从容应对，敢于创新开拓未来。新世纪的大学生，在大学里数年发奋苦读，学有专长，终于走出"象牙塔"，步入竞争激烈的市场。他们犹如一匹匹"千里马"，期待着适应市场经济选择的就业指导，他们向往着施展才华的舞台，他们渴望着伯乐们的挑选。就业对大学毕业生来说，是孜孜不倦的探求，是走向社会和人生之旅的重要转折点。大学的数年深造，使新世纪大学生基本具备了现代经济建设未来人才预备队的智能结构和综合素质。面对就业，他们心态纷呈，莫衷一是。因此，有必要分析其就业复杂的动因，并及时予以理性的分类指导。

第一节 就业心理及误区

就业心理是大学生心理状况的组成部分，在就业过程中必须结合毕业生的实际予以重视，而就业心理在一定程度上是缘于就业观念，因此探究就业观成了研究就业心理的先决条件，并据此推衍出大学生就业心理特点以及常见的心理误区。

一、现代大学生就业观

1. **就业是力争社会接纳，实现成才需要**。汹涌澎湃的市场经济大潮筛选有用人才，渴求优秀人才，呼唤杰出人才；莘莘学子则思考着成才，拼搏着成才，探索着成才。从心理需求视角上看，大学生随着社会交往的日益扩大，生活阅历的不断积累和文化科技知识的迅速增长，心理必将萌生早日成才的迫切愿望。从社会需求视角看，大学生的实际社会地位并非他们想象中的那么高，仅属于"社会准人"或"社会边际人"，因此，他们具有强烈的塑造个体形象，较快完成从"自然人"到"社会人"的转变状态。他们不仅期望得到校园师生的认可，而且企盼得到社会的接纳。这种发自内心的积极渴求和力争社会接纳，使之早日成为社会有用人才的愿望，是促使大学毕业生的就业指向紧紧围绕市场经济职业需求指数跌宕起伏的"第一推动力"。

2. **就业是追求经济自立，奠定物质基础需要**。大学生是不断探求个体新的生长点的青年群体。面对商品物价这柄"达摩克利斯之剑"的威慑，力争早日经济独立，奠定和创造生存所必需的物质基础，并争取获得较大的经济利益，一方面满足毕业生个体生存、健康发展和愉快生活的需要。另一方面能满足从依附父母中解脱出来，达到意志独立乃至全面独立的需要。大学生这种追求经济独立，创造物质财富的愿望,是他们选择向市场经济大动脉靠拢的又一动力。

3. **大学生就业是实现自我价值和社会价值的需要**。市场经济竞争的激烈氛围,促使新世纪大学生更加崇尚个体的奋斗,期望通过个体职业选择的方式,来开创自我奋斗的新局面。虽然,时下大学生的职业选择仍未能超越维持生活和生存需要的"峡谷",但是作为富有进取心的青年群体,他们中的绝大部分已将实现自我价值与社会价值置于就业的首位。为了早日实现自我价值与社会价值,大学毕业生必须不断筛选市场的人才需求信息,反复比较,抉择满意就业方案,确立就业的科学坐标,以期充分发挥个体的潜能,达到实现"两个价值"的目的。

二、现代大学生就业的心理特点

1. **大学生就业观日趋成熟且多样化**。新世纪大学生,面对改革开放的挑战和机遇,显现出一种特有的自信和成熟。第一,他们对前途充满乐观,坚定而自信。据有关调查报告显示,大部分大学生认为:"只要努力,便定能在事业上有所作为,有所成就。"这表明大学生对职业具有顽强拼搏的进取精神,对自身奋斗充满必胜的信念。第二,大学生就业时注重长远发展。施展才华并能发挥一技之长已日益成为就业时的首选,而收入高及社会地位高则退居其次,这表明大学生就业观逐渐走向成熟。第三,大学生对社会竞争表现出特有自信。这其中他们大多对收入分配距离拉大表现出理解,将"跳槽"或"再次就业"行为,认为是理性务实的作为,如此等等反映了大学生就业观的日趋成熟。

2. **大学生就业的自觉意识觉醒**。大学生就业自觉意识的觉醒,集中表现为就业中强烈的风险意识、创业和开拓精神。在大学校园中有句顺口溜是"宁当最小的老总,不当最高级的雇员。"部分大学生在问卷调查中表示,愿意"负责新的组建部门或单位,干一番事业,成就理想"或"辞去现在的工作,到一个能发挥自己才能的单位去工作"。诸如此类都充分显示了大学生敢于开拓,敢于创造的志向。

3. **大学生就业中的"白领"倾向明显**。许多大学生推崇社会名望好、收入丰厚的智力型职业,而对社会地位低、报酬少的体力型工作则关注较少;推崇外语、电脑等专业学习,而对岗位技能人才招聘则"热度"下降,这些思想折射出大学生倾慕"白领"的强烈心态。开发区就业热、下海经商热、开办公司热,勾勒出大学生"白领"倾向的具体表现。

4. **大学生就业高期望值与自身条件反差明显**。据最新调查资料统计表明,毕业就业问题始终是大学生最关心和最忧心的问题,"前途意识"实际上贯穿于大学生在大学学习和生活的全过程。所学专业在市场的"销路",人才市场竞争一年比一年激烈,地区发展不平衡而导致的跨省市就业倾向,企业转制过程中国企的现状,都不同程度地在大学生就业过程中折射出来。"究竟我该怎么办呢",成为大学生就业观念上的一大疑团。

三、当前大学生就业心理误区

大学毕业生在就业的过程中，由于缺乏或者忽视了心理辅导，在就业上存在着诸多的误区。纵观国内"就业指导"类的书籍，不同专家学者从不同的层面论及"就业心理误区"，成果颇丰，下面从大学毕业生现实性的视角审视其就业心理误区。

1. **追求用人单位的"光环效应"**。单位的光环效应主要是从单位的社会声望等方面考虑的。单位的光环效应使许多大学毕业生为之神往。一般来说，名牌单位效益较好，工资和福利较高，但好单位工作压力也较大。与此相反，那些有待发展的其他单位如中小企业，需要各方面的人才，在那里大学毕业生更能展示自身才能。因此，摆脱光环效应，立足现实未必不是明智的选择。

2. **工作与兴趣等同**。部分大学毕业生在就业过程中，基本上以个人好恶为出发点，追求的是兴趣，没兴趣的工作坚决排除就业考虑范围。应当说，兴趣与职业之间是相通的，二者的统一无疑会有助于个人事业的深化发展。但兴趣与职业又并不完全一致，有些兴趣在职业市场上难与相关职业挂钩，所以不能仅以兴趣论职业。而当人的兴趣与奋斗目标相结合时便发展为志趣，它具有自主性、社会性、方向性的特点，表现为行动或意志的一致倾向。而这种结合往往并非所有人之所能。

3. **工作便是求稳**。这种求稳的心理源于中国的"铁饭碗"观念，长期以来的传统观念影响，使部分大学生仍停留在"稳"的历史阶段。而实际上，这些大学毕业生在主观上和客观上都不够理性。真正稳定的事物是自己的事业心和责任感。任何规章制度不会将勤劳肯干与成绩突出者排斥于职业之外，而那种企盼一个又轻松又稳定的职业过一辈子的想法是不切实际的。

4. **无能无力难以就业**。早在两千五百年前，古希腊的德尔菲神庙的门碑就刻有这样的箴言："认识你自己。"但时至今日，仍有不少大学生不能正确地认识自己，对自己的定位很模糊。人的能力有大小之分，但从没有一个人会一无是处，只是作用大小不同而已。因此，大学毕业生既不能盲目自信，又不能过分低估自我，在就业实践中应不断地挖掘潜力，逐步实现自己的人生目标。

5. **男强女弱的工作思维**。中国传统文化中"男尊女卑"的封建残余思想在现实生活中仍然存在，并以重男轻女的模式体现在就业实践中，这也成了女大学毕业生找工作相对难的主要原因之一。应当指出，男性和女性各有所长，诸如优雅的公关人员，严谨细致的科研人员，医院里亲切的白衣天使，幼儿园里充满朝气的女性教师，如此等等都是女性发挥优势的职业。

6. **"锥于袋中而不自露"**。许多大学毕业生在校期间，刻苦学习，不断提高综合素质，却忽视得到认同也是发展的一个重要手段。对于就业的大学毕业生来说，能力固然重要，但有能力还应适当地表现自己，只有这样，才能得到领导和同事的认同，从而较易得到良好的工作环境和人际关系以及领导的重用。

第二节　大学生就业心理冲突与心理障碍

在大学生就业过程中，就业心理冲突与就业心理障碍时常制约和影响着大学生顺利而有效地就业，因此探究就业心理冲突和障碍的表现方式，并"对症下药"，做到积极疏导，有利于塑造他们良好的就业心理素质。

一、大学生就业心理冲突

（一）实现人生价值的心理冲突

1. 就业价值的多元性。大学生渴望成功，渴望实现自身价值。他们意识到，要想取得成功必须选择合适的目标。随着社会的进步和时代的发展，个人实现自我价值和成功的标准并非是一成不变的，大学生通过各自的努力在各行各业中通过不同的途径也可以实现自身价值。

（1）学历深造。信息时代使得越来越多的大学生感受到知识的重要性，学海无涯，大学学习难以满足未来社会与事业发展的需要。为此，考研、考博成为他们的首选，继续艰苦而清贫的求学之路，在求学的路上谋取更好的人生发展和价值实现，成为莘莘学子执著的奋斗方向。

（2）直接就业。实践证明大多数毕业生临近毕业时选择了直接就业，希望到社会中磨练自己，锻炼自己，从基层做起，一步一个脚印，在不断的社会学习和磨砺中实现自身的人生目的和价值。

（3）自主创业。创业是当前大学生就业的新途径，为了更好地练就实践（特别是企业家）能力，部分有条件的大学毕业生选择了创业之路。国家也为大学生提供了一个前所未有的广阔空间。大学生可以通过各级部门的优惠政策，积极制定和实施创业计划，发挥自身的能力和特点，不断弥补缺点和不足，提高自身的能力和素质，在社会的浪潮中实现自我。

（4）出国留学。全球化成了当今世界不可逆转的潮流和趋势，国与国之间的联系和交流更加密切，尤其是我国加入 WTO 后，人才流动更为频繁。出国留学、国外闯荡、回国创业，成了越来越多的人才选择实现人生价值的途径。部分大学毕业生决意出外尝试，这既是对自身的考验和挑战，更重要的是一种机遇。部分大学生甚至通过自身的努力，力图在中外经济、文化、科技的交往与合作中扮演着桥梁的作用，为国家间的交流和沟通做出一份贡献。

（5）自由职业。当代的大学生思想活跃，个性鲜明，部分不愿在就业上受到束缚，不希望成为极具规则"工作机器"，因此，自由撰稿人、项目策划、广告设计、经纪代理、理财顾问等一些工作弹性度大及自由支配度高的职业成为他们的首选。

由此可见，大学生的成才设计是多方位、多视角的，其主体性、务实性与多样性十分突出。一是就业的自我意识增强。毕业生从自己的特点出发，结合兴趣和需求，设计出适合自己、并能发挥潜力的就业发展目标，以获取事业成功的最大可能性。二是就业的理性化程度提高。"先就业、后择业、再创业"的就业发展路子，被越来越多的毕业生所认同，因为，在现代社会中职业的流动性越来越大，第一次职业选择作为终身选择的可能性下降。因而，大学毕业生的流动性意识、"逐步到位"的意识越来越强，寻求性失业、工作后再"回炉"深造以及自由职业者等都大有人在。

2. 大学毕业生价值冲突的引导。在毕业生就业过程中，高校进行正确的就业价值冲突引导日益重要。高校的引导有助于毕业生在多元化的价值取向面前，进行正确的就业价值选择，以符合社会对人才的需求。

（1）实现个人与社会的有机结合。大学毕业生在就业价值取向问题上一个重要的方面，就是高校如何教育毕业生正确地将个人利益与社会需要有机地结合起来。每个人都生活在特定的社会关系和环境中，是"生产关系的总和"，是个体的人和社会的人的统一体，所以人的价值也是在人与人、人与社会的互动关系中得到确定的，主要包括自我价值和社会价值，两者相辅相成、不可分割，社会价值是实现自我价值的基础和前提，自我价值的实现不得损害社会的价值。如果毕业生只追求个人利益，只追求自身需要的满足，而把社会价值和个人价值对立起来，只求索取，不作贡献，这种社会的"寄生虫"也是无法实现自我价值的。为此，学校在教育毕业生就业时应引导他们考虑到社会的需要，综合考虑社会的需要和个人实际来确定自己的志向和职业，努力寻求个人与社会的良好结合点，使个人需求与社会的需求达到有机统一。

同时，学校在就业价值引导上应鼓励毕业生既要重视经济利益，又要追求精神价值，弘扬理性的人文精神，坚持做到二者的协调发展。人文精神的有无、多少深刻影响着毕业生人格的健康发展，因此，高校必须大力宣扬人文精神，把人对物质利益的单纯追求升华为一种理想信念和社会责任感，一方面通过对人们谋利行为的规范，使人们对物质利益的追求建立在理性与合法的基础之上。另一方面，学校通过精神引导，使大学生逐步有着较高的精神素养，这既有助于推动大学生就业价值取向完善，又保证了社会主义市场经济的健康发展。

（2）坚持理论与实践的统一。大学毕业生在就业过程中反映出的又一个特点是理论与实践之间"有机脱节"。绝大多数毕业生在认知上都赞同应当担负起国家建设的重任，为社会作贡献，但实际行为往往是"理论的巨人，实践的矮子"。从正确的认知到行为的转化是一个自身道德修养深化、人生境界升华的过程，树立正确的世界观、人生观和价值观是大学毕业生成才的根本保证。为此，学校要开展国情教育，让大学生更好地认识社会和民情，既看到现代化对高层次人才的需求，又感受到落后地区对人才的迫切需求,从而在实践中提高认识,加强自身修养,并转化为具体的行动。

(二)就业心理期望冲突

1. 心理期望冲突的表征

(1)现实需求与理想目标的冲突。目前大学毕业生在职业的选择上虽趋于实际,但仍存在着不同程度的理想化,这种理想化后果必然造成了大学生就业期望值居高不下,少数毕业生甚至给自己划定范围,工作可能取向的条件,诸如名气好的单位才去,收入高的单位才去,没有提升希望的不去,使得就业的理想目标与现实需求之间产生较大的不协调。

(2)眼前利益与长远利益的冲突。这对矛盾几乎成为所有人的一对"突出矛盾",是继续深造还是选择就业;是立足于眼前的高收入还是注重今后的发展空间;是注重打好基础还是急于求成、名利双收诸如此类矛盾使毕业生徘徊在就业的十字路口。

(3)追求稳定与追求变通的冲突。面临毕业,终究要尘埃落定,然而究竟到底是寻找一份待遇较好、稳定系数较高的职业还是不断挑战自我、善于追寻的更多的"奶酪",就业还是创业,诸如此类问题实际上归结起来便是在就业过程中是追求稳定还是追求变通,这对矛盾令毕业生困惑不已。《论语》有云,"人无远虑,必有近忧"。过于保守求稳将影响今后的发展,但无可否认的是,在激烈的竞争面前,确实部分毕业生产生了求稳心理,特别是关键时刻趋向保守。这因人而异,需要毕业生根据自身的实际情况和社会的具体发展状况而做出决定。

2. 心理期望冲突的调节

(1)制定正确合理的就业方案。当前,"双向选择"已成为大学毕业生新型的就业模式,他们的观念意识也随模式的确立而相应地发生改变,与模式相适应的竞争意识、自主意识、风险意识在越来越多的大学生头脑中树立起来。只有根据市场需求和自己的实际情况,为自己制定出合理有效的就业方案,才能在激烈的人才竞争中脱颖而出,寻找到理想的职业。一方面,严峻的就业形势使得毕业生的"忧患意识"增强,越来越多毕业生抱怨就业的压力;另一方面,高素质人才的缺乏也使用人单位加大了吸引人才的力度。这就要求广大毕业生突出自身的特点和专长,做到专和精,使自身受到欢迎。同时毕业生应正确看待"单位用人",不可盲目地追求虚假的"绩优单位",要对其进行认真准确的分析和判断,对一个单位的分析应包括其发展前景、所属产业特点、管理体制、组织结构以及工作环境等因素。

(2)同时应客观评价自己,毕业生应当了解自己的知识、能力、个性、特长以及职业目标和志向,同时在就业时毕业生也应学会适时的"推销",做到有备而来、巧妙应对、掌握技巧和心态平衡等。

（3）不断调整，理性定位。毕竟绝大多数毕业生是平生第一次真正面对就业的竞争，所制定的就业方案可能并不现实。况且就业形势又在不断发生变化之中，就业方案不可能一成不变。因此毕业生应在具体的实施过程中不断调整就业观念，修正就业目标，使就业方案更符合现实情况，提高应变能力。如若原先就业目标过高的，可以适度降低，使自己能拥有更多的选择机会；如若原先对自己缺乏信心的，可以朝更高的目标去冲刺，如此才能正确的定位。

二、大学生就业心理障碍

（一）消除就业浮躁

1. 产生就业浮躁的因素

（1）青春期固有的因素。处在这个时期的青年，接受新事物速度快，思想容易不切实际，处理问题易冲动，自我意识强烈。虽然他们的生理发育已经成熟，但相当部分大学生心理发展还不成熟（由于专业的细化，加上知识结构过窄），生理状况与心理因素具有明显的不同步性；再加上他们的知识结构不完善，每个人的生活体验又千差万别，其个性心理特征便呈现较大差异，在就业过程中就表现出浮躁、彷徨和不安等，感到就业无从做起，既想尽快步入社会，又不知人生归宿何处。

（2）优柔寡断。从学校到社会是人生的一大转折。面对这一转折，大学毕业生既要能够做到尽快适应，又要不失时机，抓住转折机遇，权衡利弊。而现实中，少数大学毕业生追求诸如行政机关、事业单位、金融机构等热门职业，形成"千军万马过独木桥"的激烈场面，用人单位只好"百里挑一"，落选者自然较多。而一些所谓冷门职业尽管急需大批人才，但仍是"门前冷落车马稀"，问津者寥寥，签约者更少。优柔寡断的心理弱点往往会使他们产生"不识庐山真面目"的浮躁感，以致经常丧失许多就业良机。这样，在人才市场上便出现了"热门烫脚，冷门冻脚"的怪现象。

（3）自负的心态。部分大学毕业生学习成绩优秀、所在高校声望高、专业热门、求职门路广、家庭条件优越，或者因能力强有一定的竞争力，或者因相貌出众等因素，产生了一种自负的优越感。表现在求职时往往是狂妄自大，不屑一顾，结果丧失许多就业的机会。而用人单位对这种缺乏自知之明、自视清高、对自己的缺陷和困难估计不足的大学毕业生也是心存芥蒂的，认为情绪浮躁、盲目自信的心态是缺少社会经验、心理素质不成熟的表现，将来走上工作岗位后必然是办事浮躁，甚至不能胜任本职工作等。

（4）期望值过高的心理。大学生毕业时都希望能找到一份充分施展才华和实现人生抱负的工作，这是人之常情，完全可以理解的。但是从实际来看，大多数毕业生普遍希望能到"大"字头单位，去大城市、大机关、大公司、大企业工作。实际上,这是大学毕业生对就业的期望值过高的表现,是对社会需求的不了解,结果往往造成大城市、大机关、大公司挤不进,小城市、小机关、小公司却已是满员,造成"竹篮打水一场空"的尴尬局面。

2. 消除就业浮躁的途径

(1)高校要认真做好毕业生就业指导工作。大学生就业受到了主客观因素的制约,并由此产生了浮躁心理,因此,高校应通过各种指导培训工作,引导毕业生以正确的价值观念、道德标准和行为规范参与就业活动。这一就业指导工作的内容包括三个方面:一是思想指导,二是信息指导,三是技巧指导。从理论上讲,思想指导和技术指导等消除心理浮躁效果更显著。而信息指导是就业指导的基础,通过指导让大学毕业生尽可能多地掌握用人单位的需求信息,以便主动投身到就业中,避免盲目性。

(2)大学生要树立高尚的职业理想。如果将中小学时代视为个人的职业理想的萌芽阶段,那么,大学时代是个人职业理想真正的形成过程。大学生的职业理想是指大学生对未来职业的追求和向往,是一种未来职业的规划,求职就业的一切都以此为基本和出发点,而高尚的职业理想应当是个人志向与国家利益、社会需要结合起来,在三者的结合中通过自身的努力,最终实现人生价值。

(3)在就业中寻找最佳位置。选择职业,在某种程度上讲就是选择未来。大学毕业生如若能正确地选择职业,那么无疑为未来的成功奠定了基础。为此,毕业生要把握机遇,迎接挑战,争取迈好走入社会的第一步。而这"万里长征的第一步"却不易走好,为此,大学毕业生须做充分准备,对所处的社会环境有较全面的了解和认识,不断调整自我的期望值,掌握就业主动权,做到切合实际,使自身符合社会的需求,从而获得理想职业。

(4)坚持"世变则势变"的原则。实践证明,大学毕业生的思想观念转变至关重要,这要求大学生就业意识和行为应主动与国家的毕业生分配制度"接轨",使自身的思想观念、思维方式适应市场经济和社会的变化发展,这样才不至于被历史的车轮无情地"抛下"。大学毕业生应清醒地认识到,市场经济的供求规律深深地影响着人才市场。供不应求,就业的范围的可能性便较大,就业较容易;供过于求,就业可能性减小,就业较困难。遵循这一基本规律,求职时便不会一厢情愿地"想当然",而是达至"世变则势变"的目的,最终实现成功就业。

(二)消除就业焦虑

1. 产生就业焦虑的因素

(1)依赖因素。表现为两种倾向:一种是依赖大多数的从众心理,自己缺乏独立的见解,不是从实际情况出发作出切合实际的选择,而是人云亦云;另一种是依赖政策，不是主动选择、积极竞争，而是"自我感觉"国家是"兜底"，觉得利用国家优惠政策的照顾会很容易就业。这种心态是与激烈竞争的社会现实格格不入的。众所周知，职业的选择往往是对机遇的一种把握，错过机遇，你就会与成功失之交臂，有时甚至是遗憾终生，特别是一旦今后找不到理想的工作，焦虑感便随之而来。

（2）等待因素。与依赖心理类似，等待也有两种表征：一种是大学毕业生不积极参与就业，而是靠父母和亲朋好友出面四处奔波，缺乏就业的主动性，这种状态下，即使在别人的帮助下能找到职业，也难以适应今后生活与工作；另一种是部分大学毕业生在求职找工作时，对决定聘用自己的用人单位还不够满意，不与用人单位签订协议，认为将有更好单位在后头，结果是"过了这村，没了那店"，等到众多机会丧失时，便产生焦虑和苦闷的情绪。

（3）短视因素。有些毕业生在就业时过分看重地位和实惠，一心只想进大城市、大机关，去沿海发达地区，到挣钱多、待遇好的单位，甚至为了暂时的功利宁可抛弃所学的专业，不服从分配，这种心理可能会得到一些眼前的利益，但从长远发展看并非是明智的选择。另外，相当部分大学生认为，只有到大型企业去工作，才能充分发挥出聪明才智，因为大型企业具备了实现人生价值的物质和精神条件，那里机遇好、福利好、工作稳，而小企业资金缺乏，人员素质差，更谈不上什么发展前途了。而实际上大企业难进，毕业生容易形成焦虑的心理，即使进了大企业，发现里面人才济济，竞争十分激烈，"大材小用"现象十分普遍，更是焦虑。

2. 消除就业焦虑的技巧

（1）重视转换角色，适应社会需要。求职就业与学习期间的社会实践不同，它是要找到适合自己的工作岗位，并能在这个岗位上发挥自己的作用。毕业生在求职前必须从宏观上了解国家的有关政策，尽可能地了解就业的法律法规，了解正在实施中的改革措施及存在的问题；从微观上要了解自己专业就业的基本情况和改革趋势，以及用人单位人事管理的办法和动态以及用人数量和标准。了解的目的不是研究、评判，而是为了接纳和适应。

（2）重在客观评价，树立良好就业心态。古语云，"尺有所短，寸有所长"，所以每位毕业生对自身能力应有客观和正确的认识，做到"知人者智，自知者明"。只有这样，才能树立良好的心态，在求职中抓住机遇，避免盲目性，减少失败。良好的就业心态主要表现在以下四方面：一是确定合适的就业目标，二是避免从众心理，三是避免理想主义，四是克服依赖心理。

（3）重在无私奉献。对于即将进入社会的大学毕业生来说，无私奉献的精神是进入社会成熟的重要标志之一。大学生是否具有无私奉献精神关系到他们职业生涯能否顺利发展，关系到他们能否成才和实现人生价值等一系列问题。目前，用人单位除了重视大学毕业生的能力外，已越来越看重一个人的奉献精神，对于刚出校门、毫无资历的高校毕业生来说，奉献精神是获得社会和单位认可的基本条件。在市场经济环境中，竞争无处不在，大学毕业生在进入社会后，靠能力生存的残酷现实马上摆在面前，如果没有无私奉献精神，即使有一定的才华和能力，也谈不上有竞争力，在这种情况下毕业生将逐步被边缘化，甚至被社会淘汰。

（4）重在扎根基层，实现理想。大学生准备求职就业，还必须做好面向基层、做好艰苦奋斗的思想准备。事实表明，经过改革开放以来三十年的培养和补充，现在城市和各大型企事业单位的科技人才已相对饱和，已经形成了一个比较完整和成熟的人才系统。而在西部地区和广大的乡镇却多年来未能接收到较大数量的大学生，很多非国有企业长期缺乏大量高素质的专业技术和管理人才，他们急需大批有才干和能力的大学生去开拓。从长远看，树立扎根于基层的就业观是符合大学毕业生发展的，基层为大学生成长提供了的广阔天地，提供了一个施展才华的舞台，大学毕业生同样可以通过努力实现自身的人生价值和抱负。但现在相当部分的毕业生抱有一种片面的就业观，在心理上畏惧扎根于基层，认为基层不利于自身的成长和发展。诚然，基层条件较艰苦、待遇较差，但从另一方面来看，基层人才也较匮乏，大学生落位后将可能被委以重任，甚至独当一面。因此，大学毕业生应树立起扎根于基层的观念，勤恳认真，做到踏实肯干，任劳任怨。

第三节　各类大学生就业心理指导

本节在综合介绍具有共性特质的就业心理指导基础上，针对女大学生、外地学生、生理缺陷学生以及学有特长的学生进行个别指导，以期能更具针对性，达到指导的效果。

一、树立正确就业心理观的途径

1. 形成积极主动的就业意识。随着社会主义市场经济体制的逐步完善，我国的大学生就业制度发生了重大变化。以往国家指令性计划把大学毕业生调配到用人单位，较少考虑大学生质量、兴趣特长以及用人单位的具体需求，国家统一分配，毕业生需服从国家和学校统一安排，通过计划实现人才的安排和流动。但随着我国大学生就业制度的发展，昔日"一个萝卜一个坑"的传统模式将不复存在，相反的，竞争不可避免地引入到就业领域，个人可自由选择职业和单位，用人单位根据毕业生的素质和单位的实际需求对人才择优录用。对于这一趋势，毕业生应尽早做好心理准备，将过去的那种等、靠、要的旧有观念转换成积极主动的就业意识，及时搜集招聘信息，调整知识结构，不断调适个体的就业指向，紧跟时代潮流和社会前进的步伐。

2. 形成主动出击的竞争意识。市场经济是竞争型的经济体制，随着我国社会主义市场经济体制不断完善和健全,竞争日趋激烈。大学毕业生在学期间,基本上生活在风平浪静的"纯校园"氛围中。而一旦走出大学的围城,直面竞争的社会舞台,就显得准备不足,迷失方向,甚至惊慌失措。因此,毕业生只有具备较强的竞争意识和主动出击的心理,方能抓住稍纵即逝的机会,追寻一份较为满意的工作,充分展示自身的抱负和才华。常言说得好,"机会面前人人平等",但机会永远都垂青于那些有所准备和竞争意识的人。所以,每个大学毕业生在步入社会、直击职场之际,必须树立起主动出击的竞争意识,以便在激烈的就业竞争中取得成功。应指出的是,主动出击并不等于"四处出击",必须看准目标,有的放矢,而不是像个"无头苍蝇",四处乱撞。

3. 形成敢于挑战的自信意识。 大学毕业生在就业过程中,随时都可能遭受到变化无常命运的折磨和突如其来失败的打击。但是,不管命运多么残酷,环境多么恶劣,大学毕业生都不能丧失自信心,自信是大学生成功的基石,更是成功的一半。心理健康的大学生,必须充满对自身、社会和未来的信心,相信未来是掌握在自己手上的,相信"事在人为"。如若丧失自信心,便会失去开拓新生活的勇气和力量。任何一个大学生,在任何情况下,都应百折不挠地相信自己的能力,相信自己能够积极地应对挑战,化挑战为机遇,在挑战中实现自身的价值。但需注意的是,自信是建立在对就业环境和对自我能力清楚认识的基础上的,而不是盲目乐观,过于自信。

4. 形成抗挫的理性意识。 我国正处于新旧体制的交替之中,大学毕业生分配制度、教育体制以及劳动体制正发生着根本性的置换,改革使得部分颇有才华的大学毕业生在就业时受挫,因为现实并非尽如人意,所以大学生对其应有所心理准备。但是改变这一现实,也正是大学毕业生应有的作为。面对机遇擦肩而过的,甚至面临厄运的袭击,如若沉沦、颓废和丧志,那将是十分可悲的。实践告诉我们,错过一个机遇,还有另一个机遇向你招手,送走"厄运"之后,幸福的时光总会到来,因为机遇属于那些懂得怎样追求和有所准备的人。就业受挫只是对大学毕业生意志的一次小小的磨练,在漫长的人生之旅中,困难、逆境、挫折犹如家常便饭,就业受挫只是这条人生大河中的一朵浪花而已。

在就业竞争中,大学毕业生不能仅以一次胜败论英雄,面对挫折和失败的打击,要保持清醒的头脑,因为就业中的挫折,是造就事业中强者的途径之一。

二、女大学生就业指导

(一) 女大学生不良的就业心理

受传统文化、男女生理差异、女性自身对自我认识的偏差等方面的影响,女大学毕业生就业难在一定程度上成为当前就业的特殊难题,它困扰着女大学毕业生的成才自信心，成为女大学毕业生难以释怀的人生阴影，给女大学毕业生就业过程中造成了不利的影响。因此，总的来说，正视性别差异，走出心理误区，消除不利影响，是女大学毕业生在就业过程中应过好的第一关。女大学毕业生就业的不良就业心理，主要表现在以下三个方面。

1. 自卑心理。女大学毕业生自卑心理主要由以下两个因素造成：一是中国传统文化的影响。中国传统文化体现浓厚的父权文化的特点，男性是社会和家庭的主宰，拥有绝对的权威；而女性则是男人的附属物，处于从属地位，社会地位较为低下。社会和家庭对男女的角色期待有着明显差异，通常认为男性应当以天下为己任，以修身为起点，以修身、齐家、治国、平天下为应有抱负和职责；而女性则要秉承三纲五常的古训，以相夫教子为己任。因此，在家庭中，家长对男性的期望远高于女性。至今这种传统观念对女性社会角色的认识偏差依然存在。许多用人单位在招聘时，常持男生优先甚至非男生不要的错误思想。在社会与家庭的双重影响下，女大学生还未走出校园，心理上已不自觉地产生女生低男生一等的思想，久而久之产生了自卑心理。二是就业过程中受挫。部分女大学生在满怀期待中遭遇挫折之后，心理上充满"失败"感觉，自信心严重受挫。面临新的选择时，常常主动降低标准，退而求其次，这种想法是完全不必要的。求职失败的原因是多方面的，应当客观地分析，究竟是自我定位不准确，还是本人条件与职业要求不匹配，抑或是就业技巧问题，可作认真推敲。寻找问题症结，适时地调整自我定位和就业策略，为再次就业积累经验做好准备。此外，部分女大学毕业生认为，外貌是决定就业成功率的重要因素，甚至认为有的岗位外貌起决定因素，这样使得部分女大学生对自己的外貌过分注重，自认相貌平平，在本已不占优势的性别中又居劣势，因此产生了自卑的心理。

2. 依赖心理。部分女大学毕业生从小是在父母悉心的呵护和学校老师的表扬声中长大的。在家听从父母的安排，在校听从老师的教导，是在顺境中长大的女学生。这类学生往往缺乏主动参与竞争的意识和积极进取的精神，这种情况下，部分女大学毕业生认为女性最终还是以家庭为重，恋家情节严重，因此更愿意找一个安逸舒适的工作，不愿选择一些具有挑战性的或者比较辛苦的工作。

3. 盲从攀比心理。部分女大学生在就业时往往不是考虑个人的条件是否适合岗位，专业是否对口的要求，而是盲目跟从和听从，人云亦云，形成了严重的攀比心理，尤其是与同班级同宿舍的同学相互攀比，如若别人找到了理想的工作，但自己的工作尚未落实，或者用人单位不如他人，往往会产生自卑的心理。

（二）消除女大学生不良就业心理的措施

1. 学会自我思考与自我选择。女大学毕业生要想获得理想的岗位，必须了解职业的基本知识，准确地进行自我评价与定位，在此基础上积极寻找合适自己的岗位。

受社会对女性性别角色认识偏差的影响,部分女大学毕业生在就业时较多的是考虑职业对今后家庭生活的影响,因而不愿意涉足那些诸如上下班不准时,或经常需要出差的职业,应该说,这种选择并非对错,只是女大学生不能一味地如此追求,必须结合自身条件。另外,部分女大学毕业生在就业时将社会对职业评价作为就业的标准,而往往缺乏对一个职业的具体认识,使得就业难度增加。

2. **注重发挥女性就业的独特优势**。男女大学毕业生在智力发展上没有多大的区别,而在气质及性格等方面却存在着一定的差异,这对就业产生一定影响。总的来说,女大学生常表现出沉着稳重,善于忍耐,做事小心谨慎,观察事物敏锐细致,比较适合那种要求持久细致而又不易疲劳的活动,因此,女大学生在就业时应了解自己的性格与气质,选择今后的工作类型。从兴趣上看,女大学生一般在兴趣爱好倾向于与人相关的内容的对象,如文学、艺术等,而对探索性较强的自然科学则缺乏兴趣,因而造成知识结构的不完善和能力培养的不均,为此,女大学生要针对自身特点,立足优势,扬长避短。

3. **正确实施决策,实现成功就业**。一是择优选择合适目标。作为一名有理想有抱负的女大学毕业生,应当坚定自己的职业理想,在设计职业计划时应从实际出发,准确定位,找到合适的发展道路。二是广泛收集信息,获取选择的主动权。对于女大学毕业生来讲,针对自身情况,要作出就业决策,必先获取信息。同时根据自己的专业要求,着意提高自己相关的能力与技巧,从而在就业中取得主动权。三是从容选择,正确决策。各类信息并非唯我独占,这就是决策的时机性,如若时机到了仍摇摆不定,在徘徊之间,别人可能占尽先机而捷足先登。因此当机遇到来时,应当机立断,及时拍板,迅速果断作出决策。

三、生理缺陷学生的就业指导

1. **生理缺陷学生不良的就业心理**。生理有缺陷的大学毕业生,在面临就业时往往会产生己不如人的自卑心理。由于生理上的某些缺陷,使得他们还未进入"比赛"场地时就已显得"落后"于他人了,无法与生理健全的学生在同一起跑线上展开竞争。诚然,与健全的毕业生相比,生理缺陷的毕业生在某些方面存在着劣势,但也应意识到,内因是决定事物的根本条件,一个人的成功是靠后天的努力和勤奋所取得的,客观上的缺陷和不足可以通过后天的努力予以弥补。因此,有必要对生理缺陷的毕业生进行指导。

2. **正视缺陷,扬长避短**。生理缺陷是客观存在的,后天无法弥补,怨天尤人、自怨自怜是无济于事的,且其产生的消极情绪会进一步摧毁人的意志与勇气,所以应在就业逐步消除。正确的态度应当是,分析自己的短处,在就业时努力"藏拙",扬长避短,积极寻找对生理缺陷影响最小的职业,将此生理上的不利因素降到最低程度。生理上的某方面缺陷只能妨碍一个人从事某些工作,并不妨碍一个人从事其他绝大部分工作。因此,对生理有缺陷的大学生来讲,一定要注意避己之短,将缺陷带来的负面影响降到最低程度,这样才能较好地与其他学生一道竞争并能胜出。

四、特长大学毕业生的就业指导

特长毕业生是指在某一学科领域中具有超常的、领先于所在群体中的其他人的感知能力和认识水平的大学生,这部分学生也常具有其他人难以企及的竞争力,一般来说,这种特长生分为专业特长生和某方面特长生这两大类。

(一)对专业特长大学毕业生的就业指导

少数学生对所学专业有着浓厚的兴趣,对专业有超过一般学生的学习热情和独到的见解,并在这个领域显示出特有的灵气,他们可能不是全才,却是不可多得的专才。由于现行的教育评价体制主要是侧重对学生全面素质的综合评价,在本科生阶段,专业课的学习与通才通识教育并举,除了专业课学习以外,还有许多公共课和辅修课,因此有些学有所长的学生可能在全班或全年级中并不显得十分突出,但对他们的就业指导应有别于对普通学生的就业指导。

1. **因才就业**。一般来说,当职业的需求与主体的兴趣特长一致时,能极大地激发主体的创造热情。但学有所长的大学毕业生在就业时,却忽视自身发展的潜力,将物质、现实等因素作为就业的标准,这实则是一种人才资源的浪费。对他们来讲,也许在某一领域还有很大的潜力可以挖掘,轻易地放弃所学专业,忽视自身潜力,从发展角度讲是一种损失。对国家来讲,国家除了需要大量普通岗位的就业人员,还需少数特殊才能的从业人员,大学毕业生轻易放弃了"特长",与普通毕业生无异,这也是国家的损失。因此,专业上学有所长的学生在就业时一定要注意"因才就业"。

2. **自主创业**。对少数学有所成,在校期间已着手开展科研工作,并有了初步成果的学子来讲,可以不参加就业,走自主创业之路。当前,许多学校都积极举办类似课外科研等活动激发学生的积极性,总的来说,类似我国"挑战杯"大学生科技作品等竞赛活动,都具有较高科技含量和潜在的社会效益及经济效益。对参加者特别是获奖者来讲,将这种潜在的科技成果转化为生产力,发挥其经济效益与社会效益,在适当的时候,走自主创业之路,也不失为一条实现自我价值和成功的途径。

(二)对某方面有特殊才能学生的就业指导

部分学生在专业课学习上表现平平,而在某个方面或某个技能上却表现出了出众的才华。对这类大学毕业生的就业指导,应以其特长为主,积极寻找有利于特长发挥的职业。

1. **模糊专业,发挥特长亮点**。下面举例说明:洪其双是福建某师范院校物理专业的毕业生,对终日与"无聊"的公式打交道的物理专业不感兴趣,因而成绩平平。

但他对英语特别是口译很感兴趣，平时十分注重英语能力的提高，利用业余时间还承担了一些翻译工作，在各种英语竞赛中多次获奖，并取得了英语国家六级证书、BEC 证书。在面临毕业选择单位时，他便积极应聘英语教师，并获得成功。洪其双的做法无疑是明智的，通过模糊自身所学的专业，发挥自身的特长，同样也能取得就业上的成功。

2. **抓住机遇，集中出击**。下面再举例说明：邱艺远是福建某高校经济类专业的毕业生，在学期间积极参加学校的各类活动，通过这些活动展现了自身的才华和能力，并成为学校各类活动的积极参与者和组织者，他不仅成为闻名校园的名主持，还参加了一些电视剧、广播剧和 DVD 片段的配音工作。转眼毕业，虽然他所学的专业属于热门，就业信息充裕，但从他的角度上看并非其特长，因此决定走发展兴趣特长之路。在参加了省内外多家电台、电视台的招考后，凭借良好的文化修养和校园内外主持的实践经验，最终被省内一家广播电台录用。

对于像邱艺远这样的大学毕业生来讲，其兴趣与特长已发展到相当的程度，他的精力的投入、关注的兴奋点都集中在这兴趣上，因此，其就业的选择应围绕于此。这样既能发挥特长，又能满足兴趣所在，更能以己之长为国家和社会做贡献。

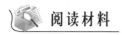
阅读材料

欲速则不达 积跬步至千里：不良择业心态及调试

大学生面临着就业，容易出现以下几种常见的不良择业心态。

1. 欲速则不达——急躁盲动症。没有好好认识自己，从众心理太强。当见到有单位来招聘就一窝蜂地去赶，没能结合用人单位选择适合自己的职业。求职同学应先到网上、就业中心或辅导员那里了解就业市场的需求情况，才作决定。

2. 当机不断必留后患——主观缺乏症。表现为择业前长期犹豫不决，顾虑重重，当发现别人评价与自我评价不一致时，难以抉择。这就需要发挥自己的主观能动性，分析过后觉得适合就去做出决定，选择后还要坚定自己的意志。

3. 黎明前的黑暗——择业焦虑。有些同学看到别人找到合适的单位，就会感到很焦虑。这时候就要适当调整职业期望值，多与同学交流，找心理辅导老师宣泄情绪。面试出现怯场时可以自我暗示，以尝试的心态去面试。看主考官额头，不看他/她的眼睛，不低头。这样可以减缓紧张心情，也不会表现出自卑心理。

4. 失败恐惧——挫折心理。面试失败过后留有阴影，在下一次的面试中时过于紧张使说话过快，易出错。这就应正确对待失败。

5. 心态失衡之魔——嫉妒心理。具体表现为宿舍气氛冷淡，相互猜忌。这样只会增加心理负担。同学间应该多交流面试心得，交换面试信息，争取共赢。

6. 灰姑娘情节——女生择业心理。女生可能有"用人单位更愿意招聘男生"的想法。女生应排除这种心理障碍，积极主动地去应聘。

产生大学生就业心理压力过大的原因主要有社会、学校、家庭和自身的因素，其中，自身心理素质是关键。如何调节就业心理压力呢？

首先要积极对待，有压力是正常的，出现心理问题也不要紧张。要敢于承认和接受，用一颗平常心对待。其次要注意积极调节，特别是当期望与现实存在差距时，要结合自己的情况，权衡利弊，寻找到二者的平衡。选择什么样的工作、接受还是拒绝都是自己的选择，要相信自己的选择是适合自己的，不要过分依赖周围人的态度。然后是积极行动，认真分析情况，主动寻找和利用各种资源，创造机会，而不是消极等待。一些经常待在宿舍、生活不规律的毕业生要改变观念，合理安排时间，做到生活有规律。生活充实、有节奏了就会提高心情的舒适度，这样找工作也就更轻松了。另外，在严峻的就业环境下，积极的努力、主动寻求机会是非常重要的，还要积极分享，敢于把找工作过程当中的酸甜苦辣与同学、老师和父母分享。现在的大学毕业生大多为80后，多为独生子女，他们蒙受着家长更高的期望，责任更大，压力也更大。要与父母多交流、多沟通，向父母说清自己的情况，争取他们的谅解和支持，不要背上思想负担。这样可以减少压力，释放痛苦，转变心情，甚至还能得到关键的帮助。宿舍的同学要相互安慰、互相支持，努力做到资源共享。毕业生要学会积极评价一些事情，要善于寻找自己的优点，相信自己的能力。比如，很多单位认为现在的大学生无一技之长，动手能力差，又缺乏工作经验，希望毕业生一定要正确对待。一方面要意识到这可能是单位对大学生的苛求，毕竟大学只是掌握某一个领域基础知识的阶段，一技之长更需要的是工作经验；另一方面要抓住一切实习机会，多多积累经验，提高动手能力。果断决定也是毕业生要培养的心理调节能力。当兴趣、爱好、专业及特长与工作相冲突时，不要焦虑，要思前想后，分别列出拒绝和接受的因素，进行对比。那些有创业志向的毕业生要做好承担高风险、接受创业失败的准备。因为创业未知性很大，要放眼未来，暂时能吃苦。

另外第一次求职面试，心情的紧张是必然的。眼见周围强者如林，前来应聘的竞争对手个个气度不凡，越发使自己产生一种紧张心理。这时候的自我心理调节就显得尤为必要。首先要从心理上战胜自己。要深知自己的长处和短处所在，应考虑在面试时怎样才能扬长避短，巧妙地避开或弥补自己有所欠缺的地方，更好地表现出自己的长处。只有战胜自己的过分紧张状态，才能在面试时保证正常发挥的基础并争取超常发挥。其次对理想职位的期望值不要过高。有一种说法是"求上得中、求中得下"，意思是说无论对什么事情期望值都不要太高。因为事情的结果往往和所预想的有一定差距，要有从最坏处着想，向最好处努力的思想准备。若对理想职位期望值过高，势必会对较不理想的结果产生自卑的心理，这对面试是很不利的。过分恐惧而产生不必要的紧张，当然也就无法正常发挥了。事实证明，适度的紧张是有益无害的，适度的紧张可以使你更加严肃认真、注意力更集中，而过度的紧张只能破坏心理平衡，使头脑迟钝、思维混乱、发挥失常。再次要正确对待求职面试。要坚信"天生我才必有用"，"此处不识君，自有识君处"。即使应聘不成，也只不过是"大路朝天，各走半边"。只要是千里马，何愁遇不见伯乐！只有大方、真诚、坦然地面对求职面试，才能在应试中举止得体、思维敏捷、妙语连珠。最后不要怯场。你莫以为主考官都是洞察一切的，都是初次见面，你不了解对方，对方对你也不了解。不要妄自菲薄，不能自己先乱了方寸。应该这样考虑：茫茫人海之中没有十全十美的人，每个人都不可能是万能的，每个人都有其长短。在面试前先了解单位的信息，从而使自己的简历与其相符，更加具有针对性。平时多注意加强语言表达能力，培养自身气质。又要克服紧张的心情，放下思想包袱，轻松上阵，做好被拒绝的准备。面试时要有良好的心理素质，语言表达准确，精神面貌要好，仪表端正，着装整洁，要有目光交流，多注意细节。

（资料来源：中国大中学生心理健康教育在线 http://www.psyhealth.cn/）

回顾与反思

1. 现代大学生就业观？
2. 当前大学生就业心理误区？
3. 大学生实现自身价值的主要途径？
4. 谈谈大学消除就业焦虑的技巧？

第四章　职业与职业道德

每一个人都与职业有着不解之缘，职业不仅是谋生的手段，而且是个人存在的意义和价值的明证。了解职业的相关内容，有利于进行职业生涯规划；有利于养成良好的职业道德，有利于推动社会的发展进步。本章主要介绍三方面的内容：职业分类及要求；职业测验及选择；职业道德的内容及其培养，并从中我们认识到职业活动对个人及社会有着非同寻常的意蕴。选择一种职业就是选择了一种生活方式和人生态度，因此，要在全面认识自身的条件下进行职业规划，并在自己的职业生涯中培养良好的职业道德品质，这是成就事业的关键。

第一节　职业分类及要求

一、职业

（一）职业的产生与发展

职业的产生与发展是社会劳动分工的必然产物，它同社会生产力水平的发展总体上相适应，并且随着生产力水平的提高和社会分工的深化而发生变化。在原始社会初期，每个人不是固定地从事某项工作，不存在专门的社会劳动分工，职业还尚未形成。随着社会生产力的发展，在原始社会末期出现了第一次社会化大分工即农业与畜牧业的分离，职业"初坯"由此产生。此后，第二次、第三次社会化大分工的出现，即手工业和商业先后从农业中分离出来，这时就逐步出现了"单纯体力劳动的群众同管理劳动、经营商业和掌管国家以及后来从事艺术和科学的少数特权分子之间的大分工"，[1] 从而开始了脑力劳动和体力劳动的分工，并且人们在社会生活中承担相应的社会责任，由此职业得到初步发展。

可见，社会分工是职业产生和发展的基础和依据，职业是社会分工的必然产物。在人类历史发展长河中，职业随着政治、经济和文化的发展变化而变化着。奴隶社会出现了专门从事国家政治生活管理和意识形态领域的职业的剥削阶级（奴隶主阶级）；封建社会手工业迅速发展，职业种类繁多；由于科技的进步，到了资本主义社会，社会劳动分工愈益细致，专业化的程度愈高，新的劳动职业不断增加，出现了千百种职业。而当前在我国，随着改革开放的日益深化，社会职业的变迁，出现了建国以来前所未有的动荡、分化和重组的格局，新兴的职业层出不穷，传统的职业种类逐渐消亡或出现了新的发展态势。总之，职业的发展必须随着生产力水平的提高和社会分工的深化而发展。

（二）职业的含义

1. **职业的概念**。职业是指人们从事的有收入的、相对稳定的及专门类别的工作；它是对人们的经济状况、文化水平、生活方式、行为模式与思想情操的综合反映；它是一个人的权利和义务，也是一个人社会地位的一般性表征。由此也可以说，职业是人社会角色的一个极为重要的方面。此外，职业往往成为一个人最基本的符号与最主要的特征，反映了一个人的社会身份、社会地位与自身的文化、能力、素质水平等。

2. **构成职业的要素**。一是职业名称，是职业的符号表征，一般由社会通用称谓来命名；二是职业主体，是指从事一定社会分工的劳动者，需具备承担该职业活动所需要的资格和能力；三是职业客体，是指职业活动的对象、内容、场所和劳动方式等；四是职业报酬，是指通过职业活动所取得的各种报酬；五是职业技术，是指劳动者在从事职业活动中所运用的自然技术、社会技术和思维技术的总和，体现于人们从事职业活动所使用的工具、材料和工艺方法等。职业要素体现了职业是社会与个人、整体与个体的联结点。社会整体依靠每个个体通过职业活动来维持和实现发展目标，个体则通过职业活动对整体做出贡献，并索取一定的回报给予维持生活。整个社会由众多职业分工和从业者的工作而构成人类共同生活的基本结构。

3. **职业的特性**。一是社会性。职业充分体现社会分工，劳动者所从事的每项职业均系他人所需，并且与其他社会成员相互关联。社会成员在一定的社会职业岗位上为社会做贡献，社会也以全体成员的劳动成果作为积累而获得持续的发展和进步。二是经济性。从个人层面上讲，劳动者所从事的某项职业是以获得现金或实物等报酬为目的的。可以说，职业是个人获得经济收入的来源，是个人维持家庭生活的手段。从社会层面上讲，职业的分工是社会经济运行的主体，职业劳动所创造的社会财富，成为社会的存在和发展的物质基础。三是稳定性。任何一种职业都要经历一个从酝酿到形成，从发展到完善再到消亡的变化过程。一般说来，构成职业生存的社会条件变化是比较缓慢的，职业的生命周期便相对地具有稳定性。四是技能性。任何一种职业岗位，都有相应的职责要求，而要完成职责要求，必须有特定的职业素质和专业技能。五是规范性。主要是指职业主体符合并遵守国家法律规定和社会伦理道德标准。六是群体性。处于同一企业或同一部门的从业者，总会形成语言、习惯、利益及目的等方面的共同特征（实际上这点类似于形成群体文化），从而不断产生群体认同感。

二、职业分类

（一）职业分类的概念及作用

职业分类就是运用科学的方法，通过对全社会就业人员所从事的各类职业进行分析和研究，按不同职业的性质和活动方式、技术要求及管理范围进行系统划分和归类，以达到劳动力素质与职业要求相适应的活动过程。[2]

科学的职业分类是进行产业结构、组织以及政策研究的前提条件，它能科学地揭示劳动力的职业结构及其变化趋势，并对劳动需求结构做出合理的预测和规划；它也是劳动者进行选择职业的基础，对开展职业教育和培训，促使劳动力资源合理配置，完善劳动力市场有着重要的作用。

1. 职业分类为劳动力需求的预测和规划提供依据。科学的职业分类一方面能正确反映国民经济各行业的结构和社会各行业的人员配制、流向及发展情况；另一方面揭示了职业间的关系，为劳动力需求的预测和规划、就业人口结构及发展趋势的统计和分析提供重要的依据。

2. 职业分类是劳动者选择职业的基础。科学的职业分类为劳动者分析各种职业的特点及对从业人员的素质提出要求，使劳动者在选择职业的过程中减少盲目性，并根据职业岗位的需要选择与自身特点相近的职业，从而实现二者最佳结合。

（二）国际职业分类

当今世界各国都十分重视职业分类，许多国家都结合本国实际情况制定了相应的职业分类标准，并广泛应用于人口统计、就业服务、职业培训、经济信息交流等诸多领域。根据西方国家学者相关理论，在国外一般将职业分类定为四种。

1. 按脑力与体力劳动的性质、层次进行分类。它把各种职业的劳动者分为两大类，即脑力劳动者和体力劳动者，这种分类方法把工作人员划分为白领工作人员（脑力劳动者）和蓝领工作人员（体力劳动者）两大类。白领工作人员包括：专业性和科技性的工作，如会计、法官、医生、教师、社会科学家、计算机专家等；农场以外的经理和行政管理人员；销售人员；办公室工作人员等。蓝领工作人员包括：手工艺及类似的工人，如木匠、建造工；非运输性及运输性的技工，如钻探工、公共汽车司机；农场主以外的工人，如伐木工、园艺工人；服务性行业工人，清洁工、餐饮服务人员等。

2. 按照社会地位或者社会阶层等级进行分类。这是由阿尔伯·爱德华在美国1940—1950年的人口统计工作中所设计的职业地位分类法。该分类法将职业由高到低分为六个层级：专业人员产业主、经理和官员、职员及类似职业、熟练工人及工段长、半熟练工人、非熟练工人。这种分类法的特点是简明扼要，但明显表现出职业的等级性。

3. 按心理的差异进行分类。这种分类法是根据美国职业指导专家霍兰德创立的"人格—职业"类型匹配理论，按照劳动者的心理素质和择业倾向，将劳动者划分为六种人格类型，相应的职业也划分为六种类型，现实性、研究性、艺术型、社会型、企业型和常规型。这是目前各国广泛运用的一种职业分类法。

4. 依据各个职业的主要职责或"从事的工作"进行分类。这种分类法较为普遍，以两种代表为例。其一是国际标准职业分类。1958年国际劳工局颁布了第一部《国际标准职业分类》，成为各国编制职业分类的依据和交流的标准。这个体系中，包括8大类、83小类、284个细类与1506个职业项目。其中8大类是：专家、技术人员及有关工作者；政府官员和企业经理；事务工作者和有关工作者；销售工作者；服务工作者；农业、牧业和林业工作者及渔民、猎人；生产和有关工作者、运输设备操作者和劳动者；不能按照职业分类的劳动者。其二是加拿大1977年出版的《加拿大职业分类词典》，它把国民经济中主要行业的职业划分为23个主类，主类下分81个子类，489个细类，7200多个职业。此种分类对每种职业的定义和职责、考核和提升要求作了详细的说明，对从业者的各方面条件、素质、兴趣、性格、能力倾向做出要求。该词典内容丰富、全面、概念清楚、描述翔实，具有较高的实用价值，是一部国际影响力较大的工具书。

（三）我国职业分类

1982年，我国立足国情，借鉴经济发达国家的职业分类法，制定了职业分类标准和政策，主要有以下两种分类法。

一种是国家统计局，国家标准局与国家人口普查办公室于1982年3月公布，供第三次全国人口普查使用的《职业分类标准》。此后的1986年和1992年，国家统计局和国家标准局先后颁布了《中华人民共和国国家标准、职业分类和代码》与《中华人民共和国工种分类目录》。但限于当时的社会条件，上述分类并没有完全准确反映社会职业结构状况，为此，由原国家劳动部主持，共组织了50多个相关部委机关从事职业分类的劳动人事干部和研究机构与专家学者近千人经过调查研究，于1999年颁布了《中华人民共和国职业分类大典》，该大典对照国际标准，把职业分为四个层次，包括8大类、66个中类、413个小类和1 838个细类，如表4-1所示。此后，国家根据社会经济发展的需要，建立新职业定期发布制度，并不断补充与修订国家职业分类体系。

表4-1 中华人民共和国职业分类

类别	名称	中类	小类	细类
第一大类	国家机关、党群组织、企事业单位负责人	5	16	25
第二大类	专业技术人员	14	115	379
第三大类	办事人员和有关人员	4	12	45
第四大类	商业与服务业人员	8	43	147
第五大类	农、林、牧、渔、水利业生产人员	6	30	121
第六大类	生产、运输设备操作人员及有关人员	27	195	1119
第七大类	军人	1	1	1
第八大类	不便分类的其他从业人员	1	1	1

资料来源：依据《中华人民共和国职业分类大典》整理

另一种是原国家发展计划委员会、原国家经济委员会、国家统计局和国家标准局批准，于 1984 年发布，1985 年实施的《国家经济行业分类和代码》，并于 1994 年进行了修订，2002 年颁布了新的《国民经济行业分类》国家标准（以下简称新标准），这项标准主要按企业、事业单位、机关团体和个体从业人员所从事的生产或其他社会经济活动性质的同一性分类，即按其所属行业分类，将国民经济行业划分为门类、大类、中类和小类四级，共有 20 个行业门类，95 个大类，396 个中类，913 个小类。表 4-2 只列出 20 个行业门类。

表 4-2 我国行业门类

序列	门类	序列	门类
1	农、林、牧、渔业	11	房地产业
2	采矿业	12	租赁和商务服务业
3	制造业	13	科学研究、技术服务和地质勘察业
4	电力、燃气及水的生产和供应	14	水利环境和公共设施管理业
5	建筑业	15	环境管理业
6	交通运输、仓储和邮政业	16	居民服务和其他服务业
7	信息传输、计算机服务和软件业	17	教育
8	批发和零售业	18	卫生、社会保障和社会福利业
9	住宿和餐饮业	19	文化、体育和娱乐业
10	金融业	20	公共管理和社会组织

资料来源：《创业职业指导——新理念》，丁华、田丰等编著

三、职业要求

（一）职业要求的概念及作用

职业要求是指特定职业对任职者的胜任特征的基本要求，主要包括对任职者所应具备的知识、能力、教育背景及工作经验、个性特征等进行分析，以获得职业规范的过程。职业要求的作用就是要回答这样一个问题："要想做好这项工作，任职者应该具备怎么样的特征"，职业要求展示出什么样的人适合从事某项职业，它有利于有意从事此项职业的从业者及早着手进行培训或职业准备。[3]一般来说，职业要求主要包括以下内容。

一是一般要求，主要包括年龄、性别、工作经验和受教育程度等；

二是生理要求，主要包括健康状况、力量与体魄、运动的灵活性和感官的灵敏度等；

三是心理要求，主要包括事业心、合作性、观察力、领导能力、组织能力及沟

通能力等，也包括任职者的个性特征。

职业要求的意义在于使求职者、用人单位、科研工作者及职业指导工作者等不同人员更好地了解和认识相关的职业，有利于任职者进行职业生涯规划，有利于做到人与职的匹配。无论是个人还是组织，如果对职业要求和个人没有足够了解，就难以制定有效的职业生涯规划。职业要求还要有利于人员的招募与筛选，它通过对从业人员素质标准的规范，帮助招聘人员寻找并发现真正适合从事某项职业并能为组织作贡献的候选人，从而最大限度地提高人力资源的使用效率，降低人力资源的成本。

（二）我国主要职业的要求

1. 国家行政人员职业要求。国家行政人员接受人民的委托，处理政府日常事务，岗位重要，对人民负责，维护人民的利益，因而要求较高的素质。

国家行政人员职业要求如下。

一是坚定正确的政治方向和良好的思想作风。坚持四项基本原则，认真贯彻落实党的路线、方针和政策，同党中央保持高度一致，有较高的马列主义、毛泽东思想、邓小平理论和"三个代表"重要思想的理论水平，践行科学发展观，全心全意为人服务；遵守纪律，顾全大局，维护国家的统一、人民的团结。

二是落实扎实的文化知识。精通行政管理学、掌握其基本理论、知识和方法；了解古今中外的政治制度；有比较广博的社会科学与自然科学知识；熟悉社会生活，有丰富的生活和工作经验。

三是具备较强的工作能力。有谋全局和善断的能力，尤其是善断；有应变和创新的能力；有敏锐的识别能力；有组织协调能力；有人际交往能力。另外必须拥有健康的身体，能适应繁重的工作。

2. 农业从业人员职业要求。农业是通过生产劳动获得主要生活来源的一类社会职业，这类职业包括粮农、菜农、茶农、果农、桑农和其他从事农业操作等具体职业。农业从业人员的职业要求如下。

一是良好的职业道德。树立为国家服务，面向市场，急人民之所急的思想；端正经营思想，遵守价格政策，不哄抬物价，不以劣充优；吃苦耐劳，不怕脏，不怕累；热爱劳动，认真负责，精耕细作。

二是身体健康。农业从业者劳动强度较大，要求精力充沛，体魄健壮。

三是具备一定的科学文化知识。农业应了解植物学、遗传学、土壤学、肥料学、水利学、农业机械及植物保护等相关的常识。

四是熟练掌握各种农作物栽培方式和技术。要熟悉各种农作物从播种到收获整个生产过程的生长发育的特性和栽培的技术要求；必须掌握生产过程中的各种作业方式和栽培技术。

3. 商业经营人员职业要求。商业是专门从事商品流通的行业。在现代社会中，商业已经成为独立的社会经济部门，是人们经济生活中不可缺少的职业。商业经营人员的职业要求如下。

一是商业经营者应给予顾客良好的形象，如营业员应有整洁大方的仪容，热情爽朗的精神风貌和顾客至上的服务态度，这些对顾客将有直接的影响。

二是商业经营者应掌握商业知识及其他相关知识，具有商业敏锐度；了解工商行政管理法规和会计、商业计划和商业企业管理等方面知识；知晓政治经济学、商业经济学及社会学、民俗学、心理学等有关知识。了解市场的供求情况、竞争状况，准确掌握有关产品的市场行情；具有开拓市场的能力，善于发现和把握商机。

三是健康的身体和心理素质。商业经营者应有健康的身体，充沛的精力；同时也应心胸开阔，真诚待人，擅长交际，赢得顾客和合作者的信任。此外，也应具有健康的身体，充沛的精力。

四是良好的职业道德。文明经商，公平买卖，诚实无欺，坚持维护国家和消费者的利益。

4. 卫生技术人员职业要求。卫生技术职业是指从事疾病诊断、治疗和预防、药剂配制、病人护理以及其他多样治疗疾病的方法，并由此获得生活来源的一种职业。卫生技术人员职业要求如下。

一是良好的医德，把"救死扶伤"奉为天职，全心全意为病人服务，帮助病人解除痛苦，挽救危重病人的生命。

二是过硬的心理素质，具有敏锐的观察力，流利的语言能力；具有完成任务的毅力，处理问题的果断，对待病人的容忍精神。

三是丰富的医学知识和实践经验。要掌握分科众多的医学知识，还要有针对性地选学法医学、医学史、社会医学、医学心理学、医学遗传学、生物遗传工程、新技术的临床应用以及其他与医学有关的学科知识。

5. 科学研究人员职业要求。科学研究职业是指人们认识和探索自然界与人类社会客观规律的职业。它力图解决社会经济发展中的一系列科学和技术问题，为发展社会生产力提供科学的途径。科学研究人员的职业要求如下。

一是具有较高的智力水平，即有较强的观察力、记忆力、思维力、想象力及操作力等。

二是具有良好的个性心理素质。既要有广泛的兴趣，又要有中心兴趣，并能保持兴趣的稳定性；保持良好的心境，控制和合理使用激情，调动热情，热爱事业；有自觉性、果断性、坚持性和自制力。

三是受过系统训练，能运用外语，要有所创新，突显创造力；将创造力、进取心与献身精神有机统一起来。

第二节 职业测验和选择

一、职业测验

职业测验是指通过职业测量的基本理论和测验工具来了解、分析自己的职业倾向，通过对职业和自我了解，才能使个人的个性特征与工作的要求匹配起来。职业测验可以判断一个人的能力优劣势与成功发展的可能性，为个人职业设计与开发提供科学的依据。

（一）职业能力倾向测验

能力倾向，是一种潜在的和特殊的能力，它与经过学习训练而获得的能力是有区别的，是一种未接受教育训练前便存在的潜能。职业能力倾向则是指与个体成功地从事某种工作有关的能力因素，是一些对于不同职业的成功、在不同程度上有所作用的因素。职业能力倾向测验是一种测量从事某种职业或活动潜在能力的评估工具，它具有诊断功能和预测功能，可以判断一个人的能力优劣势与成功发展的可能性，为人员甄选、职业设计与开发提供科学依据。

1. **特殊倾向测验**。它是系列式的测验，包括四大类多个小测验，其中，机械倾向性测验，主要测量人们对机械原理的理解和判断空间形象的速度、准确性以及手眼协调的运动能力，该测验应用对象是机械工、设计师、修理工与工程师等，典型的有"明尼苏达空间关系测验"与"贝内特机械理解测验"等；文书能力测验是专门了解个人打字、速记、处理文书和联系工作能力的测验，适合于对科室和文职人员的能力测量，常用的是"明尼苏达文书测验"与"一般文书测验"等；心理运动能力测验，主要测验工业中所需的肌肉协调、手指灵巧或眼与手精确协调等技能；视觉测验，利用远双目镜或美国鲍希罗眼镜公司设计的视力分类机等仪器，对视力的多种特征进行测验，以评定其是否符合一定工作的要求。

2. **多重能力倾向测验**。这个测验主要用于测量与某些活动有关的一系列心理潜能，能同时测定多种能力倾向。其中普通能力成套测验（GATB）是较有代表性且较为常用的。GATB由八个纸笔测验和四个仪器测验组成，可以测量九个因素：（1）言语能力倾向，要求被试者在词汇测验中指出哪两个词是意义相近或相反的；（2）数字能力倾向，要求被试者进行计算和算术推理；（3）空间能力倾向，由三维空间测验测量，包括理解三维物体的二维表示和想象三维运动的结果；（4）一般学习能力，由测量数字能力倾向、言语能力倾向和空间能力倾向三个测验的分数相加而得；（5）形状知觉，包括两个测验，一个是匹配画有同样工具的图画，另一个是匹配同样的几何形状；（6）文书知觉，与形状知觉类似，但要求匹配名称，而不是匹配图画或形状；（7）运动协调，由一个简单的纸笔测验测量，要求被试者在一系列方框或圆中，用铅笔做出特定的记号；（8）手指灵巧性，由装配和拆卸铆钉与垫圈两个测验来测量；（9）手的敏捷性，要求被试者完成在一个木板上传递和翻转短木桩两个测验。全套测验实施要 2.5 个小时。这九个因素中不同的因素组合代表着不同的职业能力倾向，如数字能力、空间能力和手的敏捷性较好的人适宜从事设计、制图作业及电器职业。因此，GATB 常被用来测定应征者的职业倾向，并进行职业辅导。

3. 多项能力与职业意向测验。这种测验选取了和社会大多数职业活动有密切关系的六个维度进行测评：语言理解与组织能力、概念类比能力、数学能力、抽象推理能力、空间推理能力和机械推理能力。

六个维度的具体定义为：语言理解与组织能力考查的是语言表达的基本理解，对语法规则、语义、语言习惯的熟练掌握程度；概念类比能力考查的是对概念关系的理解、对逻辑的理解和进行类比的能力；数学能力考查的是对数量关系的理解和掌握、对各种运算规则的熟练运用和各种数学现象的敏感度；抽象推理能力考查的是对事物变换所反映出来的内在规律的敏感度和对事物的抽象、概况的逻辑分析能力；空间推理能力考查的是对图形进行表象加工、旋转的能力，尤其考查空间认知和形象思维的能力；机械推理能力考查的是人们对一般自然常识、物理现象的认知水平，也考查人对基本的物理规律和机械规则的敏感性和掌握程度。

这六个维度组成六个分测验，其中语言理解与组织能力有 20 道题目，要求在 8 分钟内完成；概念类比能力有 50 道题目，要求 22 分钟完成；数学能力有 40 道题目，要求 22 分钟完成；抽象推理能力有 45 道题目，要求 25 分钟完成；空间推理能力有 60 道题目，要求 25 分钟完成；机械推理能力有 70 道题目，要求 22 分钟完成。测验有两种实施方式：纸笔作答和计算机实测。本测验的结果不是一个总分，而是一组不同能力倾向的分数，它提供了一种智能剖面图，显示了个体在以上六项能力上的强弱分布。根据剖面图上的强弱分布，可以给出适宜的职业排除，并指出最适宜的职业应具备的教育水平和关键能力，从而为职业咨询提供依据。本测验可用于测查大中学生和社会上的其他人员的能力素质水平，但不适用于管理人员的招聘和选拔。

（二）职业适应性测验

职业适应性测验主要从个体的兴趣、需求及动机等方面入手，考察人与职业或职位之间的匹配关系。此项测验可以帮助个体了解自身对工作的期望、生活目的、追求或者愿望，对于其职业选择颇有意义。

1. 需求测验。需求测验的设计和建构参照了马斯洛的需求层次理论所提出的人类五种需求形式，以测查应试者对生理需求、安全需求、归属和爱的需求、自尊的需求和自我实现的需求等各大类需求的发展程度，通过需求测试可以把握应试者的主要需求方向，帮助他们全面了解自我的状态，做出良好的职业设计和规划。

需求测验由 67 道题组成，每种需要选定 10～16 道题目加以测试，每道题陈述一个观点，应试者根据对此观点的同意程度进行 7 点评分，即"完全同意"评"7"分，"完全不同意"评"1"分。测验不限时间，要求应试者凭直觉作答。测验时间约 30 分钟，用纸笔或计算机作答。下面是五个维度的定义。

（1）生理安全需要是指各种用于满足生存的基本物质需要，如饮食、睡眠和营养等。

（2）安全需要是指对安全、稳定和依赖的需要，希望免受恐吓、焦躁和混乱的折磨，有稳定的工作等。

（3）归属和爱的需要是指对爱、情感、友谊、归属和社会交往的需要。希望拥有朋友、爱人和亲人。如果得不到满足、个体会感到孤独。

（4）自尊的需求是指对于自己的稳定的、较高的评价的需要或欲望，对于自尊和来自他人的尊重的需要或欲望。

（5）自我实现的需求是指个体充分发挥自己的潜能，实现人生价值的需要，也就是说一个人生下来具有什么样的潜能，他就希望成为什么样的人。

2. 职业兴趣测验。兴趣是最重要的心理特征之一，是个体对事物和活动的心理特征倾向，表现为个体对事物、活动的选择性态度或情绪的反应。职业兴趣是职业的多样性、复杂性与就业人员自身个性的多样性相对应反映出来的一种特殊的心理特点，是人们选择职业的重要依据。如果一个人对自己从事的工作有兴趣，就能够发挥全部才能的 80%～90%，并且能较长时间保持高效率而不感到疲劳；而对工作缺乏兴趣的人，只能发挥其全部才能的 20%～30%，且容易筋疲力尽。

20 世纪 20 年代，美国开始对职业兴趣测量进行了大量的研究。1921 年砍培尔职业兴趣测验最早在美国面世，它从人与职业匹配的角度将人的职业兴趣分为三类：D—对数字和符号等工作的兴趣，P—对人及社会性工作的兴趣，T—对机械和工具操作等工作的兴趣。此后，随着对职业兴趣研究的深入，又出现了许多著名的测验，如 SVIB，SCII、KOIS 和 VPI 等，但所有这些测验都难以直接在中国应用，因为其中许多内容不符合中国的国情。因此，中国学者借鉴国外职业兴趣的理论框架，结合中国人以及中国职业的特点，设计了中国的职业兴趣测验。测验采取了艺术取向、事务取向、经营取向、研究取向、操作取向与社交取向六种职业偏好作为测量维度，共 60 个题目，每道题都给出一种活动或一种技能或一种职业，要求应试者用 5 分制描述自己是否喜欢该项活动，或是否擅长或希望学习该种技能，或是否乐意选择该种职业。下面是具体诠释这六个维度。

（1）艺术取向：喜欢艺术工作，如音乐、舞蹈和歌唱等。这种取向类型的人往往具有某项艺术技能，喜欢创造性的工作，富有想象力。这类人通常喜欢同观念而不是事务打交道。他们较开放、好想象、有创造性。

（2）事务取向：喜欢传统型的工作，如记账、秘书、测算及办事员等。这种人有较强的数字和计算机能力，喜欢室内工作，乐于整理、安排事务。他们往往喜欢同文字或数字打交道，比较顺从、务实、细心、节俭、做事利索、有条理和有耐心。

（3）经营取向：喜欢诸如推销、服务和管理类的工作。这类人通常具有领导能力和口才，对金钱和权力感兴趣，喜欢影响和控制别人，喜欢同人和观念而不是同事务打交道。他们热爱冒险、精力充沛、乐观、和蔼、细心和有抱负。

（4）研究取向：喜欢各种研究性工作，如医师、产品检验员或科学研究人员等。这类人通常有较高的数学和科学研究能力，喜欢独立工作，喜欢解决问题，善于同观念而不是同人或事务打交道。他们聪明、好奇、仔细、独立、安详、俭朴。

（5）操作取向：喜欢现实型的实在的工作，如机械维修、木匠活及电器技术等。这类人通常具有较强机械能力，喜欢户外工作，乐于使用各种工具和机械设备，喜欢同事务而不是同人打交道。他们真诚、谦虚、敏感、务实、朴素、节俭和腼腆。

（6）社交取向：喜欢社会交往型工作，如教师、护士或咨询顾问等。这类人通常喜欢周围有别人存在，对别人的事很感兴趣，乐于帮助别人解决难题，喜欢与人而不是事务打交道。他们助人为乐、有责任心、善于合作、富有想象。

从以上六个维度测评一个人的工作兴趣并加以综合，可以诊断出一个人最突出的职业兴趣以及各方面职业兴趣强弱的对比特征。

二、职业选择

职业选择是指人们从对职业的评价、意向和态度出发，依照自己的职业期望、兴趣、爱好和能力等，从社会现有的职业中挑选其一的过程。[4]职业选择的目的在于使自身能力素质与职业需求特征相符合，这是一项非常复杂的工作，它受诸多因素的影响，职业能力、职业意向及职业价值观等。

哲学家罗素曾经说过："选择职业是人生大事，因为职业决定了一个人的未来……所以说，选择职业就是选择将来的自己。"可见，职业选择在人生中具有举足轻重的作用。

（一）职业选择理论

1. 职业—人匹配理论。职业—人匹配理论是由美国波士顿大学帕森斯教授提出的，这是用于职业选择与职业指导最经典的理论之一。1909年，帕森斯在其所著的《选择一个职业》一书中，明确阐述职业选择的三大要素和条件：

一是应该清楚地了解自己的态度、能力、兴趣、智谋、局限和其他特征；二是应该清楚地了解职业选择成功的条件和所需知识，在不同职业工作岗位上所占有的优劣势和补偿、机会和前途；三是以上两个条件的平衡。

帕森斯的理论是在清楚认识和了解个人的主观条件和社会职业岗位需求条件的基础上，将主客观条件与社会职业岗位（对自己有一定可能性的）相对照，最后选择一种职业需求与个人特长相匹配的职业。

职业—人匹配分为两种类型：一是条件匹配。所需专门技术和专业知识的职业与掌握该种特殊技能和专业知识的择业者相匹配；例如脏、累、险等劳动条件较差的职业，需要吃苦耐劳、体格健壮的劳动者与之相匹配。二是特长匹配。某种职业需要具备一定的特长，如敏感度、易动感情、不守常规、理性主义等特性的人，适宜于从事审美性、自我情感表达的艺术创作类型的职业。

帕森斯的职业—人匹配理论作为职业选择的经典原则至今仍是卓越有效，对职业生涯管理和职业心理学的发展起了重要的指导作用。

2. 霍兰德的职业性向理论。美国著名职业指导专家霍兰德从心理学价值观理论出发，经过大量的职业咨询指导的实例积累，提出了职业活动意义上的人格类型—职业类型匹配理论。这一理论根据劳动者的心理素质和择业倾向，将劳动者划分为现实型、调研型、艺术型、社会型、企业型和常规型六种基本类型。相应的，社会职业也分为上述六种基本类型。（具体详见第七章第二节）

（二）个人因素与职业选择

职业选择是一项关键性的人生决策，选好自己的职业，是迈向人生事业发展的第一步。任何人在社会上都扮演着不同的角色，对于毕业生来说，认清自己是选择职业的关键，而这应做好自我分析：认清个人希望从职业中获得什么；个人的性格、兴趣、气质、才能与不足；自己的价值观，以及它们是否与自己当前正在考虑的职业相匹配。通过这一环节，明确自己的职业性向、技能以及偏好等是至关重要的。对自己了解得越多，选择职业就越容易，才能和职业的契合度就越高。

1. 性格与职业。性格是人对现实的态度和行为方式中比较稳定的心理特征的总和，它反映了现实生活中人们为人处世的态度与方法。职业心理学家的研究表明，不同职业有不同的性格要求，这是客观的岗位要求，如对文员的要求是心思缜密、有条不紊；对医生则是要求耐心细致、热情待人等。诚然，现实生活中每个人的性格差异较大，难以完全适合某项职业的要求，但可以根据自己的职业方向加以培养、发展相应的职业性格，使自己与职业要求尽量适应。

那么，性格与职业的匹配要求用人单位在甄选人员时应重视对应聘者有关性格特征的测试，判断其是否具备承担该工作的条件。更为重要的是，个人在选择职业时，应根据自身的性格，选择适合性格特点的职业。难以想象一个脾气暴躁的人，如果来做医生这样需要耐心的工作，结果会如何。因此，性格是组织选入和个人择业的重要因素之一。

近年来，一些教育学和心理研究人员根据我国的实际情况，将职业性格分为九种基本类型，可作为选择职业的参考。

（1）变化型。其特点是在新的和意外的活动或工作情境中感到愉快，喜欢变化的和多样的工作环境，善于转移注意力。适合从事的职业有记者、演员或推销员等。

（2）重复型。其特点是适合连续从事同样的工作，按固定的计划或进度办事，喜欢有规律和标准的工种。适合从事的职业有纺织工、印刷工和电影放映员等。

（3）服从型。其特点是愿意配合别人或按别人指示办事，而不愿意自己独立做出决策，担负责任。适合从事的职业有办秘书、翻译或办公室职员等。

（4）独立型。其特点是喜欢计划自己的活动和指导别人的活动或对未来的事情做出决定，在独立负责的工作情境中感到愉快。适合从事的职业有律师、警察或管理人员等。

（5）协作型。其特点是在与人协同工作时感到愉快，善于引导别人，并想得到同事的喜欢。适合从事的职业有社会工作者与咨询人员等。

（6）劝服型。其特点是通过谈话或写作等方式使别人同意自己的观点，对别人的反应有较强的判断力，并善于影响别人的态度和观点。适合从事的职业有作家、辅导员、行政人员或宣传工作者等。

（7）机智型。其特点是在紧张和危险的情况下能自我控制，沉着应付，发生意外和差错时不慌不乱地出色完成任务。适合从事的职业有驾驶员、飞行员、消防员或救生员等。

（8）自我表现型。其特点是喜欢表现自己的爱好和个性，根据自我情感做出选择，通过自己的工作来表现自己的理想。适合从事的职业有演员、诗人、画家或音乐家等。

（9）严谨型。其特点是注重工作过程中各个环节、细节的精确性，愿意按规划和步骤将工作尽可能做得完美，倾向于严格、努力地工作以看到自己出色完成工作效果。适合从事的职业有会计、出纳员、统计员、校对员、打字员等。

值得注意的是，绝大部分职业都同时与几种性格类型特点相近，而一个人也可能同时具有几种职业性格类型的特点。因而，上面提到的性格与职业的吻合只是一种概括，不可能适用于每个人，应根据个人的性格与职业的要求，具体问题具体分析。

2. 兴趣与职业的吻合。 兴趣是人们认识、掌握某种事物，并经常参与该项活动的心理倾向，或者说是人们积极探索某种事物的认识倾向。不同的人有不同的兴趣，这种差异性便构成了人们选择职业的重要依据。这里介绍一下《加拿大职业分类词典》中各种职业兴趣类型的特点与相应的职业。

（1）愿与事务打交道，这类人喜欢同事务打交道，接触工具、器具或数字，而不愿与人打交道。

（2）愿与人打交道，这类人喜欢与人接触和交往，对传递信息一类的活动感兴趣。

（3）愿与文字符号打交道，这类人喜欢常规的而有规则的活动，喜欢在预先的程序下工作。

（4）愿与大自然打交道，这类人喜欢地理类的活动。

（5）愿从事农业、生物及化学类的工作，这类人喜欢种养及化工方面的试验性活动。

（6）愿从事社会福利类的工作，喜欢帮助他人解决困难，这类人试图改善他人的状况，帮助他人排忧解难，喜欢从事社会福利工作。

（7）愿做组织和管理工作，这类人喜欢掌握一些事情以及发挥重要作用，希望受到众人尊重和获得声望，愿做领导和组织工作。

（8）愿从事研究的人的行为和心理，这类人喜欢论及人的主题，对人的行为举止和心理状态感兴趣。

（9）愿从事科学技术工作，这类人喜欢通过逻辑推理、理论分析、独立思考或实验发现、分析、推理和解决问题，擅长理论分析，喜欢独立解决问题，喜欢通过实验做出新发现。

（10）愿从事有想象力和创造力的工作，这类人对需要想象力和创造力的工作感兴趣，喜欢创造新的式样和概念，喜欢独立的工作，对学识和才能颇为自信。

（11）愿从事操作机器的技术工作，这类人喜欢通过技术进行活动，对运用技术操作各种机械、制造新产品或完成其他任务感兴趣。

（12）愿从事具体工作，这类人喜欢制作看得见、摸得着的产品并从中得到乐趣，希望能很快看到的劳动成果。

3. 能力与职业的契合。能力是作为掌握和运用知识技能的条件并决定活动效率的个性心理特征，包括一般能力和特殊能力两种。能力是安身立命的首要条件，也是职业适应性的基本制约因素。对任何一种职业而言，必须要求从业者具备相应的能力。因此，在选择职业时，毕业生必须考虑到能力与职业的契合问题。

人们的职业能力存在着个体差异，对于同一种能力，不同的人表现亦有差异，因此，从能力差异的角度来看，在职业选择时应遵循以下四个原则。

（1）能力类型与职业契合原则。其一，能力类型与职业相契合。人的能力类型具有差异性，职业也可以根据工作的性质、内容和环境而划分为不同的类型，并且对人的能力也有不同的要求，因而，选择职业时应注重能力类型与职业类型的契合。其二，能力应与职业层次一致。对同一种职业来说，由于所承担的责任不同，可分为不同层次并对人的能力要求不同，因而，根据能力类型确定职业类型后，还应根据自身所达到或可能达到的能力确定相契合的职业层次，这样，才能使能力与职业的契合具体化。

此外还应发挥优势能力的功效。每个人都具有一个多种能力组成的能力系统，系统中的各方面能力发展是不平衡的。因此，在选择职业时，应注重个人能力优势，选择最能或较快的发挥优势能力的职业。

（2）一般能力与职业契合原则。一般能力通常又称为智力，对一般职业而言，智力的制约作用虽不那么明显，但有些职业对从业者的智力水平有着较高的要求，但智力并不是职业选择的唯一因素，因为每种职业除了对智力的一般要求外，皆有其特殊的能力要求。

（3）特殊能力与职业契合原则。特殊能力是指从事某项专业活动的能力即特长，如算术能力、事物能力、语言表达能力、空间判断能力、形态知觉能力、动作协调能力、手指灵活度与灵巧度等。有些工作除了要求具有一般能力外，还应具有相应的特殊能力才能完成。如教师需要具有阅读能力和表达能力，从事理科研究需要具有计算能力与空间想象力等。

（4）职业性向与职业类型匹配原则。职业性向对从业者的职业选择和人生规划有着重要的意义，进行职业选择时除了要注意职业性格、兴趣、职业能力与职业要素的匹配外，还要把三者联系起来，从而确定自己的职业性向，做到个人职业性向与社会职业类型的匹配，力图在多样的职业世界里有所成就，必须根据自己的个性特点找准相应的职业范畴，并努力创造职业发展条件，这样才能在今后的职业变动中找到发展前途。

第三节　职业道德的内容及其培养

一、职业道德的含义

职业道德指的是从事某种职业的人们在特定的工作或劳动中所应遵守的行为规范的总和，具体包括以下两方面。

1. **职业道德的要求与职业活动的性质、任务相联系**。根据职业的共性与个性，职业道德既有一般规范又有特殊规范。从共性上讲，所有的职业都要求从业人员爱岗敬业、诚实守信、办事公道、服务群众、奉献社会。从个性上讲，不同的职业有着不同的职业道德要求。如教师要教书育人、机要人员要保守秘密，医生要救死扶伤或为官者要廉洁奉公等。有多少种职业就有多少种特定的职业道德要求。

2. **职业道德实质是调整职业活动中的责、权、利关系**。调整职业活动中的责、权、利关系是职业活动健康发展的保证。在职业活动中人们必须把职业责任放在首位，做到勤业、敬业，这样才能不断发展自身的职业生涯。特定的职业又赋予从业人员相应的职业权力，这是从业者完成社会责任的保证，应正确看待和运用手中的权力，服务于社会和人民。在劳动还只是谋生手段的条件下，从业者的职业活动还以获得合法收入为目的，因此，职业活动中保障从业者的合法利益是调动其积极性的关键。

二、职业道德的内容

职业道德的基本原则和职业道德规范是构成职业道德体系的"两个轮子"。其中,基本原则统领职业道德规范,指导职业道德行为的发展过程和内容。职业道德规范是职业道德基本原则的展开和具体体现,是人们在职业生活中应遵循的道德行为准则。学习职业道德的基本原则和规范,对于加强职业道德修养,履行职业道德规范,选择职业道德行为,具有十分重要的作用。

(一)职业道德原则

1. **集体主义原则**。集体主义原则核心是正确处理集体和个人的关系,是社会主义职业道德的核心原则,其内容包含三个方面:一是根本要求是集体利益为基础,集体利益高于一切;二是在保障国家和集体利益的前提下,实现个人利益与集体利益有机结合的原则;三是当个人利益与集体利益发生矛盾的情况下,一方面要求社会、国家尽量考虑个人正当合理的利益需要。另一方面要求个人利益服从社会整体利益,其目的是保证大多数人民群众的个人利益的实现和满足。集体主义原则成功地解决了集体利益与个人利益的关系,成为正确处理职业领域中各种关系的基本准则和道德评价的根本标准。

应当说,集体主义原则是社会主义职业道德的核心,它贯穿于社会主义职业道德发展的全过程,对人们在一切社会关系中的行为,具有普遍的指导作用和约束力;在职业道德规范体系中居于主导地位,对其他一切行为准则具有重大影响作用。集体主义精神表现在个人对待国家的态度上,就是爱国主义的道德规范。集体主义精神表现在个人对待劳动态度上,就是热爱劳动的道德规范。此外,集体主义是社会主义职业道德区别于其他一切职业道德的根本标志和集中体现。集体主义原则体现了无产阶级大公无私的优秀品质,反映了社会主义职业道德的本质内容,与一切剥削阶级的利己主义道德原则是根本对立的。因此,用集体主义精神教育群众,提高全民族的职业道德水平,仍然是道德领域的一项长期而艰巨的任务。

2. **人道主义原则**。在人类历史上,人道主义源远流长。早在原始社会,为了防御外来氏族及猛兽的袭击,或群居生活中的成员有了伤痛不能自理,自然需要人们的相互关心和照顾,这种互助意识的出现,便是人道主义的萌芽。社会主义人道主义是对历史上的人道主义和人文精神的扬弃。社会主义人道主义原则是社会主义职业道德的基本要求,人们应遵守在追求自己的幸福时,必须尊重他人的权利,不得损害他人的利益,这是人类共同的本质要求,是人类整体的价值观念。总的来说,社会主义人道主义的主要内容包括:

(1) 尊重他人的价值和尊严。从哲学上讲,人的价值指的是人有认识世界和改造世界能力,并将这种能力发挥出来创造物质财富和精神财富。尊严是人对公民权利和社会价值的意识,是自我肯定的表现方式,是人超出动物的本质之一。社会主义人道主义要求对所有职业成员都给予充分的尊重,强调尊重人就是要尊重每个社会公民、每个劳动者在社会的经济、政治和法律上的平等权利和义务,坚决反对私有制观念影响下的等级价值观,反对以权谋私,不尊重劳动者的价值和尊严等不人道的行为。

（2）关心他人。关心他人就是关心广大人民群众的物质和精神文化需要。社会主义国家把满足人民日益增长的物质文化需要作为生产目的,关心人民的物质和精神利益,关心人民的民主自由平等权利的实现,关心人的全面发展。社会主义人道主义原则要求国家要关心人民群众的合理要求、正当利益和适度愿望,采取一切可行措施。职业人员应相互关心,相互爱护,相互同情,关心、爱护共同利益的社会成员、普通劳动者,在人与人之间形成团结、互助、友爱的新型社会关系。这样才能有利于增强人民群众对社会主义优越性的认识,才能有利于坚定社会主义信念,这样才能有利于人民群众培养优良的职业道德品质。

（二）职业道德规范

职业道德规范是从业者在职业生活中应遵循的基本职业行为准则,是职业道德基本原则的具体展开和集中体现。《公民道德建设实施纲要》明确指出:"要大力倡导以爱岗敬业、诚实守信、办事公道、服务群众、奉献社会为主要内容的职业道德规范,鼓励人们在建设中作一个好的建设者。"

1. **爱岗敬业**。爱岗敬业是社会主义职业道德的基本要求之一,是职业道德的首要标准。爱岗就是从业者热爱自己的工作岗位；敬业就是要用恭敬严肃的态度去对待自己的职业,做到忠于职守,它是爱岗意识的升华,是爱岗情感的行为表现。爱岗与敬业是有机统一体,爱岗敬业用通俗的话说:干一行,爱一行,钻一行,精一行。

应当指出的是,做好爱岗敬业,不能将它与人才合理流动对立起来。人才合理流动有利于劳动力资源的优化配置,爱岗敬业并非要求人们终生只能从事一种职业,而是强调不论在何种岗位上,不论在调换工作前还是在调换工作后,只要能热爱和珍惜他所从事的职业,干好本职工作,做出贡献,这便是爱岗敬业的表现。

2. **诚实守信**。诚实守信是中华民族的传统美德,是做人的根本。它既是职业生活中从业人员对社会、对人民所承担的职责,也是人们在职业活动中处人与人之间关系的道德准则。

从业者都应该把诚实守信作为安身立命之本,在职业活动中做到信守诺言、言行一致。比方说,生产产品和提供服务应讲究质量,不以次充好,不以假乱真,把优质的产品和服务给予消费者；在市场交易中,应认真履行合同,做到一诺千金等。诸如此类良好的职业道德行为,会为自己赢得声誉和发展机会。应指出的是,从业者要做到诚实守信,除了要受到职业纪律和规章制度的约束和监督外,更重要的是要做到心诚自律,在无人监督、无人强制的情况下也能始终坚持诚实守信。这样,诚实守信才能发挥其持久性和主动性的功能,从业者的事业也将因良好信誉的建立而逐步壮大。

3. **办事公道**。办事公道是职业道德的基本准则之一。要求从业人员在处理各种利益关系时,坚持实事求是、客观公正的立场和态度,本着为双方(或多方)共同利益着想的原则,做到办事公正、公开、公平、合法、合理、合情。

(1)办事公道是职业道德的基本准则之一。办事公道是树立个人威信和调动他人积极性的前提,在社会主义市场经济条件下,每个市场主体不仅在法律上是平等的,而且在人的尊严和合法权益上都是平等的,都应当相互尊重、平等互惠。对具体职业的从业者来讲,不论服务职位高低、民族阶层等各种差异,都应一视同仁,减少或杜绝偏颇。以医疗行业为例,医生无论对有权有势的病人,还是生活清贫的农民都应同样对待,给予细心诊治,这便是办事公道。

(2)从业人员在职业活动中应本着坚持原则和不徇私情原则做到办事公正。坚持原则是指各类职业活动一般都有一定的原则和政策指导和规范,从业人员不能随意变通,使规章制度形同虚设。要将原则、政策的细则与实际结合,做到办事结果及时公开,及时了解信息反馈,及时纠正失误。不徇私情是指从业人员不能借职权和职务之便损公肥私,这是公正的思想基础,从业者要根据自身工作的特点,做到公私分明,办事公道。

4. **服务群众**。服务群众是社会主义职业道德的目标指向和皈依,它是职业行为的基本要求,主要包含两方面内容:一是尊重他人利益。每一个职业劳动者,都应该感谢他人,尊重他人,为他人合法利益着想,因为每位职业劳动者都具有双重角色,既是服务者又是被服务者。因此,尊重他人也是尊重自己,维护他人合法利益,也是维护包括自己在内的每位劳动者的利益,二者是互通的。二是方便他人,为他人提供优质服务。这是服务他人的具体要求,因此要在服务过程中尽力为他人排忧解难。总之,在职业活动中,把方便留给他人,把困难留给自己,是服务他人的应有之义。而服务他人不断的延伸,必须形成"无数个服务他人的总和",这便是服务群众。

5. **奉献社会**。奉献社会是社会主义职业道德的最高要求和终极关怀,是为人民服务和集体主义精神的最集中体现,它要求从事各种职业的人努力为社会多作贡献,为社会整体长远的利益多作考虑。

职业是社会分工的必然产物,每一项职业都有其特定的社会功能。一个人无论从事什么职业,无论在什么岗位,只要爱岗敬业,认真工作,就是为社会作贡献。每位职业劳动者,都应当在自己的职业岗位上勤奋工作,努力创造,为社会的发展进步,做出应有的奉献。这一道德规范要求从业者艰苦奋斗,不怕困难,勇于进取,敢于创新,服务社会,在服务社会中实现的个人价值。

因此，奉献社会作为职业道德规范，要求从业者要时刻意识到自身的社会责任和历史使命，以自己的职业活动为社会做出贡献，并以此作为检验职业道德实际执行状况或职业素质状况的最高标准。

三、职业道德的培养

（一）职业道德培养的主要内容

职业道德培养是对从业人员职业观念及行为进行培育、修正和完成的过程，是从业人员根据社会主义职业道德的原则和规范，在自己的职业活动中改造、锤炼的职业道德品质。因此，它是职业道德意识培养和职业道德行为培养不断发展的过程。

1. 培养良好的职业道德意识。职业道德意识包括职业道德认知、情感、信念和意志。培养良好的职业道德意识是形成优良道德品质不可缺少的内容和环节。在社会主义现代化建设中，胡锦涛总书记所提出的社会主义荣辱观体现了社会主义道德建设的客观要求，是社会主义职业道德意识的生动体现。社会主义荣辱观涵盖了国家、集体、个人三者之间的关系，涉及人生态度、社会风尚等方方面面，是衡量职业行为正确与否的道德准绳，是形成良好社会风尚的道德基础。从业者树立社会主义荣辱观的目的，就是通过学习和实践，把思想道德和法律要求转化为内在的思想品质，把"八荣八耻"变为自己的行为标准指导职业行为，实现道德认知与道德行为的统一，做优秀社会主义荣辱观的践行者。

2. 养成良好的职业道德行为。职业道德行为指的是从业人员在一定职业道德意识的影响下所采取的职业道德活动，它是职业道德规范转化为职业道德活动的具体表现。职业道德行为是从业者职业道德品质的综合反映，它是进行职业道德评价的事实根据。观察一个人的职业道德品质如何，不仅要看他的职业道德认识是否正确，更重要的是要考察他的职业行为是否高尚，是否对人民有益。通过职业道德行为能比较全面、综合、客观地反映从业者职业道德品质的状况。因此，从业者应在长期的实践活动中锤炼自己，把自己所学到的社会主义职业道德原则和职业道德规范转化成自己的实际行动，养成良好的职业道德习惯，这样才能具备良好的职业道德素质。[5]

（二）职业道德培养的方法

任何职业道德总是随着经济和社会发展变化而不断变化的，因此，职业道德培养的过程也是从业人员心灵深处不断吐故纳新的过程，从业者应采取有效的办法加以培养职业道德，主要有以下几个方面。

1. 学习。一个人要具备良好的职业道德品质，首先要深知具备职业道德品质的原因，怎样才能成为有道德的人，这些都要通过学习解决。从把握社会主义职业道德原则来看，首先应学习马克思主义、毛泽东思想、邓小平理论、"三个代表"重要思想以及科学发展观相关内容，通过理论学习，坚定立场和行为方向。加强所从事行业的专业知识和专业法规的学习是学习的另一种方式。学习使从业者在自己心灵深处形成良好的职业道德意向及其情感，表现在行为上便是对职业道德规范和法纪的遵守。同时还必须理解社会进步和职业发展对个人的要求，增强职业道德意识，确立职业道德理想，努力搞好本职工作。

2. **实践**。实践是职业道德养成的根本途径。宝剑锋从磨砺出，梅花香自苦寒来。人，只有在实践中磨练，才能增长才干；只有把认识付诸实践，通过实践—认识—再实践—再认识的循环反复，才能提高职业道德水平。对当代大学生来说，实践包括两方面的内容：首先是专业实践活动。专业实践是最基本的实践，专业实践可以感受和体验本行业、本专业具体而丰富的职业道德内涵，有利于培养良好的职业道德品质。其次是社会实践。社会实践是职业人才成长的"试验场"，是职业品质锻炼的"熔炉"。大学生的学习课堂具有一定的局限性，因此必须高度重视社会实践，通过社会实践活动，达到认识专业、走进职业、培养职业感情的目的。

3. **内省**。"内省"即对自己内心的审视，是通过内心的检讨和自我评价，使从业者的言行符合职业道德标准的要求。从业人员在职业生活中，言行是否符合职业道德，除了有外在监督外，更需要反躬自问，这一过程实际上也是职业道德内化的过程。在内省中，首先要客观看待自己，在内省中树立"一面镜子"，在自我省察过程中进行自我"审判"即自己与自己打官司，"原告"是职业道德规范，"被告"是自己的道德品行，"法官"是道德良心。自我"审判"可以了解自己并且找出缺点。其次是改过。改过就是在职业道德的自我修养过程中，针对不良思想、意识和行为进行"修订"，这是一种自觉的行为。这种自觉行为使从业者能够在新的职业道德实践中按照正确的道德原则和道德规范进行反省，从而养成新的良好的职业道德习惯。

4. **慎独**。"慎独"是儒家特别推崇的自我道德修养方法。《中庸》有云："是故君子戒慎乎其所不睹，恐惧乎其所不闻。莫见乎隐，莫显乎微，故君子慎其独也。"这话意思是在只有一个人独处时，在无人监督的情况下，其行为更应当谨慎，更要恪守道德要求，不做任何对不起良心和公众的事情。

中庸之道提倡个人修身，并要建立在自觉和诚心诚意的基础之上。《中庸》为了加强修身的自觉性，提出了自我约束、自我监督和自我教育的修身方法—慎独。只有真正将慎独贯彻到修身的全过程中，最终才能形成良好的社会风尚，因此为了更好地推动社会职业道德的建设，有必要在全体公民中进行修身教育，提倡自我约束、自我监督和自我教育的方式，使从业人员在职业道德修养中具有高度的自觉和坚定的信念。应当指出的是，良好的职业道德行为是个人应具备的内在品质，不是用于"作秀"，更不是为了邀功请赏，而是在于追求人格的高尚和人品的完美。

养成良好职业道德品质是从业者为了更好地从事职业活动所练就的"内功",需要长期的不懈努力,正如孔子在总结自身修养时所说:"吾十有五而志于学,三十而立,四十而不惑,五十而知天命,六十而耳顺,七十而从心所欲不逾矩。"只有我们在职业生涯中坚持不懈地培养职业道德,我们的职业道德境界才能越来越高,才能以越来越高的质量服务于社会。

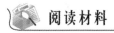
阅读材料

远见卓识,胸有成竹:预测未来十年 八大职业要火

在中国社科院发布的2011《社会蓝皮书》中,公务员以待遇优厚、工作稳定的较大优势成为城市居民的首选职业,但竞争激烈程度如同"千军万马过独木桥"。中华英才网职场分析师欧阳晖预测:随着市场需求壮大,网络营销师、企业培训师、人力资源等八大行业的相关职位在待遇和发展前景上绝不逊于公务员,并将成为未来10年最火爆职位。

热门职业1 网络营销师

在互联网时代,懂得与时俱进的企业都会意识到网络营销的重要性。为了借助互联网低门槛、低成本的优势,大大小小的企业都纷纷进军互联网开展网络营销。当每一个企业都离不开网络营销的时候,这一领域就需要大量的人才投入,因此,网络营销正在迎来一个更广阔的就业前景。

现代企业的运作和人们的日常生活越来越依靠于网络,而中国网络的普及,以及网民数量的增加更提升了网络在传播方面的重要性。因此,既懂传统营销,又了解网络营销的人才在当前市场中将会非常紧俏。

热门职业2 人力资源治理师

我国的人力资源从业人员中专业人才十分稀缺,据调查显示,很多都是干行政出身的,最近几年有高校开设了人力资源专业,但是这些毕业生和市场的需要还有很大的差距。其反映为人才资源队伍的国际化水准不高,国际通用型人才十分紧缺。随着我国企业国际化深入,人力资源的开发和管理越来越受到重视,一个现代企业,最重要的不是资金是否充足,而是是否有一群有知识有能力并与企业同生共死的员工,而这些需要人力经理去开发、管理和培训。

热门职业3 企业培训师

培训已成为企业管理的"重头戏",许多企业为此一掷千金。一方面人才紧缺,另一方面需求旺盛,这是造成企业培训师身价不菲的主要原因。

企业顾问或企业培训讲师是一个收入颇丰的职业,掌声和观众也使这一职业非常有成就感。好的培训师每小时的培训收入可以达到3 000多元,优秀培训师公开课的收入也达到每场 3 000 元。因此，随着企业竞争的不断加剧，企业培训师的市场还将逐年扩大，其缺口将在一段时间内持续存在，职业前景一片光明。

热门职业 4　公共营养师

由于膳食不合理、营养失衡所引发慢性病的健康问题已受到人们的高度重视，聘请营养顾问已成为现代人的消费时尚，公共营养师成为国家新职业，为从业者提高了职业身份和社会认知度。目前，家庭营养顾问年费 8 000 元左右，企业营养顾问年费 5 万元左右。营养顾问是一个高职自由职业群体，一个中等水平的公共营养师年收入在 10 万元左右。

热门职业 5　心理咨询师

随着社会的进步，生活水平的普遍提高，人们越来越关心生活的质量了，不仅注意吃、穿、玩、身体健康、家庭和睦幸福等，还注重心理健康。由于生活节奏加快，人们劳动的频率尤其是脑力劳动的频率也相应加快，心理负荷加重后心理疾病也就相应增加。没有心理疾病的人也渴望在强盛的物质异化下加强人与人之间的沟通。健康包括生理健康和心理健康，这在我国已形成共识。从事有关心理咨询的热线电话、热线电台、热线广播报刊也越来越多，这也是国人注重生活质量的一个折射。心理咨询是一门科学，并不是随便什么人都能当心理专家的。随着国民素质的提高，人们对心理咨询的科学性的要求也会越来越高。

热门职业 6　理财规划师

理财规划师进入中国才 10 年时间，却已成为职场的一大热门。俗话说："你不理财，财不理你。"目前银行专业理财人员严重缺失，相关第三方投资理财公司更缺人，市场的迫切需求和巨大的人才缺口使专业理财规划师成为国内最具吸引力的职业之一。目前中国理财规划师职业仍有 20 万人的缺口。

热门职业 7　职业规划师

社会竞争的加剧，人们在求职应聘、职业选择以及职场发展面前越来越感到无所适从，职业咨询已成为迫切的社会需求。目前从事职业规划和咨询的专业人士数量非常有限，其中已取得中国职业规划师资格认证的不足千人。对于庞大的就业人群来说，现有的职业规划师人数远不能满足需求。因此职业规划师的身价近年不断攀升，业务能力强的年薪可达 20 万元左右。

热门职业 8　3G 网络工程师

随着 3G 技术在各领域应用，国内 3G 人才缺口将达到 50 万人以上。由于目前 3G 人才比较少，尤其是复合型人才奇缺，预计 4 年之后 3G 工程师的基本年薪会在 15 万元至 20 万元。从目前的趋势判断，在无线增值服务行业里的一些精通 2.5G 技术的人才年薪都在 10 万元左右，3G 到来之后，这些人才的收入应该会更高。

（资料来源：中国吉林网 http://shengya.eol.cn/re_men_zhi_wei_8752/20110608/t20110608_629662.shtml）

回顾与反思

1. 通过霍兰德的职业性向理论，分析自身的职业倾向。
2. 大学生在职业选择过程中应注意的问题有哪些？
3. 结合职业道德规范，谈谈大学生在自身具体的职业岗位中应具有哪些职业道德？
4. 大学生在从业过程中应怎样培养良好的职业意识和职业行为？

【注释】

[1] 恩格斯．反杜林论[M]．北京：人民出版社，1999．

[2] 杨河清．职业生涯规划与择业[M]．北京：中国劳动社会保障出版社，2005．

[3] 劳动和社会保障部就业司．创业职业指导——新理念[M]．北京：中国劳动社会保障出版社，2005．

[4] 杜映梅．职业生涯管理[M]．北京：中国发展出版社，2006．

[5] 赵莉莉．职业道德[M]．大连：东北财经大学出版社，2002．

第五章 职业生涯规划

人人都期望事业成功，但并非良好的愿望人人都能实现。那么如何才能获得事业成功呢？职业生涯规划提供了一条走向成功的"幽径"。成功的人生需要正确的规划，合理规划职业生涯是迈向成功人生的第一步。为此，整理、归纳和介绍当前职业生涯规划领域的有关研究与实践成果，帮助大学生掌握职业生涯规划的有关知识与方法，这对做好职业生涯规划，实现职业理想，乃至人生理想大有裨益。

第一节 职业生涯规划的概念与理论

一、职业生涯规划的产生与发展概况

职业生涯规划是由职业辅导演化而来，职业辅导最早在20世纪初产生于西方国家，它是经济发展、职业分化和经济周期产生一系列社会矛盾后，社会为解决就业问题的必然产物。1908年，美国波士顿大学教授帕森斯创立了地方职业局，开创了职业辅导活动的先河，沟通学校与用人部门的关系，有利于教育培训和人们的职业选择。1913年美国成立了全国职业辅导协会。在这一时期，职业辅导在英国、法国、德国、日本等许多国家和地区迅速地建立和发展起来。从国际层面上看，职业辅导的发展得益于心理学、教育学、社会学等多学科的发展以及人力资源管理实践的推动。美国20世纪30年代初建立了明尼苏达就业稳定性研究所，研究有关的职业能力兴趣测试工具。20世纪50年代后，随着科技的发展，职业辅导被赋予新的含义，成为开发人力资源（HR）、发挥人才能的一种手段。20世纪60末至70年代初，职业生涯辅导这个名词与职业辅导并驾齐驱。20世纪90年代以来，"促进人的生涯发展"的思想，已经成为职业辅导事业的主旨。目前，职业生涯设计与管理已经成为人力资源管理乃至整个组织管理的重要内容。[1]

二、职业生涯规划的概念

为了较好地理解和把握职业生涯规划的内涵，首先必须理解职业生涯的含义。

（一）职业生涯的含义

1. **职业生涯**。"职业生涯"英文为career，从一般意义上讲，是指一个人一生中的职业历程。人的职业历程有着多种可能：有的人从事这种职业，有的人从事那

种职业；有的人一生变换多种职业，有的人终身稳定于一个岗位；有的人以职业为荣，有的人以职业为耻等，但是总的说来，人的职业生涯是人的全部生涯中的核心与主体部分。众所周知，人的一生，职业准备和职业生活占据了主要而关键的部分，从这个意义上看，职业生涯就等于生涯，等于人生。

人类对于生涯的认识与研究，由来已久，观点众多，不同学者从不同角度得出不同概念。其中美国著名职业问题专家萨帕（Donald E·Super）的概念被广泛接受，他提出："职业生涯指一个人终生经历的所有职位的整体历程"的定义（1957年），以后他又进一步指出："职业生涯是生活中各种事件的演进方向和历程，是综合人一生中的各种职业和生活角色，由此表现出个人独特的自我发展组型；它也是人自青春期以迄退休之后，一连串有酬或无酬职位的综合，甚至包括了副业、家庭和公民的角色（1976年）"。[2]韦伯斯特（Webster）把"生涯"的外延进一步扩大，认为，职业生涯是个人一生职业、社会与人际关系的总称，即个人终生发展的历程。

2. 外职业生涯和内职业生涯。部分大学生以为职业生涯规划与发展就是换更好的工作，或是得到职位提升，或是增加工资等，应当说这些是职业生涯规划的组成部分，但只是职业生涯发展的一部分而已。为了更好地理解职业生涯的蕴涵，大学生有必要理解外职业生涯和内职业生涯这两个重要概念。[3]

（1）外职业生涯。所谓外职业生涯是指从事职业时的工作单位、工作地点、工作内容、工作职务、工作环境及工资待遇等因素的组合及其变化过程。外职业生涯的构成因素通常是由他人给予的，也容易被别人收回。外职业生涯因素的取得往往与自己的付出不符，尤其是在职业生涯初期。有的人一生疲于追求外职业生涯的成功，但内心极为痛苦，因为他们往往不了解，外职业生涯规划与发展是以内职业生涯规划与发展为基础的。

（2）内职业生涯。所谓内职业生涯是指从事一项职业时所具备的知识、观念、能力、心理素质、内心感受等因素的组合及其变化过程。内职业生涯各项因素的获得，主要是由自己努力追求而得以实现，也可以通过别人的帮助而实现。与外职业生涯不同，内职业生涯的构成因素一旦取得，别人便不能收回或剥夺，具有与主体共存的特质。

外职业生涯与内职业生涯二者是统一的，一方面，内职业生涯的发展是外职业生涯发展的前提，带动着外职业生涯的发展，它在人的职业生涯成功乃至人生成功中起着关键性作用，因而在职业生涯的各个阶段，大学生都应重视内职业生涯的发展。尤其是在职业生涯初期和中前期，一定要把对内职业生涯各因素的追求看得比外职业生涯更重要。另一方面，外职业生涯对内职业具有巨大反作用，只有内职业生涯，而没有外职业生涯，也是难以为能的，因而规划者也必须重视。

（二）职业生涯规划的含义

一般说来，职业生涯规划是指组织或个人把个人发展与组织发展相结合，对决定个人职业生涯的个人因素、组织因素和社会因素等进行分析，制订有关个人一生中在事业发展上的战略设想与计划安排，为实现职业生涯目标而确定行动的时间和行动方案。在职业生涯规划中，大学生首先要对自身特点进行分析，其次对所在组织环境（内环境）和社会环境（外环境）进行分析，并根据分析结果制订一个人的事业奋斗目标，选择实现这一事业目标的职业，编制相应的工作、教育和培训的行动计划，并对每一步骤的时间、顺序和方向做出合理的安排。[4]

（三）职业生涯规划的作用

职业生涯规划对于大学生在发展过程中具有很重要的作用。总的说来，职业生涯规划对于大学生至少有四方面的作用。[5]

1. **有助于大学生确定职业规划和发展目标**。职业生涯规划实行的先决条件就是进行自我分析。分析的目的在于，认识自己，了解自己，估计自己的能力，评价自己的特长，确认自己的性格，发现自己的兴趣，明确自己的优势，权衡自己的优势；同时通过分析也可以确定符合自己兴趣与特长的生涯路线，正确设定职业发展目标，并制订规划，使自己的才能得到充分发挥，以实现职业发展目标。职业生涯规划可以帮助大学生在今后就业中选择适合的职业，并能运用科学的方法，采取有效的措施，化解发展中的危机与陷阱，使事业获得成功。

2. **有助于大学生树立目标意识和发挥潜能**。职业生涯规划的强化目标意识，调整日常工作安排，而不至于陷进跟人生目标无关的日常事务当中，而能使大学生紧紧抓住工作的重点目标，增加成功的可能性。规划有助于大学生集中精力，全神贯注于自身优势的发挥，潜能得到进一步发展，最终能够顺利达到目标。

3. **有助于为大学生提供持续的动力**。制订职业生涯规划起着两个方面作用，它既是努力的依据，又是前进的"润滑剂"。规划给了大学生一个看得见的"靶"，随着规划步步实现，成就感便油然而生。对大学生来说，制订和实现规划就像一场比赛，随着时间的推移，你一步一步地实现规划，这种实现又促使你的思维方式和工作方式渐渐改变。在此应指出的是，大学生的规划必须是具体的可行性。如果规划不具体，无法衡量是否实现，就会降低大学生积极性，这点与心理激励的"倒 U 型"结构是一致的。

4. **有助于正确评估目前的工作成绩**。职业生涯规划的一个重要功能便是给大学生提供了自我评估的重要手段。如果规划是具体的且实施的结果是看得见，大学生便可以根据规划的进展情况评价前期所取得的成绩。失败者面临的共同问题，就是他们较少评估（或者忽视，或者畏惧）自己所取得的进展，因为大多数人或者不理解自我评估的重要性，或者无法度量取得的进步。

为了有效地实现自我价值，以保证在事业上取得更大的成就，大学生都需要对个人将要从事的职业、工作的组织和单位、拟担负的工作职务以及在工作职位上的发展路子进行全面的策划。只有确立明确的目标，才能为实现各阶段的事业目标"自觉地"进行有关个人的知识、技术与能力的开发活动。因此，职业生涯规划在大学生的人生旅途之中具有强化自我管理、有效开发与利用自身潜能的重要作用。

三、影响职业生涯的因素

大学生的职业生涯，首先是道路选择的问题，其次是能否获得成功、成就有多大的问题。而职业道路选择、职业发展和事业成功，受到个人、家庭及社会等多方面的影响。总的说来，影响大学生职业生涯的因素主要包括以下五个方面。[6]

1．**大学生个人生理心理素质**。从一般意义上讲，职业的身心因素是指个人的身体和心理素质状况与职业对其要求的特点是否搭配。应当说，身心健康对于任何职业都重要，几乎所有的职业都需要健康的身心，因为任何职业都是需要持续的过程，只有健康的体魄才是持久的过程。职业适应也与身心状况存在诸多关联。职业不同，要求各具特色的身心特点，有的职业要求敏捷度；有的职业要求耐心、忍耐；有的职业与物打交道多，有的职业与人打交道多；有的职业需要创新，有的职业需要简单重复等。

2．**个人的需求与心理动机**。同样的工作、同样的职业对于不同的个人有着不同的价值，同一个人对不同的职业有着不同的态度与抉择。人们在就业时出于对不同职业的评价和价值取向，要从社会众多的职业中选择其一；就业后也要从若干种个人发展机会中进一步做出职业生涯的调整，从而使自身获得"如己所愿"的归宿，取得他人与社会的承认，取得成功。为了达到自己的目标，取得成功，人们就要付出各种努力，包括做出一定的牺牲。另外，人们出于个人的主客观条件，在不同的年龄阶段、不同的阅历特别是职业经历状况下，在生涯的选择和调整方面，都会有不同的心理需求与动机，这正是综合素质的体现。

这里应当指出的是，由于环境的影响，出现了所谓的机遇，机遇与素质有着一定的联系，它是客观存在的，个人的高素质、个人的能动性可能导致寻求到新的发展机会，自己也可能创造许多机遇，二者是统一的整体。

3．**大学生教育背景因素**。教育是使人成其为人的基础性条件，它是赋予一个人才能、塑造人格、实现社会化、促进人全面发展的社会活动。它奠定大学生的基本素质，对人的生涯产生巨大的影响。一般说来，一个人的职业生涯成功与所接受的教育水平成正比，因此，一专多能者、专业水平和应用技能俱佳者，能够得到较多的机会，从而在职业生涯发展中居于主动。另外，由于大学生分属于不同院校不同专业，他们所接受的是不同学科门类、不同等级教育。不同的教育思想也会使大学生形成不同的思维模式，产生不同的态度，这对对待自己、对待社会、对待职业选择与职业生涯规划与发展颇有影响。

4．**家庭环境**。家庭是人的第一所学校，它既是人生活的重要场所，也是造就个人素质以至影响生涯规划的主要因素。人的社会化，实际从刚一出生就开始受到家庭的深刻影响，经过长期潜移默化，会使人形成一定的世界观、人生观、价值观和行为模式。许多大学生还会受到家庭年长者的教诲和各种影响，自觉不自觉地习得某些职业知识和技能，从而影响一个人的职业理想和职业目标，影响其职业选择。应当说，尽管大学生能够接受了高等教育，但是家庭的影响却在很大程度上具有长期性，因此成了重要影响因子。

5. **社会环境**。从一般意义上讲，社会环境是指社会的政治经济形势、涉及大学生职业生涯方面的管理体制、社会文化与习俗、职业的社会评价及其时尚等。这些广义上的环境因素决定着社会职业岗位的数量与结构，决定着规划出现的随机性与波动性，决定人们对不同职业的倾向，步入职业生涯及调整职业生涯的决策。大学生所在的学校、社区、工作单位、家族关系、个人交际圈子等（这些狭义上的环境）决定着一个人具体活动的范围、内容，决定大学生的职业生涯的具体际遇好坏，因此在职业生涯中大学生不仅要运用好现有的环境和注意发掘环境中的有利因素，而且要善于创造良好的环境。

四、国外职业生涯理论评介

职业生涯理论的评介，一方面可以向大学生展示职业生涯的运行模式；另一方面可以帮助大学生提高职业决策与发展能力，全面地认识自己、理性择业、充分发挥潜能，促进职业生涯顺利进行。

职业生涯理论是在心理学、人力资源管理学等学科基础上整合发展起来的。职业研究专家对职业生涯进行了广泛深入地研究，产生了职业选择理论、职业决策理论与职业发展理论。为帮助大学生正确理解、制订职业生涯规划，这里重点介绍几个典型的理论。

（一）霍兰德人职匹配理论（具体详见第七章）

（二）薛恩的职业生涯系留点理论

1. **职业生涯系留点定义**。美国著名管理学家爱德加·薛恩的职业生涯系留点理论即"职业锚理论"，是职业生涯发展理论中一个重要的内容，它反映人们在拥有了相当丰富的工作阅历以后，真正乐于从事某种职业，反映了一个人进入成年期的潜在需要和动机，并把它作为自己终身的职业归宿的思想原因。在经过长期的职业实践后，人们对个人的"需要与动机"、"才能"、"价值观"各方面有了真正的认识，即寻找到了职业方面的"自我"与适合自我的职业，形成人们终身所认定的、在再一次职业选择（包括真实的和假定的选择）之中最不肯舍弃的东西，即"职业生涯系留点"。[7]或者说，某种因素把一个人"系"在了某一种职业上。薛恩指出，根据定义，这种系留点在有工作之前是不存在的，它是"自我意向的习得部分，与自省动机、价值观和才干相联系"。[8]

薛恩等人对麻省理工学院的44名管理系硕士研究生进行了长达十几年的追踪研究，进行了大量采访、面谈和态度测量，并根据这些资料进行研究分析，结论是这批人在毕业时所持有的就业动机与职业价值观，与十多年后的实际状况——心理需求、就业动机、职业价值观和现实职业岗位各方面，都有一定的出入。前者与后者的差异原因主要在于，大学毕业生对自己的认识和对外界的认识有盲目之处、不准确之处，要经过相当长的时间，受到客观实践的矫正才能与实践更加符合。薛恩指出，作为"自我概念"中最重要的"人对自身才能的感知"，是真正有了职业经历、工作实践后，才能够正确而清楚地估测出来。

2．五种职业生涯系留点。薛恩把麻省理工学院管理学院毕业生的系留点划分为五种类别。

（1）技术性能力。这种人的整个职业生涯核心，是追求自己擅长的技术才能和职能方面的工作能力的发挥。其价值观是愿意从事以某种特殊技能为核心的挑战性工作，这类毕业生最后大多从事的是技术性职员、职能部门领导等职业。

（2）管理能力。这种人的整个职业生涯核心，是追求某一单位中的高职位。他们沿着该单位的权力阶梯逐步攀升，直到一个全面执掌权力的高位。这种管理能力体现为分析问题、与人们的周旋应付和在不确定情况下做出难度大的决策。他们追求的目标为总裁、常务副总裁等。薛恩的这种管理能力系留点，是与一些人的企业型职业人格相结合的。

（3）创造力。这种人的整个职业生涯核心，是围绕着某种创造性努力而组织的。这种努力的结果是他们创造了新产品、新的服务业务，或者搞出什么发明，或者开拓建立了自己的某项事业。在这批毕业生中，有的人为之奋斗的事业、创造、发明已经成功；有的人则仍然在奋斗和探索着。

（4）安全与稳定。这种人的整个职业生涯核心，是寻求一个组织机构中安稳的职位，这个职位有长期就业、稳定的前途，能够达到一定的经济独立从而充裕地供养家庭的功能。

（5）自主性。这种人的整个职业生涯核心，是寻求"自由"、自主地工作，从而能够自己安排时间，能够按照自己的意愿安排工作方式和生活方式。这类人最可能离开常规性的公司、企业，但是其活动与工商企业活动及管理工作仍然保持着一定的联系。其职业如教书、写作、搞咨询、经营一家店铺等。

（三）萨帕的生涯发展论[9]

著名职业辅导专家萨帕（1953）依照年龄将每个人生阶段与职业发展配合，将生涯发展阶段划分为成长、试探、建立、保持和衰退五个阶段，之后提出一个更为广阔的新观念——生活广度、生活空间的生涯发展观。在图5-1生涯彩虹图中，纵向层面代表的是纵观上下的生活空间,是有一组职位和角色所组成。分成:儿童、学生、休闲者、公民、工作者、家长六个不同的角色,他们交互影响交织出个人独特的生涯类型。

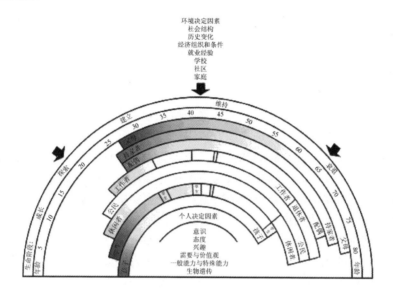

图 5-1　生涯彩虹图(Super,1990)

根据萨帕的看法,一个人一生中扮演各种角色,就如同一条彩虹同时具有许多色带。这些角色包括儿女、学生、休闲者、公民、工作者、配偶、家管人员、父母及退休者等九项,这九个角色主要是在家庭、社区、学校及工作场所四个人生舞台上扮演。

在彩虹图中,每一阶段都有其显著角色,成长阶段是儿童;探索阶段是学生;建立阶段是家长;而后是工作者;在45岁左右的维持阶段,学生角色会再次出现,工作角色中断,公民与休闲者的角色分量逐渐增加。

生涯发展论综合了差异心理学、发展心理学、自我心理学以及有关职业行为发展方向的长期研究,汲取了这四大领域中有关生涯发展的精华,成为当今生涯辅导重要的理论基础。生涯彩虹图的提出恰好弥补了原有理论的不足,使横向的发展阶段、发展任务(即生活广度的部分)和纵向的生涯角色发展(即生活空间的部分),交织成一个具体的生涯发展结构,对促进个体的自我了解、自我实现,有很大的帮助。但是,这一理论也存在难以避免的局限性,其中关于维持期和衰退期的角色与任务研究还不够;而且生涯发展论较少涉及经济、社会因素对生涯发展的影响,较少地关注学习的因素与生涯发展历程之间的关系,这些成了这一理论另一个缺憾。

第二节 职业生涯规划的内容

一、职业生涯规划的分类

根据职业生涯规划的含义,按照实施主体不同和时间等两个维度进行分类。

（一）从实施主体层面上看,划分为个人职业生涯规划与组织职业生涯规划

1. **个人职业生涯规划**。它是指个人结合组织和自身情况以及眼前的机遇和制约因素,为自己确立职业目标,选择职业道路,确定发展计划等,并为自己实现职业生涯目标而确定行动方向、时间和方案。个人职业生涯规划在一定程度上相当于个人职业理想的具体化,是个体根据自身情况和外部环境,制订职业发展的目标,并选择达到目标所应采取的可靠手段的方案规划。它实质上是通过自我认识,自我探索,自我成长,最终达到自我实现的发展进路。

2. **组织职业生涯规划**。它是指组织根据其发展和人力资源规划的需要,将其成员职业生涯规划的制订、实施和调控纳入组织的人力资源规划体系中,在组织中制订与其成员职业生涯整体规划相适应的职业发展规划,为成员提供适当的教育及培训等机会。一般来说,完整的职业生涯规划应该符合两方面的要求:一是组织发展的要求;二是成员个人职业发展的要求。

（二）从时间层面上看,可以分为短期规划、中期规划、长期规划和人生规划四种类型

1. **短期规划**。3 年以内的规划,主要是确定近期目标,规划近期应完成的任务。如计划 3 年内熟悉岗位运作规则,融合到组织文化中,为此要花较多的时间与领导、同事沟通等。

2. **中期规划**。一般涉及 3~7 年内的职业目标和任务,这是职业生涯规划中最常用一种。例如 5 年后要成为岗位能手以及完成相应的业绩,并为实现此目标而参加的培训等可采取的具体措施。

3. **长期规划**。7~15 年的规划,主要是设定较长远的目标。如规划到一定年龄（如 40 岁）就规划内容,以及为实现此目标应采取的具体对策。

4. **人生规划**。整个职业生涯的规划,时间长至 30~35 年,设定整个人生的发展目标和阶梯。

实践证明,时间跨度太长的规划由于环境、自身等变数过大而难以把握,而时间跨度太短的规划对个人职业生涯指导的意义较小,所以,一般情况下大学生将个人职业生涯规划掌握在 3~7 年内较好。这样既便于根据实际情况设定可行目标,又便于随时根据现实的变化进行调整。

二、职业生涯规划的特征

大学生进行职业生涯规划,应结合自身情况以及机遇和挑战,确立职业目标,选择职业道路,确定实现计划等一系列活动。在这过程,规划彰显了个性化特征、开放性特征和预见性特征。[10]

(一)职业生涯规划的个性化

因为职业生涯发展的动力源泉在于个人自身,所以个性化是职业生涯规划的最重要特征。

职业生涯规划涉及内心及行为,这一行为是需要、动机、主动参与活动、自我建设、自我控制的统一体,关键是自主权的获得和支配,获得自主权就是支配主动性。控制通过选择、自我决定可能会形成更大的自治能力。整个规划遵循了自我意识的表现——自我建设——自我控制及个人发展选择的轨迹。

职业生涯规划不是外力强加在个人身上的实施方案,而是个人在自我动力的驱使下,结合社会和组织的综合利益,并依据现实条件和机会所制订个人化的发展方案。受社会地位、家庭环境、教育水平、工作经历等因素影响,导致个性、价值观、思维方式及行为方式产生差异性。应指出的是,不能忽视家庭环境、组织环境对个人职业生涯的功效,但如果不认清发展的动力源泉在于个人,就无法解释人生发展及结局的多样性。外界因素可以为个人制订目标提供信息、提供建议,但不能强加目标。职业生涯目标一定由本人确立,或虽由外界建议,但须经过本人真正发自内心的认可。由此可见,发展的源泉和动力在于个人,他人(组织或个人)只能为其提供一些发展机遇;发展需要个人的决策以及理智的运用。因此,规划须作自我典型化剖析,以期明确职业生涯规划的个性化特质。

1. **个性类型不同**。性格外向的人善于表达。外向的自我描述可以看出属于强烈的自我展示愿望类型。此类型个体性格乐观、善交际、积极主动,并且可对其他人产生重大的影响;与人交往中谨慎且能够容忍;自发地、事先未经过估计就从事某项活动;个性极强,以自我为中心,甚至具有反叛意识。相反,性格内向的个体偏向于受指挥、谨慎、有耐心,而且相对于行动来讲更喜欢思考,表现出一种冷静:在与他人的关系上,行为较迟缓,表达欠细腻;照顾他人要求,比较循规蹈矩。

2. **价值观类型不同**。外向与内向除了在个性类型上表现出极大差异,在价值观上也存在巨大差异。总的来说,外向的人表现为对周围人的价值观念漠不关心;善于把握机会;对其他人充满信心,关心他人需要。而内向的人表现为,认为与周围人有密切联系;高傲地走自己的路,一意孤行;贬低别人,好像别人在行动中只是参考的因素。

3. 思维方式及行为方式的风格不同。 外向与内向除了价值观不同外，思维方式与行为方式亦迥异，外向的人表现为：具有无意识的思维风格，凭直觉进行判断；行动中重视追踪目标、实现结果；培养以技术专家的观点看待客观事实的方法；习惯于从个人和组织内部寻找原因。而内向与之完全相反：善于系统思维；重视工作分析、方法化及职业化的思考；对人的主观反应较敏感并立即引起自己的反应；习惯于从他人和组织外部寻找原因。

4. 对他人感性和理性认识的评价方法不同。 内外向人这种差异性也延伸到对他人感性和理性认识的评价方法，总的来说，外向的人，这种评价具有以下几个特征：使用第一社会情感团体（个人、父母和朋友）作为参考尺度来评价他人；对他人的判断较偏激，通常是绝对赞成或绝对反对，在好和坏之间有非常明显的感情色彩；太自信，高估自己或表现出与众不同的形象；表现出理想人物及权威人物的形象。而内向人与之相反，表现为：反对使用第一社会情感团体作为参考尺度来评价他人；在评价他人的时候，慎重使用评判词语并以例证明；过于自谦或谨小慎微；反对理想人物及权威人物的形象。

5. 职业生涯目标不同。 个性的差异不仅影响价值观、思维方式，在职业生涯目标的选择和观念方面也存在诸多的差异。外向人希望成为管理人员，成为一个集体或团队的负责人，走一条能迅速获得指挥或协调者角色的职业生涯之路。而与之相反的是，内向人在职业生涯目标上，喜欢走专家式的职业生涯之路，即在某个技术领域成为专家。在一个特定的领域经过一个职业过程对专业越来越精通。

此外，在对待职业生涯观念上，外向人比较能接受职业生涯的观念。特别是无显赫家世的人，需要有职业生涯计划支持他们的努力；另一是接受过双重培训，对职业生涯目标坚定的外向人。而内向人比较不接受职业生涯的观念，希望保留个人的自由，怀疑职业生涯中的职务体系，倾向于摒弃职业生涯目标。

（二）职业生涯规划的开放性

大学生是职业生涯规划的主要角色和最终决定者，但并不表明仅仅依靠自己便可以完成职业生涯规划，更不表明职业生涯规划一次性便能完成。职业生涯规划的开放性具有多方协商、运用相关测评、与时俱进调整的特征。

1. 需多方协商。 制订职业生涯规划的人应包括家庭成员、职业生涯规划"行家"、组织相关人员、组织外部的人士多方协商，可以从不同角度和侧面看待问题，这样可以减少对自身和客观形势主观判断的失误，特别是组织外部专家顾问的建议，可以开阔眼界，减少错误。

2. 积极运用相关测评工具。 大学生除了可以参加类似潜能评价中心等单位的正式测评之外，还可以利用一些调查表帮助测评自己的动机、价值观和发展愿望，这样可以为职业生涯规划提供指导。

3. **本着与时俱进思想。** 与其被动地接受偶然性的"到来",还不如根据严密的规划,成功地制订自己的职业生涯。但规划并不是一劳永逸,客观环境在变化,人的动机和能力也发生改变,大学生不能以一成不变的心态看待,而必须随着客观变化而变化,或许某一时刻的某一切身利益在几年以后可能已大部分地失去了原有的意义。同样地,在某一种需求在几年后可能又有了大幅度提高,因此需要定期地检查职业目标是否与个人兴趣、能力和外部环境(市场、技术发展、组织方向等)相适应。所以,职业生涯规划是人全面发展的一种有效工具,而不是固定的行为模式,不能心存一劳永逸的思想,只能是与时俱进地看待。

(三)职业生涯规划的预见性

职业生涯规划是个人对未来职业发展心理预期的"外在符号",包括个人在组织中预见能达到的职位、技能、薪水、晋级、福利、津贴等,它也是职业生涯规划建立在个人的愿望与组织整体的愿望相关的默契之上。大多数情况下,这种心理预见性可以使个人在发展前景及个人职业生涯之间寻求平衡。根据个人或组织发展过程中可能性,定期对预见性进行修正,作为一种有效的配合方式加以运用,进而随着时间的推移,使随着环境变化而变化的个人和组织的愿望相互契合。

三、职业生涯六大定律

正确而切合实际的职业生涯规划能使一个人走向成功,相反则可能误入歧途。为确保职业生涯规划正确而有效进行,必须遵循四种方法和六大定律。这四种方法是:一要对自身及外界环境充分了解;二要制订切实可行的目标,包含价值、兴趣、能力及期望等;三要事先规划及确实执行为实现职业生涯目标的计划;四要不断反思并修正职业生涯目标,适应环境的改变。[11] 应当遵循的六大定律是指:一是长期性定律:规划坚持以长远考虑为基础,只有这样才能给人生确立一个正确方向,集中力量紧紧围绕这个方向做出努力,最终取得成功。二是可行性定律:规划坚持实事求是的原则,并结合个人特点及职业发展和社会发展需要来制订,真正做到切实可行。三是挑战性定律:在可行性的基础上规划须具备一定的挑战性,完成规划要付出努力,成功之后能有较大的成就感。四是适时性定律:规划是确定未来的目标以谋划未来发展,因此各项主要活动,实施时间、完成时间,都应有其时间和顺序上的制约性设定,以便作为检查实施的依据。五是适应性定律:规划是关于未来职业生涯目标,受各种因素影响,牵涉多种可变因素,因此规划的目标、措施及方法等应具有弹性,以增加规划的适应性。六是持续性定律:人生每个发展阶段应能连续衔接,各具体规划与人生总体规划应具有一致性,不能摇摆不定,这样才能较好较快地实现职业生涯所设定的目标。

四、职业生涯规划内容

职业生涯规划是个人对自身的一种心理"契约",它是个人成功职业生涯发展的"动力源"。要履行这样一份心理"契约",就必须明确"契约"履行者的动机、已获得的才干、目标职业、目标行业及社会环境、未来发展目标以及成功的标准等问题。成功而可行的职业生涯规划的主要内容反映着规划制订者对价值观念、知识、能力的自省程度以及对职业生涯发展的把握程度。按照职业生涯规划的研究成果,综观起来一份较完整的职业生涯规划应包括以下 10 个方面内容。

1. **题目**。题目的写法应反映职业生涯个性化的特征和时间坐标原则。主要包括:规划者姓名、规划年限、起止日期、年龄跨度。开始日期详细到年、月、日,截止日期可以到年。从题目可以看出职业生涯规划者,是阶段性的还是终生的。

2. **职业方向**。职业方向是对职业的选择,比如律师、教授、医生、军人、音乐家、组织管理人员等。职业方向的选择反映职业生涯动机,或称职业的主观动机。

3. **社会环境解剖**。规划制订者通过对社会大环境的解剖,了解所在国家或地区的政治与经济发展趋势,所选定的职业在社会环境中的地位,社会经济发展趋势对此职业的影响程度。

4. **组织解剖**。组织的解剖包括以下内容:组织的发展领域;组织在本行业中的地位和前景;组织主要领导人的抱负及能力;组织制度;组织文化;特别关注组织用人制度;组织战略、组织文化、管理制度与个人的"一致性"程度。组织结构发展的趋势,与自身未来职务发展预计;组织所能提供的教育培训机会,职务变化与提升的可能性。

5. **角色定位**。他人将在自身职业生涯规划中扮演的角色与功能,以及保持联系的方法、频率和目的。这些方面规划者应了然于胸。特别是家庭主要成员、同事、职业生涯规划专家等各方建议,虽未必赞同但须备录。

6. **目标及实现时间**。职业生涯规划目标是指可以预见的最长远目标,可分为多项并不互相排斥的目标,包括时间目标、职务目标、能力目标、成果目标、经济目标等,规划者必有重点有层次地突破。

7. **成功的评价方式**。不同的人对于职业生涯规划的成功评价方式与标准各异,综观起来,主要有以下几种:一种是为了事业可以牺牲健康和家庭,即将职业生涯成功的定义为职业生涯成为个人事务和家庭生活保证的基础,另一种是个人事务、职业生涯、家庭生活的协调发展,才是职业生涯的真正成功。

8. **自身条件及潜力评价**。职业生涯规划要帮助个人真正了解自己,对自身的能力、潜力进行正确评估,并表明发展的预期目标。将自身条件、发展潜能、发展方向与环境给予的机遇和挑战相比较,最终达到"觉醒"。同时,通过业绩评估和其他评价明确现有知识水平、专业能力、管理能力及身体健康状况等条件,通过潜能评介发现未来的潜力。

9. **差距**。规划制订者必须认真剖析职业生涯规划的目前条件与实现目标所需能力之间的差距。特别是在思想观念、专业知识水平、具体操作能力、心理承受能力与身体适应能力等方面的差距，找出差距，正确看法，并制订缩小差距的方法。

10. **缩小差距的方法**。根据自身的差距内容，实施不同的解决方案。根据能力差距和目标分解制订提高能力具体内容及方式等，通过各种有效的方式，获得较大甚至根本性的改进，并且通过实践锻炼，争取改变工作方法或工作内容，达到能力与职业生涯规划相符的目的。

第三节 职业生涯规划的决策方法

一、职业生涯规划基本方法

职业生涯专家们为规划者提供了很多方法，这里推介几种常用的、比较容易操作的方法。

（一）职业自我综合分析法

1. **橱窗分析法**。[12]橱窗分析法即乔·哈瑞之窗，如图 5-2 所示。这是一个帮助自我评价、了解别人对自己的真正看法的模型。这个模型告诉我们，世界是由各种窗口组成的，透过窗口能看到自己的不同方面。有别人眼中的自己，也有自己眼中的自己。这个模型强调了这一事实，即别人对你也会有看法，它可能与你的自我认识相似，也可能相距甚远。如果你愿意接受别人的意见，你将会更好地认识自己。

窗 1 是你的"公共面孔"，这是你生活的公共赛场。你知道的信息别人也知道，如你的姓名、专业、出生地等，如果你比较害羞，窗 1 的空间将较小。

窗 2 是你的"盲点"，它代表那些你自己不知道而别人知道的情况。这些可能包括其他人对你的看法和感觉等。

如果你性格开朗，容易与人相处，交际圈较广，你的盲点可能就比较小。你可以询问别人的意见，并接受建议。在准备求职时，这一点对你很重要。如果你知道如何给人留下深刻的印象，这将有助于你面试成功。如果你需要改变形象，就向别人学习。

窗 3 是"你的个人世界"，即别人不知而自己知道的情况。你可以不公开这部分生活，也可以告诉别人，让人家更了解你。

窗 4 是一些你和别人都不知道的情况。随着自我意识的增强，这个窗会变得越来越小。

乔·哈瑞之窗没有恰当的形式，但总是在帮助我们减少职业生涯盲点，使我们更有自知自明，这将有助于给招聘者留下好的印象。

	自己	
其他人	已知	未知
已知	1. 你的公共面孔	2. 盲点
未知	3. 你的个人世界	4. 未知自我

图 5-2 橱窗分析法

2. 七个故事练习法。这个方法是由美国职业辅导专家凯特·温德顿提出，对发现自己的发展优势与倾向有所帮助。

这种练习法是一个帮助你回忆起生活中最令人满意的经历，同时发现自己在前进道路上将要用到的技能的好机会。重点回忆那些你完成它的时候感到快乐，而且完成得很成功，也有成就感的经历。这种练习法通常要花上几天时间才能完成。许多人回顾了他们生活的不同时期，是为了对这些经历有一个全局性的把握。许多人在手边准备了一张纸，随时记下想到的事情。

第一步：按照以下正确、错误的举例正确地概述你的所有工作或生活经历，至少要填满20条。要求至少20个故事，所以你不用太费心挑选。只要写下你当时所能想到的，无论它看起来是多琐碎。努力回忆那些细节，当时的情景和你的任务，而不是泛泛地谈论技巧和能力。如果你对自己说，"我曾经……"，或许对你会有所帮助。

正确	错误
在媒体上为一个有创意的活动赢得正面报道	写新闻稿
为了获得竞选学生干部发表演说	发表演说
在地区自行车比赛中获得第三名	骑自行车

第二步：从以上的故事中挑出七个你当时觉得最愉快也最有成就感的（一定要包括非工作经历），然后按一定顺序排列。接着描述在每一个成绩取得的过程中你做过的事情。一定要详细，尽量列出细节。注意你在其中所起的作用以及你与他人的关系、运用的技能。

（二）SWOT 职业生涯发展机会分析法

规划者在认识组织环境与社会环境之后，应根据自身的兴趣、爱好与特长，综合评估各种环境因素对自己的影响，权衡性格、气质与能力等个人特征能否适合目标职业所处之环境发展需要，在各种环境中获得职业发展机会的可能。

SWOT 分析法最早由美国旧金山大学管理学教授在 20 世纪 80 年代初提出的，是目前最著名最基本的一种机会评估工具。SWOT 分析法对于评估分析职业发展机会是较合适的。SWOT 是四个单词 Strength，Weakness，Opportunity 和 Threat 的缩写，分别表示优势、劣势、机会和威胁。

一般来说,优势和劣势从属于规划本身,而机会和威胁更可能来自外部环境。SWOT 分析法具备上述分析功能,可以较好地运用于个人评估职业生涯机会。

优势:自己出色的方面,与目标职业要求素质对照或与竞职对手相比,具有优势的方面。如沟通能力强、专业技能强、社会人际关系资源丰富等。

劣势:与目标职业要求素质对照、或与竞职对手相比,处于劣势地位的方面。

机会:有利于职业规划选择和职业发展的机会。如组织机构的拓展导致新的职位或岗位的设立等。

威胁:存在潜在危险的方面。如对目标实现可行性的原有因素丧失,目标职业或所在组织走向衰落等。

运用 SWOT 分析法进行职业生涯评估时,应尽可能地对面临的各种职业机会进行评估,进而确定职业生涯目标,找到最优发展机会。

(三) SMART 目标确定法

SMART 方法主要是指在制订职业目标时,应按照 SMART 目标确定准则,建立科学有效的目标。SMART 分别是 Specific,Measurable,Achievable,Realistic 和 Time-limited 的第一个字母,意思分别为具体的、可衡量的、可行的、切实的、有时间限制的。在制订目标时要注意以下几个方面。

一是具体的:即尽可能把目标定得具体一些,主要包括所遇到的问题或所关心事情的实质内容。

二是可衡量的:思考并权衡正在使用的方法。

三是可行的:确保提出的要求是在可以实现的范围内。

四是切实的:不要因不切实际而导致失败。一步步地提高比跨越一大步更切合实际。

五是有时间限制的:确定合理的时间段然后执行。没有时间限制的目标至少是低效的。

二、职业生涯规划基本步骤

同其他规划一样,职业生涯规划具有基本的过程与步骤,根据国内学者沈登学等人的观点,制订一份合理的职业生涯规划应包括确定志向、自我评估、生涯机会评估、职业选择、职业生涯路线选择、目标设计、行动计划制订、评估与反馈等步骤。[13]

1. 确定志向。志向是事业成功的基本前提,立志是人生的起跑点,反映了一个人的理想、胸怀、情趣和价值观,影响着一个人的奋斗目标及成就的大小,所以在制订生涯规划时,首先应确立志向,这是制订职业生涯规划的关键。

2. **自我评估**。自我评估是指评估自身的内在条件，是规划中不可或缺的环节，忽视了或不全面的评估，必将可能导致规划失败。自我评估包括自身的兴趣、特长、性格、学识、技能、智商、情商、思维方式、道德水准以及社会中的自我等。评估的目的是认识和了解自己。只有认识自己，才能对职业作出正确的选择，才能选定适合自己发展的职业生涯路线，才能对自己的职业生涯目标作出最佳抉择。这部分内容可以借助职业心理测评加以实现，更多的是在实践中体验。

3. **职业生涯机会的评估**。机会评估是指评估外在的政治、社会、经济等条件或环境，这些因素影响着职业生涯的发展。每个人都处在一定的环境之中，离开了这个环境，便无法生存与成长，所以在制订个人的职业生涯规划时，要分析环境的发展变化情况、自身与环境的关系、自身在环境中的地位、环境对自身提出的要求以及环境对自身有利的条件与不利的条件等。只有对这些环境因素较充分了解，才能做到在复杂的环境中抓住有利时机，早日实现职业生涯规划。

4. **职业的选择**。经历自我评估、职业生涯机会评估，认识自己、分析环境，规划者便选择适合自己的职业。俗话说得好："女怕嫁错郎，男怕选错行"，职业选择正确与否，直接关系到人生事业的成败。据不完全统计，在选错职业的人当中，有80%以上在事业上是失败者。因此规划者在选择职业时，要充分考虑到自身的性格、兴趣和特长等特点，要充分考虑到环境因素对自己的影响。这一点对即将步入社会、初选职业的大学毕业生来说尤其重要。

5. **设定职业生涯目标**。职业生涯目标是职业生涯规划的核心。一个人事业的成败，很大程度上取决于有无正确且适当的目标。没有目标如同驶入大海的"孤舟"，目标的设定是对人生目标做出的抉择，这种抉择应以最佳才能、最优性格、最大兴趣、最有利的环境等为依据。

目标通常分短期目标、中期目标、长期目标和人生目标。短期目标一般为一至三年，短期目标又分日目标、周目标、月目标、年目标。中期目标一般为三至七年。长期目标一般为七至十五年。规划者一旦确定了自己的职业生涯发展方向，确立了努力方向，未来的职业生涯目标就自然得到确立。

6. **职业生涯路线的选择**。职业目标确定后，就要认真思考并选择发展路线。发展路线不同，对职业发展的要求也不相同。因为即使同一职业，也有行政、管理、研究、经营等不同发展路线。因此，规划者在职业生涯规划中须作出抉择，以便使自己的学习、工作以及各种行动措施沿着所选择的职业生涯路线或预定的方向前进。

7. **制订计划与应对措施**。职业生涯目标与选择结束后，行动是最关键的环节。没有行动，一切选择与目标都是"多余的"，更谈不上事业的成功。这里所指的行动，是指落实目标的具体措施，主要包括工作、训练、教育、轮岗等方面的措施。具体地讲，行动可以在工作和潜能开发方面多下工夫多做准备。

8. 评估与反馈。俗话说得好："计划赶不上变化。"人生的发展阶段，由于社会环境、自身条件的变化以及其他不确定因素的存在，将会使职业的发展实际与原先制订的职业生涯规划出现偏差，因此为了使职业生涯规划可行，就需要对职业生涯规划进行再评估并作出新的调整，以更好地符合规划本身和社会发展的需要。总的说来，职业生涯规划的评估与反馈是个人对自身的不断认识过程，也是对社会的不断认识过程。经过评估后必须适时修订职业生涯规划，主要包括：职业的重新选择、职业生涯路线的选择、人生目标的修订、成功标准的调整、实施措施与计划的变更等。

三、职业生涯规划的目标设定

由于目标在职业生涯规划中意义重大，在此予以重点阐述。可能实现的事物是行动的"导航"。规划者制订职业生涯规划时，重点应解决目标的明确与设定，并使目标之间形成有机的整体，而目标的分解与组合是实现这一目的的有效措施，要始终把握好目标的明确度与难易度，确保职业生涯规划的有效实施。

（一）目标分解

目标分解是实现目标的第一步，是帮助在现实环境和美好愿望之间建立起可以沟通桥梁，是实现目标的重要方法。职业生涯目标分解是根据观念、知识、能力差距等，将职业生涯的远大目标分解为的长、中、短期分目标，直至将目标分解具体某确定日期可以采取的具体步骤，它是目标清晰化与具体化的过程，是将目标量化成可操作的实施方案的有效手段。影响目标分解的因素有：自身条件，职业方向和环境条件等。

总的来说，目标分解的方法主要是按性质和时间分类进行。

（1）按职业生涯目标性质可分解为外职业生涯目标和内职业生涯目标两类。

这两类职业生涯规划目标前文已述，故此不赘述。

（2）按时间可分解为：最终目标、长期目标，中期目标，短期目标。这种分解法与按性质分解紧密联系，它是为按性质分解的目标做出明确的时间规定。

最终目标与阶段目标。最终目标取决于一个人的价值观念和知识能力水平，是对环境、组织、自身条件、家庭条件等综合分析后得到的结果。有的人在而立之年已能预见自己的最终职业生涯目标，但也有些人到退休时仍未能搞清自己的目标所在。目标的期限体现着一个人心理成熟的程度。据估计，大部分人找到最终目标平均年龄是40岁。

目标可以分为短期目标、中期目标和长期目标三种。

最终目标以几十年为期限，长期目标以十几年为期限，中期目标以几年为期限，短期目标的时间为二三年，而近期目标就可以短至几个月。对于短期和近期目标，应详细规定实现的时间。

① 短期目标。目标可能是自己主动选择的，也可能是"外力"（包括组织、家庭等）安排的，被动接受的，未必由自己的价值观决定，但是可以接受；短期目标总体上容易切合实际，具备可操作性；由于对实现目标较有把握，并适时根据环境变化实现长期目标。

② 中期目标。中期目标主要是结合自身的意志和组织的环境及要求制订目标，能够符合自身的价值观。应当说，中期目标较能切合实际并有所创新，能用明确的语言定量说明并使用比较明确的时间，在适当之时可作且可做适当的调整，这样便可以较易实现。

③ 长期目标。长期目标是认真选择的，一方面符合自己的价值观，另一方面和社会发展需求相结合；既有实现的可能，又有挑战性；长期目标的制订，使得人们对目标实现充满渴望，立志改造环境，并坚持不懈，以致最终实现。

（二）目标组合

处理不同职业生涯规划目标相互关系的有效方法就是目标组合。规划者如若只看到目标间的排斥性，那么就只能在不同目标之间做出排他性选择；如若能看到目标之间的互补性与因果关系，就要可以积极进行不同目标的组合。

1. **时间组合：并进与连续两种。**

（1）并进。目标并进是指同时着手实现两个（或两个以上）现行目标，它是建立和实现与目前工作内容不直接相关的职业生涯预备目标。同时，也应该从广义上理解目标的并进，目标的并进亦可能是指在做好本职工作的同时学习另一个专业的知识或者一个管理人员在管理专业和相关技术专业上同时发展，诸如此类都属于目标的并进。

（2）连续。目标连续是指目标之间的前后连接，循环往复，不断加以实现。一般来说，短期目标是实现中长期目标的支持条件，目标的期限性是相对的：随着时间的推移，长期目标成为中期目标；中期目标成为短期目标；短期目标成为近期目标。只有完成好每一个近期目标才能实现最终目标，如此反复，一环扣一环，才能真正积累短期目标成果达至实现长期目标的目的。

2. **功能组合：因果关系组合、互补关系组合和全方位组合三种。**

因果关系组合是指有些目标之间有非常明显的因果关系；互补关系组合则是指目标之间具有救济或互助性质，是一种共生的目标群体；全方位组合是指追求个人事务、职业生涯和家庭均衡发展，相互促进的组合。

总而言之，目标组合可以超出职业生涯范围而与全部人生活动联系起来。规划者制订职业生涯目标时，应考虑自身在个人发展、家庭生活和职业生涯发展中的各种愿望。制订职业生涯目标的过程就是一个分解、选择、组合有机整合的过程。目标分解是为了使目标明晰，目标选择是为了使目标集中，目标组合是为了寻找目标因果关系。规划者一旦学会了制订职业生涯的目标，就迈出了将美好理想转变为现实的最坚实的一步。

四、职业生涯规划修订

从某种意义上讲，规划的实施过程就是缩短差距的过程，而缩短梦想与现实之间的差距，究竟如何才能更好地实现。为此我们探析差距类型，并制订较有效的实施方案。

（一）差距类型探析

差距是一个人职业素质的现状与职业生涯目标实现所需职业素质要求的差距，包括观念、知识及心理素质差距。

1. **观念的差距**。观念是对客观事物的一种价值观，不同的观念会影响不同的行为方式，人的行为总是为了捍卫自己的观念。在职业生涯规划中，受各种因素影响，人的观念可能存在落后于现实的方面，形成观念差距。

2. **知识差距**。由于人的时间、精力所限和人类知识量的迅猛增长，两相比较，任何人都难以成为百科全书式的博学家，知识的差距便日益呈现出来。

3. **心理素质差距**。心理素质涉及一个人的毅力、面对变故和挫折时心理承受能力、情绪智力（EQ）等。有与外界竞争的激烈性，加之个人应对能力的差异性，使得部分职业者在心理素质方面便表现出了不符合职业生涯发展需求的素质，二者差距自然形成。

（二）缩小差距的方式

在了解自身条件和差距的前提下，规划者必须寻找合适缩小差距的方法并制订实施方案。缩小差距的方法主要是培训、交流以及实践方法。培训法主要是根据目标分解和能力差距制订培训的内容、时间、地点、方式等。交流法是为缩小差距而选定交流的主题、对象及方式等，通过交流获得新知识。交流对象可以是多层次、多类型的，方式可以是正式或非正式的。规划者参加交流时，需心态平和，聆听别人的见解。实践法是缩小差距的最直接方法，在实践中应该争取改变工作内容或方法，着重处理自己能力较差的工作，同时，在实践的过程中也会出现差错，这也是发现问题、总结经验，重新调整的机会，从而达到与目标相契合。

此外，除了对职业生涯目标进行有效的"差距性"弥补之外，规划者还应对职业生涯进行调整，以获得反馈信息为起点，不断调整目标、时间和方法，达到目标与实际相符，最终实现职业生涯规划目标。

表 5-1　职业生涯规划表

职业生涯规划表（仅供参考）

姓名		性别		年龄	
所学专业		政治面貌		婚姻情况	
职业选择			流动意向		
个人经历	教育经历				
	工作经历				
	培训经历				
个人因素分析					
环境因素分析					
职业生涯目标		人生目标			
		长期目标			
		中期目标			
		短期目标			
短期计划与措施					
中期计划与措施					
长期规划与方案					
人生规划与方案					

阅读材料

未雨绸缪，跨越迷惘：工作后的职业规划

初入职场难免忙乱、迷茫，作为新人的你，是否在为寻找不到职业目标而困惑？满腔热血却常常奋斗无门，你是否心生疑问：职场生活难道真是这样子吗？

方案一：立足本行业，谋求更高发展

第一步：短期目标，稳扎稳打，立足现有岗位求发展

需抓紧时间，在现有岗位上充分学习、全面掌握相关专业技能，在此之后，转换工作环境。可计划离开目前家庭小作坊式的公司，在大中型企业谋求初级岗位。需要提醒的是，转到大企业的任职初期，薪水或许得不到较大提升，但只要企业的文化氛围对自身职业技能的发展有利，也就达到了转换职业环境，进一步谋求发展的目的。

第二步：中期目标，三年内成为行家

中期目标是成为相关职业的专家，能熟练运用英文，广泛涉猎心理学、管理类书籍，拓宽知识和技能，为下一步实现进入管理层目标准备。

方案二：积累知识、财富及社会经验，寻找机会创业

在某行业中，你要有足够的兴趣，有自己投资开业的愿望，职业规划师由此提出了方案二，并给出了在投资健身行业成为"小老板"需"三步走"的行动规划。

第一步：达到短期目标，应聘于一家较大的公司任职相关岗位

初任时的工资可能会低一点，无须太过介意，只求在公司站稳脚跟，争取在年内全盘熟悉公司的相关管理流程。

第二步：积累相关经验，积累行业信息

在搞好日常工作的前提下，注意积累健身行业信息，掌握公司运作细节。为达到这一目的，业余时间还可兼职当健身教练，为日后经营管理企业打基础。

第三步：实现中长期目标，完成经验积累自己当老板

积累知识、经验和财富，处处做有心人。在完成了上述两步规划之后，自己开业当老板，进入新的发展通道。

职业规划专家分析点评新人如何走出职业"困顿期"。

1. 抓住入职前三年，理性规划职业生涯

职业规划师认为，职场新人要谋求职业生涯良性发展，必须抓住入职前三年，合理进行规划，提出了以下三点建议。

沉下心来打基础。三年是成长和成熟的重要阶段，是打基础的三年，也是培养良好心理素质、心理承受力的三年。要能够沉下心来，努力适应社会，适应公司环境，学会独立思考，独立行事，学会承受和忍耐，学会察言观色，少说多做。掌握一些自己喜欢的，社会需要的技能，为自己在未来的择业竞争中增加砝码，为实现自己的目标而打下坚实的基础，做好铺垫。

多思考理性规划。多思考，碰到难以解决的困惑不妨求助于专业的职业生涯规划师，理性确立目标并付诸坚定而有效的行动，慢慢朝着目标迈进。

保持良好心态。成功是每个人追求的目标，但要避免急功近利。每个成功者的背后都有一番辛酸故事，都有着痛苦的经历。心态的调整在这个时候显得尤为必要。

要不断调整自己，保持静心、细心、耐心、专心，乐观自信地对待工作生活。

2. 避免走入两个误区

职场新人要实现合理定位和规划，特别要注意避免两个误区。

过于关注收入高低的误区。对于刚刚工作的新人来说，收入较少是个较普遍的问题。建议这一阶段不能太看重工资收入，而是要抓住机会提升自我。

"兴趣至上"的误区。兴趣不代表能力，你对某一特定职业有兴趣并不意味着你一定能干好这个职业，因此要处理好个人兴趣与工作的关系。只有在对某一职业感兴趣并具有该职业所要求技能时，才能做好工作取得成功。

总之，职场新人只有及时提高认识社会和认识自我的能力，尽快度过当代大学生步入社会开始阶段的状态，尽快适应职场环境，并找到合适自己的职业规划，才会不断成长和成熟，才能处变不惊，避免陷入职业困顿，从而迈出成功的步伐。

（资料来源：www.gxu.edu.cn 广西大学网站）

回顾与反思

1. 薛恩的职业生涯系留点理论是指什么？
2. 七个故事练习法的主要内容？
3. 职业生涯六大定律有哪些？
4. SWOT 分析法是什么？

【注释】

[1] 朱启臻. 职业指导理论与方法[M]. 北京：人民教育出版社，1996：14-20.

[2] 姚裕群. 职业生涯规划与发展[M]. 北京：首都经济贸易大学出版社，2003：114.

[3] 程社明. 你的船 你的海——职业生涯规划[M]. 北京：新华出版社，2007：68-73.

[4] 徐笑君. 职业生涯规划与管理[M]. 成都：四川人民出版社，2008：14.

[5] 陈国荣等. CGLC 模式职业生涯规划[M]. 北京：中国劳动社会保障出版社，2005：1-3.

[6] 姚裕群. 职业生涯规划与发展[M]. 北京：首都经济贸易大学出版社，2003：120-123.

[7] 〔美〕爱德加·薛恩. 组织心理学[M]. 北京：经济管理出版社，1987：104-10.

[8] 〔美〕爱德加·薛恩. 职业的有效管理[M]. 北京：三联书店，1992：176.

[9] 黄天中. 生涯规划——理论与实践[M]. 北京：高等教育出版社，2007：19-20.

[10] 徐笑君. 职业生涯规划与管理[M]. 成都：四川人民出版社，2008：14.

[11] 谌新民，唐东方. 职业生涯规划[M]. 广州：广东经济出版社，2002：145.

[12] 陈国荣等. CGLC 模式职业生涯规划[M]. 北京：中国劳动社会保障出版社，2005：63-64.

[13] 沈登学，孔勤. 职业生涯设计学[M]. 成都：四川大学出版社，2003：106-108.

第六章　就业市场与就业方式

随着我国市场经济体制的不断完善，特别是加入 WTO 之后，中国的经济结构发生了很大的变化，社会对人才的需求也相应发生了变化，随之出现的是大学生就业市场供需的结构性矛盾，尤其在 1999 年全国高校实行扩招之后，高等教育逐步由精英教育向大众化教育过渡，大学生面临着一个崭新的就业环境，就业竞争日趋激烈，使原本较难的就业形势更加严峻。在社会主义市场经济体制下，大学生作为人力资源的重要组成部分，同资金、技术等生产要素一样，主要依靠市场来选择、配置和优化。随着大学生就业市场的不断完善，大学生就业方式也更加多样，因此，高校毕业生应及时了解就业市场和就业方式，提高就业成功率，减少不必要的损失，顺利实现职业理想。

第一节　就　业　市　场

随着高校毕业生数量的不断增加和高校毕业生就业体制改革的不断深入，"以市场为主导，政府调控，学校推荐，毕业生与用人单位双向选择"的就业机制逐步建立，大学生就业市场应运而生。由于我国大学生就业市场还处于初级阶段，仍需经历一个从不规范到规范，从不成熟到成熟的发育过程。

一、大学生就业市场的含义

大学生就业市场是社会主义市场经济条件下劳动力市场的一个重要部分，也是高校毕业生就业制度的重要组成部分。一般来说，大学生就业市场有狭义和广义之分，从狭义上讲，大学生就业市场是毕业生求职择业和用人单位选拔人才的场所；从广义上讲，大学生就业市场是高校毕业生在就业过程中所涉及的各种关系的总和。大学生就业市场是以高校毕业生为对象的初次就业市场，主要包括供给方、需求方、中介组织与就业信息资源等要素。供给方主要是即将走向社会求职的高校毕业生，他们根据自己的技能、专业知识、择业意向和工作能力等条件，通过自我推荐、求职竞争，选择符合自身理想的职业和工作单位；需求方主要包括企事业单位等，他们根据岗位要求，通过宣传自身优势，吸引和选聘所需人才；中介组织是提供毕业生和用人单位供需见面、双向交流与选择的服务组织，主要载体有国家、省、市的大学生就业指导中心和各高校大学生就业指导中心两种形式，中介组织发挥作用和水平是大学生就业市场成熟的主要标志；就业信息资源是指通过各种媒介传递的有关就业方面的消息和情况，主要包括就业政策与形势、供需情况、就业机构、招聘活动及用人信息等。在信息社会里，毕业生应及时而全面掌握和运用好有关就业方面的信息，为成功求职奠定基础。大学生就业市场的根本任务是解决毕业生的就业问题，将有择业自主权的毕业生和有择人自主权的用人单位两者紧密联结起来，通过市场调节供求关系，在特定的时期内，使毕业生这一特殊劳动力资源在社会上达到合理的配置。

二、大学生就业市场的特点

大学毕业生就业市场服务对象为高校毕业生这一特殊群体，因此在培育发展过程中，大学生就业市场呈现出以下六个特点。

1. **时效性**。即大学生就业具有一定的时效性要求。我国大学生一般在7月份毕业，大学生就业市场从头一年11月份开始为应届毕业生服务，大学生毕业前数月是大学生就业市场最繁忙的时期，例如福建省面向2011届高校毕业生的招聘会主要集中在2010年11月份到2011年7月份，7月份之后成了相对的淡季，这就要求高校毕业生在几个月内便要落实就业，最多延长至一年，否则将面临着毕业后的待业问题，因此大学生一定要抓住时机及时就业。

2. **针对性**。大学生就业市场属于一种中高级层次的劳动力市场，是针对具有大专以上学历层次，并掌握当今社会最先进的技术和管理知识的广大高校毕业生群体提供服务的人才市场。如教育部于2011年3月22日—28日举办的"2011年应届高校毕业生网上联合招聘活动"，就是专门面向2011届高校毕业生提供就业服务的公益性活动，这种活动的目标客体便是高校毕业生。

3. **多样性**。多样性是指大学生就业市场形式灵活多样。大学生就业市场的形式既有有形的，又有无形的；既有规模大的，又有规模小的；既有由主管部门举办的，又有由高校自己举办的；既有综合的，又有分类别的；既有区域的，又有部门的。如福建海峡人才市场既有举办综合性的招聘会，又有举办类别各异的专场招聘会，并把招聘信息同步地发布在福建海峡人才（http://www.hxrc.com）上，为广大毕业生提供更好的服务。

4. **系统性**。系统性是指就业市场对人才需求的层次性和专业性。随着经济和社会的发展，生产的社会化程度越来越高，对从业人员的职业要求也越来越专业化，就业市场对人才的需求也呈现多层次性特点。目前，就业市场不仅出现诸如高级技工、中级技工、低级技工等层次性需求，而且也有具体职业要求，如会计工作要求具备会计证、电算证等技能证书，同时国家也正在推行学历证书与职业技能证书"双证并用"的用人机制。

5. **群体性**。全国每年有几百万高校毕业生走出校门、走向社会，具有鲜明的群体性特点，因此高校毕业生就业也是群体性的活动，如2011年全国就有660万高校毕业生走入就业市场求职，[1]同时大学生就业市场相对稳定集中，所以高校及大学生就业相关部门必须精心组织安排，做大量细致的工作，真正发挥"导"的作用，这样才能实现高校毕业生的顺利就业。

6. **社会性**。大学生就业问题关系到我国人力资源的配置问题，关系到社会的稳定和谐发展问题。高校毕业生能否实现顺利就业，不仅关系到毕业生的个人问题，而且关系到学校培养目标的实现和国家教育的发展问题，这是一个社会性的问题，因此必须高度重视，妥善处理。

三、大学生就业市场的类型

随着大学生就业市场不断生成、发展，市场的多样性突显。根据不同的划分标准可以划分为不同的类型。根据大学生就业市场的外在表现形式、举办的主体、举办的类别、就业市场的区域范围等方式划分不同类型。具体如下：

（一）根据大学生就业市场的外在表现形式，可以划分为有形就业市场和无形就业市场

1. **有形就业市场**。有形就业市场指的是有固定的场所，有具体举办时间和地点，有特定的参加对象，并在某一时间内把用人单位和毕业生组织在某一场所，为双方进行交流和双向选择提供的就业平台。目前有形就业市场主要有两种形式：一是人才服务机构开展业务的固定招聘场所，二是人才市场举办单位举办的集市式的供需洽谈活动。

2. **无形就业市场**。无形就业市场指的是用人单位和毕业生自行自主地选择通过媒介和交互平台交流与沟通，没有固定的场所和地点。随着信息技术的高速发展，高校无形就业市场发展迅速，在大学生就业市场中占据日益重要的地位，所起的作用也日趋明显化。目前，无形就业市场已借助信息技术和互联网技术建立起的各类就业网站、求职网站，为大学生就业市场的发展提供了更广阔的空间。无形就业市场凭借信息准确、方便、高效、灵活和覆盖面广等特点，使用人单位和毕业生之间打破时间、地域与场所的限制，提高了就业的效率，节省了物力、财力和人力，深受广大高校毕业生和用人单位的欢迎和推崇。部分地区和高校进一步扩展和开发就业网的功能，利用网络技术和会议视频系统举办网上招聘会和用人单位宣讲会。随着网络信息化发展的规范化，无形就业市场将在毕业生就业中发挥着越来越重要的作用。

（二）根据举办的主体不同，大学生就业市场可分为学校主办、校际联办、企业自办、政府主办等主体主办的毕业生就业市场

1. 学校主办的大学生就业市场是指由学校单独举办的毕业生就业市场，一般以

招聘会、洽谈会或供需见面会形式出现，在目前毕业生就业市场中属于主要渠道，其优点在于能够根据本校的专业特点和就业方向，有针对性地邀请与其密切相关的用人单位参加，这对高校来说也较易形成固定的用人单位群，促进本校学生就业。

2. 校际联办的大学生就业市场是指两所或两所以上的高校联合举办的毕业生就业市场，主要是为了提高毕业生专业的综合性，吸引更多的用人单位参与，而实行强弱联合或强强联合、优势互补的方式，形成较强辐射性和影响力，拥有较高的招聘质量，增强就业市场的效能。

3. 企业自办的大学生就业市场是指由有条件的企业或企业集团举办的，以宣传企业形象并招聘企业所需的毕业生为目的的就业市场，这种市场时效性较强，招聘效果较明显。

4. 政府主办的大学生就业市场是指由政府主管部门或人才中介机构主办的，主要有两种形式：一是由省、市（县）主管毕业生就业的部门组织、各高校所设立的大学生就业市场；二是由地方人事部门或由人才中介机构所设立的人才市场。

（三）根据举办的类别，大学生就业市场可分为层次性就业市场、分科类就业市场和行业性就业市场

层次性就业市场是指招聘单位对学历层次的要求不同而形成的博士生就业市场、研究生就业市场、本专科生就业市场等。分科类就业市场是指地方毕业生就业主管部门从用人单位和学校两方面考虑，从市场细化的角度出发，把理、工、农、医等科类的高校毕业生分别集中起来，与用人单位双向选择。行业性就业市场是由中央部委主管毕业生就业的部门主办的，主要为本系统、本行业毕业生和用人单位服务的就业市场。

（四）根据就业市场的区域范围，大学生就业市场可分为区域性大学生就业市场和国际性大学生就业市场

区域性大学生就业市场是由地方就业市场主管部门举办的为了本地区经济发展服务的就业市场，可以依据行政区，划分为国家级、省级、市（县）级就业市场，这种形式的就业市场最大的优点在于能够比较准确地反映出区域性的人才需求。国际性大学生就业市场，则是随着改革开放与全球化的不断深入，已成为毕业生就业的必然趋势。为了实现毕业生在国际上的相互流动，国内外的人才中介组织举办人才市场，近几年招聘人才于国内外大型企业或跨国公司等情况多见，并不断发育成熟。

四、大学生就业市场的现状与存在的问题

（一）大学生就业市场的现状

自1999年以来，我国高校招生规模不断扩大，全国高校毕业生数量迅猛增加，

其中2003年和2004年高校毕业生的增长率分别达到了46.2%和32.1%，2005年至2009年的增长率保持在20%左右，[2]到2011年全国高校毕业生总数达559万，是2002年毕业生总数的5倍左右，如果以每年在原有存量的基础上增加60万计算，那么2011年毕业生总数达660万，2012年将达700万，在"十二五"期间将有2 765万左右的大学毕业生。

相对于大学毕业生总数逐年增加，社会对毕业生的吸纳的相对能力却有所下降，大学生的就业形势也越发严峻，每年的就业签约率不断下降，待业人数逐年攀升，如表6-1所示。

表6-1 2002年以来普通高校毕业生人数及就业状况统计[4]

年份	毕业生总数（单位：万人）	就业签约率（%）	待业人数（单位：万人）
2002年	145	80.00	29.00
2003年	212	76.00	50.88
2004年	280	74.00	72.80
2005年	338	73.00	92.70
2006年	413	70.94	120.00
2007年	495	70.91	144.00
2008年	559	70.00	165.00

在大学生就业市场上，大学生资源存量不断增加，而社会对大学生的需求增长则相对缓慢，经济发展所提供的岗位数目的增加与大学毕业生数量的增长之间存在着较大差异，造成供求难以平衡，大学生就业市场越来越偏离帕累托最优状态，存在巨大的人力资源浪费。

（二）大学生就业市场存在的问题

由于我国大学生就业市场处于探索和培育阶段，尚不成熟，还有许多不足之处，主要体现在以下六个方面。

1. **就业市场的就业歧视**。根据国际劳工组织的定义，所谓就业歧视是指因种族、肤色、性别、宗教、政治观点、民族血统或家庭出身造成的任何区别、偏见和排斥，并由此产生剥夺、损害就业或就业机会均等的影响。目前，我国大学生就业市场主要存在着性别、学历、院校、身体、户籍或工作经验等歧视现象。部分用人单位在性别上，更倾向于招聘男性；在学历上，片面追求高学历，出现严重的人才高消费现象；在院校上，倾向于招聘重点院校的毕业生；在身体方面，看中的是应聘者的外貌而不是成绩；在户籍上，倾向于招聘具有本地户口的毕业生，一些城市甚至设置进入指标、户口指标（现在这种现象已有所好转）等；在工作经验上，要求有相应的工作经验，把暂时不可能具备一定工作经验的应届毕业生拒之门外。就业市场歧视增大了大学生的就业壁垒，严重影响着高校毕业生正常、合理而有序流动。

2. **就业市场的制度性分割**。就业市场分割现象是某些社会性或制度性的因素，引发了劳动报酬或待遇上的悬殊,集中表现为同工不同酬。目前,我国劳动力市场的雏形已形成,初步发挥着对劳动力资源优化配置的基础性作用,但受我国户籍、住房、福利及社会保障等因素的影响,大学生在主次劳动力市场之间的工作转换成本提高,而且自由流动性差,增加了大学生就业市场的运营难度。因此,劳动力市场的分割导致了流动成本增加,直接影响了大学生就业市场的培育和建设,压缩了大学毕业生的就业空间,也容易引发大学生就业市场的无序发展。

3. **就业市场的信息不对称**。根据西方经济学理论,信息不对称又称非对称信息或不对称信息,是指市场上买方和卖方所掌握的信息不对称,一方掌握的多一些,另一方掌握的少一些。目前,我国大学生就业市场上的信息不对称主要体现在以下三方面:一是高校与学生(更加确切地说是高考考生)之间双向选择时信息不对称,是指高校与学生之间在高考录取时存在的信息不对称。这种就业准备阶段的信息不对称直接影响着人力资源最优配置、人才的培养及大学生的就业,可谓"差之毫厘,谬以千里"。二是高校与用人单位之间的信息不对称。许多高校片面地注重学术研究与理论学习,对社会的经济结构、层次、发展前景及其用人单位对人才的需求状况缺乏了解,致使高校的专业设置及培养的人才与市场的需求不相适应。三是大学生与用人单位之间的信息不对称。这种信息不对称不仅表现为双方信息不畅,而且表现为各方所拥有的信息是不对等的。由于供求双方所掌握的信息不对称,供求双方的自由交易存在着"逆向选择"问题,致使部分大学毕业生在毕业时不能确定就业单位而成为继续进行"工作找寻"的"摩擦性失业者",也有部分毕业生为了获得更满意的工作而主动放弃已有的就业机会,成为"自愿失业者"。

4. **就业市场的诚信缺失**。对于大学生就业市场的诚信问题主要表现为就业市场三方对就业管理制度的遵守和执行,就业市场三方向他人发出信息的真实性程度,就业市场三方是否恪守诺言及履行义务等。当前大学生就业市场中的诚信缺失现象时有发生,一是大学生的诚信缺失。为了迎合用人单位的用人标准,部分大学生在就业推荐材料上弄虚作假,如篡改学习成绩,假冒、伪造各种证书,虚构各种头衔和经历;或面试时过分自我吹嘘;或草率签约,随意违约;或就业后频繁"跳槽",不按期偿还助学贷款等。二是用人单位的诚信缺失。部分用人单位在招聘时出现虚假招聘,片面宣传;不当提高用人条件和标准;滥用人事自主权随意违约等现象。三是学校的诚信缺失,部分高校为了提高就业率,为毕业生大开方便之门,出现推荐评语失真,纵容作假等现象。

5. **就业市场存在"潜规则"的弊端**。当前,就业市场上仍存在着"潜规则",影响着大学生就业的公平性,少数大学毕业生凭借父兄辈的社会资源,轻而易举地占据令人羡慕的职位,而那些来自农村或贫困家庭的大学生,却常遭受求职失利之苦。在就业形势严峻的压力下,呈现出"代际效应",这一效应严重挑战就业市场的公平性。部分大学生的父兄辈在政治、经济及文化上的优势与积淀,"顺理成章"地传递到他们身上,使其在就业市场的竞争中占先天优势,而对那些试图通过"教育改革命运"的大学生来说，这无疑处于劣势。

6. **就业市场的结构性矛盾**。尽管就业市场对人才需求结构已产生显著的变化，但高校在教学体制和教学内容方面的改革仍相对滞后，在专业设置和教学理念上未能有效地围绕市场进行调整，难以寻找专业设置和人才与市场的结合点，导致专业结构与市场需求不相符。受高校"滞后效应"和缺乏市场意识的影响，毕业生的供给结构和社会对毕业生的需求结构严重脱钩，大学生就业市场出现大量未能适应需求的过度供给（即"有人没事做"）和未能满足的过剩需求（即"有事没人做"）的结构性失业现象，这种结构性问题使大学生就业市场难以"清除"，大学生就业问题在短时间内难以较好解决。

五、就业市场完善与发展的路子

关注大学生就业问题，解决就业市场现存的问题，促进大学生就业市场健康发展仍需各方共同努力、通力合作。

1. **政府应发挥调控和管理的职能**。大学生就业市场与其他类型的市场一样也存在着"失灵"问题，政府应充分发挥其职能以弥补市场的不足。一是要加强国家宏观调控，采取多种切实可行的政策，降低经济运行中不确定性对社会就业的负面影响，鼓励中小型企业发展，通过扩展中小型企业的规模以增加社会就业岗位；积极鼓励和引导大学毕业生到中西部、到基层就业，健全与之配套的激励制度和工作机制，拓展大学生就业市场。二是建立健全相关的法律法规，明确就业市场各方的权利与义务，强化对就业市场运行机制的监督，打击就业市场现存的就业歧视、诚信缺失等有失公平的行为，促进就业市场健康有序发展。三是加强大学生就业信息网络建设，发挥媒体功能，努力实现全国人才市场与高校、毕业生与用人单位三者间的信息共享与对接，扫除大学生就业信息方面的障碍。为此，政府应逐步打破二元劳动力市场分割，消除制度性障碍，积极推进全国各地的人事制度改革，降低劳动力流动成本，促进劳动力低成本地自由流动。

2. **高校以市场为导向设置专业，并加强就业指导**。为适应经济社会发展对人才需求的变化，促进大学生就业市场的健康发展，高校应着手做好以下两方面工作：一是高校应以市场为导向，加快专业结构的调整和改造。就业市场对人才的需求层次多且变化速度快的就业环境，高校应适时调整现有的人才培养模式，形成与市场相适应的高等教育培养机制；根据就业市场需求，及时调整专业设置，优化学科专业结构、推行课程改革，强化专业特色，培养"适销对路"的人才。二是进一步加强就业指导，提高毕业生的竞争力和就业率。高校与社会应共同努力完善就业指导与服务机制，为促进高校毕业生充分就业提供全方位多层次的服务。此外还须加强实践教学，完善实习基地，提高大学生的实践能力，逐步满足就业市场对实用型人才的需求。

3. **大学毕业生应转变就业观念，提高就业能力**。一是严峻的就业形势，使得大学生必须增强市场就业意识，结合就业市场需求的趋势与自身特点，适时调整目标，培养和提高全面能力，并有意识地参加社会实践活动以锻炼自己。二是调整心理定位，淡化"天之骄子"的心态，客观地评价自己的职业能力和发展潜力。三是应转变就业观念。毕业生可以先选择到容易就业的行业或地区，这不仅可以解决就业难问题，而且高校毕业生通过在这些部门工作，可以获得宝贵的工作经验和能力，为今后落位于更好的工作岗位创造条件。四是在条件允许情况下尝试自主创业。当前国家正需要一批有所作为的高校毕业生以热情和聪明才智去创办属于自己的事业，这不仅能解决自身的就业问题，而且能为他人提供就业机会，彰显较高社会价值。

4. **用人单位转变用人观念，以适用为原则有效地招聘高校毕业生**。随着大学毕业生与用人单位供求关系的演化，就业市场已逐步由卖方市场转变为买方市场，用人单位的期望值也"水涨船高"，盲目提高用人标准，出现人才过度消费现象，造成人力资源的巨大浪费，因此用人单位应转变用人观念，以适用为原则，适时建立合理的用人机制，克服盲目追求人才高消费等非理性行为，避免人才或岗位的闲置和浪费，合理有效地使用高校毕业生资源，做到恰到好处地使用人才。

5. **加快发展无形就业市场，拓宽大学生就业市场**。科学技术的飞速发展，网络技术的广泛应用，就业市场的培育已不能仅仅停留在有形就业市场的培育上，应大力发展以就业信息网络为载体的无形就业市场，这样才能发挥政府、社会、高校三者在大学生网上求职的优势，并不断健全全国性的大学生就业信息网络体系，充分利用信息技术手段加快发展大学生无形就业市场，为高校毕业生和用人单位之间架起更为方便的沟通桥梁。大学生无形就业市场的建立，能为大学生创造更广阔的就业空间，降低招聘成本，使大学生就业市场逐步形成一种规范化的运作机制，更好地为高校毕业生和用人单位提供高效与优质的服务平台和工作机制。

第二节　就　业　方　式

大学毕业生就业的方式自实行"自主择业、双向选择"的就业制度以来，大学毕业生实际上已经步入了就业市场化的轨道，在社会主义市场经济条件下，大学生毕业后的选择主要有就业求职、考取公务员、自主创业、提高学历层次、出国留学、参军入伍等多种途径（当然，这里也无法穷尽一切的就业方式，因为方式也随形势变化而有所调整）。毕业生可根据就业形势和自身状况加以选择，现列举如下。

一、就业求职

就业求职是大部分毕业生的就业走向，也是涵盖范围最广的就业形式，总的说来，主要是应聘到公司、企业、医院、中小学、科研院所、大中专院校等。在就业求职过程中就要对职业、待遇、地区等因素综合考虑,以其中的一个或两个为主要点,而不要(也难以)面面俱到,择业期望值应适中,拓宽就业领域,实事求是地认识自己,更多从自身实际和发展空间考虑,学会权衡,勇于放弃,为满足主要标准要勇于放弃一些次要标准。作为刚踏出校门的毕业生,就业的一个重要标准是凡事有弹性,追求均值最大化,达到能够锻炼自己,对后继发展有裨益即可。总的说来,以时间划分为标准,就业求职可分为即时就业和延时就业两种。

即时就业是毕业前通过学校推荐,参加招聘会和人才交流会(其他方式亦可)求职就业,签订就业协议而就业,这是目前多数大学毕业生的选择。即时就业有着诸多的优点:从学校角度来说,教育主管部门将就业的比率作为考核学校办学水平和教育质量的重要指标,因此对于学校的声誉多有影响;从社会角度来说,大学生依靠家庭和国家十几年的经济支持接受教育,掌握了知识和技能,学成之后,应以自己所学的知识回报社会。特别是家庭较困难的学生更应该及时就业,自食其力,以自己的劳动所得为家庭和社会分忧,不以各种理由以至错失就业机会。

延时就业是指大学毕业生在毕业前,由于暂时未能找到满意的工作单位或其他的原因,未能就业的,延后就业时间即视为延时就业。延时就业的原因有多种,在本书中相关章节也多有所阐述,现强调两点,一是毕业生定位不准确,难以找到合适岗位;二是心理承受能力较差,对于工作总是以消极悲观的心态对待,导致延时就业。

二、报考公务员

国家公务员是指代表国家从事社会公共事务管理,行使国家行政权力,履行国家公务的工作人员。目前,每年中央、国家机关以及中央国家行政机关派驻机构和垂直管理系统从应届高校毕业生中录用一定数量的毕业生,各省(直辖市、自治区)、(设区)市、县(区、市)、乡镇也分别招收一定数量的公务员,在一定程度上减轻了应届大学毕业生的就业压力,至此公务员考试录用已成为应届毕业生就业的一条重要渠道。从整体上讲,公务员职业具有稳定性、低风险性、社会地位较高、薪水持续提高等特征。如果你性格适合公务员这一职业,并有志于担任公务员,那么选择报考公务员是一条较好的出路。

近年来,高校继续扩招,使得大批毕业生涌向公务员职业这一人才市场,每年的公务员考试都上演着千军万马挤独木桥的"盛况",以福建省 2008 年春季公务员考试为例,全省 1 464 个岗位,报考人数达 6.69 万人,比例为 1∶45.7,其中最高比例为 1∶862[5]。但是相当部分考生报考是很盲目,没有进行理性的思考,特别没有考虑公务员这一职业是否合适自己,这个工作是不是能使自己的人生价值得到较好的实现,一心只想"铁饭碗"。

公务员考试主要分为笔试和面试。从现有考试资料上看,笔试主要包括言语理解与表达、数量关系、判断推理、常识判断、资料分析等五类，内容涵盖文、史、哲、经、管、农、理、工、医、军等领域，考查毕业生的综合能力。面试主要是以模块化方式进行。针对公务员考试，大学生应早做准备，夯实人文社科基础，同时也应有意识训练心理素质。这类考试实际上是智力、体力、毅力和心理承受能力的综合较量。

三、自主创业

大学生创业是指大学毕业后不是走向社会寻找工作，而是用自己所学知识创办公司或企业。大学生作为青年中掌握较高科学文化的群体，作为时代的开拓者，许多大学毕业生已将个人创业作为就业方式的首选，并且这种创业成功的名人标杆也起着推波助澜的作用，身处象牙塔的学子不愿"袖手旁观"，他们从书本和课堂中走出，走上了创业之路。作为社会发展的"智力型"生力军，他们素质的高低直接影响到一个国家的创新程度。大学毕业生拥有较高的知识文化和科学技术，富有创新精神，蕴涵着创业潜能。应当说，大学毕业生不能仅仅只是被动的求职者，更应该是创业者，变就业为创业。另外，国家对大学生创业多有优惠政策，特别在税收、贷款等方面的优惠政策，从政策上鼓励自主创业。大学毕业生自主创业不但是一条新的特殊的就业方式，缓解自身的巨大就业压力，而且是大学生发挥自己主观能动性、聪明才智的良机，是时代要求的就业趋势，更可以给别人提供就业机会和岗位、较易形成有自主产权和有竞争力的新型企业。针对高校毕业生创业热潮，教育部门将加强创业教育放在更加重要的位置，开设创业课程，倡导创业的观念，关注和关心大学生创业，鼓励大学生在校期间尝试创业，至此创业成为高校毕业生就业的一个"新风向标"。

在当今中国的教育体制下，自主创业成为大学毕业生重要的就业方式，究其原因，主要有两个：一是它可以增强大学生的操作能力、组织能力、协调能力、心理承受能力和社会适应能力；二是创业成为解决大学生就业的一个比较现实的选择。现代大学生创业，已经不仅仅是为了获取财富，更为重要的是融入了更多的作为社会人，作为受过高等教育的青年群体所应承担的社会责任中来。

创业之路固然诱人，但创业之路更为艰辛，在这条光明的"道路"上，大学毕业生是否能够杀出重围，成为创业的成功者，这仍须作多方准备。

一是创业心理准备。尽管许多学校和地方政府对毕业生自主创业予以热情的鼓励和积极支持，并提供了许多有利条件，但是创业之路艰辛，创业过程中会遇到各种困难和挫折，对此，创业者要做好充分的心理准备，只有具备不怕吃苦、不畏艰难、不怕失败的心理准备，才能在遇到困难和挫折时泰然处之。同时认真分析失败的原因，总结教训，继续努力，才能真正炼就坚强的创业心理。

二是进行项目的准备。准创业者们应对现阶段国家政策进行认真学习和领会，结合自身条件对创业项目做初步的选择。这其中，拟选择的创业项目要有发展前景；根据专业特长和地区的社会需求状况，选择合适行业；须对所选的项目进行细致认真的市场调查。同时应指出的是，大学生创业选择个体经济活动较为适宜，因为个体经济有较强的灵活性和适应能力，形式多样，主动性强，易于根据市场的变化进行调整。

三是创业的资金准备。选择好创业项目之后，准创业者要通过各种途径筹措资金，没有资金是无法进行创业的，所谓"巧妇难为无米之炊"。大多数大学生创业者没有足够的资本创办新的企业，必须寻找外部资本的支持，可以通过以下途径筹措：自有资金、集资、银行贷款、政府资助以及合伙等。从经验上看，家庭和亲戚朋友的资金是大学生创业最常见的资金来源。

四是相应的经营管理能力的准备。创业是一个系统工程，不仅需要创意，而且还需要创业者具备较高的创业素质。如进货渠道与方式、产品营销、消费者定位、人力资源管理以及战略管理等方面的知识，只有掌握这些知识，并能够熟练应用这些能力，才能真正为创业提供良好的基础。

四、提高学历层次

包括专科（高职）毕业生升本科、本科毕业生考取研究生或取得第二学士学位深造。面对越来越严峻的就业形势，有相当数量毕业生选择了学业上继续深造，以提高学历层次。他们认为通过提高学历层次可以获得更高的薪酬、更强的就业竞争力、更大的发展潜力和更多的就业机会，同时也可以暂缓就业压力。

（一）专升本考试

当前，许多用人单位对学历有基本要求，将之作为求职或考试录用的一个门槛。专科生相对本科生来说就业压力更大一些。专升本，一方面提高了学历层次，增强了就业竞争力。另一方面为继续深造打下基础。对于准备专升本的学生应该注意以下两方面的事项。一是慎重选择报考的院校及专业。由于院校及专业的冷热分布不均，热门、重点专业、名牌学校的竞争力最强，尤其是重点院校的重点学科。但是在一些热门学校中有一些相对冷门的专业，而一些冷门的学校也有热门的专业。此类学校或专业的录取率较高，因此专升本的毕业生应根据自身的条件慎重选择。二是收集拟报考院校及专业的信息。专升本考试一般由全省统一组织命题，但专业课考试由各招生院校自主命题，因院校和命题教师研究方向的不同，对基础教材要求也不同，因此，即使是同一专业的考题，因学校的不同差别也比较大。虽然专业课在短时间内不会重复，但注意收集报考院校所推荐的复习资料和历年考题，参阅往年的考题对了解命题思路和方式具有借鉴意义。

（二）研究生考试

相对本科生而言，研究生具有专业和学历的优势，目前我国研究生尚属精英教育，毕业生数量有限，就业面更宽。一般来说，本科毕业生只能被用人单位"单项选择"，研究生拥有双向选择的机会更多一些。多年来一直保持着供不应求的局面，研究生的就业率较之本科生高。由于就业竞争烈度增加，为了减轻就业压力，期望更优工作，部分大学生在毕业时选择报考研究生，以 2011 年为例，全国攻读硕士学位研究生报考总人数为 151 万人[5]。对于考研的本科生来说，在学校毕业时直接考研要比直接找工作以后再考研要好一些。总的来说，考研应做多方面准备。

1. 了解考研信息。 考研信息对于每个考生来说都至关重要，对它的占有和利用程度直接影响着备考的难易和录取机会的大小。对于决定考研的毕业生来讲，可从招生单位网站上搜索相关招生简章、专业目录、招生说明、统计数字和导师介绍等信息，考生也可通过其他途径了解，如通过拟报考专业的师兄师姐，了解专业科目的内容、命题的方向、面试的内容及方式、导师的研究方向等。此外，还要收集有关考研复习方面的信息，考生要尽量收集拟报考学校的复习资料，特别是历年考试专业试题及专业课考试复习的指定参考书等。

2. 确定考研目标。 如果决定考研，那么就要尽快明确考研目标，这样才能拥有充裕时间备考。这里特别对拟报考专业作些提示：一是要全面了解拟报考的专业和学校，一般是先确定专业，然后再根据专业选择学校；二是要合理评估能力（特别是外语能力），了解自己适合报考什么专业，今后想从事的工作（或职业规划等）。一般来说，跨学校或跨专业难度会大一些，既跨学校又跨专业难度更大。

3. 备考研究生入学考试。 考研是系统工程，必须进行有计划有目的的规划，才能达到预期目标。研究生考试需复习内容多，时间跨度长，需制订总的复习规划，根据合理与科学的原则，要根据复习的时间和内容具体的安排。外语是考研的"拦路虎"，大多数考研失败者多因外语所致，所以外语水平不好的考生须攻克外语。政治一般可放在政治考研大纲出来之后开始复习。专业课可提前浏览而暑假后作全面复习。具体复习时间与强度，因人而异，这点需考生多与考研成功者交流。

4. 网上报名。 网上报名分为两个步骤：一是每年的 10 月 10 号至 31 号（以往经验，亦可能有所改变），考生通过登录中国研究生招生信息网（公网网址：yz.chsi.com.cn；教育网网址：yz.chsi.cn），按报名网的提示和要求填写本人报名信息，在网报期间考生可自行修改或校正部分网上报名信息，逾期不再补报，也不得再修改报名信息。应届本科生可提前报名，时间为每年的 9 月 17 日至 23 日（按以往经验）。二是现场确认。网上报名成功以后考生携带相关证件到自己选择的报考点缴费、照相、确认报名信息并签字。

5. 初试。 初试科目为政治理论、外语和两门专业课。其中政治理论、外语由国家教育部统一组织命题。时间一般安排在每年春节前的前十五天。考试时间均为 3 小时。3 月上旬左右公布考生考试成绩（各省自行公布），考生可通过网络、热线电话等途径查询考分。

6. **复试**。研究生入学考试复试一般包括专业课测试、外语听力、口语测试和专业面试三个环节（对于这一点，各高校有所侧重，但主体是上述的面试方式）。其重点在于考查考生的科研能力、思维能力、外语能力和心理素质等。复试是考研最后一关，是决定是否能被录取的最后关键点，因此，复试时需作如下准备：一要了解往年复试的情况，了解可能出题或面试老师的特点，了解所报考专业的最新动态及相关导师的主要观点；二是本着实事求是的精神，谦虚、好学的求学态度。三是注意细节，衣着得体，准时到场，礼貌待人。

7. **录取**。招生单位根据国家下达的招生计划，考生入学考试的成绩（含初试和复试）并结合平时的学习成绩和思想政治表现、专业素质以及身体健康状况确定录取名单。对于思想品德不合格者，不予录取，被录取的考生经本人申请和招生单位同意，可以保留学籍 1~2 年，再入学。

五、志愿服务西部

志愿服务西部是近年来的新就业方式。2003 年，团中央、财政部、人事部联合发出通知，号召大学毕业生到国家西部从事为期 1~2 年的志愿服务，西部地区主要是指重庆市、四川省、贵州省、云南省、西藏壮族自治区、陕西省、甘肃省、宁夏回族自治区、青海省、新疆维吾尔族自治区促进西部大开发战略的实施。"鼓励青年知识分子到实践中去，到基层和艰苦的地方去，经受磨练，健康成长"，"引导大学生到西部去，到基层去，到祖国和人民最需要的地方去建功立业" 是我们党和政府的一贯方针。大学生志愿服务西部计划按照公开招募、自愿报名、组织选拔、集中派遣的方式，从普通高等学校中招募一定数量的应届毕业生，到西部贫困县从事为期 1~2 年的教育、卫生、农技、扶贫以及青年中心建设和管理等方面的志愿服务工作。志愿者服务期满后，鼓励其扎根基层或者自主择业和流动就业。

实施大学生志愿服务西部计划是实施科教兴国战略的重要举措，进一步推进西部大开发战略，加快西部步入小康社会的有效途径。该计划不仅是教育和引导青年学生自觉走与工农相结合，与实践相结合道路的有效路子；而且也为广大青年就业与创业提供了机会和空间。西部计划揭开大学生走向基层的序幕，对个人来说，西部的发展空间大，到西部能找到发展和国家需要的结合点；对于国家来说，西部大开发需要青年一代为之奋斗。为响应国家号召，越来越多的大学生毕业选择了到祖国西部磨练自己。2008 年，由中央财政支持的西部计划全国项目实施总体规模保持 2007 年水平，除 2008 年申请延长为 2 年期的志愿者外，按照公开招募、自愿报名、组织选拔、集中派遣的方式，新招 7 000 名左右的普通高等学校应届毕业生，到基层乡镇一级从事为期1~2年的志愿服务工作。继续实施支教、支医、支农、区域化推进农村共青团工作和建设（简称"农村区域化"）、全国农村党员干部现代化远程教育、西部基层检察院、西部基层法律援助、西部基层人民法院、开发性金融和西部农村平安建设等专项行动。[7]

西部计划为引导高校毕业生到西部基层锻炼成才的政策做出了积极探索。西部计划的实施，培养和造就了一批既有现代科学文化知识，又有基层工作经验和强烈社会责任感的优秀青年人才，该计划已经成为党政部门选拔优秀人才的重要渠道，同时也拓宽了大学生就业和创业的渠道，此外西部计划的志愿服务经历也成为现代企业招聘员工的重要参考条件。

六、"三支一扶"服务基层

面向基层建功立业，是当代青年人应有的志向和抱负。广大农村、边远地区等基层是吸纳毕业生就业的最大空间，可供大学生施展才华的空间也较广阔，在这里青年人大有可为。大学毕业生在基层能得到多方面的锻炼，积累实践经验，更有发展潜力，对个人成长颇为有利。

从2006年开始连续5年，按照公开招募、自愿报名、组织选拔、统一派遣的方式，每年招募2万名高校毕业生，主要安排到乡镇从事支教、支农、支医和扶贫工作。中共中央办公厅、国务院办公厅印发了第18号文件——《关于引导和鼓励高校毕业生面向基层就业的意见》（以下简称《意见》），《意见》指出：各地区各部门要站在党和国家事业发展全局的高度，统一思想，提高认识，在充分发挥市场配置高校毕业生人才资源的基础上，进一步加大政府宏观调控力度，切实做好引导和鼓励高校毕业生面向基层就业工作，努力建立与社会主义市场经济体制相适应的高校毕业生面向基层就业的长效机制。自2006年4月中央八部门决定联合实施高校毕业生"三支一扶"计划以来，已经在全国31个省（区、市）及新疆生产建设兵团全面展开。2006年、2007年两个年度，全国共选拔54 084名政治素质过硬、专业知识扎实、富有奉献精神的"三支一扶"大学生到农村基层服务。从类别上看，支教23 781人，支农17 603人，支医7 416人，扶贫5 284人。2010年全国招募2万名高校毕业生参加"三支一扶"计划，各地至迟于9月30日前完成。[8]招募对象主要为全国普通高校应届毕业生，并应具备以下条件：第一、政治素质好，热爱社会主义祖国，拥护党的基本路线和方针政策；第二、学习成绩合格，具有相应的专业知识；第三、具有敬业奉献精神，遵纪守法，作风正派；第四、身体健康。

服务期满以后，"三支一扶"大学生的就业享受政府提供的一系列优惠政策，主要有：原服务单位及县、乡各类事业单位。有职位空缺需补充人员时，应优先考虑接收服务期满考核合格的"三支一扶"大学生；服务期满自主创业的，可享受行政事业性收费减免、小额贷款担保和贴息等有关政策；服务期满考核合格的"三支一扶"大学生，报考党政机关公务员和 3 年内报考硕士研究生的，可以通过适当增加分数以及其他优惠政策，优先录用；进入国有企事业单位的，其服务期限，计算为工龄。在今后晋升中高级职称时，同等条件下优先评定。

七、选聘村官，投身农村

"广阔天地，大有作为"。如今的"村官"政策，对于面临严峻就业压力的大学毕业生而言，是一个很好的契机。选聘高校毕业生到农村任职工作，是党中央作出的一项战略决策，是贯彻党的十七大精神、深入贯彻落实科学发展观的一项重要举措，是适应建设全面小康社会和社会主义新农村伟大战略需要的一个人才就业与培养的新政策。做好这项工作，不但有利于对于加快推进社会主义新农村建设，开辟青年学生走深入基层、与工农群众相结合、与社会实践相结合的成长道路，培养有知识、有文化的新农村建设带头人，造就经过基层实践锻炼、对人民群众有深厚感情的党政干部后备人才；而且对于进一步做好高校毕业生就业工作，促进高等教育的持续健康发展，缓解新农村对人才"求贤若渴"的局面和大学生面临的严峻就业形势都具有十分重要的意义。

在党中央和国务院的号召和政策支持下，2005 年起大学生大量走近农村基层担任"村官"。从 2008 年开始，用五年的时间选聘 10 万[9]名高校毕业生到村任职，这项政策给新农村带来一系列变化，对社会其他领域带来重大而深远的影响，吸引了不少大学生的眼球，成为就业一种新出路。截至 2008 年 2 月底，全国共有 28 个省市区启动"大学生村官计划"，其中 17 个省市区启动了"村村有大学生村官计划"。大学生村官工作进入一个全新的发展时期。新一轮的农村建设热潮引导着更多的年轻人来到基层农村参与基层的建设，选聘大学生村官也得到了大学生群体的广泛响应。

以福建省为例，改革开放三十年来，晋江市各乡镇工业化步伐加快，原先村干部们的知识层次已跟不上社会发展的节奏。2005 年，晋江市启动"一村一名大学生"工程，首批 32 名大学生进乡入村，其中拥有本科学历的达到了五成。2006 年 5 月，第二批大学生成为晋江"村官"。2007 年 7 月，晋江招收村务（社区）专职工作者报名现场十分壮观，计划招 148 名，3 天时间就有超过 1300 人报名。2008 年 1 月，又有 750 多名大学生赶来参加晋江的第四批村务工作者招聘考试。"村官"这个职业受到大学生们的青睐。福建省从 2008 年开始，将用 5 年时间选聘 3 000 名高校优秀毕业生到村任职[10]，2008 年选聘 600 人。2008 年福建省的大学生村官选聘 4 月中旬开始报名，5 月完成考试，6 月确定选聘名单。7 月份下旬，大学生村官"到岗"，担任村书记助理或村委会主任助理。

可以预料到，在新农村建设号角吹响中华大地和新农村建设进程不断推进的历史机遇下，今后的农村将有大发展，农村城镇化，农村的条件将有很大的改善。在国家制度保障和政策支持下，大学生被选聘为"村官"，就可以有大有作为的机会。实践也雄辩地证明，在追求个人价值的过程中只有与国家和社会需要结合起来，才能使自己的人生价值得到更好的实现。毕业生应树立正确的世界观、人生观和价值观，转变就业观念，应充分地认识到农村是青年人成长的广阔舞台，大学毕业生在基层、在农村也可以大展身手，成长成才，建功立业。

八、出国留学

当今世界，和平与发展成为时代的主题，随着经济全球化趋势发展，国际合作领域将不断拓宽；随着改革开放的不断深入和中国加入WTO，出国留学已成为越来越多毕业生的选择，也有部分毕业生参与国际人才竞争，到境外的公司或企业工作。

面对严峻的就业压力和考研的竞争，留学日益受到大学生青睐。留学主要包括调查、申请、做准备（学业、经济、各种材料的准备）等各个阶段，对于准备留学的学生来说应及早准备，提高成功率。一般在大二时应通过托福或GRE或者GMAT考试，最迟不宜超过大三上学期。到了大三，拥有一定的专业基础知识，可以根据职业兴趣，选择以后将要攻读的专业，并且利用课余看一些专业书籍，参与相关课题研究。到了大四，就可以准备材料，投递资料等，等待录取。准备留学的毕业生应有这样的思想准备，国外条件固然优越，然而生活当中总有各种各样的艰辛，亲人和朋友又不在身边，唯本人知其中滋味。下面就毕业联系出国的相关事项介绍如下。

1. **明确出国动机**。应与自身职业生涯规划紧密相连，若仅仅为体验国外生活不一定通过留学达到，出国是想为自己的职业发展提高起点，因此面对学校和专业的选择时便应谨慎。

2. **选择具体的目标**。有了理性的出国动机，下一步便要选定自己的目标，包括国家、学校和专业。学校在相关领域的声誉和排名是至关重要的，攻读者除了要考虑学校声誉和专业优势外，还要考虑地理位置，经济发达的地区有更多的实习和就业机会。

3. **申请护照**。由申请人出示有关证件及材料到当地公安机关（设区市以上）出入境管理部门申办。申请人凭居民身份证、户口簿或其他户籍证明，即可向本人户口所在地的市、县公安机关领取公民因私事出国（境）申请审批表。

4. **申请签证**。中国公民申办外国签证的途径很多，主要有由本人亲自持护照和有关申请签证的材料，到所留学或工作的国家驻华使馆申请或者是委托的签证代办机构代办。

九、参军入伍[11]

近年来，随着军队现代化建设步伐的加快和军队干部政策的改革，越来越多的特招大学毕业生选择"携笔"从戎，逐渐成为军营里的"新亮点"。

（一）军队接收大学毕业生参军的条件

按照总部的有关规定，接收对象应当是参加全国普通高校（包括研究生培养单位）统一考试录取的应届毕业生和毕业研究生。专科毕业生相对本科生来说需求量较小，一般是面向作战部队和边远艰苦地区部队。大学毕业生参军的基本条件有以下四条。

1．拥护党的基本路线，忠于祖国，热爱军队，志愿献身国防事业，符合公民服现役的政治条件。

2．学习成绩平均在良好以上。

3．本科毕业生年龄不超过 25 周岁；硕士毕业研究生一般不超过 30 周岁；博士毕业研究生一般不超过 35 周岁。

4．身体健康，符合军队院校招收学员体格检查标准。

（二）毕业生参军的一般程序

1．**报名**。毕业生可向所在学校的毕业生分配部门和部队大军区级单位的大学生接收站报名，并提供本人的有关材料，向用人单位推荐。

2．**接受考核**。部队用人单位在规定的期限内，将派人到有关高校，对接收对象进行全面考核。

3．**审批**。对考核合格的毕业生，用人单位将组织填写《地方高等学校毕业生献身国防事业志愿书》，逐级上报至大军区级单位政治部审批。

4．**参加培训**。毕业生到部队报到后，一般要经过一定时间的集中训练，然后再分往各部队。

（三）地方大学生入伍后在部队服役期限

地方大学生在部队服役期的长短主要取决于本人。如果安心部队服役，而且各方面表现良好，一般都具有较好的发展前途。由于种种原因要求退出现役的，一般服役不少于 5 年。

十、选调生[12]

选调生又称调干生，是组织部门有计划地从高等院校选调品学兼优的应届大学本科以上毕业生到基层工作，作为党政领导干部后备人选和县级以上党政机关高素质的工作人员人选进行重点培养，这批毕业生简称"选调生"。

建设中国特色社会主义事业，全面建设小康社会，实现中华民族的伟大振兴，需要大批德才兼备的优秀年轻干部，选调优秀的大学毕业生到基层锻炼是我们党有计划、有目的培养选拔年轻干部、推动党的干部队伍建设的一项战略性举措。

（一）选调生与国家公务员的区别

1. **报名条件不同**。选调生的报名条件除了符合国家公务员的报名条件外，还要求是学生干部、有志于从事党政工作及服从组织安排的本科以上优秀毕业生。

2. **培养目标不同**。选调生的培养方向是党政领导干部后备人选和县级以上党政机关高素质人员人选。

3. **选拔程序不同**。选调生的选拔程序包括审查、笔试、面试、体检、考察考核等程序。

4. **培养管理措施不同**。选调生到基层工作后，组织部门将通过举办培训班、抽调到上级党政机关跟班学习，鼓励参加公开选拔，竞争上岗等有力措施进行重点跟踪培养，帮助选调生脱颖而出。

（二）选调生的基本条件

1. **政治素质好**。一般为中共党员，有志于从事基层工作，发展潜力较大，能服从组织分配。

2. **品学兼优**。综合评分应居班级前列（具体各地有其规定），作风正派，诚实守信，团结同学，遵守纪律，在同学中威信较高。

3. **应有担任学生干部的经历**。本科生原则上必须担任过班长、团支部书记或校系学生会主席、部长等职务（各地区对担任学生职务要求有所不同）。

4. 具有良好的组织协调能力和语言、文字表达能力。

5. 本科生年龄不超过25周岁，硕士研究生不超过30周岁，博士毕业研究生年龄一般不超过33周岁。

6. 身体健康，五官端正，气质良好。

具体条件因各地区的实际情况和时间而异，以福建省《关于做好2008年选调应届毕业生工作的通知》（闽委组通[2007]89号，以下简称《通知》）的有关规定为例，《通知》对选调数量规定如下：全省计划选调总数330名左右，其中硕士毕业研究生91名，本科生239名。博士毕业研究生根据专业需求选调，名额不限。本科生中单列15名少数民族选调生，指定安排到少数民族乡和少数民族人口千人以上的乡镇（简称"民族乡"）工作。《通知》对选调条件也做了具体的规定。

1. 认真学习邓小平理论、"三个代表"重要思想、科学发展观，拥护党的路线方针政策，在政治上积极要求进步；为人老实，作风端正，遵纪守法；关心集体，团结同学，有较强的组织能力。

2. 学习勤奋刻苦，专业知识扎实，学业成绩优良，获得相应毕业证书及学位证书。爱好广泛，思维灵敏，善于沟通，有较强的口头表达和文字表达能力。

3. 树立正确的世界观、人生观、价值观和成才观、就业观，自觉地把个人理想同国家与社会的需要紧密结合起来,对选调工作熟悉正确,志愿到基层、到艰苦地方工作锻炼、奉献才干。组织纪律观念强,服从组织安排。

4. 心理、身体健康,能适应基层工作需要,适应基层艰苦工作生活环境。身体素质必须达到国家人事部、卫生部《公务员录用体检通用标准(试行)》规定的合格条件。

5. 本科毕业生应在大学学习期间担任副班长或班级团支部副书记以上学生干部职务。担任班长或班级团支部书记以上职务的时间不得少于1年,担任副班长或班级团支部副书记以上职务的时间不得少于2年(三明市、南平市、龙岩市、宁德市生源的,担任1年以上)。硕士毕业研究生应在大学学习期间担任班委以上学生干部职务。志愿到民族乡工作的少数民族学生,条件可适当放宽。

6. 除三明市基层法院接收2名计算机专业的毕业生外,到基层法院、检察院机关工作的限于法律专业。

7. 本科毕业生年龄不超过25岁(1983年7月1日以后出生,以下类推),硕士毕业研究生年龄一般不超过30岁,博士毕业研究生年龄一般不超过33岁。

8. 在选调生资格考试中成绩合格。取得博士学位的毕业生不参加统一考试,采取面试和考核相结合的非考试方法择优录用。

具备以上条件的中共党员学生、优秀学生干部、三好学生、少数民族学生优先选调。大学期间被评为省级以上优秀共产党员、三好学生、优秀学生干部、优秀团干部、优秀团员的本科毕业生和硕士毕业研究生(简称"省优生"),参加选调生资格考试时,给予加5分(三明市、南平市、龙岩市、宁德市生源志愿回本地工作的加10分)奖励。

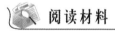

凡事预则立,不预则废:创业的六大"秘籍"

据不完全统计,创业企业的失败率高达70%以上,而大学生创业成功率更低,只有2%~3%,远低于一般企业的创业成功率。那么,如何尽可能地提高大学生创业的成功率,大学生创业如何更能成功呢?应该从以下六个方面入手。

1. 有一份完整的创业计划书

大学生创业必须制订一个完整的、可执行的创业计划书,即可行性报告,主要回答你所选的项目能否赚钱、赚多少钱、何时赚钱、如何赚钱以及所需条件等。回答这些问题必须建立在现实、有效的市场调查基础上,不能凭空想象,主观判断。根据计划书的分析,我们再要制订出企业目标并将目标分解成各阶段的分目标,同时制订出详细的工作步骤。

2. 要有周密的资金运作计划

资金如同企业的粮食，要保证企业每天有饭吃，不能饿肚子，就要制订周密的资金运作计划。在企业刚启动时，一定要做好 3 个月以上或到预测盈利期之前的资金准备。

但开业后由于各种情况会发生变化，比如销售不畅、人员增加、费用增加等等，因此要随时调整资金运作计划。而且，由于企业资金运作中有收入和支出，始终处于动态之中，创业者还要懂得一些必要的财务知识。

3. 为自己营造一个好的氛围

大学生创业由于缺少社会经验和商业经验，如果把自己独立放到整体商业社会，往往会难以把握。这时可以先给自己营造一个小的商业氛围，进入行业协会是比较有效的一条途径。创业者可以借助行业协会了解行业信息，结识行业伙伴，建立广泛合作，促成自己在行业中的地位和影响。同时，创业者可选择一个能提供有效配套服务的创业（工业）园区落户，借助其提供的优惠政策、财务管理、营销支持等服务，使企业稳定发展。另外，还可以找一个经验丰富的企业管理咨询师做企业顾问，并学会借助各种资源，学会和各方面的人合作，千方百计给自己营造一个好的商业氛围，这对创业者的起步十分重要。

4. 从亲力亲为到建立团队

企业不是想出来的，是干出来的。大学生有文化、头脑灵、点子多，但在创业的初期，受资金的限制，在没有形成运作团队之前，方方面面的事情必须自己去做。只有明确目标不断行动，才能最终实现目标。在做事的过程中，要分清主次轻重，抓住关键重要的事情先做。每天解决一件关键的事情，比做十件次要的事情会更有效。当企业立了足，并有了资金后，就应该建立一个团队。创业者应从自己亲力亲为，转变为发挥团队中每一个人的作用，把合适的工作交给合适的人去做。一旦形成了一个高效稳定的团队，企业就会跨上一个台阶，进入一个相对稳定的发展阶段。

5. 赢利是做企业最终的目标

做企业的最终目的就是赢利，因此无论是制订可行性报告、工作计划还是活动方案，都应该明确如何去盈利。大学生思维活跃，会有许多好的点子，但这些好的点子要使他有商业价值，必须找到赢利点。企业的赢利来源于找准你的用户，因此，企业要时刻了解你的最终使用客户是谁，他们有什么需求和想法，并尽量使之得到满足。

6. 失败是迈向成功的阶梯

在企业的运作过程中失败是难免的，失败了不气馁，调整方案，换个方式和方法继续前进,永远不要停止前进的脚步,对于创业者来说这很重要!看看我们身边一些成功的企业,特别是网络时代的英雄们,有几个是按他们创办初期的想法赚到钱的,他们大都经历过一个"死而复生"的过程,坚持就是胜利,唯有坚持才使他们成为今天的网络英雄。我们应该明白,失败并不可怕,它是企业迈向成功的阶梯。

除了六大"秘籍",创业者在创业中也必须关注"六招"。

第一招——信心。听过太多"昙花一现"的大学生创业失败的经历,如今的毕业生有创业想法的多,但实践的少。在2004年上海各高校大学生的JA商业策划决赛中,选手们纷纷展示了自己的创业计划,但即便是一等奖获得者也表示自己的计划是"空想",近几年不会考虑创业。而评委则认为他的作品是所有参赛者中最具操作性的。专家认为之所以会出现这样的现象就在于现在有创新精神的学生对自己的能力信心不足,而创业是需要激情和信心的。

第二招——创新。谈及创业,创新是必不可少的要素。在某种意义上说,创新决定了创业成功与否。这其中包括技术创新和思维创新。对于想利用技术创新创业的大学生来说,专家认为必须具备以下条件:具有自主知识产权的发明创造;该发明创造可转化为市场产品并具有广阔的市场前景;有可靠的资金来源。

第三招——务实。大学生们受社会整体认识的影响,一提到创业想到的就是高科技产业相关的,这固然很好,但创业不一定全是开大公司做大买卖,哪怕是传统行业中一项具有革新意义的技术创新、哪怕是开个小店,这也是创业。关键就在于毕业生们有没有从小做起、从实际做起的勇气,对行业进行深度审视,对社会和大众消费有一个深刻了解,不盲目,能从自身能力出发。

第四招——知识积累。创业是一个系统工程,不仅需要创意,而且需要创业者具有较高的多维素质,主要体现在知识储备、行业经验、资源整合、社会人际网络建设、管理能力等方面,而这些的获得没有3-5年的社会工作经验的积累是不可能的。

第五招——艰苦奋斗。也许有人看到这个标题会笑,但在创业者中,没有一个不强调,创业不是风花雪夜,其中的艰辛只有经历过的人才懂得,"每天从早上8点开始工作到凌晨3点休息,没有周末,没有娱乐,同样的事情必须比别人做得更好!"并且在公司没有盈利之前,不要指望别人会愿意给你风险投资。

第六招——获取风险投资的重要能力。商业计划书的撰写在这里特别要提出这一点,是因为商业计划书直接关系到企业运行的关键要素——资金。如何将自己的创意写成商业计划书,能够说服风险投资者投入资金,就是一个让创业者极为头痛的问题。在经过1998年的狂热和2000年的网络泡沫之后,风险投资者也更加理性,甚至可以说是更加苛刻。每天找他们投资的人不止一个,因此如何让商业计划书吸引投资者的目光,将是考验创业者能力的一座高山。

(资料来源:根据中国创业网 http://www.54288.com 整理)

回顾与反思

1. 请结合当前实际，分析大学生自主创业的优势与劣势。
2. 依据划分主体的不同，就业市场可以分为哪几种类型？
3. 时下流行着"大学生，毕业等于失业"的这种看法，你是如何看待这个问题的？
4. 结合自身实际，谈谈大学生应该如何提高自身就业能力？

【注释】

[1] 2011年高校毕业生人数为660万 就业形势严峻. 光明日报. 2011-02-23.

[2]《2005年高校毕业生就业接收及2006年需求情况调查分析》的通知. 国人厅发［2006］27号；2006年数据来源：就业市场呈现"双高"特点. 人民网——人民日报海外版. 2007-3-17；2007年数据来源：2007年全国普通高校351万毕业生实现就业. 中国教育新闻网. 2007-10-26.

[3] 2008年高校毕业生人数创新高. CCTV.com. 2007-11-20.

[4] 2002年—2005年高校毕业生总数来源：根据中国人事部办公厅2006年3月25日在其官方网站关于印发《2005年高校毕业生就业接收及2006年需求情况调查分析》的通知. 国人厅发［2006］27号；2002年-2005年就业签约率来源：林永和主编. 毕业生就业指导[M]. 北京：经济管理出版社，2006.（23）；待业人数根据以上数据推算；2006年数据来源：就业市场呈现"双高"特点. 人民网——人民日报海外版. 2007-3-17；2007年数据来源：2007年全国普通高校351万毕业生实现就业. 中国教育新闻网. 2007-10-26；2008年数据来源：2008年高校毕业生人数创新高. CCTV.com.2007-11-20.

[5] 根据福建省公务员考试网公布的报考人数统计数据（统计时间：2008年01月15日17时）计算。

[6] 国际在线，2011-01-16.

[7] 2008年4月14日全国大学生志愿服务西部计划项目管理办公室印发的关于《2008年大学生志愿服务西部计划实施方案》的通知.

[8] 盛若蔚. 2010年"三支一扶"招募计划启动. 人民网. 2010-04-20.

[9] 中组部等用5年时间选聘10万名高校毕业生到村任职. 中广网. 2008-03-23.

[10] 龙超凡. 福建5年内将实现全省一村一名大学生计划. 中国教育新闻网—中国教育：2008-03-01.

[11] 军队接收大学生的有关规定. http://www.cer.net 中国青年报 2001-01-01.

[12] 2008年选调生报名考试常见问答集锦. 中国教育网 2008-01-14.

第七章 就业综合素质

21世纪是机遇和挑战并存的时代，社会在为大学毕业生提供广阔的就业空间的同时也对毕业生提出了更高的就业要求。毕业生就业的竞争，归根到底是人才综合素质的竞争。作为一名当代大学生，只有在就业前进行必要的卓有成效就业准备，才能在激烈的市场竞争中，成为立于不败之地的人才。本章围绕大学毕业生就业前所应具备的就业综合素质的类型、测评及炼就等进行阐述。

第一节 就业综合素质的类型

就业综合素质是劳动者在对社会职业有所了解后积极适应过程中的一种综合体现，因而，人们从事社会职业，特别是大学生，如果不具备就业的综合素质，那么将难以实现高质量的就业。本节将从就业综合素质的含义、特征与基本构成等问题入手，以期使大学生在校期间能将提升自己个人综合素质与炼就就业综合素质有机结合起来。

一、就业综合素质的含义与特征

（一）就业综合素质的含义

要正确理解就业综合素质（Employment Quality）的含义，首先应该对素质下定义。素质是在人的生理素质基础上，在后天的学习和实践活动中，通过自身的认识和社会实践逐步养成的比较稳定的身心发展的基本品质。主要包括以下三方面的内容。[1]

一是素质首先是教化的结果，是在先天素质的基础上，通过教育和社会环境影响逐步形成和发展起来的；二是素质是自身努力的结果，一个人素质的高低，是通过自己的努力学习、实践，获得一定知识并转变成自觉行为的结果；三是素质是一种比较稳定的身心发展的基本品质。这种品质一旦形成，具有相对稳定性。

由于职业是人生意义和价值的根本之所在，职业生涯既是人生历程中的主体部分，又是最具价值的部分，因此，就业综合素质是素质的主体和核心，它囊括了素质的各个类型，只是侧重点不同。就业综合素质概念最早提出是美国著名心理学家麦克利兰（McClelland），他于1973年在其测试智商不如测试能力（《Testing competence rather than intelligence》）中提出的。人的工作绩效由一些更根本更潜在的因素决定，这些因素能够更好地预测人在特定职位上的工作绩效，这些"能区分在特定的工作岗位和组织环境中绩效水平的个人特征",就是"素质"——Competence,就业素质是一名员工潜在的特性,例如:动机(Motive)、特质(Trait)、技能(Skill)、自我形象(Self-image)、社会角色(Social role)及所拥有的知识(Knowledge)等,这些因素在工作中会导致有效或杰出的绩效表现。美国薪酬协会(The American Compensation Association)对就业素质的定义是:个体为达到成功的绩效水平所表现出来的工作行为,这些行为是可观察的、可测量的、可分级的。美国心理学家斯宾塞(Spencer)对就业素质的定义是:个人所具有的一些潜在特质,而这些潜在特质是与其在工作或职位上的绩效表现相关的,同时也可依此来预期、反映其行为及绩效表现的好坏。就业综合素质是劳动者在一定生理和心理条件的基础上,通过教育、实践和自我提升等途径所形成和发展起来的对社会职业了解与适应能力的一种综合品质体现。例如健康素质、社会交往素质、适应素质、文化专业素质和思想道德素质等。影响和制约就业综合素质的因素很多,主要包括受教育程度、实际操作、社会环境及工作经历等。

(二)就业综合素质的特征

1. **稳定性**。就业综合素质的稳定性是指一旦就业素质形成,便不会轻易改变或消失,并且将在劳动者的品质及今后的工作中表现出来。因为劳动者通过自身学习和在实践中累计的专业技能,将在人体内以一种固定形式在相当长的一段时间内保持下去。例如科学家的研究能力等,没有特殊的原因这种就业综合素质是不会在短期内自行丧失的。

2. **全面性**。就业综合素质的全面性是指劳动者的专业知识、实践能力和其他特质在就业和工作中的全面表现。一个劳动者在工作中要有所成就,不仅须具备一定的知识与技能,而且还要具备一定的道德情操、人际交往沟通能力、自我控制能力、健康的身体和心理素质等。这些因素之间相互作用、相互制约,形成全面、协调的统一体。

3. **专业性**。就业综合素质的专业性是指劳动者具有专业的知识和技能,这些知识和技能会表现在具体工作中的知识、能力和方法等方面。对于大学生而言,知识和技能的这种专业性源于学习了系统而广博的专业知识,在实践中以理论为指导补充和拓展、多渠道的培养专业技能等。大学生只有具备了专精的行业知识和技能,才能从事较高层次和水平的劳动,才能适应社会和现代科学技术发展的需要,成为有益于社会的人。专精的行业知识和技能也是大学生适应社会生活,对社会有所贡献所必须具备的素质。这就要求大学生在吸收专业知识的基础上,积极参加社会实践活动及课外科技活动等。

4. **发展性**。就业综合素质的发展性是指随着社会的不断发展及科学技术的突飞猛进,不同的社会发展时期,社会对劳动者的就业素质将有不同的要求。如果一个劳动者不能具备或发展技能以适应时代发展的需要，那么将随时可能被社会淘汰。为此，大学生若想在竞争如此激烈的就业市场上脱颖而出，必须始终不断完善和提升自己的综合素质，这也是保持竞争力的一大法宝。

5. **长期性**。就业综合素质的长期性是指就业综合素质并非与生俱来，也不是某一天、一个人或一个机构能培养的，需要长期教育、训练与磨炼，正所谓"十年树木，百年树人"，讲的就是人才的教育和培养过程的长期性。基于此，作为大学生应在大学期间不断接受系统学习和训练，经过长期积累形成自身的就业综合素质。并且应把这种自我培养和训练当成一种终身陪伴的习惯，活到老学到老。

二、就业综合素质的基本构成

（一）思想道德素质

思想道德素质是人才的"灵魂"，是成才的导向。一个人缺乏良好的思想道德素质，就会失去前进的方向，不仅不能造福人类，而且可能危害人类。在现代经济高速发展的时代，在激烈的经济和科技的角逐中，这种动力显得尤为重要。它包含了树立科学的世界观、强烈的主人翁意识和法治观念、增强政治敏锐性和鉴别力、全心全意为人民服务的思想等内容。思想道德素质具体包含如下四方面的内容。

1. **积极乐观的人生态度**。改革开放以来，我国综合国力显著提高，但在经济、科技与教育等方面与发达国家相比，还存在着很大的差距，这就需要人民群众，尤其是大学生，积极进取，锐意改革，自觉参与竞争，磨炼自己，并在实践中实现人生价值，完善自我。无论什么情况下，就个人而言，境遇有顺境和逆境之分，人生道路上的困难、挫折乃至失败是难以避免的。科学乐观的态度是既要正视困难与逆境，认真总结教训，克服困难，在逆境中奋起，又要对人生和前途充满自信，用自己的行动掌握和改变命运。

2. **谦虚和宽容待人**。谦虚是中华民族的传统美德，正所谓"虚心使人进步，骄傲使人落后"。因为谦虚会使人成为不满足现状而不知疲倦的乐学者，所以谦虚与毛遂自荐和主动寻觅"伯乐"等解放思想并不矛盾，反而能够推动他们更快寻找到"伯乐"，因为谦虚使得他们赢得了别人的尊重，形成良好的人际关系。另外在与人发生矛盾冲突时，不要斤斤计较，应宽宏大量，心系全局，敢于承担责任，这是人的思想道德素质的核心之一。得理不饶人者不敬之，不谋全局者不足以谋一役，能权衡利弊得失、顾大局、识大体、光明磊落的人才是一个纯粹的人，一个有利于时代的人。大学生要努力培养和弘扬这一美德，把自己锻炼成为品德水平较高的人。

3. **诚实守信和自律守法**。人民教育家陶行知先生说："千教万教教人求真，千学万学学做真人"。说实话，办实事，求实效，以诚待人，作风扎实，这是高贵人格的基础。守诺言与言行一致是衡量一个人人品的砝码，言实不符者，可能会得一时之利，但终究不能赢得众人的信赖，许多重要的机遇必然与之失之交臂。诚实守信是衡量大学生思想道德修养水平的重要标准。大学生的学习和生活都与他人紧密相关。同学交往中，要互相学习，互相帮助，互相关心。在交往中要待人诚恳，表里如一。在做好诚实守信的同时，大学生作为文化层次较高的社会群体，应明辨是非，遵纪守法。特别是许多大学生现在生活在一种全新的"网络生活"中。信息交流的开放性、自主性、多样性使人类社会成为一个"自由"世界，其道德发展与传统社会迥异。在传统社会，由于交往面狭窄，依靠熟人的监督，慑于社会舆论、利益机制及法律制裁等手段的强大力量，传统道德得到相对较好地维护；而由于因特网的种种特点，他律在相当程度上失效，更大程度上是靠个人的内心信念来维系。这就更强调了大学生的自律性和自我修养。

4. 平等待人。无论是社会主义市场经济还是科学发展，都把公正作为人类社会普遍遵循的基本道德准则。公正就实质内容来看，它所反映的是人们自身的社会地位和利益关系，要求每个人都具有独立平等的人格尊严，都享有正当权利的自由，同时也承担平等待人，尊重他人的义务。社会主义市场经济的有序发展要求效率第一，兼顾公平。现代的公正观念不论是在处理人类国际关系、国内关系还是人与人之间的关系时，都要坚持平等合作、和平共处、共存共荣的原则，维护个人的正当权益，履行个人对他人、社会的道德义务。对大学生而言，在日常交往中应尊重别人亦自重，不亢不卑平等待人。在与人交往的过程中，切记彼此在人格上是平等的，交往的受益者是双方的，一定要平等待人，不可盛气凌人。

（二）职业道德素质

所谓职业道德，是指在一定的职业活动中所应遵循的、具有自身职业特征的道德准则和规范。职业道德是社会分工的产物和结果。社会上有多少种职业，就有多少种职业道德。[2]"爱岗敬业、诚实守信、服务群众、奉献社会"是公共性职业道德准则的主要内容，这是各个行业都应该遵守的。而对于大学生来说良好的职业道德素质主要包括如下三个方面。

1. 强烈的职业责任感。每个劳动者都应该在自己的岗位上一丝不苟和精益求精，这是一种强烈的责任感。大学生的职业责任感应该表现在认真对待学校、班级的各项工作，做好在校期间的各项学习与科研工作。对自己负责也为自己将来走上工作岗位培养强烈的工作责任心。一个没有责任感的人，不可能肩负起振兴中华的重任。很难想象，一个在大学没有责任感的人，出了学校后会对国家和民族尽责，更难设想一个没有责任感的青年会肩负起振兴中华的重任。

2. 自我完善的进取心。郭沫若曾说过："青年的精神便是向上的精神，没有本来就不自爱而自甘堕落的青年。"青年学生只有在实践中不断完善自我，以自己的能力和知识去奉献社会，才能体现自身的价值。同时还要在实践中不断的完善自己的能力,展现良好的职业道德,树立为祖国建设贡献青春的信念。

3. **良好的理性修养**。大学生只有具备较系统的马克思主义理论修养,具有辨别真伪的能力,才能使自己确立坚定的信念,并将信念付之实践,才能培养自己的道德情感,形成良好的道德习惯。很难想象,一个自身修养低下、缺乏坚定正确信念的人,会对社会有多大贡献。

(三) 科学文化素质

英国哲学家培根说过,"读史使人明智,读诗使人聪慧,演算使人精密,哲理使人深刻,伦理学使人有修养,总之,知识能塑造人的性格。"当代大学生应该具备广博的人文社科知识,做一名全面发展的大学生。

1. **善于学习,做一个全面发展的人**。作为一个对社会有用的人应善于学习,以广博的知识做基础,触类旁通,并最终成为全面发展的人,这是人类世世代代所追求的共同理想。大学生在学习过程中,在提高智力水平的同时,还要努力培养其他各方面的能力,如自学能力、写作能力、信息获取能力、分析判断能力、语言表达能力、组织协调能力、动手制作能力及社会交往能力等,要克服"实用"和"功利"的倾向。理工科大学生应主动进修一些人文社会科学课程,加强人文社会科学修养,特别是要提高文学、历史、哲学和社会学等方面的修养;而对于文史科的大学生,则应主动进修一些自然科学课程,提高自然科学文化知识涵养。不断优化和完善自身的知识结构,为将来的全面发展,成就事业打下坚定的基础。

2. **创造性学习,灵活处理信息**。学生的创造性学习,主要是指学生能够独立、主动地掌握知识,解决学习中遇到的问题。主要表现在:善于寻找有助于创造性学习的知识、问题与情境;发现一般问题的独特解决方法;寻求问题的多种答案;不迷信权威,敢于向权威提出挑战;具有综合运用所学知识的能力;善于提出探索性、分析性与穷根究底式的问题,以激发求知欲;具备适应创造需求的知识结构。同时,现代社会是信息社会,大学生必须具备灵活处理信息的能力,主要表现为:必须对各种信息具有高度的敏感性,能够广泛地接收各种信息;必须对接收到的各种有用信息具有简化、归类、存档和联想发挥的能力,能够及时地或适时地消化吸收信息,并把这种经过加工的信息与自己的认识、评价相结合,运用到学习、生活和实践中去;必须熟悉现代化信息工具,特别是利用计算机来检索和提取所需的信息。

3. **充分运用知识**。充分运用知识是指任职者在从事某种职业中,能够将所学知识充分运用于工作中。高等教育就是要培养具有很强实践能力的应用型人才,掌握专业技术技能和充分运用知识是高等教育学校学生的基本任务。要熟练掌握和运用现代科学技术,要掌握过硬的本领,必须具备谦虚好学与刻苦钻研的精神,努力向一专多能型方向发展,这也是衡量一个人事业心强不强的重要尺度,更是衡量一个人就业综合素质高低的重要标志。

（四）健康素质

健康是一个综合性的概念，它是社会进步的重要标志和潜在动力。联合国世界卫生组织（WHO）指出，"健康不仅是身体没有病，还要有完整的生理、心理状态和社会的适应能力。"具体包括：（1）身体无病：这是健康的最基本条件；（2）心理健康：心态决定了人生的一切，良好的心理是一切的保证；（3）生理健康：维持机体各组织的细胞正常，使功能协调作用完善。（4）适应社会的能力。健康素质主要分为身体素质和心理素质。在现代社会中，人们不仅要对自己的身体健康负责，更要在促进他人和全社会的健康方面承担义务。当代大学生必须意识到，如果想要在未来激烈的社会竞争中争得一席之地，就必须拥有强健的体魄和积极向上的健康心态。

1. 身体健康素质。身体健康是人生存的最基本条件，健康的体魄对于大学生活乃至整个人生至关重要。健康的身体有以下五个特征：第一，说话符合逻辑。说话内容清晰符合逻辑，语言表达准确。这些都表示头脑清楚、思维敏捷。第二，对外界环境的适应和抗病能力强。外界是不断变化的，人体必须适应外界环境的各种变化。第三，睡眠充足。大学生每天都要进行大量的脑力劳动，这就更要保证睡眠充足。一般说来，每天八小时的睡眠就足可以让学生恢复体力。如果睡得过多或过少，都有可能对身体机能造成不利的影响。诚然，睡眠的个体差异较大，爱因斯坦一天得睡12个小时，而丘吉尔一天只睡2个小时便精力充沛。总之，身体健康就是人体的各种机能均能正常工作，在日常生活中以完好的状态去从事社会活动。科学研究表明，一个人的身体健康与否，虽然和先天遗传有关系，但是起决定性作用的还是后天的锻炼。有些人年轻时身体很好，由于不参加锻炼，身体也会慢慢垮下来；有些人本来很弱，但通过锻炼也会慢慢健康起来。这就提醒大学生，不管现在身体如何，只有参加锻炼，身体才能更加健康。

2. 心理健康素质。在当今竞争激烈的时代，社会对人的心理素质要求越来越高。大学生为了实现理想，实现价值，迫切渴望大学期间消除如意志不坚定、心胸不豁达或性格不开朗等不良的情绪，增强承受各种心理压力和处理心理危机的能力，以适应社会的要求。心理健康体现在：第一，人格完整。心理健康的人能够客观评价自己，个人的所想、所说、所做都是协调一致的，各要素完整统一，具有正确的自我意识。第二，人际关系和谐。心理健康的人往往心胸比较开阔，善解人意，尊重自己也尊重别人。对不同的人际交往对象都表现出合适的态度。其观点、行为和情绪反应与周围人协调一致，在人际交往中具有吸引力。第三，心境宁静。心理健康的人具有积极健康的人生态度和正确的价值观；善于运用自信心，能自我控制，调节好内心世界与外部世界的关系，保持内心世界一致。第四，个人能力运用有效。心理素质好的人对未来的成就充满希望，这种成就动机和能力相结合，便引发出巨大的创造力，这种创造力给生活带来欢乐、激发兴趣、维持动机，形成良性循环。

第二节　就业综合素质的测评

　　大学生对某项职业的兴趣及其能力的适应性，对其完成任务及取得一定的工作绩效有直接的影响。就业综合素质的测评主要是帮助大学生确定职业兴趣及职业能力特点，从而为选择职业及进行职业准备提供参考依据。对于一个人来说，其就业能力倾向具有相对的稳定性，虽然也会变化和发展，但需要较长时间的积累，它不像某项专业技能，容易通过强化训练而在短期内提高或由于遗忘不用而丧失。就业能力倾向作为就业的一个重要因素来考虑，大学生应当设法发挥自己的优势能力，选择那些与优势能力相匹配的职业。现代国际社会对就业综合素质及就业倾向的测评较具影响力的主要有两个。

霍兰德职业倾向测验量表

　　霍兰德职业倾向测验是美国著名职业指导专家 J·霍兰德（J. Holland）编制的，在几十年间经过一百多次大规模的实验研究，形成了人格类型与职业类型的学说和测验。该测验能帮助被试者发现和确定自己的职业兴趣和能力专长，从而科学地做出就业的决定。霍兰德认为具有某一特殊类的人格的人，便会对同一类型的工作（环境）发生兴趣，从而实现人格与工作环境的相互匹配。这是国内最常用也是最经典的职业测评，值得注意的是，心理测验有一个特点就一次性，如果你记得如何影响结果倾向自己偏好以后再做第二次或第三次就会不够准确了，所以为自己负责，请认真做，为确保准确性，请在20分钟内完成第二到第五部分的测试，之后再算分。下面拿出一张纸和一把笔来记录你的答案。

第一部分　您心目中的理想职业（专业）

　　对于未来的职业（或升学进修的专业），您得早有考虑，它可能很抽象、很朦胧，也可能很具体、很清晰。不论是哪种情况，现在请您把自己最想干的3种工作或最想读的3种专业，按顺序写下来。

第二部分　您所感兴趣的活动

　　下面列举了若干种活动，请就这些活动判断你的好恶。喜欢的，请在"是"栏里打√；不喜欢的，请在"否"里打×。请按顺序回答全部问题。

R：实际型活动	是	否
1. 装配修理电器或玩具	□	□
2. 修理自行车	□	□
3. 用木头做东西	□	□

	是	否
4. 开汽车或摩托车	□	□
5. 用机器做东西	□	□
6. 参加木工技术学习班	□	□
7. 参加制图描图学习班	□	□
8. 驾驶卡车或拖拉机	□	□
9. 参加机械和电气学习班	□	□
10. 装配修理机器	□	□

统计"是"一栏得分计

I: 调查型活动

	是	否
1. 读科技图书和杂志	□	□
2. 在实验室工作	□	□
3. 改良水果品种,培育新的水果	□	□
4. 调查了解土和金属等物质的成分	□	□
5. 研究自己选择的特殊问题	□	□
6. 解算术或玩数学游戏	□	□
7. 物理课	□	□
8. 化学课	□	□
9. 几何课	□	□
10. 生物课	□	□

统计"是"一栏得分计

A: 艺术型活动

	是	否
1. 素描/制图或绘画	□	□
2. 参加话剧/戏剧	□	□
3. 设计家具/布置室内	□	□
4. 练习乐器/参加乐队	□	□
5. 欣赏音乐或戏剧	□	□
6. 看小说/读剧本	□	□
7. 从事摄影创作	□	□
8. 写诗或吟诗	□	□
9. 进行艺术(美术/音乐)培训	□	□
10. 练习书法	□	□

统计"是"一栏得分计

S: 社会型活动

	是	否
1. 学校或单位组织的正式活动	□	□

2. 参加某个社会团体或俱乐部活动 □ □
3. 帮助别人解决困难 □ □
4. 照顾儿童 □ □
5. 出席晚会、联欢会、茶话会 □ □
6. 和大家一起出去郊游 □ □
7. 想获得关于心理方面的知识 □ □
8. 参加讲座或辩论会 □ □
9. 观看或参加体育比赛或运动会 □ □
10. 结交新朋友 □ □
统计"是"一栏得分计

E：事业型活动 是 否
1. 说服鼓动他人 □ □
2. 卖东西 □ □
3. 谈论政治 □ □
4. 制订计划、参加会议 □ □
5. 以自己的意志影响别人的行为 □ □
6. 在社会团体中担任职务 □ □
7. 检查与评价别人的工作 □ □
8. 结交名流 □ □
9. 指导有某种目标的团体 □ □
10. 参与政治活动 □ □
统计"是"一栏得分计

C：常规型（传统型）活动 是 否
1. 整理好桌面和房间 □ □
2. 抄写文件和信件 □ □
3. 为领导写报告或公务信函 □ □
4. 检查个人收支情况 □ □
5. 打字培训班 □ □
6. 参加算盘、文秘等实务培训 □ □
7. 参加商业会计培训班 □ □
8. 参加情报处理培训班 □ □
9. 整理信件、报告、记录等 □ □
10. 写商业贸易信 □ □
统计"是"一栏得分计

第三部分 您所擅长获胜的活动

下面列举了若干种活动,其中你能做或大概能做的事,请在"是"栏里打√;反之,在"否"栏里打×。请回答全部问题。

R: 实际型活动 是 否
1. 能使用电锯、电钻和锉刀等木工工具 □ □
2. 知道万用表的使用方法 □ □
3. 能够修理自行车或其他机械 □ □
4. 能够使用电钻床、磨床或缝纫机 □ □
5. 能给家具和木制品刷漆 □ □
6. 能看建筑设计图 □ □
7. 能够修理简单的电气用品 □ □
8. 能修理家具 □ □
9. 能修理收录机 □ □
10. 能简单地修理水管 □ □

统计"是"一栏得分计

I: 调研型能力 是 否
1. 懂得真空管或晶体管的作用 □ □
2. 能够列举三种蛋白质多的食品 □ □
3. 理解铀的裂变 □ □
4. 能用计算尺、计算器、对数表 □ □
5. 会使用显微镜 □ □
6. 能找到三个星座 □ □
7. 能独立进行调查研究 □ □
8. 能解释简单的化学 □ □
9. 理解人造卫星为什么不落地 □ □
10. 经常参加学术会议 □ □

统计"是"一栏得分计

A: 艺术型能力 是 否
1. 能演奏乐器 □ □
2. 能参加二部或四部合唱 □ □
3. 独唱或独奏 □ □
4. 扮演剧中角色 □ □
5. 能创作简单的乐曲 □ □
6. 会跳舞 □ □

7. 能绘画、素描或书法 □ □
8. 能雕刻、剪纸或泥塑 □ □
9. 能设计板报、服装或家具 □ □
10. 写得一手好文章 □ □
统计"是"一栏得分计

S: 社会型能力 是 否
1. 有向各种人说明解释的能力 □ □
2. 常参加社会福利活动 □ □
3. 能和大家一起友好相处地工作 □ □
4. 善于与年长者相处 □ □
5. 会邀请人、招待人 □ □
6. 能简单易懂地教育儿童 □ □
7. 能安排会议等活动顺序 □ □
8. 善于体察人心和帮助他人 □ □
9. 帮助护理病人和伤员 □ □
10. 安排社团组织的各种事务 □ □
统计"是"一栏得分计

E: 事业型能力 是 否
1. 担任过学生干部并且干得不错 □ □
2. 工作上能指导和监督他人 □ □
3. 做事充满活力和热情 □ □
4. 有效地利用自身的做法调动他人 □ □
5. 销售能力强 □ □
6. 曾作为俱乐部或社团的负责人 □ □
7. 向领导提出建议或反映意见 □ □
8. 有开创事业的能力 □ □
9. 知道怎样做能成为一个优秀的领导者 □ □
10. 健谈善辩 □ □
统计"是"一栏得分计

C: 常规型能力 是 否
1. 会熟练的打印中文 □ □
2. 会用外文打字机或复印机 □ □
3. 能快速记笔记和抄写文章 □ □
4. 善于整理保管文件和资料 □ □
5. 善于从事事务性的工作 □ □

6. 会用算盘 □ □
7. 能在短时间内分类和处理大量文件 □ □
8. 能使用计算机 □ □
9. 能搜集数据 □ □
10. 善于为自己或集体做财务预算表 □ □
统计"是"一栏得分计

第四部分 你所喜欢的职业

下面列举了多种职业，请逐一认真地看，如果是你有兴趣的工作，请在"是"栏里打√；如果你不太喜欢、不关心的工作，请在"否"栏里打×。请回答全部问题。

R：实际型活动 是 否
1. 飞机机械师 □ □
2. 野生动物专家 □ □
3. 汽车维修工 □ □
4. 木匠 □ □
5. 测量工程师 □ □
6. 无线电报务员 □ □
7. 园艺师 □ □
8. 长途公共汽车司机 □ □
10. 电工 □ □
统计"是"一栏得分计

I：调研型职业 是 否
1. 气象学或天文学者 □ □
2. 生物学者 □ □
3. 医学实验室的技术人员 □ □
4. 人类学者 □ □
5. 动物学者 □ □
6. 化学者 □ □
7. 数学学者 □ □
8. 科学杂志的编辑或作家 □ □
9. 地质学者 □ □
10. 物理学者 □ □
统计"是"一栏得分计

A：艺术型职业 是 否
1. 乐队指挥 □ □

2. 演奏家 □ □
3. 作家 □ □
4. 摄影家 □ □
5. 记者 □ □
6. 画家、书法家 □ □
7. 歌唱家 □ □
8. 作曲家 □ □
9. 电影电视演员 □ □

统计"是"一栏得分计

S：社会型职业 是 否
1. 街道、工会或妇联干部 □ □
2. 小学、中学教师 □ □
3. 精神病医生 □ □
4. 婚姻介绍所工作人员 □ □
5. 体育教练 □ □
6. 福利机构负责人 □ □
7. 心理咨询员 □ □
8. 共青团干部 □ □
9. 导游 □ □
10. 国家机关工作人员 □ □

统计"是"一栏得分计

E：事业型职业 是 否
1. 厂长 □ □
2. 电视片编制人 □ □
3. 公司经理 □ □
4. 销售员 □ □
5. 不动产推销员 □ □
6. 广告部长 □ □
7. 体育活动主办者 □ □
8. 销售部长 □ □
9. 个体工商业者 □ □
10. 企业管理咨询人员 □ □

统计"是"一栏得分计

C：常规型职业 是 否
1. 会计师 □ □

2. 银行出纳员 □ □
3. 税收管理员 □ □
4. 计算机操作员 □ □
5. 簿记人员 □ □
6. 成本核算员 □ □
7. 文书档案管理员 □ □
8. 打字员 □ □
9. 法庭书记员 □ □
10. 人口普查登记员 □ □

统计"是"一栏得分计

第五部分　您的能力类型简评

下面两张表是您在 6 个职业能力方面的自我评定表。您可以先与同龄者比较出自己在每一方面的能力，然后经斟酌后对自己的能力作评估。请在表中适当的数字上画圈。数字越大，表示你的能力越强。注意，请勿全部画同样的数字，因为人的每项能力不可能完全一样。

表 A

R 型 机械操作能力 7654321	I 型 科学研究能力 7654321	A 型 艺术创作能力 7654321
S 型 解释表达能力 7654321	E 型 商业洽谈能力 7654321	C 型 事务执行能力 7654321

表 B

R 型 体育技能 7654321	I 型 数学技能 7654321	A 型 音乐技能 7654321	S 型 交际技能 7654321	E 型 领导技能 7654321	C 型 办公技能 7654321

如果你没看懂，看这段文字：这部分的主要目的是看你的哪个能力比其他能力突出的，所以你可以把六个能力排队，然后让能力度不同的能力有不同的数值就好了。比如一个人觉得自己最强是数学技能，其次是办公技能，接着是觉得领导技能与交际技能差不多，然后是体育技能，最后是音乐技能。音乐技能特别差那就可以评分为 7、6、5、5、4、2 或者 6、5、4、4、3、1 都不会影响得到的结果。能力之间的差额好好感觉一下，能力差距大的两种能力的数值差距就让它隔一个数字，比如体育和音乐之间。

第六部分　统计和确定您的职业倾向

请将第二部分至第五部分的全部测验分数按前面已统计好的 6 种职业倾向（R 型、I 型、A 型、S 型、E 型和 C 型）得分填入下表，并作纵向累加。

测试　　　　R 型　　I 型　　A 型　S 型　　E 型　　C 型
第二部分
第三部分
第四部分
第五部分 A
第五部分 B
总分

请将上表中的 6 种职业倾向总分按大小顺序依次从左到右排列：
____型　____型　____型　____型　____型　____型
最高分_____　您的职业倾向性得分_____　最低分_____

第七部分　您所看重的东西——职业价值观

这一部分测验列出了人们在选择工作时通常会考虑的 9 种因素（见所附工作价值标准）。现在请您在其中选出最重要的两项因素，并将序号填入下边相应横线上。

最重要：_____　次重要：_____　最不重要：_____　次不重要：_____

附：工作价值标准：

1. 工资高、福利好
2. 工作环境（物质方面）舒适
3. 人际关系良好
4. 工作稳定有保障
5. 能提供较好的受教育机会
6. 有较高的社会地位
7. 工作不太紧张、外部压力少
8. 能充分发挥自己的能力特长
9. 社会需要与社会贡献大

以上全部测验完毕。现在，将你测验得分居第一位的职业类型找出来，对照下表，判断一下自己适合的职业类型。

职业索引——职业兴趣代号与其相应的职业对照表：

R（实际型）：木匠、农民、操作 X 光的技师、工程师、飞机机械师、鱼类和野生动物专家、自动化技师、机械工（车工、钳工等）、电工、无线电报务员、火车司机、长途公共汽车司机、机械制图员、修理机器、电器师。

I（调查型）：气象学者、生物学者、天文学家、药剂师、动物学者、化学家、科学报刊编辑、地质学者、植物学者、物理学者、数学家、实验员、科研人员、科技作者。

A（艺术型）：室内装饰专家、图书管理专家、摄影师、音乐教师、作家、演员、记者、诗人、作曲家、编剧、雕刻家、漫画家。

S（社会型）：社会学者、导游、福利机构工作者、咨询人员、社会工作者、社会科学教师、学校领导、精神病工作者、公共保健护士。

E（事业型）：推销员、进货员、商品批发员、旅馆经理、饭店经理、广告宣传员、调度员、律师、政治家、零售商。

C（常规型）：记账员、会计、银行出纳、法庭速记员、成本估算员、税务员、核算员、打字员、办公室职员、统计员、计算机操作员、秘书。

下面介绍与你3个代号的职业兴趣类型一致的职业表，对照的方法如下：首先根据你的职业兴趣代号，在下表中找出相应的职业，例如你的职业兴趣代号是RIA，那么牙科医生、陶工等是适合你兴趣的职业。然后寻找与你职业兴趣代号相近的职业，如果你的职业兴趣代号是RIA，那么，其他由这三个字母组成的编号（如IRA、IAR、ARI等）对应的职业，也较适合你的兴趣。

RIA：牙科医生、陶工、建筑设计员、模型工、细木工、制作链条人员。

RIS：厨师、林务员、跳水员、潜水员、染色员、电器修理、眼镜制作、电工、纺织机器装配工、服务员、装玻璃工人、发电厂工人、焊接工。

RIE：建筑和桥梁工程、环境工程、航空工程、公路工程、电力工程、信号工程、电话工程、一般机械工程、自动工程、矿业工程、海洋工程、交通工程技术人员、制图员、家政经济人员、计量员、农民、农场工人、农业机械操作、清洁工、无线电修理、汽车修理、手表修理、管工、线路装配工、工具仓库管理员。

RIC：船上工作人员、接待员、杂志保管员、牙医助手、制帽工、磨坊工、石匠、机器制造、机车（火车头）制造、农业机器装配、汽车装配工、缝纫机装配工、钟表装配和检验、电动器具装配、鞋匠、锁匠、货物检验员、电梯机修工、托儿所所长、钢琴调音员、装配工、印刷工、建筑钢铁工作、卡车司机。

RAI：手工雕刻、玻璃雕刻、制作模型人员、家具木工、制作皮革品、手工绣花、手工钩针纺织、排字工作、印刷工作、图画雕刻、装订工。

RSE：消防员、交通巡警、警察、门卫、理发师、房间清洁工、屠夫、锻工、开凿工人、管道安装工、出租汽车驾驶员、货物搬运工、送报员、勘探员、娱乐场所的服务员、起卸机操作工、灭害虫者、电梯操作工、厨房助手。

RSI：纺织工、编织工、农业学校教师、某些职业课程教师（诸如艺术、商业、技术、工艺课程）、雨衣上胶工。

REC：抄水表员、保姆、实验室动物饲养员、动物管理员。

REI：轮船船长、航海领航员、大副、试管实验员。

RES：旅馆服务员、家畜饲养员、渔民、渔网修补工、水手长、收割机操作工、搬运行李工人、公园服务员、救生员、登山导游、火车工程技术员、建筑工作、铺轨工人。

RCI：测量员、勘测员、仪表操作者、农业工程技师、化学工程技师、民用工程技师、石油工程技师、资料室管理员、探矿工、煅烧工、烧窑工、矿工、保养工、磨床工、取样工、样品检验员、纺纱工、炮手、漂洗工、电焊工、锯木工、刨床工、制帽工、手工缝纫工、油漆工、染色工、按摩工、木匠、农民建筑工作、电影放映员、勘测员助手。

RCS：公共汽车驾驶员、一等水手、游泳池服务员、裁缝、建筑工作、石匠、烟囱修建工、混凝土工、电话修理工、爆炸手、邮递员、矿工、裱糊工人、纺纱工。

RCE：打井工、吊车驾驶员、农场工人、邮件分类员、铲车司机、拖拉机司机。

IAS：普通经济学家、农场经济学家、财政经济学家、国际贸易经济学家、实验心理学家、工程心理学家、心理学家、哲学家、内科医生、数学家。

IAR：人类学家、天文学家、化学家、物理学家、医学病理、动物标本剥制者、化石修复者、艺术品管理者。

ISE：营养学家、饮食顾问、火灾检查员、邮政服务检查员。

ISC：侦察员、电视播音室修理员、电视修理服务员、验尸室人员、编目录者、医学实验室技师、调查研究者。

ISR：水生生物学者、昆虫学者、微生物学家、配镜师、矫正视力者、细菌学家、牙科医生、骨科医生。

ISA：实验心理学家、普通心理学家、发展心理学家、教育心理学家、社会心理学家、临床心理学家、目标学家、皮肤病学家、精神病学家、妇产科医师、眼科医生、五官科医生、医学实验室技术专家、民航医务人员、护士。

IES：细菌学家、生理学家、化学专家、地质专家、地理物理学专家、纺织技术专家、医院药剂师、工业药剂师、药房营业员。

IEC：档案保管员、保险统计员。

ICR：质量检验技术员、地质学技师、工程师、法官、图书馆管理员、计算机操作员、医院听诊员、家禽检查员。

IRA：地理学家、地质学家、矿物学家、古生物学家、石油学家、地震学家、声学物理学家、原子和分子物理学家、电学和磁学物理学家、气象学家、设计审核员、人口统计学家、数学统计学家、外科医生、城市规划家、气象员。

IRS：流体物理学家、物理海洋学家、等离子体物理学家、农业科学家、动物学家、食品科学家、园艺学家、植物学家、细菌学家、解剖学家、动物病理学家、作物病理学家、药物学家、生物化学家、生物物理学家、细胞生物学家、临床化学家、遗传学家、分子生物学家、质量控制工程师、地理学家、兽医、放射性治疗技师。

IRE：化验员、化学工程师、纺织工程师、食品技师、渔业技术专家、材料和测试工程师、电气工程师、土木工程师、航空工程师、行政官员、冶金专家、原子核工程师、陶瓷工程师、地质工程师、电力工程师、口腔科医生、牙科医生。

IRC：飞机领航员、飞行员、物理实验室技师、文献检查员、农业技术专家、动植物技术专家、生物技师、油管检查员、工商业规划者、矿藏安全检查员、纺织品检验员、照相机修理者、工程技术员、计算机编程者、工具设计者、仪器维修工。

CRI：簿记员、会计、记时员、铸造机操作工、打字员、按键操作工、复印机操作工。

CRS：仓库保管员、档案管理员、缝纫工、讲述员、收款人。

CRE：标价员、实验室工作者、广告管理员、自动打字机操作员、电动机装配工、缝纫机操作工。

CIS：记账员、顾客服务员、报刊发行员、土地测量员、保险公司职员、会计师、估价员、邮政检查员、外贸检查员。

CIE：打字员、统计员、支票记录员、订货员、校对员、办公室工作人员。

CIR：校对员、工程职员、海底电报员、检修计划员、发报员。

CSE：接待员、通讯员、电话接线员、卖票员、旅馆服务员、私人职员、商学教师、旅游办事员。

CSR：运货代理商、铁路职员、交通检查员、办公室通信员、簿记员、出纳员、银行财务职员。

CSA：秘书、图书管理员、办公室办事员。

CER：邮递员、数据处理员、办公室办事员。

CEI：推销员、经济分析家。

CES：银行会计、记账员、法人秘书、速记员、法院报告人。

ECI：银行行长、审计员、信用管理员、地产管理员、商业管理员。

ECS：信用办事员、保险人员、各类进货员、海关服务经理、售货员、购买员、会计。

ERI：建筑物管理员、工业工程师、农场管理员、护士长、农业经营管理人员。

ERS：仓库管理员、房屋管理员、货栈监督管理员。

ERC：邮政局长、渔船船长、机械操作领班、木工领班、瓦工领班、驾驶员领班。

EIR：科学、技术和有关周期出版物的管理员。

EIC：专利代理人、鉴定人、运输服务检查员、安全检查员、废品收购人员。

EIS：警官、侦察员、交通检验员、安全咨询员、合同管理者、商人。

EAS：法官、律师、公证人。

EAR：展览室管理员、舞台管理员、播音员、驯兽员。

ESC：理发师、裁判员、政府行政管理员、财政管理员、工程管理员、职业病防治、售货员、商业经理、办公室主任、人事负责人、调度员。

ESR：家具售货员、书店售货员、公共汽车的驾驶员、日用品售货员、护士长、自然科学和工程的行政领导。

ESI：博物馆管理员、图书馆管理员、古迹管理员、饮食业经理、地区安全服务管理员、技术服务咨询者、超级市场管理员、零售商品店店员、批发商、出租汽车服务站调度员。

ESA：博物馆馆长、报刊管理员、音乐器材售货员、广告商售画营业员、导游、（轮船或班机上的）事务长、飞机上的服务员、船员、法官、律师。

ASE：戏剧导演、舞蹈教师、广告撰稿人、报刊、专栏作者、记者、演员、英语翻译。

ASI：音乐教师、乐器教师、美术教师、管弦乐指挥、合唱队指挥、歌星、演奏家、哲学家、作家、广告经理、时装模特。

AER：新闻摄影师、电视摄影师、艺术指导、录音指导、丑角演员、魔术师、木偶戏演员、骑士、跳水员。

AEI：音乐指挥、舞台指导、电影导演。

AES：流行歌手、舞蹈演员、电影导演、广播节目主持人、舞蹈教师、口技表演者、喜剧演员、模特。

AIS：画家、剧作家、编辑、评论家、时装艺术大师、新闻摄影师、男演员、文学作者。

AIE：花匠、皮衣设计师、工业产品设计师、剪影艺术家、复制雕刻品大师。

AIR：建筑师、画家、摄影师、绘图员、环境美化工、雕刻家、包装设计师、陶器设计师、绣花工、漫画工。

SEC：社会活动家、退伍军人服务官员、工商会事务代表、教育咨询者、宿舍管理员、旅馆经理、饮食服务管理员。

SER：体育教练、游泳指导。

SEI：大学校长、学院院长、医院行政管理员、历史学家、家政经济学家、职业学校教师、资料员。

SEA：娱乐活动管理员、国外服务办事员、社会服务助理、一般咨询者、宗教教育工作者。

SCE：部长助理、福利机构职员、生产协调人、环境卫生管理人员、戏院经理、餐馆经理、售票员。

SRI：外科医师助手、医院服务员。

SRE：体育教师、职业病治疗者、体育教练、专业运动员、房管员、儿童家庭教师、警察、引座员、传达员、保姆。

SRC：护理员、护理助理、医院勤杂工、理发师、学校儿童服务人员。

SIA：社会学家、心理咨询者、学校心理学家、政治科学家、大学或学院的系主任、大学或学院的教育学教师、大学农业教师、大学工程和建筑课程的教师、大学法律教师、大学数学、医学、物理、社会科学和生命科学的教师、研究生助教、成人教育教师。

SIE：营养学家、饮食学家、海关检查员、安全检查员、税务稽查员、校长。

SIC：描图员、兽医助手、诊所助理、体检检查员、监督缓刑犯的工作者、娱乐指导者、咨询人员、社会科学教师。

SIR：理疗员、救护队工作人员、手足病医生、职业病治疗助手。

MBTI 测试 十六种性格分析

MBTI（Myers-Briggs Type Indicator），是一份性格自测问卷，它由美国的心理学家凯瑟琳·库克·布理格斯（Katherine Cook Briggs）(1875——1968)和她的心理学家女儿伊莎贝尔·布理格斯·迈尔斯（Isabel Briggs Myers）根据瑞士著名的心理分析学家卡尔·G·荣格（Carl G.Jung）的心理类型理论和她们对于人类性格差异的长期观察和研究而著成。经过了长达半个多世纪的研究和发展，MBTI 已经成为了当今全球最为著名和权威的性格测试之一。性格类型没有好坏，只有不同。每一种性格特征都有其价值和优点，也有其缺点和需要注意的地方。清楚地了解自己的性格优劣势，有利于发挥自己的特长，尽可能地在为人处事中避免自己性格中的劣势，达到更好地和他人相处、更好地作重要的决策的目的。清楚地了解他人（家人、同事等）的性格特征，有利于减少冲突，使家庭和睦，使团队合作更有效。总之，只要你是认真真实地填写了测试问卷，那么通常情况下你都能得到一个确实和你的性格相匹配的类型。希望你能从中或多或少地获得一些有益的信息。

1. 我倾向从何处得到力量：
（E）别人。
（I）我自己的想法。

2. 当我参加一个社交聚会时，我倾向有更多的力气：
（E）在夜色很深时，一旦我开始投入，也许就是最晚离开的那一个。
（I）在夜晚开始的时候，我就疲倦了并且想回家。

3. 下列哪一种听起来比较吸引人？
（E）与我的情人到有很多人且社交活动频繁的地方。
（I）待在家中与我的情人做一些特别的事情，例如说观赏一部有趣的录像带并享用我最爱的外带食物。

4. 在约会中，我通常：
（E）整体来说挺健谈的。

（I）较安静并保留，直到我觉得舒服。

5. 过去，我倾向遇见我大部分情人：

（E）在宴会中、夜总会、工作上、休闲活动中、会议上或当朋友介绍我给他们的朋友时。

（I）透过私人的方式，例如个人广告、录像约会或是由亲密的朋友和家人介绍。

6. 我倾向拥有：

（E）很多认识的人和很亲密的朋友。

（I）一些很亲密的朋友和一些认识的人。

7. 过去，我爱的人和情人倾向对我说这些：

（E）你难道不可以安静一点吗？

（I）可以请你从你的世界中出来一下吗？

8. 我倾向透过以下方式收集信息：

（N）我对有可能发生之事的想象和期望。

（S）我对目前状况实际认知。

9. 我倾向相信：

（N）我的直觉。

（S）我直接的观察和现成的经验。

10. 当我置身于一段关系中时，我倾向相信：

（N）永远有进步的空间。

（S）若它没有被破坏，别修补它。

11. 当我对一个约会觉得放心时，我倾向谈论：

（N）未来，关于改进或发明事物，和生活的种种可能性。例如说，我也许会谈论一个新的科学发明或一个更好的方法来表达我的感受。

（S）实际的，具体的，关于"此时此地"的事物。例如说，我也许会谈论品酒的好方法或我即将要参加的新奇旅程。

12. 我是这种人：

（N）喜欢先看整个大局面。

（S）喜欢先拿捏细节。

13. 我是这种类型的人：

（N）与其活在现实中，我选择活在我的想象里。

（S）与其活在我的想象里，我选择活在现实中。

14. 我通常：

（N）偏向于去想象一大堆关于即将来临之约会的事情。

（S）偏向于拘谨地想象即将来临的约会，只期待让它自然地发生。

15. 我倾向如此做决定：

（F）首先依我的心意，然后依我的逻辑。

（T）首先依我的逻辑，然后依我的心意。
16. 我倾向比较能够察觉到：
（F）当人们需要情感上的支持时。
（T）当人们不合逻辑时。
17. 当和某人分手时：
（F）我通常让自己的情绪深陷其中，很难才能抽身而出。
（T）虽然我觉得受伤，但一旦下定决心，我会直截了当地将过去恋人的影子甩开。
18. 当与一个人交往时，我倾向评量：
（F）情感上的兼容性：表达爱意和对另一半的需求很敏感。
（T）智能上的兼容性：沟通重要的想法，客观地讨论和辩论事情。
19. 当我不同意我情人的想法时：
（F）我尽可能地避免伤害对方的感受；若是会对对方造成伤害的话，我就不会说。
（T）我通常毫无保留地说话，并且对我的情人直言直语，因为对的就是对的。
20. 认识我的人倾向形容我为：
（F）热情和敏感。
（T）逻辑和明确。
21. 我把大部分和别人的相遇视为：
（F）友善及重要的。
（T）另有目的。
22. 若我有时间和金钱，我的朋友邀请我到国外度假，并且在一天前才通知，我会：
（J）必须先检查我的时间表。
（P）立即收拾行装。
23. 在第一次约会中，我：
（J）若我所约的人来迟了，我会很不高兴。
（P）一点都不在乎，因为我自己也常常迟到。
24. 我偏好：
（J）事先知道约会的行程：要去哪里、有谁参加、我会在哪里多久、该如何打扮。
（P）让约会自然地发生，不做先前太多的计划。
25. 我选择的生活循环着：
（J）日程表和组织。
（P）自然发生和弹性。
26. 哪一项较为常见：
（J）我准时出席而其他人迟到。
（P）其他人都准时出席而我迟到。
27. 我是这样喜欢……的人：
（J）下定决心并且做出最后肯定的结论。

（P）开放我的选择并且持续收集信息。

28. 我是这类型的人：

（J）喜欢在一个时间里专心于一件事情直到完成。

（P）享受同时进行好几件事情。

得分

针对以上七组问题，把你的答案加总并且把各个的数目放入以下适合的横线上。然后把每一组得分较高的数目圈起来。

你的性格典型：

```
   ____   ____   ____   ____
    I      S      T      P
   ____   ____   ____   ____
    E      N      F      J
```

每一对中那些得分较高的字母代表你四种最强的偏好，当它们合并起来时，将决定你的性格典型。例如说，你也许是记者型（ENFP）或是公务员型（ISTJ）或是个性典型十六类型中的任何一类，完全看那四个字母的组合。你的偏好极强或适中？

如果在你所偏好的字母上之得分是四，那表示这个偏好是中度的。得五分或六分表示渐强的偏好。而七分则代表非常强烈的偏好。例如说，你在（E）上得了七分，代表你是一个非常外向的人。你喜欢花很多时间和其他人在一起，同时你比一般人都要享受说话的乐趣。另一方面，若你在（E）上得了四分，则表示你对外向的偏好是适中的。这表示你大概比一般典型的内向型（I）外向和健谈，但同时却比一个强烈的外向型（E）保守和内敛。这样的区别，在你开始于第二部分中检视你的性格典型组合时会变得很重要。有些性格典型配对，会在其中一个伴侣在某个偏向上是适中时呈现出最佳状态；然而在另一些配对中，伴侣偏好的强度并不重要。请在下列四个横线上，写下刚刚得到的四个字母。

____ ____ ____ ____

MBTI各种性格类型的主要特征：

感观型

ISTJ：安静、严肃，通过全面性和可靠性获得成功。实际，有责任感。决定有逻辑性，会一步步地朝着目标前进，不易分心。喜欢将工作、家庭和生活都安排得井井有条。重视传统和忠诚。

ISFJ：安静、友好、有责任感和良知。坚定地致力于完成他们的义务。全面、勤勉、精确、忠诚、体贴，留心和记得他们重视的人的小细节，关心他们的感受。努力把工作和家庭环境营造得有序而温馨。

INFJ：寻求思想、关系、物质等之间的意义和联系。希望了解什么能够激励人，对人有很强的洞察力。有责任心，坚持自己的价值观。对于怎样更好地服务大众有清晰的远景。在对于目标的实现过程中有计划而且果断坚定。

　　INTJ：在实现自己的想法和达成自己的目标时有创新的想法和非凡的动力。能很快洞察到外界事物间的规律并形成长期的远景计划。一旦决定做一件事就会开始规划并直到完成为止。多疑、独立，对于自己和他人能力和表现的要求都非常高。

　　ISTP：灵活、忍耐力强，是个安静的观察者直到有问题发生，就会马上行动，找到实用的解决方法。分析事物运作的原理，能从大量的信息中很快地找到关键的症结所在。对于原因和结果感兴趣，用逻辑的方式处理问题，重视效率。

　　ISFP：安静、友好、敏感、和善。享受当前。喜欢有自己的空间，喜欢能按照自己的时间表工作。对于自己的价值观和自己觉得重要的人非常忠诚，有责任心。不喜欢争论和冲突。不会将自己的观念和价值观强加到别人身上。

　　INFP：理想主义，对于自己的价值观和自己觉得重要的人非常忠诚。希望外部的生活和自己内心的价值观是统一的。好奇心重，很快能看到事情的可能性，能成为实现想法的催化剂。寻求理解别人和帮助他们实现潜能。适应力强，灵活，善于接受，除非是有悖于自己价值观的。

　　INTP：对于自己感兴趣的任何事物都寻求找到合理的解释。喜欢理论性的和抽象的事物，热衷于思考而非社交活动。安静、内向、灵活、适应力强。对于自己感兴趣的领域有超凡的集中精力，深度解决问题的能力。多疑，有时会有点挑剔，喜欢分析。

直觉型

　　ESTP：灵活、忍耐力强，实际，注重结果。觉得理论和抽象的解释非常无趣。喜欢积极地采取行动解决问题。注重当前，自然不做作，享受和他人在一起的时刻。喜欢物质享受和时尚。学习新事物最有效的方式是通过亲身感受和练习。

　　ESFP：外向、友好、接受力强。热爱生活、人类和物质上的享受。喜欢和别人一起将事情做成功。在工作中讲常识和实用性，并使工作显得有趣。灵活、自然不做作，对于新的任何事物都能很快地适应。学习新事物最有效的方式是和他人一起尝试。

　　ENFP：热情洋溢、富有想象力。认为人生有很多的可能性。能很快地将事情和信息联系起来，然后很自信地根据自己的判断解决问题。总是需要得到别人的认可，也总是准备着给予他人赏识和帮助。灵活、自然不做作，有很强的即兴发挥的能力，言语流畅。

　　ENTP：反应快、睿智，有激励别人的能力，警觉性强、直言不讳。在解决新的、具有挑战性的问题时机智而有策略。善于找出理论上的可能性，然后再用战略的眼光分析。善于理解别人。不喜欢例行公事，很少会用相同的方法做相同的事情，倾向于一个接一个的发展新的爱好。

　　ESTJ：实际、现实主义。果断，一旦下决心就会马上行动。善于将项目和人组织起来将事情完成，并尽可能用最有效率的方法得到结果。注重日常的细节。有一套非常清晰的逻辑标准，有系统性地遵循，并希望他人也同样遵循。在实施计划时强而有力。

ESFJ：热心肠、有责任心、合作。希望周边的环境温馨而和谐，并为此果断地执行。喜欢和他人一起精确并及时地完成任务。事无巨细都会保持忠诚。能体察到他人在日常生活中的所需并竭尽全力帮助。希望自己和自己的所为能受到他人的认可和赏识。

ENFJ：热情、为他人着想、易感应、有责任心。非常注重他人的感情、需求和动机。善于发现他人的潜能，并希望能帮助他们实现。能成为个人或群体成长和进步的催化剂。忠诚，对于赞扬和批评都会积极地回应。友善、好社交。在团体中能很好地帮助他人，并有鼓舞他人的领导能力。

ENTJ：坦诚、果断，有天生的领导能力。能很快看到公司或组织程序和政策中的不合理性和低效能性，发展并实施有效和全面的系统来解决问题。善于做长期的计划和目标的设定。通常见多识广，博览群书，喜欢拓宽自己的知识面并将此分享给他人。在陈述自己的想法时非常强而有力。

MBTI各种性格类型的常见适合职业举例

ISTJ：首席信息系统执行官、天文学家、数据库管理、会计、房地产经纪人、侦探、行政管理、信用分析师。

ISFJ：内科医生、营养师、图书或档案管理员、室内装潢设计师、客户服务专员、记账员、特殊教育教师、酒店管理。

INFJ：特殊教育教师、建筑设计师、培训经理或培训师、职业策划咨询顾问、心理咨询师、网站编辑、作家、仲裁人。

INTJ：首席财政执行官、知识产权律师、设计工程师、精神分析师、心脏病专家、媒体策划、网络管理员、建筑师。

ISTP：信息服务业经理、计算机程序员、警官、软件开发员、律师助理、消防员、私人侦探、药剂师。

ISFP：室内装潢设计师、按摩师、客户服务专员、服装设计师、厨师、护士、牙医、旅游管理。

INFP：心理学家、人力资源管理、翻译、大学教师、社会工作者、图书管理员、服装设计师、编辑或网站设计师。

INTP：软件设计师、风险投资家、法律仲裁人、金融分析师、大学教师（经济学）、音乐家、知识产权律师、网站设计师。

ESTP：企业家、股票经纪人、保险经纪人、土木工程师、旅游管理、职业运动员或教练、电子游戏开发员、房产开发商。

ESFP：幼教老师、公关专员、职业策划咨询师、旅游管理或导游、促销员、演员、海洋生物学家、销售。

ENFP：广告客户管理、管理咨询顾问、演员、平面设计师、艺术指导、公司团队培训师、心理学家、人力资源管理。

ENTP：企业家、投资银行家、广告创意总监、市场管理咨询顾问、文案、广播或电视主持人、演员、大学校长。

ESTJ：公司首席执行官、军官、预算分析师、药剂师、房地产经纪人、保险经纪人、教师（贸易或工商类）、物业管理。

ESFJ：房地产经纪人、零售商、护士、理货员或采购、按摩师、运动教练、饮食业管理、旅游管理。

ENFJ：广告客户管理、杂志编辑、公司培训师、电视制片人、市场专员、作家、社会工作者、人力资源管理。

ENTJ：公司首席执行官、管理咨询顾问、政治家、房产开发商、教育咨询顾问、投资顾问、法官。

职业测评能帮助大学生在选择职业时起到一定的参考作用，然而由于受到不同思想文化、个体在每个时期不同的情绪体验和目标的影响，结果将有所差异，因而大学生还是要结合实践见习才能最终确定适合的职业。职业测评一定要由理论分析和实践验证等手段综合，否则单纯依靠理论分析或者单纯依赖职业测评，抑或是一味的职业实践，都是不能得出有效的准确的适合职业判断。

第三节 就业综合素质的炼就

就业综合素质是一个基础，在校大学生如果能在大学阶段进行有针对性的准备，不断注意提高自己的思想道德素质、职业道德素质、科学文化素质、健康素质等，将会为以后成功就业，服务社会奠定坚实的基础。这其中，就业综合素质的炼就是一个长期的过程，是从大学生刚迈入大学的第一天就应开始的。

一、思想道德素质的炼就

在信息时代，在激烈的市场经济角逐中，思想道德素质作为一种精神动力显得尤为重要，它主要是解决大学生如何"做人"的问题，这一素质的炼就可以通过以下三种方法。

1. 树立为人民服务的人生观。人民是国家的主人，而我们每一个人都是人民的勤务员，要尊重人民群众的主人翁地位，努力为人民服务。一是热爱人民，与人民群众建立深厚的感情，这是尊重人民群众的主人翁地位，实现为人民服务的前提。人民哺育了我们，我们和人民血肉相连，基于此，才能产生为人民服务的动力，才能激发为人民利益献身的精神。一个人如果对人民冷漠、轻视，就不可能为人民的利益献身，而是成为自私自利的人。二是服务人民，甘为人民的勤务员。在我们社会主义国家中，人们的分工不同，职位不同，但都是人民的勤务员。刘少奇曾对掏粪工人时传祥说过，你是掏粪工人，是人民的勤务员，我当国家主席，也是人民的勤务员。决不允许以权谋私，当官做老爷。如果以权谋私，甚至反过来欺压人民，必然会失去民心，甚至会被人民群众所唾弃。

2. **树立集体主义价值观**。集体主义作为一种价值导向，对于坚持我国社会主义建设的方向，起着重要的保障作用。社会主义所坚持的集体主义价值导向，它对于大学生的健康成长，为把自己培养成为社会主义的建设者和接班人，起着重要的推动作用，因此，大学生应当在思想道德建设中，高扬集体主义的风帆，坚持不懈地以集体主义精神来陶冶涤荡灵魂，反对和抵御各种个人主义的倾向，以保证大学生的成才方向。

培养集体主义思想、弘扬集体主义精神，大学生就要从爱班级入手，团结同学，爱惜班级集体荣誉，努力在集体之中锻炼成长。这是大学生培养集体主义思想、弘扬集体主义精神实实在在的行动表现，并力图用集体主义的价值导向作为精神动力，激励自己努力为祖国、为社会、为集体而学习、工作和服务。

3. **树立正确的人生态度**。我们处在改革创新的时代，要求大学生立足国情、放眼世界，重新审视自己的人生，修正人生目标，培养与时代精神相适合的人生态度，为此必须确立科学务实的人生态度。一是确立科学的人生态度。科学的人生态度主要是指按照社会的需要，结合自己的志趣和力量，选择最能发挥和创造自己人生价值的行为，以求得成功。对社会与人生科学认识是科学人生态度的前提，只有科学地认识社会、认识时代精神和认识人生，才有可能确立科学的人生态度。二是确立务实的人生态度。务实是走向成功之路的基本精神，它是乐观的保障。乐观自信者必须伴随务实的行为，这样才能在人生求索的道路上，以踏踏实实的行动保障成功。

从总体上看，当代大学生有较高的思想道德素质，但部分大学生在具体践行方面也存在着诸如文明举止较差、公德水平偏低或者对危害公共利益、影响社会公德的言行熟视无睹等问题。因此，每个大学生都应当自觉地以思想道德修养为根本，从自己做起，从现在做起，唯此，才能真正树立起大学生受过良好的道德教育和文化知识教育的形象，带动人们遵守社会道德，推动我国精神文明的发展。

二、职业道德行为的养成

职业道德行为养成的实质是从业人员自觉接受职业道德教育，对不同的道德观念进行选择，择其善者而从之，其不善者而改之。职业道德行为的养成是以个人的自觉性为前提，并将自觉性建立在理性的基础之上，一个人对自己、对人生、对社会有了正确的认识，对职业道德行为养成的意义就有了较为深刻的理解，才能把职业道德原则和规范转化为自己的内在要求，变成坚定的职业道德观念，也才能自觉地养成良好的职业道德行为。[3]所以,从业人员要不断地提高自己的职业道德认识,增强自觉性,在实践中努力培养自己的社会主义职业道德品质。

1. **提高职业道德认识是必要保证**,这也是提高社会主义职业道德修养的指导思想。只有掌握了职业道德伦理,理解职业道德的原则和规范,提高了认识,把握了是非善恶的标准,才能使职业道德修养有坚实的保证。

2. **联系实际是根本途径**。职业道德知行统一的特点要求人们不但要在理论上懂得社会主义职业道德的原则和规范,更重要的是要在实践中能正确地认识人与人、人与社会的关系,按照社会主义职业道德的要求,不断地进行自我教育,并用实践结果来检验自身的思想和行为,不断地克服自身的缺点,逐步培养优秀的职业道德品质。

3. **发挥榜样作用是重要方法**。大学生可以以榜样作为示范,这对培养大学生的职业道德行为有很强的说服力和感染力。人们从榜样的身上也可以看到认清自己前进的方向,找出自己的不足并加以改正,为实现目标而奠定基础。

三、科学文化素质的储备

科学文化素质是科学文化知识和科学文化能力的有机结合,科学文化知识是科学文化能力形成、发展的现实基础,科学文化能力是科学文化知识深化、发挥的具体表现,因而大学生应注意从以下两方面入手储备知识。

1. **培养科学的思维方式的途径**。爱因斯坦曾指出,高等教育必须重视培养学生具备思考探索问题的本领。人们解决世界上所有问题是用大脑的思维能力和智慧,而不是搬书本。因此,大学生应重视培养自身科学的思维方式。一是着手于哲学理论和思想的学习。哲学是关于世界观和方法论的学说,其方法是最高层次的方法,为此,是由哲学世界观基本原理转化而来的方法。但哲学方法又是最抽象的方法,不具有可操作性。但大学生应该通过加强哲学的学习,以此提高自己的理性思维能力、培养科学的思维方式,而不能停留于对事物表象的分析,运用哲学方法,可以达到"站得高,看得远"的目的。二是着手于进行知识的积累。丰富的知识是灵敏思维的基础。只有在掌握了大量的感性材料后,才能运用形式逻辑和辩证思维去粗取精,去伪存真。而要掌握尽可能多的知识必须勤学好问静思。学与问是紧密相随的,在向别人请教的过程中,也是学习别人的思维方式的过程。善于思考的人,既能集中他人的智慧,又能超越前人的思想。有人曾经问牛顿:"你是用什么方法做出那么多发明和发现的呢?"牛顿回答说:"我并没有什么方法,只不过对于一件事情,总是花很长时间很热心地去思考罢了。"三是着手于艺术涵养的培养。华裔科学家李政道说过:科学和艺术是一个硬币的两面,谁也离不开谁。艺术作品具有帮助人们认识和感受现实美的巨大作用。现实生活中看似不起眼的人物和事件,经过艺术家的描绘显示出它固有的意义并给人以启迪。因此,经常观赏艺术作品的人,就会对现实世界的美具有比一般人更好的鉴赏水平和创造能力。他们善于从风云变幻、错综复杂的社会现象中捕捉美的踪迹、体察美的真谛，也善于美化自己的心灵、言词和仪表，美化周围环境和人际关系，把美融入生活中。

2. **训练专精的行业知识和技能**。一是热爱自己所学的专业。热爱是学习的第一个老师，只有热爱自己所学的专业，了解和掌握本专业的先进理论和观点，把握专业学科的发展方向和目标，开拓自己的视野，才能学好专业知识。二是好学、深思和创造性地学习。大学生要想掌握广博和专精的知识技能，没有好学深思的习惯是难以想象的。好学就是对学习有深厚的兴趣，会孜孜不倦、乐此不疲地进行学习；深思就是开动脑筋，积极思考地学习。善于创造性学习是大学生文化业务素养水平高的一个重要标志，也是学生创造精神的一种重要表现。学生的创造性学习，主要是指能够独立而主动地掌握知识、解决学习中遇到的问题。主要表现在善于寻找有助于创造性学习的知识、问题和情境；善于发现一般问题的独特解决办法；善于寻求问题的多元化答案。

四、实践能力的培养

1. **表达能力**。表达能力的培养，在于加强朗读训练和与别人交流，提高表达的准确性和生动性。没有准确的表达，信息就不能如实传递出来，也只有鲜明生动的表达，才能更好地排除人们接受信息时带来的各种障碍，实现表达的目的。另外良好的语言表达能力不只是先天的更多的是后天努力培养形成的。二千三百多年前雅典的狄摩西尼是历史上出色的雄辩家，谁会想到他曾经是个严重的口吃患者，幼年多病，个子瘦矮再加上口吃、外貌丑陋，到处受人嘲笑和欺侮，终日过着悲哀绝望的生活。他想到自己的苦难都是由口吃造成，于是下定决心，立志矫正口吃，锻炼正常说话和辩论的能力。相传他每天在家对着镜子练习讲话，或者跑到海边，把大海当听众，用自己激烈的雄辩式的演说和海潮澎湃的吼声相对抗。他曾用石子含在口中练习说话，持之以恒的苦心锻炼，功夫不负有心人，他终于成为一位蜚声世界的雄辩家。狄摩西尼的成功，告诉了人们一个真理：表达能力不是天生的，只要肯用心，有毅力，坚持到底，就能有较大的提高。

2. **实际操作能力**。一个人实际动手能力的高低主要表现在操作的速度、准确和灵活三个方面。比如作为一名科技人员，只懂得技术原理不行，没有操作能力，在很多情况下是不能完成技术任务的。学物理的人都知道，实验能力的强弱对实验的效果影响很大。所以，大学生应注意克服只注重理论学习而轻视实践操作的倾向。大学生要提高动手能力，关键在于多练，练得多才可能真正提高自己的动手操作能力和技巧。

3. **人际交往能力**。一般来说，具有良好人际关系的大学生，大都能保持开朗的性格，热情乐观的品质，能正确地认识和对待各种现实问题，化解学习与生活中的各种矛盾,形成积极向上的优秀品质,迅速适应大学生活。相反,可能无法正确地对待自己和别人,心胸狭隘,目光短浅,容易形成精神上的巨大压力,难以化解心理矛盾。培养良好的人际交往能力要做到积极大胆地参与各种社团活动,参加大量的社会实践。同时应以诚相待、以诚取信和平等待人。

4. 社会适应能力。大学生在校园里对社会有诸多的理想化想法,把自己对社会的希望放在过高的位置,同时希望社会也如此对待他们。可一旦踏进社会时,才发现现实生活有许多不尽如人意的地方,于是产生不安与不满的情绪。但大学生对于社会和环境,不是消极的等待,也不是与落后事物同流合污,而应该是主动的,积极的适应,改变不利的环境,这样才能尽快地融入社会中。

5. 组织管理能力。组织管理能力不仅领导干部和管理人员应当具备,而且其他专业人员也应具备。近年来,毕业生中的党员干部普遍就业率高,原因在于他们一方面学习优良,另一方面通过承担一定的社团工作,组织参加一些大型活动,锻炼了自己的组织管理能力和应变能力以及表达能力。作为一名大学生,只要你有自愿为同学服务的爱心,善于实践,取人之长补己之短,都可以在一定程度上提高组织管理能力。

此外,健康的心理素质亦是至关重要的,这一点在第三章中已详细阐述,故此不赘述。

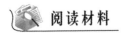 阅读材料

实事求是 铸就成功:求职择业的实务性准备

1. 填写好毕业生基本情况登记表。毕业生基本情况登记表是学校审核毕业生资格、掌握毕业生基本情况、向用人单位推荐毕业生的重要依据,也是学校与用人单位及各省市的毕业生就业计划和毕业生调配部门开展毕业生供需信息交流的重要资料。此表经学校按毕业生生源汇总后寄送上述毕业生就业计划、调配部门,并据此形成分专业、分地区的毕业生生源情况汇总表,分别寄往中央各部门和大型企业,为他们提供学校的毕业生信息。这是毕业生就业工作最基本的准备工作。因此,毕业生要认真、准确、据实填写表中各项内容。具体有以下要求:

(1)"专业名称":必须以教育部修订的新的专业目录为准。毕业生如果还修有第二学士学位专业或辅修专业,可以在"特长"栏中注明。

(2)来源省(市、区):必须以入学前的家庭户口所在地为准,在校期间家庭户口如有改动,应当持家庭现居地户籍部门出具的有关证明材料到学校的毕业生就业工作部门办理变更手续,此栏目要求具体到省(区、市)、地(市、州)、县(市、区)三级。如福建省福州市台江区。

(3)学习成绩:一般分为优、良、中三级,其中平均成绩达到85分以上者为优,

75分到84分为良,60分到74分为中。学习成绩由毕业生所在院系的教学管理人员严格按照上述标准审定后填写。

(4) 毕业生如属自费生、委培生、插班生、劳模生,应在"备注"栏中注明。

2. 填写好毕业生推荐表。毕业生就业推荐表是全面反映毕业生基本情况的重要材料,是毕业生档案材料的浓缩,是学校向用人单位推荐毕业生、毕业生参加"双向选择"活动的重要的证明材料,也是用人单位考察毕业生的重要依据。因此,毕业生务必认真填写。总的要求如下。

(1) 表中所有栏目都要认真填满,不留空白,没有内容可填的,应当注明"无"。表中各栏内容宜细不宜粗,尽量详细具体。

(2) "所学课程及成绩"栏目,一定要据实填写,并经院系教学管理人员审核签名盖章方为有效。

(3) 填表时要字迹工整,字写得不好可请人代填,或用微机打印,以给用人单位一个好的印象。

3. 了解就业程序。一般来说,大学毕业生求职择业需要经过下列程序。

(1) 了解政策。例如要知道什么是在一定范围内的"自主择业",来源于边远省区的毕业生就业有何规定,外地毕业生进京、入沪、去深圳等地工作的必要条件,属支边职工子女的毕业生就业有何规定,去三资企业要受什么制约等。

(2) 收集信息。现代社会是信息社会,如果不了解用人单位对毕业生的需求信息,择业则无从谈起。

(3) 确定择业意向。根据社会需求,在慎重比较分析和征求老师、家长、亲友以及学校毕业生就业指导咨询部门意见的基础上确定自己的择业意向。

(4) 推销自己。这是毕业生"推出"自己的重要环节。那么,怎样才能更好地"推销"自己呢?首先,要了解"市场行情"。既然是"推销",就要先找"市场",先了解"市场行情"。这就要求同学们了解社会的人才需求形势,了解有关毕业生就业的方针政策,并且要掌握与自己择业目标有关的社会需求信息。只有充分了解了"市场行情","推销"起自己来才能心中有数、有的放矢。其次,要善于寻找"推销"自己的渠道。推销产品要有畅通的渠道,"推销"自己也是如此。比如:有针对性地寄发自荐信或登门拜访、毛遂自荐;通过学校、老师或亲友向用人单位介绍、推荐;参加人才招聘会、供需见面会等,与用人单位洽谈、签约;通过笔试、面试等方式接受用人单位考核等等。这些都是行之有效的"推销"自己的渠道。同学们不仅要懂得不失时机地运用这些渠道,而且要学习和掌握"推销"自己的技巧,注重这方面的训练,提高在人才市场上"推销"自己的能力和技艺水平。第三,在"推销"自己的过程中要善于把握自己。具体地说,就是要注意把握以下几个方面:一是要有自信心。在竞争激烈的人才市场上"推销"自己,要有自信心,要争取主动,如果没有自信心就不可能获得成功。二是不要"王婆卖瓜"。在招聘人员面前不着边际地神吹胡侃,只能引起对方的反感;把自己吹嘘得什么都好,什么都会,什么都懂,只能引起对方的怀疑和不信任。三是不要谦虚过度。"推销"自己的目的当然是希望用人单位录用自己，因而毕业生在用人单位面前，决不能为了表示自己的谦虚而过于低估自己，而要善于向对方恰如其分地显示自己的优势，以取得对方的重视和赏识；在面试交谈时，该阐明的观点一定要大胆地表述出来。沉默寡言只会让别人误以为你没多大能耐，缺乏主见。

（5）签订协议。通过"供需见面"和与用人单位的双向选择并且达成一致意见后，学校、毕业生、用人单位三方就要签订就业协议书，规定各自的权利和义务。

（6）到单位报到上班。

（资料来源：根据网易教育 http://education.163.com 整理）

 回顾与反思

1. 现代大学生如何树立正确的人生态度？
2. 大学生如何储备科学文化知识？
3. 大学生如何提高人际交往能力？
4. 大学生如何提高表达能力？

【注释】

[1] 李仁山．大学生就业指导与范例[M]．北京：首都经济贸易大学出版社，2004：154．
[2] 李仁山．大学生就业指导与范例[M]．北京：首都经济贸易大学出版社，2004：156．
[3] 姜纳新．大学生就业指导[M]．北京：中国传媒大学出版社，2006：94．

第八章 就业技巧

河北省《南皮县志·风土志下·歌谣》中记载："兵马未动，粮草先行。"这是指古代出兵之前，先准备好粮食和草料。此言醒示我们，在做某件事情之前，应提前做好准备工作。同样地，对于即将踏入职场的毕业生也应如此，要做好充分的物质与思想准备，就会有一个成功的开始，"良好的开端是成功的一半"。那如何准备才能称得上是"良好的开端"，才能赢得用人单位的青睐，从而取得心目中理想的职位。本章从求职者与用人单位直接互动的准备自荐材料、面试、笔试等三个环节，揭开成功求职的神秘"面纱"。

第一节 自荐材料的准备

近年来高校扩招以及其他劳动力不断涌入城市，出现大学生在城市劳动力市场（特别是大中城市或经济发达城市）供大于求的局面，用人单位可以从大量求职者中选择他们的员工，因此，当一名大学生拟就业时，就是要和许多人竞争，毕业生想要在激烈的竞争中脱颖而出，就要在用人单位面前充分展露自身各方面本领，告诉他们"我就是你们现在最需要的员工"，而这并不是一件容易的事情。但自荐材料可以作为求职的"敲门砖"，可以吸引用人单位的眼球，也可以当作求职者展示自己的一个"舞台"，在这个"舞台"上，求职者兼编剧、导演与演员于一身，良好的形象就能获得进一步笔试与面试的机会，反之则可能丧失良好的就业机会，所以应该仔细设计自荐材料。自荐材料可以分为简历、自荐信及其他自荐材料等三部分。一般情况下自荐材料的设计应遵循以下基本原则。

一、设计自荐材料的基本原则

1. **有的放矢原则**。这个原则要求自荐材料的内容与招聘条件相匹配，尽量符合用人单位的要求。部分毕业生认为，自荐材料应事无巨细写得越全面就越能体现自己的优势和特长，从而被用人单位所赏识；也有毕业生认为，自荐材料就是写自己的个人经历，适合不适合应聘职位应该由用人单位来判断；还有的求职者认为，自己的自荐材料写的越完美将越被重视。以上其实都是偏颇的想法，殊不知用人单位考虑的是，人才只有放在最适合展现其才能的职位上，让每一个员工都有自己的舞台，才能充分发挥最大潜能，从而与单位共同成长，只有最合适的员工而没有最完美的员工。索尼公司创始人之一盛田曾经开玩笑地说，如果可以的话，他真想把公司所有的人事档案全都烧掉,以便使整个公司杜绝学历上的任何歧视。从上述例子可以看出,毕业生如果以自身情况为出发点设计自荐材料,完全不考虑用人单位的要求,即使你的学历再高、经验再丰富,只要让用人单位感觉你不适合这个职位,你就可能连求职的"第一个门槛"也迈不过去。

2. 简明扼要原则。这个原则要求自荐材料目的应明确,让人一目了然,使用人单位可以在最短时间内搜寻到最感兴趣的内容。在部分高校毕业生的大型双向选择招聘会上,经常看到许多毕业生拿着的"厚实"自荐材料,装帧精美,足有数十页甚至上百页之多,这其实不利于求职者。这其中影响因素较多:一是企业无暇于详尽的自荐材料。据不完全统计,一个大企业每日收到的各类自荐材料可以达到数千份,他们的人力资源经理平均浏览自荐材料的时间大约只有30秒,根本无法认真阅读自荐材料,甚至没时间一页页翻阅;二是人力资源部门阅读自荐材料的主要目的是初步筛选符合条件的求职者,而不是真正通过自荐材料全面深入了解求职者;三是资源浪费。大量复印自荐材料是一种浪费,用人单位并不会因为自荐材料特别厚实或精美而给予特别关注;此外,自荐材料内容过于繁杂,让企业感觉求职者的归纳能力有限且目的不明确;最后,一些自荐材料的装帧过于奢华的求职者,反而可能引起用人单位的误解,其实,在大型双选会或其他求职者众多的场合,无需其他自荐材料,只需一份简历,内容一页 A4 纸足矣,如果确实一页纸无法容纳全部内容,两页纸便是极限。

3. 准确无误原则。这个原则要求自荐材料应经过反复推敲,没有常识、语言或数据方面的错误。最头疼的便是看到自荐材料中出现各式各样的错漏,有的是错别字连篇,有的是语法不通,有的甚至忘了附上联系方式,更有甚者连名字也写错,这样的自荐材料保留在用人单位那里的时间不会太长,基本是"快速阅读"后就直接扔进了垃圾堆。从企业用人观点上看,员工在岗位上出现错误有时不可避免,但是在自荐材料中出错就只能说明:一是求职者能力太差,完全不能符合要求;二是求职意向不强烈;三是性格马虎,处事不认真;四是对用人单位不尊重,没有诚意。所以求职者在制作好自荐材料后一定要认真检查,确保不出错,还应保持自荐材料的整洁,这既是对自己负责,又是对对方负责。

4. 实事求是原则。这个原则要求自荐材料的内容应真实可靠,既不妄自菲薄,又不夸夸其谈。据2008年5月28日《南方日报》报道:徐女士凭假冒的复旦大学双学士学位,谋到一家公司要职,领取高薪,离职后又获得高额补偿金。东窗事发后,公司将她告上了法庭。日前,该市一中院作出终审判决:徐女士须返还公司经济补偿金等共7万元。此案无疑给那些热衷于自荐材料"注水"的求职者敲响了警钟。对于用人单位来说,几乎所有的用人单位在招聘员工的时候都会加强对员工提供信息资料真实性的审核。智联招聘助理总裁杨女士接受记者采访时表示,"员工的品质包括诚信,不单影响到团队合作的发挥,关键的是员工的品质甚至会影响到企业的生死存亡。一个没有诚信的员工有时会将身上的缺点传染给周围的人，进而将辛苦建立起来的企业文化带入深渊。"对于求职者来说，在制作自荐材料时，要对自己负责，新出台的《劳动合同法》明确规定："以欺诈、胁迫的手段或者乘人之危，使对方在违背真实意思的情况下订立或者变更劳动合同的，用人单位可以解除劳动合同。"这意味着用人单位一旦发现员工在自荐材料中含有虚假、夸大乃至造假的成分，可不需支付任何赔偿而将其辞退。

二、简历

简历又称个人履历，是求职者给用人单位的一份自我简要介绍。制作一份"突出个性、与众不同"的个人简历，就是求职成功的一大法宝。优秀的履历表是鲜明有力的宣传品，能够令人留下深刻的印象；要靠履历表当"敲门砖"就必须懂得推销战术，把自己的长处和能力，用巧妙的方法包装起来，使它不仅是一些文字的堆砌、累积和表现个人资料的文件，也应是自我推销的绝佳工具。

（一）简历的组成要素

简历可以由许多不同要素组合而成，归纳起来，主要包括个人基本情况（姓名、年龄、性别、毕业学校、生源地或籍贯、学历、专业、政治面貌、社会关系、毕业时间、身高、体重、相片、民族等）、个人能力展示（教育背景、知识结构、专业技能、学习成绩、语言能力、性格描述、工作经历、社会职务、社会关系、兴趣爱好、个人或所在集体所获荣誉、其他）、联系方式及应聘职位等四个主要部分构成。

（二）设计简历的步骤

1. 列举简历有关的要素。
2. 选择格式，设计框架。
3. 确定求职职位或方向，并阐述优势。
4. 根据框架以及求职需要添加相关要素。
5. 请有工作经验的业内人士或者就业指导人员综合评价简历的优劣。
6. 修改简历。

（三）简历要素的撰写技巧

1. 对于个人基本情况，一般仅保留姓名、年龄、性别、毕业学校、学历、专业、毕业时间即可。在应聘对语言能力（特别是方言、外语）有要求的职位就应保留生源或籍贯和外语能力；如若政治面貌为共青团员的求职者就不必保留政治面貌一栏；社会关系一般只保留父母的所在单位、政治面貌与职务等，特殊情况下列举与所应聘职位密切相关的旁系亲属；在应聘外貌要求的职位时，应贴上自己满意的相片（不能是"大头照")。

2. 无论是博士还是硕士，请从大学开始注明教育背景，特殊情况注明中专或技校，省略高中及以下。

3. 知识结构以列举课程为主，既可以是主修又可是辅修，又可是第二学历中所学课程，列举时仅保留专业课，同类课程保留最后所修课程，保留不同知识体系课程，一般列举十门左右科目即可。

4. 学习能力特别强且课程与所应聘岗位相关度较大的求职者，可附成绩单。

5. 专业技能主要包括获得的技能或岗位培养情况，最好以获得证书为标志，注明培训机构及培训内容，比如全国计算机等级证书、大学英语四、六级证书或国家人力资源管理师证书。

6. 语言能力一般指求职者对非母语的第二（或第三）外语听说读写的综合能力，应用事实说明，比如可以描述为"本人可流利使用西班牙语与游客进行日常交流"、"本人熟练掌握日语商务公函的写作方法"等。

7. 工作经历是简历要素的重点，也是用人单位特别看重的部分，主要是描述求职者的社会实践或工作简历，应尽量列举与应聘职位较密切的工作经历，并列明具体单位名称、时间、职责及业绩。对大学毕业生来讲工作经历只能是实习或实践，这种只能视为"准社会经历"。

8. 社会职务主要是过去所担任学校组织、社会团体、企事业单位的重要职务职称等，不含临时性职务，建议可以附上简要职责、举办活动情况及成绩。

9. 性格要具体化描述，结合事例描述为佳。如，"本人在福建青年旅行社担任导游一年，由于性格外向平易近人，深受游客的喜爱，曾获福州市'十佳导游'荣誉称号"。

10. 兴趣爱好应列举二至三项最擅长的项目，如"喜爱阅读工商管理类书籍"，而不能仅列举"喜欢打球、阅读、听音乐"等模糊描述，对于求职者可多描述自己体育专长以体现出众身体素质。

11. 个人或所在集体所获荣誉主要指曾经获得的课内外各项荣誉，集体荣誉应与求职者相关。

12. 其他成绩是求职者不易通过其他方式表述的经历或成果，比如在学术刊物上发表的论文、开发的软件或取得的专利等物质或非物质成果。

13. 联系方式尽量只保留移动电话或电子邮件地址，不要留下家庭电话及住址以免信息被他人"变相"利用，如移动电话经常接听不便，可多留一个亲友的联系电话以便及时联系。

14. 在简历中留有适当空白，在投递简历时应当注明所应聘岗位。

（四）撰写简历的其他注意事项

1. 除非求职者的字迹特别漂亮且工整，否则建议计算机设计简历，排版整齐，字体大小适中,纸张质量保证。

2．应根据自身与所应聘职位的变化,及时修改简历,特别是联系电话。

3．不一定按时间排序,可以采用倒叙手法,使重要的经历前置。

4．所有专业术语或专有名词请使用全称,比如闽江学院就不要简称为闽院,人力资源管理专业请不要简称为人资专业,各种成绩(业绩)应尽量数字化具体化。

5．当求职目标涉及国外机构时,多准备一份外文简历。

6．使用短句进行说明性描述,避免长篇大论。

7．如应聘文案策划、广告创意等特殊行业的职位时,简历设计应有新意,设计独特。

8．不必注明证明人;不要提及待遇。

9．以使用斜体、加粗加大字体、下划线等各种方式突出重点,但重点不宜过多。

(五)投递简历的技巧

1．通过网络形式投递简历

(1)不要使用附件形式发送简历,一是因为技术故障可能导致投递失败;二是用人单位可能因担心附件中的病毒而直接删除简历;三是因为打开或下载附件也可能增加用人单位的麻烦。

(2)邮件主题应使用简单而醒目的词句以吸引用人单位的注意,同时附上所应聘职位。

(3)简历与求职信一同投递是十分必要的。想方设法取得用人单位负责招聘的主管人员的电子邮件地址并投递简历,这样可能减少许多中间环节,提高应聘的成功率,简历的排版格式等要整齐而美观,发送简历时设置"已读回执"功能,确认简历已被阅读。

(4)发出简历一段时间后可通过网络或电话查询情况,并避免在周末或节假日前夕发送简历。

2．通过信件形式投递简历

(1)字体端正无涂改痕迹,贴上足额的邮票以免被退回,留足邮寄简历的时间,不要错过招聘日期,并应主动询问结果。

(2)明确收信人,若无法知悉具体收信人,应弄清用人单位的机构设置,收信人注明"人事处"、"人事行政部"或"人力资源部"负责人等。

(3)信件中除简历、求职信与其他用人单位要求邮寄的材料外,不要附带诸如证件原件或现金之类的其他物品。

例：个人简历范例

基本情况

姓名：王××	性别：男	年龄：22
学历：本　科	毕业院校：福建闽江学院	专业：市场营销
毕业时间：2011.7	E-mail：w××@126.com	电话：1390×××××××

知识结构

市场营销学	消费心理学	PASCAL 语言
网络及电子商务	统计学	财务管理
广告策划	国际贸易	人力资源管理

历任职务

班级宣传委员　　　院广告协会副会长

社会实践经验

福州世纪集团市场调研员。负责福州市鼓楼区内 300 户居民有关"家庭影院"的入户随访，初步形成市场意识，锻炼了胆识。

福州飞扬电器有限责任公司市场调研员。负责"大屏幕宽屏彩电心理价格"的街头随访，期间接受公司的专业市场调查培训，培养了市场敏感度、沟通技巧与随机应变能力，回收有效问卷 141 份。

厦门世纪东方有限公司项目调查组重要成员。负责"厦门家庭家用电子产品消费能力"项目调查，参与该项目的流程运行，强化全局运作能力，学会整合各种资源。

社会关系

父	王××	福州市××协会副秘书长	中共党员
母	林××	福州××电器有限责任公司	退休职工

兴趣爱好

阅读励志类、财经类课外书籍，如《沟通的艺术》、《人性的弱点》、《宏观经济学》、《微观经济学》等。

热爱长跑运动，本人每天坚持 1500 米长跑。

职业技能

国家助理营销师资格证

三、求职信

求职信也称自荐信,是一种向用人单位进行自我推荐的信件,它总结归纳了简历中的关键内容,并重点突出背景材料中与用人单位关系最密切的内容。一份优秀的求职信最能体现清晰的思路和良好的表达能力,体现了求职者的沟通交际能力和性格特征。因此,求职信无论在形式上还是内容上都必须给用人单位留下良好印象。

(一)求职信的基本格式

求职信是寄给求职单位的,既与书信有相同之处,又多有迥异。一般来说,求职信主要包括称呼、正文、结尾、署名、日期、附件等六方面。

(二)撰写求职信的步骤

1. 求职信的称谓,如果事先了解阅读求职信的人及其职务职称,直接称呼"尊敬的林某某经理"是最佳方案,如果确实调查有困难,可以称呼"尊敬的先生/女士",但千万不可揣测对方身份。

2. 正文一般分为四部分,第一部分表明身份;第二部分写明求职者所要应聘的职位,以及从何处得知有关职位的信息;第三部分简述对对方单位的了解与向往,要力图见解独到;第四部分介绍自身适合所应聘职位的原因,如兴趣、特长、成就、技能及经验等情况,既要源于简历,又要高于简历,强调综合能力。

3. 结尾强调希望得到面试机会,如果需要的话也可提供更多的信息,并告之具体的联系方式;此外还应附上表示敬意、祝福之类的词句。

4. 署名注意用亲自手书签字以示尊重。

5. 日期用阿拉伯数字书写年月日,如有附件,可注明附件清单。

(三)求职信的撰写技巧

1. 针对某一具体用人单位,应根据情况撰写不同的求职信,绝不可同一份求职信"四处分发"。

2. 动笔前应列一个简单的提纲。动笔时应精炼而切中要害,除应聘文学类相关的职位外,切忌空有华丽的辞藻而无实际内容。写作过程中,建议使用计算机打印,若手书应保持整洁美观,字迹清晰。

3. 言辞恳切但充满自信,既让对方感受到求职的诚意,字里行间又要体现能做好工作的决心。

4. 不使用容易让对方产生反感的语气或词句,比如主观性较强的词句,"我想"、"我认为"之类,又比如强迫对方接受的词句,"如果选择了我,您就是现代伯乐"之类(言下之意即不选择就不是伯乐)。

5. 可以没有其他附件,但简历必不可少;多备几份副本和电子文档;如有必要翻译成外文。

四、其他自荐材料

除了简历与求职信之外,为了加深用人单位对求职者的了解,根据不同要求,在参加面试前还要准备进一步的其他材料,主要包括身份证、学生证、毕业证、就业推荐表、就业协议书、导师推荐信、学习成绩单、各类技能证书、荣誉证书原件和复印件、专利论文或其他作品成果的证明材料等,还有的求职者为自身设计了专门的求职网站,制作了求职光盘。在制作其他材料时有如下注意事项:一是量力而行,不要铺张浪费,否则易引起用人单位的反感;二是将自荐信装订成册,附上目录,但仅在确定参加面试时使用;三是在未签约之前,所有交给用人单位的材料都只能是副本或复印件,而不应是原件。

求职信范例

尊敬的××经理:您好!

我是福建闽江学院市场营销学本科专业的王××,今年 7 月毕业,在 2011 年 3 月 12 日的《海峡人才报》上看到贵公司招聘营销专员的消息后十分高兴,我非常希望能得到这一职位。

我作为一名营销专业的学生,在校期间素闻贵公司实力不凡,公司生产的"飞燕"牌电子台历畅销全国,受到广大消费者的广泛赞誉,年产值达 2 亿元人民币,占据了国内电子台历市场的半壁江山,贵公司现正增加融资力度,进一步开拓欧美市场,公司的发展前景不可限量。

贵公司的核心理念是"没有最好,只有更好"。我非常喜欢这样的理念,因为这也是我的座右铭。大学四年,在课内,我系统地学习并掌握了财会、营销、广告等相关专业知识,不断地通过自学拓宽知识面,广泛涉猎金融、会计、法律及计算机等领域的知识,学习成绩优异。必须强调的是,英语是我的优势,大学英语六级成绩达到 566 分,能与外宾进行流利交流。在课外,我积极参加市场营销方面的社会实践,先后在福州××集团、福州××××有限责任公司及厦门××××有限公司等公司担任市场调研员等,成绩不斐,受到领导和同事们的充分肯定,通过实践活动,我积累了丰富的市场调查经验,接受了市场营销的先进理念,培养了独立开拓市场的能力。一分耕耘一分收获,我先后获得院"三好学生"和"优秀学生干部"等荣誉称号。

我的个性活泼而不张扬,坚持原则而不教条,所以我有许多好朋友,特别是在社会实践活动时也与许多客户结交下深厚的友谊,我的导师曾经说:"王××到了哪里,哪里就有他的朋友。"此外,我对市场营销有浓厚的兴趣,已决定将营销师作为自己以后的职业,目前我已取得了助理营销师资格证。

我坚信，我的专业知识与技能一定能在贵公司发挥作用，也一定能与贵公司共同发展，共创美好的明天！我的电话是1390××××××××，E-mail是w××@126.com，期待能与您见面，我会一直静候佳音。

顺祝事业有成，家庭幸福！

王××
2011年6月3日

第二节　笔　　试

笔试是用人单位选才实践中最古老的手段之一，也是最基础的手段之一，即使在日新月异的当代，笔试仍然被用人单位所青睐。求职者力图在笔试中获得较好的成绩，除了明确笔试的种类与题型外，还应充分做好笔试准备，掌握笔试的复习技巧与答题技巧，保持良好的心理状态，希冀在考场上出色发挥，进而从众多的求职者中脱颖而出。

一、笔试的种类

1. **智力测试**。智力是指人所具有的从事各种工作和活动所通用的，起基础或保障作用的能力。包括注意力、观察力、记忆力、想象力和思维力等五个基本因素，对求职者个体来说，多数心理学家认为，智力虽然靠后天的教育与实践有所提高，但智力仍具有较强的自然属性，遗传因素对智力起重大的作用。对用人单位来说，智力作为最基础和通用的能力，一方面决定着人才其他能力的高低和培养的快慢，更重要的是智力高的人才其学习和工作效率高潜力大，因此，智力高的求职者普遍受欢迎，所以智力测试是用人单位常用的笔试种类。智力测试经过一百多年研究和实践，心理学家总结出许多测试智力水平高低的方法，比较常用的比奈-西蒙量表、韦克斯勒成人智力量表、瑞文标准推理测试、斯坦福—贝纳特测验、差别性智力测验与雇员智力测验等。

2. **知识测试**。《中国大百科全书·教育》指出："所谓知识，就它反映的内容而言，是客观事物的属性与联系的反映，是客观世界在人脑中的主观映象。"知识是通过后天的实践和学习获得的，其中通过自己的实践活动获得的知识是直接知识，通过学习研究他人的知识所获得的知识是间接知识；它是求职者对客观世界和专业领域的主观认知能力的体现。总的说来，知识面广而深的求职者可以在较短的时间适应岗位需求，完成从求职者向岗位人的转变，融入用人单位中，节省用人单位在培训人员方面的时间与成本，所以用人单位需对求职者的知识掌握程度进行测评，主要包括通用知识与专业知识两种。通用知识是指求职者所需要了解的日常知识，涵盖了政治、经济、法律、管理、科技、写作与生活等方方面面，没有这些知识，人才是不全面的，无法更好地完成本职工作，通用知识测试的考察重点是求职者知识的广度而不是深度。专业知识是指与工作岗位密切相关的科学知识，此类知识对求职者从事某项工作有着极其重要的作用，没有经过系统学习将无法或难以胜任，有的工作还需要经过专业机构的职业资格鉴定，执证上岗，所以用人单位也经常使用笔试的方法考核求职者的专业知识。

3. **能力测试**。能力是顺利完成某一活动所必需的条件。直接影响活动效率的个性心理特征。日常生活中可以发现，一个人虽智力很高且知识十分丰富，却不一定能适应用人单位的需求，很重要的原因是用人单位的职位对人的能力有不同的需求，而人的能力存在有较大的差异，适合管理的人才不一定适合生产和研究，反之亦然，所以用人单位要对求职者进行能力测试，实现人职匹配，发挥人才作用。比较常见的能力测试包括普通能力测试、特殊能力测试和行政能力测试。

4. **性格测试**。性格是指人在现实生活中，在态度和行为方式中，比较稳定的独特的心理特征的总和，它是个性心理即非智力因素的核心部分，在极大程度上影响着人的活动性质和方向。用人单位针对求职者在性格上的差异，通常通过性格测试进行人员配置。比方说，某位求职者不易妥协、常说"应该"及"不应该"、黑白分明、对自己和别人要求甚高、不断改进及感情世界脆弱，综合起来就反映出此人具有追求完美的性格特征，企业就可能安排此人担当原则性较强的工作，而不适宜担当灵活性较大的营销员。通过性格测试，可以用人单位进一步确保人力资源优化配置，实现人与岗位的合理匹配，体现人才优化，岗位优化，从而有利于建立起一支精干、稳定、高素质的员工队伍。比较常见的性格测试方法有卡特尔16PF人格测试与MBTI职业性格测试等。

5. **兴趣测试**。兴趣是指个体以特定的事物、活动及人为对象，所产生的积极的和带倾向性、选择性的态度和情绪。由于兴趣规定了个体积极探索事物的认识倾向，因而为认知和行动提供了动力，如果一个人所具有的兴趣同工作内容相一致，那么他在工作中会表现出强烈的工作动机，从而成功的几率就大大增加。用人单位根据求职者的兴趣配置职位，有利于发挥人的才能，创造健康的心理氛围和稳定的工作情绪，保证了工作绩效，所以职业兴趣测试也是用人单位经常使用的测评方法之一。目前最经常使用的是库德职业兴趣调查表、霍兰德职业兴趣调查表和斯特朗—凯贝尔兴趣调查表等测试工具。

6. **价值观测试**。价值观是指一个人对周围的事物（包括人、事、物）的意义、重要性的总评价和总看法。价值观通过人们的行为取向及对事物的评价、态度反映出来，是世界观的延伸，是人们行为的内部动力。职业价值观就是一个人对职业的认识和态度以及他对职业目标的追求和向往，是一种具有明确的目的性、自觉性和坚定性的职业选择的态度和行为，对一个人职业目标和择业动机起着重大的影响作用。不同求职者的价值观不相同，同一个用人单位内制订了同一个规章制度，如果两个员工的价值观相反,那么就会采取完全相反的行为,将对组织目标的实现起着完全不同的作用。用人单位为了保证员工价值观与其组织的主流价值观保持一致,也经常进行价值观测试。

二、笔试的准备

正所谓"凡事预则立,不预则废",求职者为了能在笔试时能发挥水平,并为用人单位所独钟,在笔试前就要做充分的准备,主要包括以下三点。

1. **丰富自身知识技能储备**。古语云"书到用时方恨少,事非经过不知难",笔试是考察求职者的知识技能的积累情况,这是考试前"临时抱佛脚"所不能达到的,为了应对笔试,求职者一方面在平时就应加强自身知识储备,既注重掌握专业知识,也留意通用知识;既要学习课堂知识,也要补充课外知识;还应注意理论结合实践,参加校内外的各种社会实践或实习活动,提高自身各项操作技能。

2. **收集与笔试相关的信息**。对笔试进行全面的了解,是开展笔试准备工作的前提,求职者应通过各种渠道对笔试的测试目的、测试内容、测试方式、测试工具及应聘岗位需求等进行全面分析,事先还应对笔试时间、地点、具体要求(如文具、计算器、身份证明等)及其他注意事项了然于胸。以福建省内各地市的公立中小学教师招考为例,虽然招聘的都是教师岗位,但笔试的内容差距甚大,有的地市强调教师教学操作技能,有的地市着重相关专业学科知识,有的地市看重教师基础理论水平,如果求职者未做准备,笔试场上将手足无措。

3. **保持良好的身心状态**。一是身体状态。调整饮食结构,注意食品卫生,笔试前科学营养摄取量,以满足笔试时大量脑力劳动的需要;调整休息时间,保证正常的睡眠时间,以保持参加笔试时的充足体力和精力;此外还应参加适度体育锻炼。二是心理状态。此部分内容已在第三章专门论述,故此不赘述。

三、笔试的题型与答题技巧

笔试作为人才测评的重要工具,随着近年来各类专家不断深入而细致的研究,其科学化水平逐渐提高,标准化程度亦日益提高,特别适合大规模进行人才选拔的用人单位,本着公平、公正、公开的原则,为大众普遍接受,这是其他测评技术所无法比拟的。为了增加笔试信度与效度,丰富内容,减少枯燥性,在传统问答题型的基础上,笔试增加了许多题型,以适应当代笔试的现实需要,这些题型包括填空、选择、判断、材料解析、论述及作文等。总的说来,尽管笔试题型多变,但其基本原则仍适用。

(一)笔试的基本原则

1. **考前充分准备**。部分求职者在考试结束后后悔莫及,有的忘了写名字,有的填错了考号，这其实都是没做好考前准备的缘故。为了避免不必要的失误，进入考场后要做好以下三件事情：一是须按要求摆放好物品；二是核对所填写姓名、联系方式等考生身份资料；三是查看试卷是否存在严重的质量问题。

2. **保持卷面整洁**。无论答案正确与否，一份工整漂亮的答卷一定会给评分人留下良好的第一印象，让对方觉得求职者处事有条不紊，从而在评分时手下留情，特别是少部分有一定书法功底的求职者常在笔试评分时得到"加分"，占据优势。反之，如果字迹潦草，会让评分人觉得求职者办事糊涂，缺乏计划性。所以在答卷时一定要使用黑色蓝色钢笔或圆珠笔；以正楷书写，字迹清晰，尽量少作修改。

3. **审清题意**。部分求职者在答题过程中经常马马虎虎，未看清题目就开始作答，这样做增加了答错的风险，浪费了宝贵的时间。所谓"磨刀不误砍柴工"，对题目一定要认真对待，才能事半功倍。首先要多读几遍，读懂题意，不要产生不必要的误解；其次应该抓住题目要点；再次，结合出题者的本意，联系知识点，这样才能得出正确结果。

4. **控制时间**。许多求职者不会控制笔试的时间。为了控制好时间，建议笔试时一定要带上手表或时钟等计时工具，作答前记住考试结束的时间，先浏览一遍试卷，根据试题的容量与分值规划每部分作答的时间，按计划答题，最后还要留下少量时间检查答案，在答题时按先易后难，先简后繁的顺序，在较难的题目上不要花太多时间。特别是国家公务员考试中的《行政职业能力测试》，实际上就是速度和准确率测试，有的题目可能花较长时间一定能得出正确答案，殊不知这样便浪费了时间，而这些时间可能可以得到更多的分数，真是"丢了西瓜捡了芝麻"。

5. **不留空白**。空白的答卷意味着丢分，其实只要时间允许，答卷时一定要将能想到的答案写到考卷上，不一定要得出最后的正确结论，特别是像选择题或判断题之类题型，更不能随意空白，因为这种题型具有"运气"成分，主观题也不能空白，这样做让评分人觉得考生是经过思考的，即使错误，也是错误的思考的结果，不是"没有思考"的结果，情感上将得到少许的分数。

6. **适当记号**。对于部分没把握或没时间完成的题目，可以依据喜好，加上一些不同的标记，与其他题目区分开来，以便之后的检查时，专门针对这些题目进行进一步处理。

7. **注意细节**。答题时一定要注意尽量减少语法、文字、逻辑及标点符号等细节方面的错误。在用人单位看来，细节决定成败，如果小错不断，难保不犯错误；对求职者来说，平时就应该养成良好的书写习惯，笔试结束前还需认真检查，减少不必要的失误。

（二）具体题型的答题技巧

1. **填空题**。一是熟记的基本事实（时间、地点、人物、事件等）、数据、公式、原理、基本概念；二是特别注意要点、易混淆点；三是前后联系，采用联想的办法；

四是把握文意,先易后难,逐个突破。

2. **选择题**。一是审清题目,注意分值;二是分析题干,确定选择的范围与对象,分析题干的内涵与外延规定性;三是当不确定答案时,采取排除法,提高准确率;四是选择的结果要明确,不要模棱两可。

3. **判断题**。一是题目中常有一些不易发现的小错误,要仔细寻找;二是部分判断题属于反扣分的,如果实在没把握,特殊情况可以留空;三是书写明确,尽量避免在打"√"之后在上面加上一点变成表示"×"或者是在"×"下面打"√"被理解为"√"等容易产生歧义的书写方式;四是注意"负负得正"的表述方式,不要被误导。

4. **材料解析题**。一是通读材料,把握中心思想;二是看问题,分析问题间的内在联系;三是带着问题再认真阅读材料,寻找关键词句、重要概念等;四是要根据中心思想展开论述,不能偏题;五是论点既要扣紧题意,又要高屋建瓴。

5. **问答题**。一是针对性强,论点明确;二是全面阐述,层次分明;三是论证严密,论据充分;四是结构严谨,思维逻辑强;五是主次分明,先主后次。

6. **案例分析题**。一是不可身置其境,应用第三者眼光客观分析;二是恰当选择合适的理论或原理作为论点;三是理论结合实际,有理有据;四是结论明确,切中"要害";五是扣紧案例,以点带面。

7. **作文题**。作文题应做到主题鲜明、构思独特、中心突出、文笔润色、引经据典、数据准确、论证科学、实事求是、思维清晰。

第三节 面　　试

面试作为用人单位选才的重要形式,每一名即将毕业的大学生只有了解和掌握了它,才能为求职的顺利进行提供良好的保证。对于用人单位而言,面试可以从众多候选人中选拔最适合的人选,完成本单位人力资源的优化配置,节省企业的人力资源成本,实现社会效益与经济效益的最大化;对于大学生而言,面试可以更多地了解自己,了解用人单位,寻找人职匹配的最佳结合点。下面针对面试进行剖析。

一、面试的种类

面试作为用人单位考核求职者最重要工具之一,形式多种多样,方法不拘一格。总的来说,主要有以下四种方法。

(一)按问题的标准化程度来划分,有结构化面试、半结构化面试和非结构化面试

1. **结构化面试**。它是指在针对同一特定工作岗位,主考官对不同求职者的所有面试中,始终采取事先确定了答案的一系列与工作相关的问题的面试形式。结构化

主要三个方面的内容：（1）面试程序结构化，即主考官对于要做些什么、注意些什么、要达到什么目的，都有明确而具体的准备；（2）面试题目结构化，即在面试过程中主考官对于要考查哪些方面的素质、围绕这些要素提何问题、何时提、如何提等，均事先作好设计；（3）面试结果的结构化，即主考官对求职者在面试中的表现如何评定等级或分数，在面试前均设计了统一标准。结构化面试是用人单位特别是大中型单位比较普遍采用的面试方法。

2. 非结构化面试。它是指在面试中事先没有确定测评要素，也不对求职者使用有确定答案的固定问题的面试形式。这种面试形式主要是一些小型用人单位经常采取，部分大中型用人单位在对候选人进行初筛时（如大型人才招聘会）也经常使用。

3. 半结构化面试。它是指介于结构化面试与非结构化面试之间的一种面试形式。

（二）按主考官与求职者人数来划分，有个体面试、小组面试及群体面试

1. 个体面试：即由一名主考官与一名求职者面对面交谈，从中进行考察的面试形式，这种较常见，主考官掌握面试的主动权，具有较强的主观性。

2. 小组面试：即由两人以上的考官组成考官团队，根据已准备的各类问题，通过对求职者提问而进行考察的面试形式。小组面试中一般用人单位事先确定一个主考官，主要由主考官提问，求职者回答，其他考官则充当观察者与考核者的角色，不参与提问，偶尔与主考官交流后，由主考官补充提问。比较典型的小组面试是在国家公务员或事业单位考试中出现。针对有工作经验的求职者，小组面试很可能采取不同考官连续向同一求职者发问或追问的方式。这种面试形式往往给求职者带来较大的压力。

3. 群体面试：即两人（含两人）以上的主考官面对两名（含两名）以上的求职者，通过讨论、游戏、分析案例、回答提问或发表演讲等方法，对求职者进行考察的面试形式。这种形式经常是由用人单位时间紧迫或求职者人数众多时所采用，主要考察求职者的整体能力。

（三）按面试情景性划分，有无领导小组讨论、案例分析、分角色小组讨论、"文件筐"测验、模拟面谈等

1. 无领导小组讨论：指将一定数目的求职者组成一组，进行与工作有关问题的讨论，讨论过程中不指定领导，让求职者自行安排组织，主考官通过观察以综合评价考生之间的差别。该面试方式主要考核求职者的组织协调能力、口头表达能力及辩论的说服能力等能力和素质是否达到拟任岗位的要求，以及进取心、自信程度、反应灵活性、情绪稳定性等个性特点是否符合拟任岗位的团体气氛。考核标准主要包括语言表达能力、逻辑思维能力、参与有效发言次数、说服他人的能力、提出见解的水平及倾听和尊重他人意见的素养等。

2．**案例分析**：指主考官给予求职者与工作相关的实际案例并给出一定要求，由求职者提出解决方案的面试形式。

3．**分角色小组讨论**：指将一定数目的求职者按拟任职位，模拟扮演不同角色，要求通过团体协作以完成一定团体目标的面试形式。

4．**"文件筐"测验**：指由求职者扮演某一领导角色，在规定时间内负责处理各类信件、通知、下级报告与上级指示等，以测评求职者综合能力的面试形式。

5．**模拟面谈**：指求职者以拟任职位的身份，与主考官所指定一名遵循标准化行为的助手进行面谈，主考官通过求职者在面谈中的反应对其进行评价的面试形式。

此外，还可以按面试所使用的媒介来划分，有现场面试、电话面试及网络远程面试等形式。

二、面试的内容

面试的目的是对求职者能力进行综合性测评，内容一般包括通用能力（任何职位都需要的能力）和专业能力（针对特定职位或特殊用人需要而具备的能力）。

（一）通用能力

1．**个人信息**。这指的是求职者的个人基本情况，包括姓名、性别、年龄、学历、主要学习与工作情况等。

2．**仪表风度**。这指的是求职者的体格外貌、穿着举止以及精神风貌等。

3．**工作经验**。这指的是求职者在以往曾经做过的工作或担任过的职务、取得的成就、工作的满意度、工作的收获、人际关系等。

4．**工作态度与求职动机**。这指的是求职者对工作的积极性与主动性，既考察求职者对现在学习工作的态度，也考察求职者对未来工作的期望。

5．**进取心**。这指的是求职者对于未来的职业发展有明确的规划以及能提前确定事业发展的目标并为之付出不懈努力的精神状态。

6．**语言表达能力**。这指的是求职者对语言的逻辑性、感染力、影响力、清晰度与准确性等内容的控制能力。

7．**应变能力**。这指的是求职者的思维敏捷性以及机智程度。

8．**综合分析能力**。这指的是分析、概括、归纳以及把握问题实质的能力。

9．**情绪稳定性**。这指的是求职者对自身思想行为的自控能力以及耐性。

10．**人际交往能力**。这指的是求职者的社会交往能力以及人际关系处理能力。

（二）专业能力

1．**专业知识**。主要指考察求职者对专业知识了解的广度和深度。

2．**专业技能**。主要指求职者在专业方面的实际操作能力。

三、面试过程及其注意事项

每一名求职者可能面对多轮面试，也可能面对不同的主考官，但每一次成功的面试都可以分为准备阶段、主体阶段和结束三个阶段，三个阶段均应有所准备，做到"胸中有沟壑"。

（一）准备阶段

1. 物质准备

（1）个人形象设计。《论语·魏灵公》有言："工欲善其事，必先利其器"。求职者想要得到面试官的好评，必须对个人形象进行精心设计。这样可以给面试官留下第一印象，这种印象可能在对方的头脑中形成并占据主导地位，作用强，持续时间长，对面试官选择产生重大影响，这在心理学上被称为"晕轮效应"。如何给面试官留下"晕轮效应"，是求职者在准备阶段必须解决的问题。一般情况下，应从以下方面着手。

① 发型：不要染发，发型朴实而整洁，不应喷过多的发乳、摩丝或啫喱水，女士尽量不要披头散发，最好不要烫发，男士不要留太长的头发。

② 男士衣着：应着合身适应的职业装或西服，不应太新或太奢华，去掉标签，西服应系领带，颜色以深色为宜，衣裤同色系，洗净熨好（特别是领口袖口要洗净），裤子长度适中。

③ 女士衣着：着比较正式的套装与连衣裙，颜色不应太鲜艳，裙子不应太短（膝盖及以下较合适），衣服不应太暴露。

④ 男士鞋袜：深色鞋袜，擦净上油，不穿运动鞋、凉鞋、拖鞋。

⑤ 女士鞋袜：鞋跟不应过高，夏天多带一双丝袜。

⑥ 男士妆容：去除浓重的体味或口臭，指甲修剪整齐，刮净胡须。

⑦ 女士妆容：勿化浓妆，勿涂指甲油，勿佩戴耳环、项链、胸针、戒指等饰品，尽量精简且造型颜色不能过于显眼，香水不宜太浓。

⑧ 其他：近视的求职者所戴眼镜边框不宜过大，应擦净镜片，男士不要用塑料袋装资料，女士携带的包不宜太大。

（2）面试材料。求职者在面试之前应该认真检查，一般应包括的重要材料（用人单位未必会一一通知面试需要准备的全部材料），一是自荐材料：如推荐表（学历证书）、自荐信、个人简历、就业协议书及照片等基础材料，又如荣誉证书、专利证书与已发表的文章等，教师推荐信等其他能证明能力的补充材料，如面试时具备条件，还可以带上音频、视频、电脑软件等多媒体材料，须注意的是所有书面材料均应带上原件和复印件（简历应备多份复印件）。二是面试用品：手表、现金、笔、笔记本、通讯工具等，此外还需携带身份证、学生证等身份证件以及其他用人单位要求求职者携带的材料。

2．思想准备

求职者在面试前必须做好充分的思想准备，从以下方面入手。

（1）熟悉简历。一是因为面试官经常针对求职者的个人情况提问，如果连简历也无法正确回答，给用人单位的感觉要不就是在撒谎，要不就是表达能力比较差；二是因为从介绍自身的情况可以推导出求职者适合所拟聘职位的原因，对于进一步的面试十分有益；三是因为在熟悉简历的过程中，求职者可再一次对自己进行了全面的审视，了解自己的优势与劣势，对于面试起到未雨绸缪的提示作用。

（2）熟悉自我。熟悉自我目的是进行自我介绍，这也是用人单位考核求职者的重要手段，自我介绍的要求必须是逻辑缜密、言简意赅、重点突出、层次分明及个性鲜明等，强调适合应聘岗位的原因，时间一般控制在十分钟以内，掌握要点后也可缩短时间，最好能结合实例，不局限于自荐材料上已经涵盖的基本资料，更多应展示与职位相关的学识、个人成就或未来规划等。如可能的情况下，在面试前先模拟一次，以发现缺点。

（3）了解对方，这是思想准备的关键环节。《孙子·谋攻》云："知彼知己者百战不殆。"对每一个求职者来说，除了了解自身情况之外，在面试之前要对用人单位及应聘岗位的信息进行详细调查，这样可以帮助求职者有针对性地进行准备工作，避免措手不及，将面试过程中的不可控因素降至较低水平，争取主动，达到成功面试的目的。在实践中主要了解对方的内容包括行业职业背景、单位背景、招聘背景和职位背景等。

（4）模拟问题。无论求职者如何认真调查所应聘公司及其职位的情况，难免出现部分调查不到的问题，这是正常的现象。用人单位一般在面试结束后，都将留一定的时间让求职者提问，这其实一方面是尊重求职者，希望双向选择的行动，另一方面也是对求职者的考验，用人单位从提问的问题也可以看出求职者的求职动机，所以所提问题一定要有所准备。

（5）调查"现场"。所谓调查"现场"是指求职者应提前了解面试场所的地点、设计路程和预计到达所需时间，须提早一些时间到达面试场所。如有必要，还应提前熟悉面试场所，特别是面试地就是用人单位所在地的时候，加深对用人单位的感性认识。

（6）养精蓄锐。为了保证面试时精力充沛，思维清晰，以最佳的精神状态迎接考验，求职者在面试前一定要有充足的睡眠，还要保持科学的饮食习惯，不要从事过重体力或脑力劳动。

（7）缓解情绪。适度紧张有助于求职者在面试时发挥优势，但过度紧张不但给面试官留下不好印象，还会无法集中精神应付问题，必须加以控制。要缓解紧张情绪，一是要从思想上保持一颗平常心，求职者一定明白，求职过程不可能一帆风顺；二是面试前可以做一些运动，如深呼吸等，因人而异，长期训练也使人心理素质较好。

（二）主体阶段

1. **面试礼仪**。面试时，面试官是在检验求职者是否具备了作为"社会人"的基本素质，今日之仪容举止，将是明日单位之形象，所以面试时随时注意自己仪容仪态的求职者更受用人单位的青睐，总的来说，要注意如下几点：

（1）语言礼仪。一是使用礼貌敬语。"请，您好，谢谢，再见，对不起"之类的语句常挂嘴边，让人感觉求职者谦恭而有修养，切忌出口成"脏"。二是适当称呼。每次开始说话时如果知道面试官的职务或姓名，就要主动称呼，比如"林经理"、"赵女士"，如果不知道，则称呼"先生"或"女士"。三是注意语音语调语速。面试时要适当控制语音的大小，太大声让人觉得很粗鲁，太小声又可能使对方听不清；语调不能忽高忽低，否则让人以为态度轻慢；语速太慢让人认为反应迟钝，语速太快又让人感觉过于紧张。四是口齿清晰。说话时不能含糊不清，自言自语。五是学会倾听，在听清面试官问话后，再回答问题，途中不要打断问话，如果有问题，应事先征得面试官的许可。

（2）行为礼仪。一是提前大约10分钟到达面试地点，不宜太早，也决不能迟到。二是进入面试场前先上洗手间，女士还可以补补妆容。三是进入面试场时轻叩房门，得到许可后进门，进门后轻关房门，缓慢转身，脱下外套帽子手套墨镜，除必备用品外，其他随身物品摆放在指定位置或椅旁。四是入座前向面试官身体前倾30度左右鞠躬行礼，但不宜过分殷勤或拘谨。五是在面试官主动要求与求职者握手的情况下，坚定而温和地用右手握手，握手时间适当。六是入座前应征得面试官的允许，女士整理裙裤后，坐椅面的三分之二，双膝并拢，双手交叉放膝盖上，身体稍前倾；男士入座后，身体正直但不能后仰靠在椅背，不要跷二郎腿。七是入座后不要随意抖动身体的任何部位，不伸懒腰打呵欠，也不要有搔头皮、挖耳朵、抠鼻孔、掰关节或抚头发等小动作。八是面试结束后离场时先告别，再后退着轻关房门。

（3）表情礼仪。一是目光与面试官经常保持接触，可以停留在鼻尖至额头的三角区域内，如果有多名面试官，注意不要只盯着提问的面试官，经常要扫视其他面试官，切忌目光呆滞或左顾右盼。二是始终面带微笑，自信沉稳，表情诚恳。三是万一面试官出现口误，不能表现出嘲笑讥讽或幸灾乐祸的表情。

2. **面试的原则**。面试的技巧不胜枚举，归结起来，有以下六个原则须掌握。

（1）以诚相待原则。以诚相待是面试中必须要遵守的第一原则。对于用人单位而言，诚实的品质有时比工作能力更重要，以诚相待不仅是个人道德品质的表现，而且说明员工对用人单位的忠诚度，求职者在面试过程中一定要对自己的答案负责，不要对面试官随意撒谎，面试官有许多方法可以知道你在撒谎，即使暂时掩饰成功，谎言也总有被戳穿的一天，到时可能带来更多麻烦。求职者做到以诚相待时应注意：一是诚实并不意味着什么都要说，不说并不意味着不诚实，有的求职者在面试过程中向面试官主动暴露自己的缺点是不可取的；二是面对自己不利的问题时，既不能不回答，更不能撒谎，而要用比较艺术的方法让用人单位满意。

（2）言简意赅原则。面试时面试官对于要根据求职者的反应作出评价，但一些求职者误认为回答得越多，就越能表明自己能说会道，面试官就越喜欢。实际上，面试官评价的依据往往不是求职者能否得出正确的结果，而是求职者思维的方式，许多问题是开放性的，并没有正确答案。微软公司有一道著名的面试题，题目是"龟兔再次赛跑时，如果兔子没睡觉，乌龟怎么赢得比赛？"可以简单回答："在坡度较大的草坡上比赛，终点设在山下，乌龟缩进壳里滑下去，肯定比前腿短后腿长的兔子滑得快。"回答诸如此类的面试题时要注意：一是深思熟虑，给自己少量时间，考虑好再说，不要前言不搭后语；二是一语中的，回答问题直切关键，不要在细枝末节上大做文章；三是惜字如金，能不说尽量不多说，以免画蛇添足，忙中出错。

（3）敢于展现原则。对求职者而言，面试就是在面试官面前展示自己的最佳舞台，如果在面试过程中不能表现出自己的综合能力和求职意愿，很可能得不到所应聘的职位，所以在面试过程中应适时把握展现自我的机会，但展现自身的能力时还要注意时间、内容和方式。在时机选择上，当面试官尚未了解求职者的基本情况时，不宜马上表现，因为求职者所展现的未必是面试官想要了解的，比较合适的时机是当面试官询问到与求职者与特长相关的问题或开放性的问题时，求职者就应该把握住良机，适时展现自己。在展现内容上，求职者在面试中的任何一句话、一个动作、一个表情都要与所应聘职位的要求相吻合，即求职者要先考虑所应聘职位的具体标准，适当地表现，而且使表现的结果符合面试的标准，博得面试官的好感；同时，求职者要听清并且理解面试问题的实质，不能文不对题，否则既浪费时间又让面试官觉得求职者思维混乱。在展现方式上，要突出与众不同，给面试官留下深刻印象。

（4）始终如一原则。面试其实并不是从进入面试场开始，而是从求职者接触用人单位开始一直到与用人单位签约才结束，这里讲的"接触"包括与用人单位的任何人采取任何形式的沟通。求职者往往仅重视面试这一个环节，殊不知用人单位对人才的测评是全方位全过程的，面试现场可能仅是用人单位测评的一个环节，这就要求职者要时时刻刻体现自身的素养，而不是只在面试场中装模作样。举个例子，某上市公司向社会招聘三个财务人员，小洪、小李和小王通过多轮笔试和面试被公司电话通知录用，第二天就可以签约，随后公司财务部尤经理告诉他们，为了庆贺他们被录用，公司决定当天晚上请三人在西餐厅吃饭，三人十分高兴地赴约。晚上，在点餐前，尤经理告诉他们，可以随意点单，全部由公司买单，小洪和小李心想不吃白不吃，点了许多昂贵的饭菜，餐桌上高谈阔论，得意忘形，只有小王比较节约，只点了一份一般的套餐。结果小洪和小李第二天到公司时，被告知被淘汰了，只有小王可以正式签约。小洪和小李大吃一惊，急忙询问原因，尤经理告诉他们，如果不懂得替公司节约成本，而是仅考虑自己的利益，一定不是合格的财务人员，其实昨晚的约会就是最后一轮的面试。

（5）不卑不亢原则。自信而不自负，谦恭而不自卑是求职者在面试过程难以掌握的技巧，但面试官往往十分注重求职者的这一素质，因为自信、自负、谦恭或自卑心理根源是求职者的自我概念（即对自己的知觉与认识）。自我概念常常与真实的自我不尽相同，比如，一个身高 1.63 米，体重只有 40 千克的女士，她的真实自我可以说是相当瘦，但她的自我概念却可能认为自己是一个相当胖的人。只有当自我概念与真实自我倾向一致时，人才能达到实现自我，这在现实生活中就表现为自信而谦恭。但是当自我概念与真实自我发生矛盾时，就表现为自负或自卑。求职者也是这样，有实力的求职者就是面试官追求的人才，但是未必有实力的求职者可以在面试中表现出自信。

（6）换位思考原则。在回答面试官提出的问题时，一定要判断面试官提问的目的，因为提问一定是有着明确目的，回答问题最好的办法之一就是换位思维，即假设自己是用人单位的面试官，为什么要问这个问题。比方说，一些企业的面试官经常问外地应届生，特别是女生："请问你在本地有女（男）朋友吗？"（诚然，这个问题可能有试探或侵犯隐私的嫌疑）这个问题表面上看，有些让人觉得"丈二金刚摸不着头脑"，求职与个人感情问题联系何在。但这个问题站在用人单位角度来考虑，就会知道往往两地相恋的恋人，不可能长期分处两地，工作的稳定性较差，而且影响工作效率，求职者如果从稳定性的角度来回答就比较适宜，例如回答："我有个外地的男朋友，但不久他就到本地来，我们已经买好房子准备结婚了。"

（三）结束阶段

面试结束后并不意味着全部面试过程的结束，等待面试结果的时段里，求职者也不应无所事事，仍应积极地应对，在这个阶段应做好以下三件事。

1. **表达谢意**。面试结束后，无论面试过程如何顺利或波折，都要在适当时候对面试官表示谢意，这不仅是个人修养的体现，而且在面试官的心里为你加上一些"印象分"，如果在面试官的心目中留下印象，即使此次面试不予以录用，也有可能得到下一次面试的机会。表达谢意的方式主要有：一是面试结束离场时向面试官当面表达谢意；二是结束后适当时间打个电话或写封感谢信向用人单位表达谢意（当然对象最好是面试官），表达谢意的主要内容是表达自己对所应聘职位的诚意和对面试官辛劳工作的谢意。

2. **打听面试结果**。现场面试结束后，除了记住感谢面试官，剩下的就是等待结果。很多没有经验的求职者不仅没有感谢的环节,而且没有适当地查询结果或者急着马上打电话查询,或者只是坐等通知,这都是不恰当的行为。表明感谢后,最好能在一周之后查询结果,这样不会给人感觉求职者因此而焦急,又不会感觉求职者根本不在乎这份工作。

3. **总结经验教训**。无论面试成功与否,都应重拾心态,做适当的心理调整,做到胜不骄败不馁。面试一旦成功,就意味着求职者即将上岗,这是一个新的起点,"每天升起的太阳都是新的",如果还抱着"啃老"的心态,很可能不久又要面临新的面试;面试万一失败,"天并不会因此塌下来",等待求职者还有许多职位,只不过这份工作暂时不适合而已,但也要及时总结,亡羊补牢,犹未晚矣,争取下次面试能够成功。

 阅读材料

细节决定成败:公务员面试小锦囊

危机往往是一个人在不经意间铸成的,成功也是由许多关键细节酝酿而成。

关键细节一: 亮明身份

考生进入考场要做的第一件事是亮出考生顺序牌,响亮的向考官问好并报出自己的面试牌号,其中最需要注意的是不得透露与本人身份有关的各种信息。"各位老师好,我是38号选手张三",这种情况下(即说出了自己的真实姓名或毕业院校等)将取消考生的面试资格。每年都有这种情况出现,因此考生一定要记清工作人员在候考室中对你说的每一个字,因为每个字都可能是驱逐你离开考场的理由。

关键细节二: 简洁入座

考生入座时,应注意调整椅子与桌子的距离,太远会影响你用笔记录,太近身体会趴在桌子上,给人拖沓的感觉,总之,距离要适合自己,根据自己的高矮胖瘦调整一个最自然的状态。这时考官通常观察你的手、脚以及神情有没有多余的动作。双手自然放在桌面,腿不要抖动,眼神不要左顾右盼,更不能有用手摸鼻子或额头之类的动作。

关键细节三: 自然应答

考生在听题以及答题过程中要贯穿"自然"二字。也就是说表情要自然,不要由于想表现成熟的自己,而可以掩藏自己活泼或严肃的本性,导致面部表情僵化。

2006年某地面试当天,工作人员在考生的桌子上放了笔和纸以及一小瓶矿泉水,结果直至考完竟然没有一位考生饮用。其实工作人员这样做的初衷就是希望考生以平和心态对待考试,考生在高度集中的答题过程中通常会口干舌燥,考生此时可以喝口水润润嗓子,同时也是给自己一些思考的时间,适时根据情况调整自己答题思路和语言技巧。

关键细节四：坚定答题立场

考生答题时，仍把自己摆在学生的位置，这是非常忌讳的。切记，答题时，要时刻把自己当成一名公务员，从公务员的立场去分析问题、解决问题。不仅对"假如你是一名公务员，你该如何处理某件事"等题目从公务员角度回答，即使题目中没有明确提示"假如你是一名公务员"，也要立足于公务员这一身份来答题。

关键细节五：恶评手势——"一阳指"

有的考生回答问题时，由于过于紧张而不自觉地伴有一些手势，但考生要切记，不可伸出食指对着考官指指点点，这是十分不礼貌的动作。

关键细节六：非语言交流

考官的眼神交流特别重要。考生回答问题时可以适当利用非语言信息，通过眼神、面部表情等更好地表现自己，思考和答题时不要只盯着主考官，更不要显得呆滞、漠然。考生在面向主考官答题时，应适当扫视其他考官。这点非常重要，因为环视其他考官一方面表现出你对所有考官的尊重，另一方面也释放出你心态平和的信号。这其实也是实际公务工作中与人沟通行为的一种模拟。

关键细节七：为后者摆好桌椅

面试结束后，通常情况下，考生都会起立，说一些感谢之类的话，恭敬的与考官道别，但是大多考生都忽视了一个重要细节，那就是要把桌椅之间的距离保持刚入考生时的状态，然后在向考官道别。

在公务员面试技巧方面也必须学会向考官解释问题，而且必须做到以下六点。

1. 解释的态度应端正。考生在解释时，不能因为考官要求你解释的问题太简单而表现得不耐烦或自傲，很多时候，考官并不是真的不懂或没听清，他们也不是想搞清楚你到底懂多少。考官要求考生解释某一问题，往往考察的就是考生会不会解释。考生也不能因为自己被误解或自己的回答被怀疑，需要自己做出解释，而感到委屈和不满。考生在解释时必须态度诚恳，用带着情感的语言来说明问题。

2. 应适时收尾。当解释难以奏效时，考生不必着急。如果考官已经做了某个判断，考生往往很难改变他的观点，这时转移话题是最好的解决办法。而考生如抓住这个问题不放，非要让考官明白，那就可能弄僵与考官的关系。

3. 有理有据。解释其实就是阐明考生的论点和论据。在你确凿的证据和一定的逻辑推理的支持下，考官将很容易接受考生的解释。

4. 实事求是。解释时若真实情况难以直言，请考生不要寻找借口、强词夺理，更不能巧言令色、凭空编造。该解释的，就讲明客观原因，表明自己态度；不该解释的，就不要乱加说明。考生若有不便直说的或不愿在考场表露的情况，可以向考官说明并请求他们的谅解。

5. 承担责任。当考生被要求解释自己过去工作中的失误或某些不足时，若仅仅说明事情的经过而回避自己的责任，那就不明智了。想通过自己的解释获得考官的信任和谅解，考生最好勇于承担责任。请放心，对此考官不会只注意"错误是谁造成的"，他们真正感兴趣的是"谁承担的责任并作了怎样的解释"。在自己承担责任时，要就事论事，将责任严格限定于所解释的事情上，不要随意扩大。有的考生误以为自己承担的责任越大，就越表明自己态度很诚恳，这种误解会造成严重的后果。有的问题则只需要承认自己的失误或不懂就可以了，不必解释。比如考生迟到了五分钟，除非有确实的理由，否则不要解释，诚恳地向考官道歉就可以了。

6. 间接解释。即以第三者的角度去解释，包括自己原单位领导或大学老师的评价、奖状证书等书面材料、媒体资讯等等。引用第三者的身份进行解释将增强自己解释的客观性和说服力。

（资料来源：http:www.sina.com.cn　2008年05月19日　中公网）

回顾与反思

1. 结合本章所学，谈谈面试过程中应该注意哪些问题？
2. 简析面试的优点与缺点。
3. 大学毕业生应该从哪几个方面，弥补自己的求职劣势？
4. 求职需要技巧，大学毕业生求职应注意什么？

第九章 就业制度与政策

国家为规范大学生的就业行为，确保就业市场的有序性，制订了一系列制度、政策与规章。新中国成立以来，大学生就业制度经历了不同的历史发展阶段。从20世纪90年代开始，为适应我国社会主义市场经济体制建立和改革开放深入发展的需要，大学生就业制度进行了不断改革和完善，与之相应，大学生就业市场已初具雏形并不断走向规范。对于面临求职就业的大学生来说，毕业生只有从宏观上对这些制度改革发展的过程以及现行就业制度和政策有所了解和认识，才有可能形成正确的择业观念和择业行为。

第一节 就业制度和就业政策概述

大学生就业制度随着社会经济基础的变化而变化。新中国成立之后，伴随着社会主义计划经济体制的建立，我国逐步建立起与计划经济体制相适应，以统一分配为特征的高校毕业生分配制度。党的十一届三中全会以后，随着我国经济、政治、教育和劳动人事等体制改革的不断深入，高校毕业生的就业制度改革逐步推进，大学生就业模式经历了"统包统分"、"供需见面"、"双向选择"、"自主择业"的演变阶段。

一、计划经济条件下"统包统分"的就业制度

新中国成立以后，我国按计划经济体制的模式对高等教育进行管理，形成了由国家统一招生，学生学费由国家统一支付以及毕业后由国家统一分配工作的"统包统分"制度。共和国成立初期，百废待兴的现实使得党和政府痛感人才的匮乏。在当时大规模经济建设的背景下，高校毕业生自然被视为稀缺资源。1950年，国家根据政治形势和经济建设的需要，提出了"统一计划、兼筹并顾"，"集中、重点配备"的方针，以及"在适应国家建设需要的基础上贯彻学用一致的原则"，实行与计划经济相适应的毕业生"统包统分"制度，这种制度伴随着高度集中的计划经济体制的建立而形成、发展并延续下来，就业分配以"统"和"包"为主要特征，在企业自主权不大，国民经济在主体上还是计划经济体制，全国高等学校毕业生人数不多的情况下，国家包当干部，包分配的就业模式，对于解决当时的就业问题，对于缓解各行各业急需人才的矛盾、调剂部门和地区之间的人才分布、保障毕业生充分就业等起了重要作用。

但是，随着改革开放形势的发展和劳动人事制度的不断改革，这种制度越来越不适应发展的需要，与社会主义市场经济体制"脱节"日益增多，弊端日益暴露。

弊端之一，毕业生就业选择权集中在政府而毕业生和用人单位却处于被动地位。学生不能挑选自己理想单位，企事业单位要不到自己满意的学生，只能接受指令性计划。

弊端之二，国家实行统招统包统分的政策，几十年来在人们的观念中已经形成了这样一种思维定式和就业观，"进了国家门，就是国家人"，学生进了大学就捧上"铁饭碗"，读好读坏一个样，没有好学上进的动力，却有等靠要国家保工作的依赖心理。

弊端之三，在这种制度下，高校处于从属地位，缺乏与社会直接沟通的渠道和必要。一方面，高校不了解社会的需求，专业都是老面孔，培养的学生和社会需求脱节。另一方面，高校在国家一包到底的保护伞下，尽管办学效益不高，却也可以高枕无忧，缺乏提高教学质量的内在要求和动力。

总之，作为计划经济体制下的"宠儿"，"统包统分"制度在实行社会主义市场经济体制的形势下，存在着诸多的弊端，严重影响了高等教育的发展，阻碍了教育为社会主义经济服务这一宗旨的实现。随着高校的专业、层次和毕业生人数的大幅增加及经济建设的发展，毕业生分配计划与社会真正需求之间的矛盾、人才短缺与人才浪费并存的矛盾日渐突出，而高校、毕业生和用人单位都缺乏自我调整、自我约束的机制，加剧了这些矛盾。20世纪80年代中期，劳动人事制度开始改革，"统包统分"的制度和观念受到严峻挑战，改革势在必行。

二、改革开放后的大学生就业制度

十一届三中全会以后，随着我国劳动人事制度改革的不断深入，大学生就业制度也开始变革，其发展过程大致可以分为三个阶段：供需见面、双向选择和自主择业。

（一）"供需见面"、"双向选择"的就业模式

"供需见面"是高等学校和用人单位为协商落实毕业生就业计划而进行的一系列相互沟通信息的活动，是落实毕业生就业计划的重要方法和手段。目的是沟通供需信息渠道，加强高等学校的培养环节和用人单位的使用环节的有机联系，使学生在校培养能更好地适应用人单位的要求；增进高校和用人单位的相互了解，把毕业生输送到最需要、最能发挥作用的岗位去，最大限度地做到毕业对口。

"供需见面"的做法是：在国家就业方针指导下，在毕业生就业主管部门的组织和协调下，由学校与用人单位直接联系，也可由用人单位向学校联系进行供需信息交流活动。学校向用人单位介绍本校的专业培养目标、使用方向和毕业生的具体情

况；用人单位则向学校介绍本单位的概况、对毕业生需求计划及具体要求。

"双向选择"则是毕业生和用人单位相互选择的就业方式，这是高等学校毕业生就业制度改革目标之一，既是教育体制改革的要求，又是劳动人事制度改革的重要组成部分。通过双向选择，毕业生向用人单位了解使用意图、工作环境和事业发展的前景等情况；用人单位则根据具体要求对毕业生知识、能力、身体、思想品德等逐一考察，决定是否录用。毕业生如果被用人单位录用，则需要签订具有法律效力的协议书，并明确双方各自应承担的责任和义务。

1983年，清华大学等高校率先使用"供需见面"的方式落实毕业生分配计划，减少了统一分配计划的份额，加强了学校与用人单位的沟通。随后几年，这种分配方式得到推广。1987年北京首次举办由用人单位和毕业生见面的大型供需洽谈、双向选择会。两年后，国务院批转《高等学校毕业生分配制度方案》（简称"中期改革方案"），主要明确了三点：第一，高校招生实行国家任务计划和社会调节性计划结合，后者作为前者的补充，又分委培生、自费生等类型。第二，国家任务计划招收的学生，除师范、农林、体育、民族等专业外，上学要交学杂费。委培、自费生交的费用通常更多。第三，学生毕业后在国家方针政策指导下，遵照有关规定在一定范围内选择就业。

"双向选择"的模式使市场机制、竞争机制开始进入高校毕业生分配领域。然而，当时实施的中期改革方案毕竟只是一个过渡性方案，它只是部分触及了"统包统配"这个基本模式。对毕业生来说，并不能真正自主择业，仍有许多政策、措施在左右着他们的命运。与此同时，高等教育与劳动人事制度也尚在改革中，学生的专业、培养性质、学校归属、生源所在地乃至性别都将影响到就业；对用人单位来讲，接收一个毕业生则须通盘考虑干部编制、工资指标以及外地生进本省（区、市）指标，实行的是"红灯一亮"否决制。

1985年，在中共中央《关于教育体制改革的决定》推动下，原国家教委决定以清华大学、上海交大、西安交大和山东海洋学院四所院校为试点，逐步推广高校毕业生新的就业办法，即"供需见面、双向选择"。同年《中共中央关于教育体制改革的决定》明确提出："要改革学生招收的计划制度和毕业生分配制度，改革高等学校全部按国家计划统一招生，毕业生全部由国家包下来的分配办法。"教育部为了使高等学校毕业生分配工作尽快适应经济建设和社会发展的需要，在实践中积极探索毕业生分配制度改革途径，分步骤、分层次地进行。

一是，改变了过去全部由政府部门少数人制订毕业生分配计划的办法，采取由主管部门和高等学校上下结合的办法，编制分配计划；二是，在落实分配计划的办法上，实行了"供需见面"，加强学校与用人单位之间的联系，使分配计划尽可能科学合理，符合实际；三是，在清华大学和上海交通大学等少数学校中，进行"在国家分配方针政策指导下，学生选报志愿、学校推荐、用人单位择优录用"试点，以探索毕业生分配改革的路子。

1994年，原国家教委发出《关于进一步改革普通高等学校招生和毕业生就业制度的试点意见》，提出：从招生开始，通过建立收费制度，改变学生上大学由国家包下来、毕业时国家包安排职业的做法，同时建立相应的奖学金、贷学金制度，鼓励学生努力学习，引导学生毕业后参与劳动力市场的竞争，国家不再以行政分配而是以方针政策指导、以奖学金制度和社会就业信息来引导毕业生自主择业，逐步建立起"学生上学自己缴纳部分培养费用，毕业后多数人自主择业"的机制。

（二）"双向选择、自主择业"就业模式

随着我国社会主义市场经济体制改革和教育体制改革的不断推进，高等学校毕业生就业制度也逐步实现了由传统的"包当干部"、"包分配"的模式向"供需见面，双向选择，自主择业"模式的转变。

1993年2月13日，中共中央国务院颁布了《中国教育改革和发展纲要》（以下简称《纲要》）。《纲要》明确提出了大学生"自主择业"的要求，指出毕业生就业制度改革的目标是：改革高等学校毕业生"统包统分"和"包当干部"的就业制度，实行少数毕业生由国家安排就业，多数由学生"自主择业"的就业制度。1998年8月29日，由第九届全国人民代表大会常务委员会第四次会议通过《高等教育法》，进一步把自主择业确定为大学生的个人权利，受到法律保护，同时也规定大学生在择业过程中必须遵循就业市场的规则，履行相应的义务，迎接用人单位择优录用的市场竞争，对个人行为负责，独立地承担相应的民事义务。随着社会主义市场经济体制的建立和劳动人事制度的改革，除对师范类和某些艰苦行业、边远地区的毕业生实行在一定范围内定向就业外，大部分毕业生实行在国家方针政策指导下，通过人才劳务市场，采取"自主择业"的就业办法。与此相配套，建立人才需求信息、就业咨询指导、职业介绍等社会中介组织，为毕业生就业提供服务。

自主择业作为改革的长远目标，是与原来国家包分配的就业制度相对应的，在改革的进程中，要根据社会主义市场经济体制改革步伐而逐步推进，尤其是要根据劳动力这一要素市场的发育程度，人事、户籍及社会保障制度现状，公平竞争的环境和机制的形成情况，以及高校毕业生就业指导机构健全程度等内外部综合因素而定。

以双向选择、自主择业为基本内容的就业制度改革经历了十多年的发展，硕果累累。

1. **推动了高等教育各环节的改革**。这种内部机制的转换包括行政管理、教育教学管理、人事管理、后勤管理以及课程和教学内容的改革。其中，教育教学改革是这一机制转换的核心。

2. **一定程度上促进了人力资源的优化配置**。"双向选择，自主择业"的就业制度扩大了毕业生和用人单位选择的范围。就业制度的改革同时激活了两方主体，不断地推进了人力资源的优化配置。

3. 一定程度上促进了社会观念的转变。就业模式的转变促使毕业生积极调整自身,增强心理承受能力,树立了新的择业就业观念。

由此可见,自主择业政策的实施,改变了"统包统分"和"包当干部"计划体制下的就业模式,推进了大学生就业进入用人单位与毕业生双向自主选择的市场化阶段,促进了毕业生人力资源按市场化要求的合理配置,有利于人才利用效率的提高。从1993年自主择业政策实施以来,高校毕业生的就业市场化进程进展顺利。从统包统分的毕业分配方式到初步建立的毕业生就业市场,运作机制的转变呈现以下四个突出特征。

(1)就业市场管理:政府从制订计划到提供服务。计划经济体制时期的毕业分配,政府在高校学生就业中发挥的职能是制订计划,决定学生工作单位的地区分布与行业分配。在计划经济体制向市场经济体制的过渡时期,政府的职能是:以政策为主导,提出毕业生就业的方向性意见,引导毕业生人力资源朝政府指导的方向流动。进入毕业生就业的市场化阶段,为了保证毕业生顺利就业,政府的基本职能转入就业服务阶段,如政府专门为毕业生建立人事代理制度。人事代理是由政府人事部门委托的人才服务机构,对用人单位和毕业生个人的有关人事事务进行社会化管理和服务。人事代理破除了毕业生和单位的人身依附关系,养老保险、职称评定等都通过人事代理的社会化服务体系得到解决,人事代理制度给予毕业生充分择业的自由,使毕业生实现自身价值时无后顾之忧,从而使毕业生就业的范围更广、机会更多与方式更灵活。

(2)就业市场运作:高校从分配管理到提供就业指导。统包统分的毕业分配阶段,高校的职能是进行分配管理。毕业生的去向全由学校的学生主管领导或辅导员决定。自主择业的就业市场化阶段,毕业生就业基本上是以学校为中介推荐就业,学校的任务是进行就业指导。学校就业指导对毕业生来说非常必要,因为毕业生初次就业,时间性强,群体性特点突出,加之年轻、缺少经验等,不同于社会其他人员,需要学校做大量教育和指导工作,以学校为中介推荐就业,学校既可以把用人单位可靠的信息传达给学生,又可以把学生的综合表现情况提供给用人单位,供需双方都可从容地双向选择,从而保证毕业生顺利就业。

(3)个体就业方式:从被动分配到自主选择、自主创业。在统包统分的计划分配体制下,毕业生就业只是被动适应,等待分配,个人的命运完全掌握在国家手中。自毕业生就业体制改革以来,随着政府建立与完善人事代理制度,大学生择业观以及择业方式发生了很大变化。大学生的择业观念已从依赖于国家"统包统分"、"包当干部"的思想转变为自立自强、自主择业的独立意识。随着人才市场的逐步完善和劳动人事制度的改革,作为高素质人才的大学生,因市场对其需求量较大,发展的空间更宽广,他们能够根据社会的需要和自身的爱好与志向从一个单位部门转到另一个单位部门,发挥自己才能,毕业生就业市场已经形成开放式、流动式的"就业—再就业"模式。

（4）就业成功率：学生的综合素质及能力状况成为就业成功的根本保证。在计划分配时期，毕业生能否分配到好单位，不是以个人的知识能力与综合素质为依据。就业市场化后，毕业生在就业市场中的竞争，实际是综合素质的较量。要想成功就业，获得理想职业，在学校期间就必须刻苦学习，自觉按社会对人才的要求，拓宽知识面，优化知识结构，掌握实用技能，提高择业技巧。毕业生只有不断提高知识水平，培养发展和创造思维能力，提高综合素质，走"学习的革命"之路，充分发挥创造性，才能找到理想的、适合于发挥自身才能的岗位。

第二节　现行的就业制度和政策

目前，我国高校毕业生就业制度正朝着适应市场经济需要的方向改进。随着我国社会主义市场经济体制的不断完善，中国的经济结构发生了很大变化，对人才的需要也发生了变化，这种变化导致了毕业生的就业出现了暂时的结构性困难。尤其是全国高校"扩招"之后，高校毕业生的数量大幅增加，使原本较难的就业形势更加严峻。虽然"双向选择"、"自主择业"是大学生就业的基本制度，但"自主择业"并非自由择业。不同隶属关系学校的毕业生和不同层次、不同类别的毕业生在就业办法和有关规定方面略有差异，不同地区接收毕业生的办法也不尽相同，这些都在每年的毕业生就业政策中有所体现。

一、我国现行的就业制度

由计划经济体制向社会主义市场经济体制转变过程中，我国的就业制度和就业机制发生了重大变化，国家改变了计划经济体制下统包统分的就业制度，逐步过渡为市场经济条件下国家促进就业、市场调节就业和劳动者自主择业的市场就业新机制。随着经济体制改革的全面展开，我国劳动人事制度的改革也进入了一个新的阶段，概括起来有三个方面：一是政府机构转变职能、精简机构、提高效率，推行国家公务员制度；二是国有企业实行灵活的用人制度，推广劳动合同制度，逐步打破不同所有制企业职工的固定身份界限，促进劳动力资源的合理配置；三是事业单位在国家有关政策指导下，逐步实现单位自主用人，个人自主择业。

（一）国家公务员制度

建立国家公务员制度，是干部人事制度的重大改革，对于我国社会主义市场经济体制和民主与法制建设等，都具有重要而深远的意义。《中华人民共和国公务员法》（以下简称《公务员法》）。《公务员法》第四条规定，我国公务员制度要坚持四项原则。

1. **我国公务员制度以马克思列宁主义、毛泽东思想、邓小平理论和"三个代表"重要思想为指导**。只有这样,才能保证坚定正确的政治方向。

2. **贯彻社会主义初级阶段的基本路线**。我国公务员制度贯彻社会主义初级阶段的基本路线,就要服务和服从于党和国家的中心任务,以经济建设为中心,以发展为执政兴国的第一要务,坚持改革开放,不断完善社会主义经济制度和政治制度,坚持党的领导,巩固、完善人民民主专政的国体和人民代表大会制度的政体,坚持、完善中国共产党领导的多党合作和政治协商制度,推进依法治国,建设社会主义法治国家的进程。

3. **贯彻中国共产党的干部路线和方针**。中国共产党的干部路线和方针,是党为了实现自己的政治路线所规定的干部工作必须遵循的行为准则。党的干部路线的基本内容是坚持任人唯贤,按照德才兼备的标准选拔干部。党的十一届三中全会以来,为了适应社会主义现代化建设的需要,中国共产党又提出了干部队伍"四化"的方针,使党的干部路线更加完善。

4. **坚持党管干部原则**。党管干部原则,主要是指党委要管好干部路线、干部政策的贯彻执行,在民主集中制的基础上,依照党的干部路线和方针的要求,培养、选拔、使用、监督干部和向国家机关推荐重要干部。中国共产党是各项事业的领导核心,公务员制度是党的干部制度的重要组成部分,坚持党管干部原则,是我国公务员制度与西方文官制度的重要区别之一。

公务员制度的建立,为反对腐败、搞好政府机关的廉政勤政建设提供了制度保障。反对腐败,加强政府的廉政建设,是各国政府面临的课题,我国政府对此也十分重视。公务员制度的建立,能从多方面促进廉政建设:一是通过开展权利义务、纪律教育和人员培训等多方面措施,提高人员素质,抵制腐败因素的影响;二是通过建立系统的法规体系,减少管理上的漏洞;三是通过考核、回避等制度和公开化管理,形成有效的内外监督制约机制,创造廉洁行政的良好环境;四是根据国民经济发展情况,有计划、有步骤地积极改善公务员的生活待遇,提高机关工作人员抗御腐败的能力。建立国家公务员制度,有利于造就适应现代化建设需要的,精干而高效的政府机关工作人员,形成强有力的政府工作系统,为现代化建设提供有效的组织保证。

(二)劳动合同制度

我国的劳动合同制度从 20 世纪 80 年代中期开始试点,在 20 世纪 90 年代得到大力推行。它是市场经济条件下用人单位和劳动者确立劳动关系的法律制度,劳动者与用人单位通过签订劳动合同确立劳动关系,明确双方的权利和义务,是建立和完善社会主义市场经济体制的要求。经过二十年的实践,我国的劳动合同制度基本建立,为培育和发展劳动力市场,建立统一、开放、公平和规范的劳动力市场运行机制创造了有利条件；依法规范了企业的劳动用工行为，提高劳动者的生产积极性，加强了劳动管理；维护了劳动者和企业的合法权益，增强了劳动者通过劳动合同来维护自身合法权益的意识，促进经济发展和社会进步。

实行劳动合同制度的指导思想是，适应社会主义市场经济体制的建立与发展，通过订立劳动合同确立用人单位与劳动者的劳动关系，明确双方的权利和义务，以实现"市场调节供求，推进劳动合同，规范劳动行为，和谐劳动关系"的新型劳动用人制度的目标模式。

（三）市场就业制度

随着经济体制改革的不断深入，人才开始"流动"。人才流动是指以专业技术人员和管理人员为主体的各类人才，根据个人的择业愿望和社会需求，通过人才流动服务机构登记、交流，从一个单位调整到另一个单位工作。人才流动具有社会性、多元性及灵活性等特点，它是人力资源配置与结构调整的基本方式，是经济结构调整和社会发展的客观要求。主要形式有：辞职、辞退、聘用、兼职等。无论人才以何种形式流动，都须在有利于国家经济和社会发展的前提下进行。

我国劳动就业体制发生根本的变革，其路径选择就是逐步改变传统的计划型劳动就业体制，坚持市场化的改革方向，形成与市场经济体制相适应的市场型劳动就业体制。基于此，1993年《关于修改〈中华人民共和国经济合同法〉的决定》提出了"劳动力市场"的构想，要求"改革劳动制度，逐步形成劳动力市场"，通过市场调节实现就业，从而确定了我国劳动就业体制改革的基本路径。具体来说有四大任务：一是要发挥我国劳动力充裕的优势，把开发利用和合理配置人力资源作为发展劳动力市场的出发点；二是要广开就业门路，更多地吸纳劳动力就业；三是要鼓励和引导农村剩余劳动力逐步向非农产业转移和地区间的有序流动；四是要发展多种就业形式，运用经济手段调节就业结构，形成用人单位和劳动者"双向选择、合理流动"的就业机制。

在市场经济和人才竞争日益激烈的背景下，人才的流动加快已成为一个不可逆转的潮流，这也是产生人才流动与留住相矛盾的主要原因。"流水不腐，户枢不蠹"，现代人才资源管理理论告诉我们，合理的人才流动，可以使人才的价值充分发挥出来，促进人才队伍的新陈代谢，形成人才资源的合理配置。

高校毕业生就业形势的变化，促使国家确立了"市场导向，政府宏观调控，学校推荐，毕业生与用人单位双向选择"的就业制度。大学毕业生就业制度的改革是21世纪教育改革的重要组成部分，对高等学校来说，就是要把人才培养和合理使用结合起来，增强学校面向社会自主办学的能力；对学生来说，有利于形成激励机制和竞争机制，提高学习的积极性和互动性；对用人单位来说，有利于促进其尊重知识、尊重人才，促使教育适应经济建设和社会发展的需要。

二、现行就业方针和政策

（一）就业政策的含义

就业政策是党和政府在一定的历史条件和阶段下为促进经济发展和社会进步，为劳动者创造就业条件、扩大就业机会所制订的行为准则。大学毕业生就业政策是国家就业政策的重要组成部分，对指导毕业生就业工作具有重要意义。

为了使毕业生就业工作适应社会主义市场经济体制的要求，保证毕业生具有更多的就业机会和宽松的就业环境，国家进行了一系列毕业生就业制度的改革，及时调整并制订了适应新形势的毕业生就业政策。

（二）就业方针和政策

1. **本专科毕业生就业政策**。本专科毕业生在国家就业方针政策指导下，通过"供需见面、双向选择"在一定范围内自主择业；已落实工作单位的毕业生国家负责为其办理就业手续；在规定时间内未落实工作单位的毕业生，学校将档案、户口转回其家庭所在地，由当地毕业生就业指导服务机构帮助推荐就业。

2. **定向生的就业政策**。如确因特殊情况不能回原定向单位就业的毕业生，须征得原单位的同意，报就业主管部门批准，并交纳相应的违约金和培养费后，可调整就业单位。

3. **享受国家专业奖学金及受艰苦行业、地区或特殊岗位定向奖学金的毕业生就业政策**。享受师范、农林、民族、体育、航海等国家专业奖学金及享受艰苦行业、地区或特殊岗位定向奖学金的毕业生原则上按国家计划就业；对不服从就业计划自谋职业的，需补缴在校学习期间普通专业的学费并返还定向奖学金、专业奖学金。

4. **结业生的就业政策**。结业生就业必须在《就业报到证》上注明"结业生"字样；在规定时间内未联系单位的，由学校将其档案、户籍关系转至家庭所在地，自谋职业。

5. **患病毕业生的就业政策**。学校应在毕业生毕业前认真负责地对毕业生进行健康检查，不能坚持正常工作的，让其回家休养。一年内治愈的（须经学校指定县级以上医院证明能坚持正常工作的）可以随下一届毕业生就业；一年以后仍未痊愈或无用人单位接收的，户籍关系和档案材料转至家庭所在地，由其自谋职业。

6. **来自边远省区毕业生的就业政策**。来源于边远省区的本专科毕业生，只要是边远省区急需的，原则上应回生源省区就业。

7. **毕业生自费出国留学的政策**。毕业生可以申请自费出国留学，申请自费出国留学的毕业生不参加就业，凭国（境）外大学的录取通知书，在学校规定的期限内提出申请，经学校教务和毕业生就业管理部门审核同意后，不列入就业计划。毕业生集中离校时未办妥手续的，原则上将其户口转至家庭所在地，继续办理出国手续。

8. **考取当年研究生的毕业生就业政策**。按国家计划从应届毕业生中招收录取的研究生，原则上不再办理就业手续。因特殊情况需要工作的，须征得录取院校（单位）同意，然后向学校提出申请，经学校研究并报省级毕业生就业主管部门同意后，方可办理有关手续。

9. **毕业生自主创业和灵活就业政策**。凡高校毕业生从事个体经营和自由职业的，除国家限制的行业外，自工商部门批准其经营之日起1年内免交登记类和管理类的各项行政事业性收费。有条件的地区由地方政府确定，在现有渠道中为高校毕业生提供创业小额贷款和担保。为鼓励和支持高校毕业生自主创业，工商和税收部门要简化审批手续，积极给予支持。

10. **鼓励毕业生到西部去、到基层去、到农村去、到中小企业去就业的政策**。为体现国家对西部地区的重点支持，2000年11月，国务院制订印发了《关于实施西部大开发若干政策措施的通知》（国发[2000]33号，以下简称《通知》）。《通知》指出，"实施西部大开发战略，加快中西部地区发展，是我国现代化战略的重要组成部分，是党中央高瞻远瞩、总揽全局、面向新世纪作出的重大决策，具有十分重大的经济和政治意义。"此后，国务院制订了诸如增加资金投入、改善投资环境、扩大对外对内开放、吸引人才和发展科技教育等一系列重点扶持措施。

2005年7月4日，中共中央办公厅、国务院办公厅印发了《关于引导和鼓励高校毕业生面向基层就业的意见》（中办发[2005]18号，以下简称《意见》），专门对毕业生到西部工作作出了规定。《意见》指出，高校毕业生是国家宝贵的人才资源。积极引导和鼓励高校毕业生面向基层就业，有利于青年人才的健康成长和改善基层人才队伍的结构，有利于促进城乡和区域经济的协调发展，有利于构建社会主义和谐社会和巩固党的执政地位。

第三节 应对就业制度和政策变化的策略

大学生的就业牵涉到大学生本人和千家万户的利益，牵涉到国家和社会的利益。在新的就业形势下，树立现代择业观，坚定在艰苦中锻炼，在实践中成才的意志和信念，对于大学生顺利地走进职业生活具有重要的现实意义。

一、高校毕业生就业形势分析

随着行业、地区和各部门就业界限的打破，"双向选择、自主择业"的就业方式成为基本的就业制度和就业政策，高校毕业生实际上被推到了市场化就业的轨道上来。

（一）正视不容乐观的现实

1999年6月，中国教育工作会议刚结束，高校扩招政策立刻出台，一直稳定发展的中国高等教育开始了跨越式发展的历程，大学生就业形势由此也发生了根本性的变化，呈现出新的特点。

1. 大学毕业生就业由"精英"走向"大众"。中国自古就有"万般皆下品，唯有读书高"的说法。新中国成立以来，大学生长期被称为"天之骄子"，自从高校连续扩招起，毕业生数量大幅增加，接受高等教育成为相对多数人的权利，大学生由"天之骄子"变为"天之焦子"，不存在统包统分的问题，而是要公平地参与社会竞争。如此一来，一部分大学生通过竞争进入社会的精英岗位，同时也必然有更大部分大学生从事与大众化相适应的"蓝领工作"，成为高级蓝领。在扩招与市场经济条件下，大学毕业生与其他社会人员"同台"竞争的现象已经屡见不鲜。

2. 大学生就业市场进一步由"卖方"走向"买方"。当高等教育处在"精英教育"阶段时，高等学校毕业生供不应求，是毕业生的"卖方市场"。随着高等教育的迅猛发展，大学毕业生数量大幅增加，大学毕业生供给紧缺的时代已经一去不复返，大学生与社会需求之间的关系由供不应求转为供需平衡，直至供大于求，大学生就业市场化，价格机制在就业市场的调节作用越来越大。在社会需求总量增加不大的情况下，毕业生层次间的挤占岗位的效应趋强；同层次、相同专业毕业生的名牌高校与普通高校之间，培养质量和特色的竞争也格外激烈；毕业生整体求职的成本和时间也扩大和延长；毕业生整体的薪酬水平下降。

3. 大学生毕业初期失业率相对较高。根据西方一些国家在由精英教育向大众化转变过程中的经验和特点来看，大学生毕业后1~5年内失业人数比较多一些，失业率高一些，有时甚至高于社会平均失业率，但是总体上受过高等教育的人的就业率要高于社会的平均就业率，而且待遇高于社会其他非受高等教育的人。由此可以预计，今后几年内，大学生待就业的人数将会逐渐增加。

4. 高校毕业生就业向第三产业倾斜。我国从农业国向工业国转变，同时又在迎接信息化时代的到来，第一、二、三产业的结构正在加速调整，实现了第一产业在整个国民经济中的比重降到了50%以下的目标。今后，第三产业将会快速增长，与其他产业相比，其就业容量和弹性均最大。现代化的第三产业是以知识和高科技为支撑，其中的法律、审计、财会、投资、心理、职业及出国留学等方面的咨询服务业，各类经纪人和中介机构，文化教育业等服务产业的发展，要求从业人员绝大多数取得大学学历。应当说，这些行业中的从业人员多数是在第一线工作的。大学毕业生大量转移到第三产业一线岗位就业，也是大学毕业生就业"大众化"的表现。

5. 毕业生的就业期望值居高不下。毕业生的就业期望值普遍过高，这仍是目前高校毕业生就业工作中的主要难题。毕业生普遍感到"找不到理想的单位"，而同时有许多基层一线的用人单位急需人才但又招聘不到毕业生，反映出毕业生求高薪、求舒适、求名气的心态仍较普遍。目前毕业生中以事业发展为重的并不占多数，而是普遍希望能到大城市、大机关、大公司、大企业等大单位工作，希望能去单位名声好、工作条件好、生活待遇好、有出国机会甚至离家比较近等，然而目前最需要毕业生的恰恰是那些边远地区、中小城市、艰苦行业的基层一线中小型单位，这些地区和单位人才奇缺，非常希望能接受到大学毕业生，但却没有多少毕业生愿意到这些地方去，也使不少的毕业生错过了择业机会。

综上所述，高等学校毕业生的就业形势是十分严峻的，即将进入就业市场的大学生对此应有足够的思想准备。但是，大学生也应该清楚地认识到，只要能够认清形势、转变观念、调整心态，并不断地充实和提高自己，就能够在激烈竞争中扎稳脚跟，在社会中占有一席之地。

（二）形势严峻不等于"严冬来临"

尽管矛盾困难很多，"大学生就业的冬天"叫喊不绝于耳，但实事求是地说，大学生找个工作并不难，难的是找一个理想的工作。作为朝气蓬勃、风华正茂的年轻人，没有必要"一叶障目，不见泰山"，没有必要患得患失、畏缩不前甚至自暴自弃，要看到高校毕业生就业面临的有利条件和难得的历史机遇，迎难而上，做出无悔的抉择。

1. **党和政府高度重视大学生就业**。胡锦涛总书记、温家宝总理多次作出重要批示，要求各级党委、政府全力做好大学生就业创业工作，并多次在有关会议上强调做好毕业生就业工作的重要性。各级党委、政府把高校毕业生就业工作摆上重要议程，采取了多种措施积极推动和促进高校毕业生就业。目前，全国已初步形成了党委统一领导、政府统筹协调、部门密切配合、社会各界大力支持的良好格局，高校毕业生就业工作日益成为涉及全局的重要工作。

2. **高校"一把手"工程建设卓有成效**。2003年以来，国家逐步把毕业生就业纳入高校考核的重要指标，突出强调毕业生就业在高校改革和发展中的重要作用，积极倡导并严格要求高校的"一把手"对本校毕业生就业工作负总责，一级抓一级，层层抓落实，不论是在硬件投入还是在软件建设方面都取得了突破性进展。这一方面从制度和机制上保证了高校毕业生就业工作的顺利进行，另一方面有力地推动了高校办学理念的转变和教学改革的发展。

3. **经济发展势头良好**。解决高校毕业生就业问题，归根结底还得依靠经济的拉动和促进。改革开放30年来，我国GDP年增长大都在8%以上，这是我国大学毕业生能够就业的根本保证，对缓解我国高校毕业生就业压力起决定性的作用。我国经济持续健康快速发展和建设和谐社会、创新型国家，坚持走自主创新道路，将直接拉动和促进高校毕业生就业。同时，经济增长方式的根本转变、经济结构的优化升级和我国工业化、信息化、城镇化、市场化进程的不断加快，将为高校毕业生创造更多施展才华的空间。

4. **我国加入WTO，将会增加更多的就业机会**。因为加入WTO对我国的经济发展产生了不可估量的影响，而这是就业的经济保证。随着入关后的一些行业的兴衰，会引起我国社会对不同专业的毕业生需求量的不同变化，如外语类、旅游类、金融财会类以及经济管理类等专业的毕业生需求形势将逐渐走俏。

5. **基层作用空间大**。"猛将必拔于卒武，贤相必起于郡县"，自古是之。2005年6月，中共中央办公厅、国务院办公厅下发的《关于引导和鼓励高校毕业生面向基层就业的意见》，从制度层面上固化了高校毕业生面向基层就业的渠道和途径，标志着引导和鼓励高校毕业生面向基层就业进入全面推进的新阶段。这是党中央、国务院从全局和战略的高度作出的一项重大决策，是事关党和国家事业发展、事关青年健康成长、事关和谐社会建设的重要工程，毕业生应抓住机遇，乘势而上，勇于到基层锻炼成长，善于在艰苦而复杂的环境中脱颖而出。

6. **政策环境日趋宽松**。近年来，围绕推动和促进高校毕业生就业，国家出台了一系列方针政策，为毕业生充分就业提供了制度保障、政策和工作保障。在自主择业方面，国家破除了部门限制和地区限制，毕业生可以在全国范围内自由流动；在自主创业方面，国家免除创办企业的有关行政事业性收费项目，并可提供小额贷款资助；在鼓励下基层方面，国家除给予一定的生活保障外，在落户、职称、考研及考公务员等方面享受优惠政策；在就业服务方面，不仅学校能提供周到的指导和服务，而且政府有关部门以及人才市场、劳动力市场和毕业生就业市场也能提供多种服务；在择业期限方面，不仅毕业前可以，而且毕业后两年内仍可以双向选择；在困难救助方面，毕业后可以登记失业，享受失业人员优惠政策，特别困难的还可以申请临时救助。可见，现有政策涵盖了毕业生就业的各个方面，基本上形成了比较完善的政策框架体系。

二、大学生就业前的准备工作

（一）培养积极的竞争意识，破除落后观念

长期以来，在"统招统分"制度影响下，不少大学生在就业方面缺乏应有的竞争意识，也缺乏良好的就业心理准备，形成一种不良的"安全感"。一方面，高校毕业生存在就业误区。把城市、机关、大公司及外资企业作为理想的择业目标，而一些边远地区和基层单位特别需要人才，也能给毕业生施展才干的机会，却难以引起毕业生的关注。另一方面大学生就业的依赖心理和从众心理严重。主要原因是不能正确认识社会需求，也不能公正、客观地评价自身的素质、特长及其他条件，在就业问题上缺乏自主性。有的学生不习惯通过竞争去实现自己的理想及追求，消极等待"理想单位"相中自己；有的学生期盼国家、学校给自己分配一个好的工作岗位，至于这种选择是否适合自己，是否有利于自己的成长，毕业生自己倒往往无暇顾及。从众心理、依赖心理，从根本上讲都是缺乏竞争意识的表现。

那么，大学毕业生在激烈竞争的挑战面前，应正确面对，这已成为人生必然遇到的课题，也是择业中不能回避的现实。

1. 要敢于竞争。应该说,自从大学生跨入学校大门的那天起,就已经开始了竞争。如学习成绩的竞争、评先进的竞争等,在大学即将毕业时还要面临择业的竞争,将来走上社会后,同样要面临工作岗位的竞争。这就要求我们必须正视竞争,练好内功,增强实力,敢于参加激烈的竞争。广大同学参与竞争还必须打破落后观念的束缚,如"统招统分"的思想、"包上学、包就业、包当干部"的思想等,在新的毕业生就业体制下,将过去那种等待分配的就业心理,转变到主动选择职业的求职心理上来。

2. 要善于竞争。要想在求职与择业中取得成功,仅仅靠敢于竞争还不够,还必须善于竞争。善于竞争体现在具有良好的心理素质、较强的实力和良好的竞技状态。成功的心理因素通常是指德、智、才、学、体。成功者必须在这些方面具有优势,并善于利用外部条件和内在的潜能,选择最佳角度进行竞争。实力主要是指毕业生所具有的智力和技能,这是参与竞争的资本。良好的竞技状态是竞争获胜的重要因素,主要包括意志的培养和锻炼、注意力的集中、克服焦虑和波动以及控制情绪等。在求职择业竞争中,应注意期望值要适当以及临场情绪要轻松。

3. 要遵守竞争的原则。第一,平等竞争原则。任何人在相同的条件和同样的机会下进行竞争,突出表现为社会公平与条件平等。第二,公开竞争原则。要使竞争平等就必须公开竞争,只有做到公开竞争,才能保证竞争的平等性。第三,合理竞争原则。参与竞争必须要遵守一定的道德规范和法律规范,做到合情合理。第四,自由竞争原则。在竞争的过程中,竞争的内容和形式是自由的、不受限制的。没有自由就没有真正的竞争,但执行自由原则时,必须保证合理的原则,否则会因违反法则而失败或出现盲目性。

(二)树立正确的就业意识,做好就业前的心理准备

就业心理准备是大学生就业前一种发自内心的职业训练活动,这种心理活动一般从学习专业课开始,通过对专业课的学习,逐步认识到自己今后所要从事的职业性质与职业特征,并逐步树立牢固的专业思想,把学习的焦点集中在相关的专业课上,为今后就业做准备。这些努力,就是大学生就业前的心理准备过程,唯此,大学生才能主动地去了解社会、认识社会,增强就业时的竞争实力。

面对择业,大学生的心理是复杂且多变的。一方面,为自己即将走向社会,运用所学的知识和本领,实现人生价值而感到由衷的高兴;另一方面,也常常表现出对就业环境和自身评价认识不清的矛盾心理。具体地讲就要求毕业生择业时要知己知彼。"知彼"就是要了解择业的社会环境和工作单位,正确认识面临的就业形势,了解社会需要什么样的大学毕业生。"知己"就是实事求是地评价自己,对自己有正确的认识。毕业生要客观、正确地认识自己德智体诸方面的情况,自己的优缺点,自己的性格、兴趣、特长;同时要明确自己想做什么和能做什么,只有这样才能保持良好的择业心态。一般来说,良好的择业心态主要表现在以下五个方面:

一是选择适当的就业目标,一个人的择业目标应与本人所具备的实力相当或接近;二是避免理想主义,及时调整就业期望值,不刻意追求最满意的结果;三是避免从众心理,一切从自身的特点、能力和社会需要出发,不与他人攀比;四是克服自卑、胆怯的心理,树立自信心,树立敢于竞争的勇气;五是不怕挫折,遇到挫折,不消极退缩,采取积极的态度,勇于向挫折挑战。总之,调整好择业心态,做好充分的心理准备,积极参与竞争,勇敢地迎接挑战,在择业过程中是非常重要的。

(三)掌握知识技能,提高职场能力

随着科学技术进步,知识在不断的更新,大学生应加倍学习,把握本专业学科发展脉搏,及时了解和努力掌握最新动态,使所学专业知识保持在学科专业的前沿。同时,大学生应注重社会适应能力的培养,逐步具备进行社会活动所必要的各种知识和能力。

1. 职业技能。职业技能是人们在一定智力水平的基础上,运用已掌握的知识,通过实践获得的顺利完成某种任务的活动能力。它包括工作技能及对环境适应的能力等。

当代社会,毕业生不仅要有基础理论知识,而且要掌握技术方法、技术能力和有关设备的性能,这样才能解决科研及实际中的具体问题。一般来说,毕业生应具有下列基本技能:设计能力;计算能力;实际操作能力;交流表达能力;组织管理能力;查阅情报资料的能力。同时,现在很多单位已经越来越注重在面试环节前先进行一场小型的笔试,笔试的内容也许很简单,但目的不一定要表现出毕业生在理论知识方面的水平,而是为了考查一些比较具有时代特色的简单专业知识,这些专业知识主要是检验学生关心前沿科技的程度,所以,在平时的学习和生活中,大学生应该有意识地培养对前瞻性理论动态的关注。对毕业生来说,职业技能应该从学校开始培养。一是要充分利用各种机会深入实际锻炼自己。二是要虚心向有经验的人学习。三是在实践中培养分析问题和解决问题的能力。通过以上三方面实践锻炼,寻找不足,着重弥补。

2. 拓宽知识面,增强适应能力。广博的知识,是人才适应社会岗位,应变环境的基础。知识面不够宽,将造成毕业生在求职择业时适应性差。这就要求毕业生除了精通自己的专业知识,并能在实际工作中有效地运用外,还应了解掌握与本专业相关(或相近)的若干知识和技能,建立有效而合理的知识结构。为此,大学生应十分珍惜在校期间宝贵的学习时间,努力拓宽自己的知识面,为将来求职做好充分的准备。

拓宽知识面的一个重要方面是处理好专业课和课外阅读的关系。专业课是学生知识结构的核心部分,应该用心学好,但仅做到这点是不够的,在学习专业知识的过程中,大学生也应掌握科学的学习方法,挖掘潜能,抓住时机,珍惜时间,努力学习各种课外知识。特别是学习与自己专业相关或相近的专业知识,以巩固和拓展自己的专业水平；此外还应学习人文科学、社会科学方面的知识，以提高自己修养和综合能力。只有这样，才能提高竞争力和适应力。

3. 人际交往技能。人际交往技能是必备的基本技能之一。人际交往技能的培养是要处理好以下三方面的问题。（1）虚心求教。健康的就业心理是基于对自身条件、素质及发展方向的客观评价。在激烈竞争的前提下，大学毕业生亟需增强团队协作、沟通协调以及合作共事的能力。（2）培养管理能力。管理能力是把某一群体有效地组织起来，协调一致地实现一定目标和任务的能力，包括计划、组织、决断、指导和平衡协调等各种能力。虽然每个毕业生不一定都会从事管理工作，但现代社会中的各项工作都对从业者的管理才能提出了较高的要求。同时，大学生要培养待人宽宏大度的品质，在人际交往中要求同存异，待人宽厚，谅解他人。为此，大学生应积极主动地在工作中培养自己、锻炼自己、提高自己，为求职择业和步入社会打下良好的基础。（3）增强社交自信心。自信是对自己的一种积极评价，大学生要相信自己具备某项职业所要求的条件，鼓足勇气，参与竞争，但同时必须看到，自信是以充分的就业准备为基础的，即正确地认识自我及就业形势、确立恰当的就业目标、搜寻就业信息以及求职材料准备等。可见，自信心并非是在短时间内所能树立的，树立自信的最根本途径还是提高自己的能力水平。

4. 语言表达能力。大学生毕业后，经济活动、语言交谈，都少不了接触各方面的人，如不能谈吐自然，恰当交往，将影响人际关系。社会交往活动要求人们对语言能正确地理解和使用，并善于清楚而正确地表达自己的观点和向别人介绍信息，这就是语言表达能力，这一能力对广大毕业生求职择业以及日后工作的顺利开展都至关重要。因此，在日常的学习过程中，大学生应注意积累知识，积极参加班级及学校组织的各项活动，在活动中培养和锻炼自己的语言能力。

5. 体能和生活技能。生活技能是指自理生活的能力、独立解决生活中困难的能力。健康的身体、充沛的精力、良好的心态，对求职择业是非常重要的。大学生除了要学好专业知识、掌握专业技能及提高自身修养之外，还必须积极参加体育锻炼，养成良好的生活习惯，以较好的心理素质迎接社会的挑战。生活技能的高低直接影响一个人的成就大小，大学生应该在培养生活技能的过程中显示立世、立身、立业的潜质。

（四）信息和材料准备

在竞争激烈的就业市场中，既及时又准确地了解就业信息，加强与用人单位的沟通，是成功就业的保证。大学毕业生要想获得就业成功，就应该把握机会，通过各种渠道和方法，主动的收集就业信息。同时，毕业生在双向选择过程中，必须利用各种途径和方法正确地宣传自己和展示自己，从而让用人单位认识自己、了解自己、选择自己，从而实现自身的就业愿望。通常情况下，大部分用人单位是通过自荐材料初步了解求职者，因此，信息和材料的准备是否充分是求职者能否实现成功就业的关键一环。

1. 就业信息的来源。（1）从本校毕业生就业指导机构获得可信度高、针对性强的就业信息；（2）从各级人事部门获得准确、及时、具体的就业信息；（3）从人才市场、招聘会等就业市场上获得比较准确的需求信息；（4）从互联网上获得就业政策、最新动态等信息；（5）从广播、电视、报纸、杂志、电话等社会传播媒介上获得用人单位现状、发展前景及人才需求信息；（6）毕业实习、参观访问用人单位、参加社会服务等社会实践活动，可以了解用人单位对毕业生的需求情况。

2. 就业信息的内容。（1）就业政策信息。就业政策是国家关于就业方面的制度和政策，可以分为国家就业政策和地方就业政策。大学生在择业时，要通过各种渠道和方法了解就业政策，在国家就业政策规定的范围内择业。如果对政策缺乏足够的了解，容易造成就业的随意性和盲目性。轻者给自己造成不必要的麻烦，重者可能错过良好的就业机会。（2）就业形势信息。大学生应了解社会对人才的需求形势。一定阶段的社会发展，决定了对专业技术人员数量、规格和质量的要求。此外，人才需求也具有不平衡性。（3）人才需求信息。人才需求信息包括用人单位的需求信息，不同类型的企业对大学生的要求等。各地区、各部门及各行业也有不同的人才需求。掌握这类信息，既可以坚定择业的信心，又可以帮助选定地区、部门和行业，甚至工种。

3. 推荐表的填写。推荐表是学校为毕业生特制的求职材料，主要反映毕业生综合情况并附有学校书面意见的推荐表格。它主要由三部分组成：一是毕业生本人的基本情况、社会工作、奖惩情况、个人兴趣特长等；二是在校期间所学课程的成绩和各系推荐意见，并且由各院系审核加盖公章；三是毕业生所在学校就业主管部门的推荐意见。因推荐表盖有学校有关就业部门的公章，所以是以组织负责的形式向用人单位推荐，具有权威性和可靠性。毕业生在填写时要认真仔细，内容要保持真实，不能弄虚作假。

4. 自荐材料的制作（内容详见第八章第一节第一部分）。

5. 个人简历的制作（内容详见第八章第一节第二部分）。

阅读材料

反思革新 反省利弊：高校毕业生就业制度改革的思考

一、高校毕业生现行就业制度存在的不足

1. "供需见面、双向选择"就业制度的不足。

（1）缺乏法律和政策上的保障，高校毕业生的就业范围还有一定限制，达不到充分"双向选择"的目的。如：地方高等院校毕业生理应为地方经济服务，但地方就业市场的吸纳能力有限，毕业生跨地区就业若受到种种限制，就不能真正体现"供需见面、双向选择"的就业制度,也不利于人才合理流动。

(2)受过去计划体制下的就业制度的影响,少数地方、部门和单位仍沿袭旧有做法,习惯于运用人事权力和地位优势,而不是尊重市场规律来建立相应的人才流动与配置得机制。在这种情况下,"有限择业"严重束缚了用人单位和就业者的手脚,影响了供需双选的自由进行。

2. 高校毕业生就业市场面临的问题。

高校毕业生就业市场主要面临以下问题:市场的规模或过大,缺乏管理;或过小,不能满足需要致使签约率低;部分学校擅自截留毕业生,阻碍毕业生进入市场进行公平竞争;部分用人单位签约后,不履行义务,擅自退换毕业生;社会上不少公司以赢利为目的,加入到高校毕业生就业市场中,造成高校毕业生就业市场的混乱;劳动力市场不完善,利用"供大于求"的就业市场现状,把高校毕业生视为廉价劳动力对待。

3. 高校毕业生就业率统计与公布存在不足。

政府通过行政命令手段向社会公布高校就业率,其目的是推动高校重视毕业生就业工作,促进高校毕业生就业政策的贯彻落实,改变高校只重招生不重就业的传统观念,使大多数毕业生在毕业时能充分就业,有其积极作用的一面。但是,也存在一些高校为了应付上级部门9月份公布高校就业率的政策,只能互相攀比做假,而且花费了大量的时间和精力对付这项必须做的工作。反而影响了对毕业生正常的就业指导和教育工作。实际上高校毕业生一毕业即就业的只占一部分,另一部分毕业生毕业后暂不就业或灵活就业,在毕业半年甚至一年后才能决定就业去向。因此,由高校在9月份提供毕业生就业依据,定位毕业生就业率有许多不客观的因素。

4. 规定毕业生双选时间地点的不利因素。

尽管就业制度改革不断深入,但是整个就业环节仍然存在于学生在校期间,这是一个不容忽视的矛盾问题。国家为了保持社会稳定,规定了毕业生就业前的招聘活动在学校里完成。这种就业制度对学校产生的不利因素主要表现在:影响教学计划的完成和学校内部的管理。

高校一方面对如此之早的招聘活动影响正常教学安排和培养质量而深感忧虑;另一方面考虑到为毕业生争取就业机会,只能勉力安排接待。这样的双选时间进程,本科学生实际上完成了三个学年的学习任务,而高职高专学生只完成了二个学年的学习任务,其后的正常学习无法得到保证,许多教学实践环节被迫缩水,学生的培养质量令人担忧。

二、高校毕业生就业制度改革的建议

1. 调整对高校毕业生就业扶持方面的制度,从注重解决岗位困难转变到注重解决创业环境的困难上。政府对高校毕业生的就业制度扶持重点应当放在强化毕业生专业动手技能和创业技能的培训、职业资格证书制度和劳动准入制度的建立,更重要的是放在明确界定创业产权和创业利益保护，强化政府行政管理部门对于企业的公共服务职能，优化毕业生创新和创业环境的政策。

2. 要形成全国统一的就业市场，消除地域分割。首先，要建立和发展以计划和人事部门为就业主管部门，以高校和毕业生为主要对象，由教育、工商、劳动、公安和科技管理等有关政府职能部门参加的规范的就业市场。市场可以分类，但不能分割。各类市场应相互打通，实现信息资源共享才能形成统一的、规范的、有效的人才市场体系。其次，要规范市场行为，进一步整顿和规范高校毕业生就业市场秩序。要实现高校毕业生就业市场、人才市场和劳动力市场相互贯通，更好地为高校毕业生和用人单位服务，提高对毕业生的服务水平和服务质量，进一步规范市场秩序。

3. 加强毕业生就业的制度法规建设。法规建设主要包括三个方面：一是要建立就业市场的法规，确立市场秩序，规范市场参与者的行为，维护各方的合法权益；二是要制订就业工作程序，明确市场参与者的权责和分工，使就业工作标准化、专业化，提高就业工作效率；三是要建立就业市场的监督机构和仲裁机构，以便及时处理市场运行过程中产生的违规现象及各类纠纷。

4. 各级政府要把毕业生就业工作纳入日常工作制度之中。就业率是宏观经济的三大目标之一，政府作为调控宏观经济的主要部门对提高全社会就业水平责无旁贷。各级政府在抓经济工作的同时要高度重视高校毕业生就业工作，要把高校毕业生就业工作纳入当地经济和社会发展的整体规划，并提出妥善解决毕业生就业问题的具体措施。要破除那种认为高校毕业生就业要求高、难安排、是包袱的错误观念，坚决杜绝一方面存在在岗人员素质低下，一方面又拒收高校毕业生的畸形用人制度。

5. 加大人事制度改革的力度，突破现行户籍制度对毕业生就业的种种限制，取消地方保护主义产生的限制人才流动的制度。要简化毕业生报到程序和落户程序，取消一切不合理的各类收费，简化有关手续，为毕业生创造更加宽松的就业环境。争取做到有就业岗位，毕业生就有权自由选择职业，不能因为学历层次、所学专业、地域差别、户口因素等受到限制。

6. 建立反应迅速、信息准确、服务完备的就业信息网络制度。供需信息准确、及时、透明、权威是市场走向成熟的重要标志；各级政府的有关职能部门要强化毕业生需求登记制度，制订统一规范的数据信息，并利用各种媒介特别是计算机网络及时披露需求信息。中央政府要建立全国性的毕业生就业信息网络，连通各地的信息网，尽快实现网上资源共享，进一步提高工作效率，降低大学毕业生的就业成本。

7. 加大对各类名目繁多的人才交流会的管理，建立统一有序的人才交流制度。目前我国各地、各部门举办的人才交流会缺乏必要的资格审查制度，出现过多过滥、混乱不堪的局面，已对毕业生就业市场和高校的教学秩序造成严重冲击。要严格对举办者的资格审查，使人才交流会纳入连续规范的就业市场轨道，并坚决打击以牟利为目的欺骗性的"人才交流会"。

8. 改革双向选择的时间、地点，彻底实现"双选"制度的社会化及市场化。经过一定时间的过渡，将双选时间置于毕业生毕业离校之后，朝向着社会化、市场化的目标不断推进，却是十分必要的，不应该也不能够继续无限期地维持目前的就业制度。如果实现了这一目标，那么双选对教学的影响、对学校管理的影响、对学生职业生涯发展的影响、对毕业生理想选择的影响等，都不复存在。学校就可以集中精力抓好教学工作，强化人才培养，注重就业教育。

（资料来源：根据《中国大学生就业》2007年01月05日整理）

 回顾与反思

1. 在计划经济体制下，我国曾实行怎样的就业制度？有何利弊？
2. 我国现行的就业制度有哪些？请举例并加以说明。
3. 当前高校毕业生的就业形势如何？谈谈自己的看法和应对策略。
4. 请结合自身情况，谈谈大学生就业前需要做哪些准备工作？

第十章 就业信息与程序

　　当今社会是信息社会,随着社会的发展和时代的进步,人类的生活越来越与信息的传播、接收、处理和应用融为一体。对于大学毕业生来说,就业信息掌握的充分与否、正确与否关系到能否实现成功的就业,因此大学生对信息的关注较之前应更为重视。信息爆炸的社会,在某种程度上说,如若大学生缺乏对信息的把握,将会因就业信息的缺失而错过良好就业机会,对此大学生应通过各种途径及时准确地掌握就业信息,认真地进行分析、筛选、整理,并最终做出正确的判断和决策,这是成功就业的基础。应指出的是,除此之外,大学生也应了解就业的相关程序和步骤,将信息与步骤有机结合,尽量减少不必要的麻烦以免降低就业成功率。本章通过对就业信息概念和特点、分类和内容、收集方法、基本程序等相关方面的分析,使大学生能够进一步了解就业信息和程序的相关内容,为将来成功就业提供良好的基础和依据。

第一节 就业信息的概念和特点

一、就业信息的概念

　　信息(Information)是一个具有现代性的词汇,与人们生活息息相关。一般意义上的信息可以理解为各种资料、消息、政策、情报等,是通过各种媒介传播而获得的非物质性产品(无形产品),主要途径包括报刊、电视、杂志、广播、网络、资料文献、人际关系等。从表义上讲,信息(又称作讯息),即称资讯,是一种消息,通常以文字、声音或图像的形式加以表现,是数据按有意义的关联排列的结果。从哲学上讲,信息是物质世界的运动状态与转换方式,是物质的本质属性之一。就业信息是信息的一种外在表现形式,是关于各种就业政策、制度与供需情况等方面信息的总称。就业信息按照来源层级的不同,可将其分为宏观和微观两种。宏观的就业信息是指国家政治经济发展状况、国家和地区间就业政策和计划、产业发展和布局、社会总体供需状况、企业改革和劳动人事制度等与就业相关的信息;微观的就业信息主要是指某些部门和行业对就业者素质和能力的信息,主要包括写作能力、专业素质、外语水平、心理素质、计算机能力及口头表达能力等,若从更细微上看,是指单位的具体情况,主要包括待遇、福利、发展前途、人际关系、结构和规模等内容。因此,就业信息是就业者通过各种途径和方法获得的,并经过加工、分析、判断和筛选之后,提取对自身就业有价值的、可利用的各种政策、资料、消息和情报的总和。

二、就业信息的特点

1. **时效性**。就业信息的时效性主要是指信息的作用和功效有一定的期限，如果超过一定的期限，那么它的效用将呈递减直到丧失价值意义。信息不是非静态的，是与时俱进的事物，即它总是随着社会事物的不断发展而做出相应的变化，从具体时效性上讲，对于这个时期信息可能是有效的，而对于另一个时期就难保价值仍存在，而是被新的信息所淘汰和代替。信息这一特性对大学生就业颇有借鉴作用，大学生在就业时，应及时主动地搜集和了解就业信息，做到及时分析与筛选，同时注意信息的有效性，针对个人具体实际（包括条件、兴趣等），尽快做好准备，适时向用人单位反馈，徘徊犹豫将可能因为时间的错过而贻误了就业机会，使本来有价值的就业信息成为"明日黄花"。"机不可失，时不再来"这句话用在毕业生求职择业上恰到好处。

2. **精准性**。大学毕业生在收集和了解就业信息时，必须做到信息的精确、全面与真实。信息社会决定信息的内容多样化以及信息渠道的多元性，但信息的爆炸性并不一定意味着所有信息都是有价值的，在这些庞杂的信息之中，必须要以"精准"的判断力，筛选与区分就业信息的假与真、价值高低，否则信息的精准性意义便丧失了。部分用人单位的招聘信息不是为了招聘人才，而是为了欺骗求职者，从中谋取不当利益，因此初涉就业市场的大学毕业生在求职过程中一定要防止上当受骗，采取措施保护合法权益。同时大学毕业生在收集信息时，要认真地分析和判断信息，弄清楚信息是否精准，主要包括信息的唯一性，切忌模棱两可，含糊其辞，这种非精准的信息迟早给毕业生带来不必要的麻烦和误导。此外，就业信息的精准性对于求职者来说是至关重要的，如若就业信息不准确，会使求职者浪费大量的人力、物力和财力，给毕业生增添许多不必要的麻烦，以至贻误时机。如果就业信息精准可靠，那么毕业生便能较轻松实现就业，做到事半功倍。

3. **动态性**。事物处于永恒发展过程，是动态的发展过程。同样地，就业信息也是一个动态过程，它常随着国家社会政治文化总体发展趋势、经济运行情况、就业方针政策、人才供需状况的变化而不断处于动态运动中，这些便形成了就业信息的动态性特征。全球化、市场化、网络化的社会，更加凸显就业信息的特质。在全球化背景下，国家间的孤立自闭或夜郎自大是不可取的也是不可能的，国与国之间的政治、经济、文化联系不断加强，相互依赖性不断增强，相互影响、渗透力度增加，某种程度上产生了同质性和依赖性。因此，就业信息与外部密切相关，这就要求大学生应及时关注全球政治、经济、文化发展的总体趋势，并对趋势作出自身的判断。市场经济是具有竞争特质的经济体制，起到优胜劣汰、资源优化配置的作用。同时，密切关注市场的变化和发展，是关注就业信息应有之义，这样才能做到未雨绸缪。例如最近几年计算机、经济类、外语专业的学生市场需求量大，就业率较高，当这些单位和部门人才需求达到饱和，对人员需求相对量下降，就业就相对困难了，这便是市场与就业关系的明证。网络化的社会，信息得到充分有效的传播，就业信息通过各种途径得以传递与吸收，同样大学生应及时通过网络掌握各种就业信息的发布和更新，为赢得成功就业做好准备。

4. **共享性**。就业信息的共享性，也叫做可分享性、公共性或非排他性，其主旨之义在于信息是共有的，可以互通有无，任何人都不可阻止别人消费它，即使有些人有心将信息占为己有，这在技术上是不可行的，或者在技术上尽管可行但成本却过高，因此很少有人"有意"垄断信息。过去由于技术的限制，人们在获取信息机会时往往是不均衡的，出现信息的不对称现象，导致一部分人通过信息能及时获得工作，一部分人则因为就业信息的缺少而丧失了就业机会。随着现代信息技术的发展和进步，信息传播的范围越来越广，速度越来越快，绝大多数人可以通过各种途径了解到相关的就业信息。信息的共享性还意味着如果你把自己所获得的就业信息与他人分享，他人虽然获得了这些信息，但你并不因为他人的获得而使自己的信息量减少，只是信息的影响力增加了一"份"。这里应指出的是，就业信息的共享性并非意味着就业职位的非竞争性，相反的，信息的广泛传播使大多数人获得相同的信息，由于职位的有限，这样将会面临着一个职位多人竞争的局面。因此，为了能成功就业，大学毕业生一旦获得就业信息，应立即做出分析和判断，并及时与招聘单位联系，争取捷足先登。

5. **价值性**。人类的社会生产活动是一种有意识和有价值的活动，它通过生产资料（主要是劳动工具）作用于劳动对象而达到自身的预期目的以体现劳动价值。同样地作为反映人类社会活动的信息，总是为了达到某种目的或满足某种需要而进行收集、传递和应用，某种程度上说，它是社会经济活动在就业领域的表征。这一表征的价值性彰显，目标直指就业。一是就业信息的价值在于就业信息能如实地反映社会经济活动与劳动者数量及素质的关系，直接为大学毕业生就业服务；二是就业信息的收集、传递和应用，是人们具有价值性行为，为社会发展的一定目标服务；三是就业信息的搜集、加工和传递等一系列的处理工作，是由专门的机构和人员来进行的，完全是一种极具价值性行为。就业信息的价值性，要求大学毕业生在信息的搜集过程中，要具有针对性，切忌盲目性，搜索对自己就业有价值和帮助的信息，对一些没有任何价值的信息应及时摒弃，切不可"捡了芝麻丢了西瓜"。

三、就业信息的功效

1. **就业信息能增强大学生学习的自觉性和自主性**。适度的目标对人有一定的激励作用并且这一激励呈"倒 U 型"效应。同样就业信息的导向性非常强，对大学生具有强烈的指导功效，通过信息的灌输与反馈能够提高大学生的积极性与主动性。长期以来我国高等教育存在着重课本、轻社会、重理论、轻实践的弊端，学生将大部分的时间花在课本的理论知识学习上，但由于课本知识与实用性之间仍有相当距离，因此学生在学习上就缺乏针对性和积极性，当然也忽视了对实践的学习和体验，即较少与社会联系，缺乏对社会的亲身体验。一旦踏入社会，大学生常因社会经验的缺乏在求职过程四处碰壁，因此在就业过程中，大学生可以通过对就业信息的掌握和分析，对照自身的特长和缺点，发挥和突出自身的优点和特长，弥补自身的缺点和不足，认真学习与专业符合的职位所要求的素质和能力，进一步明确学习的目标，增强学习的自觉性与自主性，增强自身的综合素质和专业技能水平，最终赢得职位。

2. **就业信息能够使大学生理清就业制度和政策，转变就业观念**。对于大学生来说，就业政策和制度是很重要的，具有宏观的引导作用。如若大学毕业生不懂国家最基本和最新的就业政策制度，有如同运动员不懂比赛规则一样，盲目地选择职业经常导致求职过程中事与愿违，四处碰壁。同时，就业制度和政策亦随着国家政治经济形势的变化而不断调整，各地区各部门也将根据国家颁布的有关制度与政策，并结合本地区本部门的实际情况制定相应的制度与政策，将做到因地因时制宜。因此，毕业生择业时，须了解国家各地区间的具体就业政策和制度及就业管理机构的工作程序，特别是深入了解所定位地区的具体制度政策，做到适时把握，不失时机地利用机会，争取少走弯路。此外就业信息也反映了社会整体就业形势的变化，随着经济的不断发展，科技的不断进步，产业结构不断调整，企业改革的不断深入，人员流动、职工下岗甚至失业的情况多有发生。针对这些信息，大学毕业生经过思考，分析其中原由，防止"一叶障目，不见泰山"的错误。由于社会对不同人才的需求具有不确定性，学校在培养人才方面滞后于经济社会发展，无法做到培养的专业人才与社会所需的人才同步，因此可能出现供大于求，或者供小于求，这无疑给广大的毕业生一个警示，必须提早做好准备。近年来，随着大学生人数的不断增多，社会总体就业环境不容乐观，压力日益增大。党政部门和事业单位的门槛越来越高，竞争激烈度增加。由此，广大大学毕业生应该转变就业观念，正视当前就业形势和压力，一步一个脚印，脚踏实地地做好本职工作。同时可以根据压力增加的环境，转变就业思路，到老少边穷的地方工作，支援欠发达地区，大力推行自主创业，这些也是新的展示才华的舞台。

3. **就业信息是大学毕业生就业的基础性工程**。一是就业信息是毕业生就业决策的依据和参考。就业信息对于一个求职者来说是至关重要的，如果单凭个人主观想象或者在不知晓任何就业信息的情况下去谋取就业职位，那么较难做出符合实际的就业决策，且可能增添诸多就业的难题。毕业生在进行就业决策时，不仅要拥有各种就业信息，而且要拥有微观就业信息，同时要将就业信息进行分析、整理、筛选，特别是可行性分析，做出可供选择的决策，并选择出最佳方案，最后通过就业信息的反馈、检验和调整决策。二是就业信息是确定就业单位的依据。由于大多数毕业生与社会接触不多，社会经验较少，因此，毕业生在求职择业中，往往无法判断各个单位的优劣以及信息的真伪。在这种情况下,要认真对就业信息进行分析、判断、筛选,对其进行分类研究和处理,找出各家单位在薪水待遇、发展空间、经济效益、工作条件等方面优劣势,特别要罗列用人单位的比较优势,然后根据优劣对这些就业单位进行选择。三是就业信息是大学毕业生与用人单位沟通的桥梁。由于信息的不对称,毕业生与用人单位间无法做到信息的沟通和畅通无阻,二者须在多次磨合中相互了解,一方面,毕业生必须通过各种途径向外发送就业信息,努力寻找用人单位;另一方面,用人单位在有人才需求的情况下,及时发布人才招聘信息,通过这样不间断的沟通和了解,两方都可以实现最佳选择与配置。

第二节 就业信息的分类和内容

为了更好地了解就业信息的内容,有必要对就业信息进行归纳和分类。就业信息根据不同的分类标准有不同的种类。一是根据所包含的信息内容,就业信息可分为法律法规政策信息、社会经济发展信息、社会职业变化信息、用人单位信息等。二是根据信息语言不同的角度来分,可以将就业信息分为口头信息、书面信息、媒体信息。

一、信息的内容

1. **法律法规政策的信息。**法律法规是国家各级立法机关、行政机关制定的规范性文件,是国家为了促进社会稳定和谐发展和维护最广大人民利益而制定的,是调整社会关系、管理和规范组织和个人活动、协调组织间纠纷、制裁违法行为的根据。政策的制定机关更为广泛,除了上述机关外,也包括基层政权机关等。法律法规的制定与政策的实施,不仅有利于社会和谐稳定,而且也为个体和组织开展合法的活动提供保证,同时也能对违法行为进行有效制裁和惩处。作为一名即将走向社会的大学毕业生,应该时刻关注国家和地方的有关就业的法律法规和政策,做到心中有数。目前有关大学生就业的法律法规主要有《中华人民共和国劳动法》、《普通高校毕业生就业工作暂行条例》等,值得一提的是,由全国人大常委会制定的新的《劳动合同法》已于2008年1月1日正式实施和生效,这部法律与旧的《劳动合同法》在很多方面有较大不同,在合同签订、解除合同、福利待遇、劳动者和单位权利与义务等方面做出了新的规定,这部法律与毕业生的就业密切相关,因此毕业生要及时掌握这部法律相关规定,防止在就业过程中因法律知识的缺失而吃亏。同时,毕业生也需时常关注各省(直辖市、自治区)、(设区)市、县(区、市)、各高校的就业政策,尤其是最新的就业政策,这些政策往往是各级部门单位根据最新社会总体发展情况、就业环境和形势等具体情况制定的,与毕业生的就业密切相关。如福建省制定"三支一扶"政策,鼓励高校毕业生到农村去,到基层去,到欠发达地区去,并给予一定的物质奖励和福利保证，在今后的公务员考试和考研过程中对他们做到政策倾斜，保证了他们的合法权益。再如福建省已实施 3 年的"村官"招聘政策，从全省的高校毕业生中挑选优秀学生到基层当"村官"，一个月 1 200 元基本工资，并一次性给予 3 000 元的安置费，两年后通过考核合格者便成为选调生等等，这些对高校毕业生来说都是就业的好途径，因此毕业生要做到了解政策、掌握政策、按政策办事，最终掌握就业先机。

2. **社会经济发展信息**。就业与社会经济发展的整体状况和趋势、整个社会的就业形势和环境紧密联系，这就涉及社会经济发展信息。总体上说，如若一个社会经济运行良好、呈上升发展趋势时，那么社会中的各部门对各类专门人才需求也就越多，毕业生求职的机会也就越多，成功率也就越高；相反，如若一个社会的经济缓慢发展，甚至停滞不前，呈倒退的趋势，那么整个社会的吸纳人才的能力也小，对各类人才需求不多，就业环境恶化，毕业生就业情况便不容乐观。当前，我国正呈现经济持续健康快速发展、社会安定有序的良好态势，社会主义市场经济体制不断完善和健全，就业形势与之相符总体上是好的。但随着我国高等教育的迅猛发展，高等教育逐步从精英教育向大众化教育转变，高等教育的规模不断扩大，大学生就业正逐步走向社会化、市场化。毕业生应当意识到，就业已从昨日的卖方市场转向了今天的买方市场，以前的包分配政策已一去不复返，"皇帝的女儿不愁嫁"的现象已经成为了历史。从这一层面上讲当前整体就业形势不容乐观，但不容乐观并非意味着人才供大于求，而是由人才的结构性矛盾和个人的职业偏向造成的。主要表现为：社会对外语、电子、通讯、计算机等专业的毕业生需求较多，对哲学、考古学、社会学、思想政治教育等专业的毕业生需求较少；本科生供大于求，研究生供需大体持平；对高端核心的人才需求较多，比如多年来高级技工供不应求，有些企业甚至到了求贤若渴的地步，普通一般的人才则表现为供大于求。此外，毕业生还要意识到，东西部之间供需不平衡，经济发达地区对毕业生的需求量大，经济欠发达地区需求则明显较少。因此，广大毕业生要了解国家社会经济的整体运行状况，了解国家经济发展战略，了解产业的分类与结构，以及产业结构的调整和变化趋势等。只有做到总揽大局，才能更好地把握自己，在社会的总体背景下找到自身的定位，做到"成竹于胸"，而不是"乱了方寸"。

3. **社会职业变化信息**。通常来讲，我国国民经济按行业分类可分为第一产业、第二产业和第三产业等三大产业，第一产业就是指农业，农业有大小农业之分，狭义的农业是种植业，广义的农业主要包括种植业、林业、牧业、副业和渔业；第二产业指工业和建筑业，工业包括电力、蒸汽、热水、煤气、采掘工业、制造工业以及自来水等行业，建筑业包括建筑安装企业和自营建设单位，以及为建筑安装工程服务的地质勘探和考察设计等；第三产业一般指提供各种劳务和提供精神产品的服务行业。根据中华人民共和国国家统计局提出的关于第三产业划分的标准规定：第三产业是除第一、第二产业外的其他产业。具体包括：（1）流通部门，包括交通运输业、邮电通讯业、商业、饮食业、物资供销和仓储业等；（2）为生产和生活服务的部门，包括金融保险业、地质普查业、房地产业、公用事业、居民服务业、旅游业、咨询信息服务业和各类技术服务业等；（3）为提高科学文化水平和居民素质服务的部门，包括教育、文化、广播电视事业、科学研究、卫生、体育和社会福利事业等；（4）为社会共同需要服务的部门，包括国家机关、党的机关、社会团体以及军队警察等。从产业的发展轨迹看，产业结构随着社会的不断发展和科技水平的不断进步而相应的调整。从社会发展的趋势看，第一产业比例呈递减趋势，第二产业开始呈上升趋势，随后递减，第三产业逐渐兴旺发达，比例呈上升的趋势。我国是发展中国家，2006年，我国第一、二、三产业占GDP的比重分别为12%、49%和39%。随着我国经济的进一步发展，产业结构还会出现新一轮调整，表现为第三产业比例不断上升，服务业逐步繁荣，在这个过程中，传统的职业不断消失，取而代之的是新的职业，如2008年5月28日，人力资源和社会保障部在广州市召开第十一批新职业信息发布会，正式向社会发布了动车组司机、动车组机械师、燃气轮机运行值班员、加氢精制工、干法熄焦工、带温带压堵漏工、设备点检员、燃气具安装维修工8个新职业信息。因此，广大毕业生要时刻关注社会产业的升级和调整，关注社会职业的变化，并依据社会职业的变化调整自我，使自身适应时代的要求和发展，在就业中占得先机，立于就业不败之地。

4. 用人单位的信息。用人单位的信息在就业中作用至关重要，它是大学毕业生关系最为密切的信息之一，关系毕业生自身能否就业。用人单位一般分为国家机关单位（含参公单位，主要是公务员队伍单位）、事业单位、企业单位以及其他用人单位，随着社会的发展，也出现一些"第三部门"，即非盈利性组织（NGO）。当前，公务员、事业单位的工作人员由于其社会地位较高、工作稳定等优势在社会中越来越吃香，但竞争也越来越激烈，呈白热化态势。因此，大多数毕业生的就业方向应放在社会中的企业单位。企业单位有国有企业、集体企业、私营企业、三资企业等。

总的来说，用人单位的信息包括：（1）单位的业务内容，生产项目或主要产品等；（2）单位的知名度，发展前景；（3）单位的地理条件，工作环境；（4）单位的管理体制及其组织机构；（5）单位工作的紧张程度、学习晋升机会；单位的效益、福利及生活设施等。[1]

不同的用人单位对毕业生所具备的素质和能力要求不同，毕业生要有所了解和准备。比方说部分企业单位喜欢专业知识扎实深厚、综合素质水平高、富有开拓创新精神与做事踏实肯干的毕业生。同时越来越多的企业认识到创新对于一个团队整体发展的重要性，越来越倾向于有独特想法、勇于创新和提出不同看法意见的毕业生。此外，由于部分毕业生还心存着"天子骄子"的心态，不肯放下"架子"，在寻找工作中总是挑三拣四，对就业的期望值较高，因此，能够安心在一个单位里踏实工作的大学生比例不大，出现了频频违约或跳槽的现象。在这种情况下，用人单位更看重一个求实和忠诚的程度，更青睐于那些不挑肥拣瘦与能够脚踏实地地从事本职工作、不随波逐流、有个人成熟的职业发展规划的毕业生。当然，掌握良好的外语水平和计算机水平也是应聘单位的重要条件，尤其对外资企业来说。但教学和科研机构的用人单位与企业单位大不相同，他们更注重应聘者的理论功底、专业知识水平和科研能力。所以，大学毕业生应及时掌握各种类型单位的信息，了解和掌握用人单位的信息越全面，就业成功的希望就越大。

二、信息的分类

1. **口头信息**。口头信息主要是指人们通过交谈、聊天、对话而获得的信息内容。毕业生可以通过老师、家人、亲戚、朋友与同学等获取相关的就业信息。教师由于与社会接触较多，社会关系网较广，可能掌握着相当部分就业信息内容，毕业生可以通过教师这一渠道获得就业信息。同时，毕业生也可以通过家人和亲戚寻求就业信息。由于自身精力和财力有限，毕业生无法全面获知所有的就业信息，也应多向朋友同学询问和了解相关的信息，这些信息或许对自己的就业有所帮助。但由于是口头信息，难免存在信息准确度不够、权威性不强及可信度不高、时间性滞后等劣势，因此，大学毕业生一方面要及时与老师、家人、亲戚、同学、朋友联系和沟通，及时获取有效的信息，使之真正对就业有所帮助，以免就业信息失去了有效性。应指出的是：大学毕业生要对口头消息进行进一步的分析和了解，确定可靠性和真实性，以免使自己空欢喜一场，浪费了财力和精力。

2. **书面信息**。书面信息就是通过书面材料的方式而获得的就业信息，这也是毕业生获取就业信息的一个重要途径。比如，毕业生通过各种有关就业工作的指导性文件、学校和用人单位的各种书面通知、函件等获得就业信息。一般情况下，学校会将各种就业政策、用人单位的招聘信息张贴于相关公告栏中，或者下发到各个院系里，各个院系再发送到毕业生手中，毕业生要注重这些信息的应用。书面信息比较正式，可信度较高，权威性较强，针对性也强，毕业生针对自身实际加以重视和把握。

3. **媒体信息**。媒体主要包括报刊、电视、广播、网络等。媒体的就业信息是指通过各种媒介载体而发布的就业信息。媒体因其速度快、对象广、查看方便等优势，越来越成为发布就业信息的主要途径。尤其是网络化、信息化时代，网络的信息量大、更新速度快等特点，越来越受广大毕业生的青睐。但是，网络在带来就业信息的时候，也使就业信息的可靠性受到质疑。由于每个人在合法途径下都可以在网络上发布就业信息，这样就难免出现就业信息鱼龙混杂，存在一些借诱人的待遇而谋取不当利益的信息，从当前网络就业信息来看，诸如此类的事件多有发生，因此毕业生一定要慎重选择，及时向就业指导老师咨询，以免上当受骗，这样才能在就业过程中拨开迷雾，实现正确的抉择。

第三节　就业信息收集方法

（一）收集就业信息的原则

1. **主动性和及时性**。当今就业环境与就业形势越发严峻，大多数大学生已不再是抢手的香饽饽，一个好的职位竞争者越来越多，竞争也愈激烈，这就要求大学毕业生要主动去收集就业信息，通过不同的方法和途径尽可能多地了解就业信息，如果抱着等、靠、要的心态，那么无疑将与好工作擦肩而过。信息有一定的时效性，一般来说，时间越长，就业信息的价值越小；时间越短，就业信息的价值越大；就业信息具有共享性，即每个求职者都可以公平、平等地获知就业信息，但这不意味着大家获知就业信息时的时间是一样的，如果你先一步掌握就业信息，那么先人准备，就业成功率便可能较高；如果你落后于别人，那么无疑处于劣势。这要求毕业生在择业时做到及时掌握各种就业信息，力争在激烈的就业市场中占一席之地。

2. **准确性和真实性**。毕业生在收集就业信息时，必须确定所获得的就业信息的准确性和真实性。如果就业信息不准确将会给毕业生带来决策上的失误，可能将造成无法挽回的损失，浪费了精力和财力。要做到信息真实可靠，首先是信息源要可靠，特别是通过间接方式收集就业信息时，更要特别关注这点；其次是在信息收集过程中，要注意分析鉴别，及时剔除不可靠的信息，对一些模棱两可的信息，要追根溯源，直到弄清楚为止，真正做到深入实际，多观察，勤思考，以保证收集的信息真实可靠。

3. **具体性和适用性**。就业信息必须具体有效，切不可浅尝辄止，模棱两可。只有具体的信息才具有价值和可利用性，因此在收集资料时，不仅要对用人单位的地点、环境、生活待遇、发展前景、联系电话、邮政编码等准确掌握，同时对用人单位及应聘岗位的工作概况也要有所了解。适用性也称为针对性，是指所收集的信息必须是对就业有利用价值的。这就要求毕业生在收集就业信息时，对自身有充分的定位和认识，对岗位适合性问题应多做思考，然后根据自己的专长、特点、能力、性格、气质等各方面因素有针对性地收集有关就业信息，避免因为收集范围过大，导致浪费不必要的精力和财力。

4. **广泛性和连续性**。收集就业信息时，应尽量避免收集的面过窄而导致的就业信息内容过于单一，信息量不足，这对成功就业不利。因此，要从多方面、宽层次收集就业信息，凡是可供择业的信息都要注意收集，然后加以分类整理，只有这样，才能为职业选择提供更广泛的范围。同时大学毕业生收集就业信息时应注意连续性，即对就业信息进行跟踪，时刻注意就业信息的变化，根据信息的变化找出缺点和不足，达到完善自己，提升自身的目的。

(二)就业信息收集的方法和途径

1. **学校就业指导部门**。根据教育部的有关规定,各个高校都应成立毕业生就业指导机构以负责高校毕业生就业,主要包括学生就业指导中心、各院系负责学生工作的有关部门,另外受学校委托全权负责全校毕业生就业指导工作的行政部门,也是用人单位向学校寄送需求情况的信息集散地。近年来,随着我国大学生就业制度的不断完善,大学毕业生就业越来越走向社会化和市场化,在这种情况下,学校的就业指导部门的作用日益凸显,地位也发生了诸多变化:它不仅是高校学生毕业分配工作的行政管理部门,而且是对学生就业进行指导和服务的部门,从以往单一的政策执行人转换为调控者和服务者的双重身份。高校就业指导部门成为用人单位和毕业生沟通的桥梁,对用人单位和毕业生的具体情况都比较了解,可以根据毕业生的具体情况有针对性地向用人单位发送征求用人信息;同时结合自身的特殊地位,很多单位部门在招聘时会向它发送相关用人信息,因此它又掌握着许多就业的信息。近年来,学校就业指导部门都开设相关就业指导课,比如关于就业形势分析、求职技巧、毕业生如何提高素质、就业的法律法规等系列讲座,以此提高毕业生就业的质量和成功率。因此,学校就业指导部门是毕业生获取就业信息、提高就业成功率的"第一条通道",毕业生对其要予以高度关注。

具体来说,学校就业指导部门所获得的信息有以下三方面的优势。一是可靠性较高。由于学校就业指导部门的特殊地位,它代表着学校的形象,因此在用人单位向它传递用人需求时,学校就业指导部门就对这些就业信息进行审核和确认,防止和过滤其包含的虚假骗人信息,防止学生上当受骗。经过审核和确认后,再把这些信息传递给毕业生,保证了就业信息较高的可靠性。二是针对性较强。用人单位根据高校教学质量、专业设置、学生素质向学校就业指导部门发送用人需求的信息,这些信息是针对毕业生的,提升毕业生就业"配对"水平,而不像人才市场和报刊杂志获得的就业信息是全面性的,面向全社会的,尽管全面但不具有针对性。三是成功率较高。可靠性较高,针对性较强,也意味着毕业生在获取这些就业信息时,如果能把握住时机不断调整自己,那么成功率也就较高。

2. **各类毕业生供需见面会和招聘会**。随着我国劳动力市场不断成熟和就业制度不断改革,我国各类人才中介机构也应运而生。在我国,有三类人才市场:一是教育系统的毕业生就业市场;二是人事部门举行的人才市场;三是劳动部门举办的劳动力市场。除此之外,还有一些私营中介举办的不同层次和规模的招聘会,也有一些是大型企业和用人单位专门举办的招聘会。[2]

每年11月后,有关主管部门举行一些针对大学毕业生的大型招聘会,部分高校也举办学校专门招聘会,这些成了毕业生独享的求职"专卖店"。由于这些招聘会较早举行,这些用人单位一般都是大企业、大公司,他们会在招聘会上向毕业生介绍公司的具体情况，且针对性较强，对毕业生吸引力较大，因此毕业生要十分重视这些招聘会，尽早做好个人简历、面试技巧以及专业知识等各种准备，使自己能尽早轻松地实现就业。除了以上的一些招聘会，还有一些定期举行的招聘会，这些也是毕业生成功实现就业的良机与去处。如在福建，有海峡人才市场与华职人才市场等，各市也会有部分定期的人才招聘会。这些人才市场具有以下特点：一是数量庞大。各种各样的用人单位都会在招聘会上出现，类型丰富，不管是实力强还是实力较弱的单位都会出现在这些招聘会上；二是直接洽谈。在人才市场上，毕业生将直接面对招聘单位，通过彼此的交流可以获得较报刊等渠道更为丰富和全面的信息，更有利于毕业生正确地做好择业决策。但这些人才市场，向用人单位收取摊位费，向毕业生收取门票费，注重宣传，虽规模较大场面壮观，但签约成功率却较低，毕业生付出了较多的人力、物力和财力，却往往得不到相应的回报。当然，也有一些实力雄厚的用人单位组织人才招聘会，这样的招聘对毕业生的要求比较严格，而且应聘者较多，竞争激烈，淘汰率高。不过这也是毕业生展现个人能力和素质，实现就业的好机会，毕业生必须予以重视。

3. **传播媒体**。传播媒体主要包括报刊、电视、杂志、广播、网络等。当前，毕业生就业问题越来越受社会各界的关注，成为一个社会热点。每年上半年是大学生就业宣传的高峰期，新闻媒体都会刊登或者报道一些就业政策、行业现状、人才需求、职业发展前景等方面的内容，并对其进行深刻详细的分析。随着传媒的高度发展，传播媒体也越来越成为大学毕业生获取就业信息的主要渠道，受到了招聘机构、用人单位、毕业生的青睐。传播媒体具有速度快、涉及面广、信息及时等优势，用人单位都希望通过传播新闻媒体发布招聘信息，介绍企业现状、发展前景及人才需求，以此达到吸纳优秀人才的目的。同时，各地区各部门也主办一些专门的报刊刊登就业信息，如《中国大学生就业》、《人才市场报》，《大学生就业报》，《中国教育报》的"招生考试就业"专版，很多地方的新闻媒体也专门辟出专栏刊登与就业相关的内容。

因此，广大毕业生应重视传播新闻媒体的作用，经常关注新闻媒体，从中发现有价值的信息，把握就业机遇。由于新闻媒体所提供的信息都是公开的，人人都可以受益和利用，能够及时准确地接受的大学毕业生必将在激烈的竞争中抓住机会，掌握主动权。

4. **社会人际关系**。如果说市场竞争体制和企业进入的监督机制能够使"唯才录用"成为大家的共识，那么有效利用各种社会人际关系对于毕业生来说，也是寻求就业的一个重要途径。由于信息的发出者和接受者的对象都是人，信息总是在人与人之间传播。但由于人有亲疏远近之分，因此信息总是在关系密切的人之间优先传播的。毕业生与社会接触较少，社会经验较少，社会关系不广，所以要善于利用父母和亲朋好友的社会关系，拓宽信息来源，让更多的人帮助自己收集就业信息，寻找就业机会。

（1）家人和亲戚。家人和亲戚与毕业生在血缘关系上最为密切，在中国传统"差序格局"的文化里，他们十分关心毕业生的就业问题。由于他们来自社会的不同阶层，从事不同的职业，阅历也较复杂，接触的人群种类也比毕业生来得多，可以从不同渠道带来各种用人单位的需求信息。同时他们出于对子女或亲戚的责任心，对自己提供的就业信息先经一番推敲、筛选。因此，这种信息具有直接、有效、可靠的特性，比较符合毕业生的求职意向，传递到毕业生的就业信息，一旦接受，转化为就业岗位的可能性较大。

（2）学校老师。毕业生所在专业的老师，由于其专业的优势，比一般人更了解本专业毕业生就业的方向和范围，以及近年来毕业生的就业情况。此外老师与社会接触的机会较多，人脉较广，经常与校外的研究所、企业、公司合作开发科研项目或兼职教学、培训活动，因此会提供一些针对性较强的就业信息，这些信息可能更受毕业生的欢迎，因此，毕业生可以通过老师获得有关用人单位的相关信息，从而不断充实自己的信息库，在可能情况下，老师还可以作为推荐人和引荐人，这样就业的成功率也就更高了。

（3）同学和校友。受各种因素影响，毕业生收集就业信息量未必是完全的，即不可能收集到全部的信息，因此毕业生可以通过与同学朋友多沟通，从而获得一些就业的信息，做到就业信息的分享，这样既可以了解一些信息，又可以少花费精力。同时，毕业生可以通过"师兄"或"师姐"等"拟似血缘关系"了解就业信息，他们大多在相关相近的单位工作，对所在单位或行业的情况比较了解，他们能够清楚本专业的毕业生在人才市场上的供求状况，及在具体行业中的实际工作与发展状况。同时由于他们已走出校门，在求职的过程中更有经验，更有体会，从他们那里得知的就业信息更有参考或利用的价值，也使自身多积累经验，少走弯路。

5. **网络**。网络时代在很大程度上改变了人们的生活。毕业生网络求职，也越来越成为择业的一个重要途径。用人单位和毕业生将招聘信息及求职信息发布在网上，通过网络互相选择、直接交流，它突破了人才信息与招聘信息难以沟通的诸多局限，实现跨越时空界限、打破单向流动的传统人才交流格局。从网络上获取信息，具有快速、成本低、对象广、信息量大等优势，这些优势是其他求职方式无法比拟的。大学毕业生不仅可以便捷地从网络上获取各种就业信息，而且还可以把自己的个人基本信息输入网络上，使用人单位通过网络了解毕业生的个人信息，从而实现两者的有效互动。大学生在求职过程中，切不可毫无目的地在网络上四处收集信息，必须有目的性地搜索与求证。同时在网络上也应学会自我保护。应提醒的是，大学毕业生必须摒弃把所有希望都寄托在网络上的错误观念，因为求职的途径多种多样，网络求职并非是唯一的选择，应该在利用网络的同时，也要充分利用传统求职方式，这样才能提高求职的成功率。

6. **实践或实习的机会**。大学生在就学期间或多或少会参加一些社会实践，这些活动的校外参与单位也是就业信息能够收集的一个重要对象,也是收集的重要途径。在社会实践中,大学生应做到了解社会,提高思想觉悟,做一个收集就业信息的有心人。特别关注一些行业发展趋势、人才需求状况、具体单位或岗位用人的要求等与大学生就业有关的信息。此外一个重要的途径就是毕业实习,毕业实习的单位一般是发展前景较好、实力较雄厚、专业较对口的单位,毕业实习是学生踏入社会的前奏,是参加工作的"预演",也是展示自己能力的机会。实习一方面使用人单位对自身的能力、性格与素质等有所了解和认识;另一方面使自身对择业的领域有了更深的了解。如果自身的能力能够得到完全的发挥,同时实习单位又发现了毕业生自身能力,那么通过实习阶段的毕业生也许会获得通向就业大门的钥匙。所以要充分重视毕业实习这一环节,尽力在实习中展现自己的准就业者的风采,与用人单位建立良好的关系,这不失为就业的另一突破口。

(三)就业信息的分析

通过各种途径获得就业信息之后,毕业生就应对其进行认真仔细分析,特别要辨别真假及价值的高低,并作准确的分析,这样,做出的就业决策失误也就少些。如若缺乏分析,或者分析错误的话,那么无疑对自身就业不利。具体来说,在对就业信息进行分析时,要注意以下三点。

1. **分析信息是否真实可靠**。对就业信息源的真实性进行核实,这是首要解决的问题。如果信息中提供了联系咨询方法,应对其进行了解,如果有条件的话要对其进行认真核实。如通过拨打用人单位的电话确认信息的可信度,或者通过网络、亲朋好友等各种途径,了解该单位是否存在以及实力、信誉如何,发展前景,招聘信息是否与该单位的实际情况相符等。二对招聘的条件是否可靠进行确认和核实。若用人单位在就业信息中所承诺的各种优越条件和待遇超出了实力更强的单位,或者超出了该单位所能承受的范围,那么这种情况下毕业生就应谨慎地对待其发布信息,防止上当受骗。此外还需对应聘的要求是否切合实际进行核实。如果应聘过程附带各种交费要求,如报名费、保证金、表格资料费等不合理的收费要求,或一些不公平的其他要求,毕业生要对其提出质疑,并审慎行动。最后,对其应聘的时效进行确认。承前所述,就业信息具有时效性,如果超过了一定的时间范围,那么它就失去了价值,因此,毕业生在分析就业信息时,应该确认其是否已经过期。

2. **分析其竞争程度是否激烈**。当今就业形势越发严峻,一个职位往往有许多的应聘者竞争,特别是热门职业。如果毕业生在众多的就业信息面前只挑选待遇最高、发展前景最好的职位,那么也意味着竞争激烈程度越高,淘汰率也越高,那么很有可能会使自己陷入"一厢情愿"的尴尬境地。对竞争程度的估计,一要看自己的专业特长、学业成绩与综合素质能力;二要看符合这个职位的应聘者人数;三要看其他求职者对该招聘单位的评价情况,即单位的热门程度如何,喜欢这个单位的人越多,应聘者当然也就越多,那么成功应聘此职业的概率也就越小;四要看该招聘单位计划招收的人数。总之,毕业生在求职过程中,应对其竞争程度做到心中有数,在心中做个比较衡量,"不求最好,但求较好",在个人的就业理想与现实客观可能寻找一个较好结合点。

3．**分析就业信息是否与自己相适应**。在部分大学毕业生看来,有些用人单位的职位是最好的,最适合自己发挥和发展的,但在一些人看来则不然。因此,单位的"好"与"不好",可谓是仁者见仁,智者见智。在就业过程中,毕业生一定要记住:大家认为最好的并不一定是适合你的,你认为最好的也不一定适合自己。毕业生有时候觉得某个单位符合自己的就业理想,而实际上自己可能难以适应所面临的工作环境;有时候因为待遇优越而选择了自己不喜欢的职业,导致未来工作动力不足,甚至无法胜任。同时也不能蜂拥而至,对所谓热门的职位青睐有加,因为职位从来没有永恒的"热门",也没有永远的"冷门",它是根据社会的不断变化而变化的。某个时期内的热门,也许在另一个阶段便是冷门;相应的,一个冷门的职位也很有可能在不久未来成为热门。因此,毕业生在职位的选择上要有长远的眼光,切不可只重视眼前的利益,要高瞻远瞩,选择对自己最适合、最能发挥特长的职位。

(四) 就业信息的运用

大学毕业生对就业信息收集和分析后,目的就是能够运用信息并对求职过程有所帮助,最终实现成功就业,因此,毕业生在保证就业信息准确无疑前提下,对分析和筛选出来的信息的运用应做到以下三点。

1．**根据所分析的就业信息内容,弥补自身的缺点**。广大毕业生在收集和分析就业信息时,对其反映的有关求职者各方面的要求应该有所注意。对照就业信息检查自身的不足,在短时间内予以弥补和改正。如若自身外语水平不高,应在短时期内通过强化外语,适当掌握学习的技巧和方法,使自身的外语水平能有所提高,达到或者超过用人单位的要求。再如,部分用人单位要求求职者口头和书面表达能力较强,毕业生就要根据这些反馈的信息提高自己的表达能力,即使你不是应聘这家用人单位,难免在今后也会遇到类似要求。因此,毕业生应尽早做好各方面的准备,使各方面都能符合社会的要求,那么就业也就相对容易些。

2．**及时运用所掌握的就业信息**。毕业生一旦选定就业信息,就要不失时机、不遗余力地与用人单位取得联系,询问面试的方式、时间、地点和要求等,根据这些准备好的求职材料去应聘。如果毕业生不能够及时运用所掌握的就业信息,那么很有可能因失去了信息的价值和有效性,而丧失了主动权。

3．**适时输出,做到与他人共享**。有些信息可能对你没有价值,但这不意味着对别人没有价值,很有可能别人急需这些就业信息。遇到这种情况时,千万不要"捂着"不让别人知道,而应该大度地让别人获知这些就业信息,这不仅可能帮助别人实现成功就业,而且你主动输出对他人有用的信息,也起到相互交流的作用,别人也会与你共享他的就业信息,所以不要吝啬对他人的帮助。

第四节　就业的基本程序

社会是所有大学生的归宿,而对即将踏入社会、走上工作岗位的毕业生来说,应对就业的程序有所了解,这有助于毕业生防止因为对就业基本程序的不知、误解而给就业带来麻烦和困难。一般来说,就业的基本程序主要包括就业管理部门的工作程序、毕业生就业程序与用人单位的招聘程序三个方面。

（一）就业管理部门的工作程序

1. **国家教育部**。国家教育部是我国最高的教育行政部门,统筹管理各类高等学历教育的招生考试工作;制定各类高等学校招生计划;负责各类高等学历教育的学籍管理工作;归口管理高校毕业生就业制度改革,拟定高校毕业生就业政策,组织实施高校毕业生就业分配工作。[3]它主管全国大学毕业生就业工作,负责制定全国毕业生就业的法规和政策,部署全国毕业生就业工作并指导实施,收集和发布全国毕业生供需信息并负责协调工作,组织开展部署院校的就业工作以及就业工作的培训、研究、宣传等。[4]

2. **各省（直辖市、自治区）高校毕业生就业办公室（就业指导中心）的主要职能**:一是根据上级主管部门有关高校毕业生就业工作的政策规定以及结合本地区实际情况,制定本地区具体的毕业生就业政策和意见;二是指导和服务所属各高校和用人单位的毕业生就业工作,并提供帮助;三是组织和管理各所属高校毕业生需求信息的登记、发布和供需见面、双向选择活动;四是负责高校毕业生的报到证签发、调整和接收工作;五是协调和解决各高校毕业生在就业过程中所引起的争议问题,并向高校毕业生提供人事代理。

3. **高校毕业生就业指导部门的工作程序**。为了体现对大学毕业生就业问题的重视,指导大学生顺利就业,各个高校都成立了毕业生就业指导部门,负责全校的毕业生就业工作。具体来说,高校毕业生就业指导部门的主要程序如下。

一是负责毕业生资格审查工作。高校毕业生就业指导部门将毕业生的基本情况发送到各个院系,各个院系再将这些情况下发到毕业生,毕业生核实无误后再上报给毕业生就业指导部门,毕业生就业指导部门再次审核,将这些毕业生的基本情况上报给上级部门。

二是就业指导和教育。高校毕业生就业指导部门向广大毕业生开展就业政策、应试技巧、心理素质、就业观念等方面的培训,通过讲座、网络、公告栏、发文件通知等方式对毕业生进行指导,帮助他们提高就业的素质和能力,使他们了解就业的基本常识,最终实现顺利就业。

三是信息的收集和发布。高校毕业生就业指导部门由于其地位的特殊性,与上级就业管理部门和用人单位较熟悉，因此它能够收集到较全面的就业信息，通过分析和筛选，确保信息的价值和真实性。此外，高校毕业生就业指导部门还通过网络、报刊、信函等方式向社会发布本校毕业生的基本情况，使社会对本校毕业生基本情况有进一步的了解。

四是举办校园供需见面会。高校毕业生就业指导部门为了能进一步"推销"本校的毕业生，通过邀请用人单位参加其举办的招聘会，这不仅有利于毕业生能在"家门口"参加招聘会，而且有利于用人单位能够更加了解广大毕业生的具体情况，实现了两者的"亲密接触"。

五是学校毕业分配工作。根据上级主管部门核实的毕业生名单，制定《就业推荐表》与《就业协议书》等材料，并组织各个院系填写并做好审核登记工作。同时根据毕业生签订的就业协议书，提出具体就业建议方案。

六是做好毕业生离校工作。配合学校相关部门做好毕业生离校工作，从经验上看，毕业生离校涉及方方面面，包括宿舍财产登记、清欠缴费用、收回借书证和学生证及其他证件、领取毕业证书和学位证书等。同时做好组织关系的转移，学生户口的迁移。

（二）毕业生就业程序

1. 了解、收集和分析就业信息。了解就业信息，指的是毕业生要了解宏观和微观的就业信息，这里特别说明的是，微观信息对毕业生的作用立竿见影，做到分析处理微观信息，从中筛选出有价值和符合自己要求的信息，并对照这些信息，发现自身的优点和缺点，并通过各种方式弥补缺陷，扬长避短。

2. 确定就业目标。对就业信息的了解、收集和分析，目的是为了确定自身就业的方向和目标。毕业生就业，首先必须明确自己未来适合从事的职业，没有明确的目标，那么在就业过程中无疑将浪费许多时间和精力，甚至贻误就业的最佳时机。

一般来说，毕业生就业目标包括以下三个方面。

一是行业或职业的选择。许多毕业生会从事与自身专业相关的工作，但随着产业的不断调整和升级，职业的选择逐步打破了专业的限制，越来越多的毕业生从事与自身专业不相关的职业，很多毕业生出于兴趣，认为这个职业符合自己的性格和发展方向，虽然跟专业不大相关，但可以通过各方面的努力来弥补专业知识的不足，这样也可以胜任即将从事的工作。因此，广大毕业生要结合自身的实际情况而作出判断。

二是工作地域与工作单位的选择。毕业生在就业选择上，遇到的一个重要问题就是工作地点的选择，各种工作地域均存在着优劣并存的问题。实践证明，毕业生若待在学校所在地的城市工作，由于生活了三、四年，比较了解这个城市的就业综合情况，减少置换环境所带来的成本；若回生源地工作，对生源地的就业情况不熟悉，但家人和亲朋好友会更熟悉这一情况。若工作于发达沿海地区，待遇优厚，工作生活条件较好，但竞争压力大；若于欠发达西部地区工作，待遇一般，工作生活条件较差，但竞争程度较小，发展空间大；若在县城、乡镇等基层工作，待遇福利较城市差，但压力小，生活较安逸，究竟选择何种环境因人而异，需综合考虑。

三是单位类别的选择也至关重要。单位类别的选择上受到诸多客观因素的制约和影响，但毕业生可试着定位，确定适合自己发展的单位类别，这样有利于顺利择业。

3. **准备应聘材料**。这在第八章中已专门论述，在此不赘述。

4. **积极参加招聘会**。招聘会搭起了用人单位和毕业生相互了解和沟通的桥梁。广大毕业生在参加招聘会时，必须精心准备好应聘的基本材料，参加招聘会主要包括笔试和面试等过程。笔试主要考核毕业生的一些基本知识和专业水平，当然也包括其他方面的素质和能力，如书写能力、回答的技巧、回答细心程度等。笔试结束后，一般情况下用人单位还会安排面试。这是用人单位考核大学生综合素质和能力的手段，能体现和反映毕业生的综合素质，面试实现了用人单位和毕业生的面对面接触，它所考核的主要内容包括毕业生的表达能力、思维能力、处事能力、仪容仪表与外语水平等，以及其他一些无法通过笔试所能体现出来的综合素质（这部分在第八章中有详述，可参照阅读）。

5. **签订就业协议和合同**。用人单位在笔试和面试后，认为毕业生符合要求，毕业生也同意被录用，双方通过双向选择，毕业生便可以与用人单位签订由教育部统一制定的《就业协议书》。协议书一经签订就视为生效不能随意更改，一旦违约，就应当承担违约的责任。

《就业协议书》包括主要以下七个条款：（1）服务期；（2）工作岗位和工作内容；（3）劳动保护；（4）工资报酬和福利待遇；（5）就业协议终止的条件；（6）违反就业协议的责任；（7）学生和用人单位可以在《就业协议书》上附加双方认可的条款。[5]

签署就业协议的程序：（1）毕业生和用人单位达成协议并在《就业协议书》上签名盖章，用人单位应在协议书上注明可以接收毕业生档案的名称和地址；（2）用人单位上级主管部门批准盖章；（3）必须在协议书签订之日的十个工作日内将协议书送学校毕业生就业指导工作部门；（4）学校同意盖章，并及时将协议书反馈用人单位。[6]

6. **离校和报到上班**。毕业生在离校时，应办理各种离校手续，这里重点谈户口档案处置方式：一是如果毕业生的工作单位是党政部门、国有企业、事业单位的，户口档案可直接由本单位管理；二是如果在规定期限内毕业生还未就业的，户口档案可寄存在学校两年；三是如果毕业生工作落实在非国有企业的，学校将户口档案交还给学生本人，学生本人将户口档案放在人才市场或者人才服务中心代为保管，人才市场或人才服务中心收取一定的管理费。

（三）用人单位的招聘程序

1. **确定需求人数和招聘计划**。用人单位根据自身的发展和建设的需要，确定招聘的人数、专业、性别及外语水平等资格条件，同时制定详细的招聘计划。

2. **发布招聘信息**。用人单位在确定招聘人数和计划后，为了能够尽快招聘所需的人才，就须向社会发布，以使更多的求职者获知招聘信息。而用人单位发布信息渠道恰与毕业生获取信息渠道相符。

3. **参加招聘会或单位说明会**。为了能够进一步与毕业生接触，做到相互了解，用人单位通常参与各高校、教育部门、人才市场、人事劳动部门举办的各类招聘会，并在招聘会上预定摊位。实力较强用人单位甚至还会举办专门的单位说明会，重点介绍单位的建设、发展情况、人才需求及发展机遇、用人制度和企业文化等，并侧重回答大学毕业生所关心的各种问题。

4. **收集和分析应聘信息**。在招聘会或说明会上，用人单位会收集部分毕业生的应聘材料，为了能够招聘合格优秀的人才，用人单位必须对大量的应聘信息进行分析和筛选，初步挑选出一些符合本单位要求的资料，确认参加笔试和面试的人选。

5. **笔试和面试**。为了能够进一步考核毕业生是否符合本单位的聘用要求，用人单位邀请一些初步符合要求的人选参加笔试，笔试除了考核毕业生能力外，也成为确定面试条件。面试是众多用人单位考核毕业生综合素质的最后一关（在条件允许情况下还须体检）。

6. **签订协议和劳动合同**。毕业生一旦与用人单位达成意向，那么双方就可以签订由教育部统一制定的《就业协议书》。同时毕业生还要与用人单位签订劳动合同。

7. **上岗培训和工作**。用人单位一般都会对新员工进行系统的培训，以使新员工符合本单位的要求和规定。培训的内容主要包括单位的创业精神、规章制度和企业文化等，最终使新员工尽快适应新的工作环境和生活环境，融入单位的团队中去。

阅读材料

揭开面纱，步步为营：网络求职的小秘密

下面是一个中国网络招聘行业元老透露的行业秘密，以企业人事经理的角度来给求职者建议。

（1）简历要与大公司沾边。当人事经理搜索人才时，一般会以关键字"知名企业名称＋职位名称"，比如消费品行业可能喜欢可口可乐及宝洁的人，人事经理会这样搜索，例如："可口可乐＋销售经理"，系统会搜索到简历中出现以上关键字的求职者，如果你的简历里出现知名企业名称的字样，就可以被搜索到，例如："我在××矿泉水公司工作，成功地令竞争对手——可口可乐旗下的天与地矿泉水在当地的市

场份额减少……"；"我在可口可乐的广州白云区经销商工作"等，又提高了人事经理浏览简历的机会。

（2）经常刷新简历。当人事经理搜索人才时，符合条件的简历是按刷新的时间顺序排列，而一般只会看前面一两页。很多求职者其实并不知道刷新简历可以获得更多求职机会。因此每次登陆，最好都刷新简历，刷新以后，就能排在前面，更容易被人事经理找到。

（3）不要只应聘最近三天的职位。一般求职者认为刚刚发布的最新的招聘信息肯定是成功率最大的，其实不然。因为很多企业人事经理没有及时地登陆刷新刊登的职位，所以求职者在搜索职位时刚刷新的职位会排在前面，这些职位应聘的人多，竞争大；相反，一些职位已经是半个月甚至两个月的，应聘的人少，成功率反而高。

（4）让你的邮件永远在最前面。你要知道每天人事经理看求职者邮箱，他们其实是很懒的，100多页简历邮件他们最多只看前5页，你现在应该知道为什么你的求职简历永远没有回应。所以发邮件到企业指定的邮箱时，怎样才能让你的邮件永远排在最前面，让人事经理每次打开邮箱都首先看到你的邮件？只要在发邮件前，把电脑系统的日期改为一个将来的日期，如2012年，因为大多邮箱都是默认把邮件按日期排序，所以你的邮件起码要到2012年以后才会被排在后面。

（5）新颖的邮件标题。人事经理每天收到大量的求职电子邮件，求职者一般会按企业要求把邮件题目写成：应聘××职位，怎样才能吸引人事经理的眼球，让他先打开自己的邮件？可以在邮件题目上做文章，一天人事经理收到几百封邮件，只有标题新颖的才有机会被打开。

（6）求职信"骂"对方公司往往会带来意想不到的效果。一般人认为在求职信中称赞对方公司会引起好感，其实不然。如果先指出这家公司的缺点，往往会引起关注，语不惊人死不休，我作为人事经理，我只会对指出我们缺点的求职者有好感，对恭维我们公司的求职者一般会放在一边。即使你不知道对方公司缺点，你随便写一些永远不会错的："我认为贵公司创新不够，市场表现过于常规化；我以消费者心态观察贵公司，发现贵公司客户服务还有许多有待改进的地方；我发现贵公司品牌形象还有可能做得更好……"如闻其详，可面谈。可吸引相关公司面试。只要有面试机会，其他再说。

（7）自己要学会让简历与职位匹配。两个观念都是有效的：一是不要太在乎对方职位要求的描述，很多职位描述只是写写，连经理都不知道要招什么样的人，如果你看到对方职位要求本科，你是专科就不敢投递简历，那就失去机会了。如果你看到对方要求有5年经验，你只有3年经验，你也不敢投，那完全没有必要。

另外一个匹配观念就是他的职位如何描述，你就改变你的简历换一个说法匹配。如他说要求领导能力强，你的简历也说具有领导才能；他要沟通能力一流，你的简历也说我最擅长沟通。你的简历表面匹配度最高，也可以多增加机会。你可将简历改成为他职位描述完全量身定做的简历。其实求职者有更多的面试机会，不但可以增加成功求职机会，还可以增加自己的信心，工资越叫越高还可以积累面试经验。很多优秀的求职者网上发了很多简历没有回应，以为自己不行没有竞争力，只好自动降价，实为可惜。

要知道现在网络求职的成功率一般是发200份简历，有8份面试，2份成功，一个是你不想去的，可能一个是你相对满意的。所以网络求职的朋友千万不要对自己失去信心。

（资料来源：www.eol.cn 中国教育在线）

回顾与反思

1. 我国的职业分类有哪几种？具体有哪些？
2. 就业管理部门的工作程序包括哪些部分？
3. 《就业协议书》有哪几个条款？
4. 就业协议和劳动合同有哪些不同？

【注释】

[1] 胡修池，刘紫婷．当代大学生就业指导［M］．郑州：郑州大学出版社，2003：143．

[2] 吴薇．就业指导［M］．上海：华东师范大学出版社，2006：89．

[3] 中华人民共和国教育部网站．http://www.moe.gov.cn/edoas/website18/46/info3446.htm

[4] [5] [6] [7] 陶亦亦．大学生择业教育读本［M］．苏州：苏州大学出版社，2004：31、40、42、47．

第十一章 就业法律

改革开放以来,为了满足日渐繁荣的劳动力市场的需求,我国劳动就业法律规范也日益完善,这为市场经济的进一步发展提供了坚实的基础。总的说来,毕业生就业制度改革是高等教育改革的重要组成部分,为了确保毕业生就业制度改革有序化、规范化,必须依靠各类法律规范和政策来调整,这样才能为毕业生就业制度改革向更深、更高层次的突破提供良好的外部环境。同时,毕业生了解和掌握就业相关法律法规,增强法律意识,对于引导就业,保障权益也起着积极的作用。

第一节 相关就业法律法规概览

与大学生就业联系最紧密的法律、法规主要有《劳动法》、《就业促进法》、《劳动合同法》、《公务员法》、《就业服务与就业管理规定》、《劳动争议调解仲裁法》等,现就这几部法律法规中与大学生就业相关内容作简要介绍、分析和阐述,以提高大学生对劳动就业权利和义务的认识水平,引导大学生依法自主就业,应用法律来维护自身的合法权益。

一、《劳动法》

《中华人民共和国劳动法》(以下简称《劳动法》)于1994年7月5日第八届全国人民代表大会常务委员会第八次会议通过,1995年1月1日起施行,其制订的目的是保护劳动者的合法权益,调整劳动关系,建立和维护适应社会主义市场经济的劳动制度,促进经济发展和社会进步。

根据我国《劳动法》第三条、十二条规定:劳动者享有平等就业和选择职业的权利、取得劳动报酬的权利、休息休假的权利、获得劳动安全卫生保护的权利、接受职业技能培训的权利、享受社会保险和福利的权利、提请劳动争议处理的权利以及法律规定的其他劳动权利。劳动者就业,不因民族、种族、性别、宗教信仰的不同而受歧视。

1. 有关劳动合同的规定。 劳动合同是《劳动法》规定的保护劳动者权益的基本形式。劳动合同是劳动者与用人单位确立劳动关系,明确双方权利和义务的协议。劳动合同是劳动者保护自己权益的基本形式和书面文件,一旦劳动者所在单位违反劳动合同,劳动者可以此为依据通过行政、协商、仲裁和司法等手段维护自己的权益。劳动合同应当以书面形式订立,并具备以下条款:劳动合同的期限。即劳动合同从哪一天开始到哪一天结束。目前就期限来说，我国的劳动合同可以分为有固定期限和无固定期限以及以完成一定的工作为期限。固定期限的劳动合同，应明确劳动合同的开始期限和终止期限。但是，已经在同一用人单位连续工作十年以上的劳动者，同样可以要求与用人单位签订无固定期限的劳动合同。无固定期限劳动合同，应明确劳动合同的开始期限及终止条件。

工作内容。即所从事的工作和工作岗位。岗位的设定直接关系到劳动者是否能够胜任工作和法律责任，合同应尽量明确地书写工作和岗位，做到定岗定位。

劳动保护和劳动条件。这部分是劳动合同的最大版块，其内容几乎涵盖了半部《劳动法》，第四章工作时间和休息休假、第六章劳动安全卫生、第七章女职工和未成年工特殊保护、第八章职业培训及第九章社会保险和福利等内容都是对劳动保护和劳动条件的规定。

劳动报酬。双方应写明劳动报酬的具体数额或计算方法及支付日期，并明确该劳动报酬是税前还是税后，其他内容可以在附加条款中，根据平等自愿原则依法订立。

劳动纪律。《劳动法》只对劳动合同中的劳动纪律做了原则性规定；具体的部分主要反映在企业内部规章制度中，劳动者对此也应做详细了解，因为这涉及日后解除劳动合同的理由是否成立等问题。

劳动合同终止的条件。应当严格按照法律法规的有关规定订立，对不符合劳动法律法规的规定，不发生终止劳动合同的效力。有的用人单位将劳动法律法规规定的解除条件约定为劳动合同终止的条件，企图规避应承担的解约的补偿责任，这种约定是违法的，即使约定了也属于无效条款。

违反劳动合同的责任。《劳动法》主要在第九十七、九十八、九十九条规定用人单位违反法律的赔偿责任。

除此上述必备条款之外，当事人可以协商约定其他内容。大学毕业生应熟悉与就业相关法律知识，对哪些权利和义务可以进行合同约定做到心里有数，才能有效预防合同陷阱的欺诈。

2. 有关试用期的相关法律规定。试用期是用人单位和劳动者相互了解、相互约定的考察期。在这段期间内，用人单位考察员工的工作能力，员工也考察用人单位的情况，是双方互相试用的过程。试用期作为劳动关系的特殊阶段，也是劳动纠纷的高发区。《劳动法》第二十一条规定："劳动合同可以约定试用期。试用期最长不得超过六个月"。关于试用期更为具体的内容规定体现在《劳动合同法》中。在《劳动法》中主要体现以下几个方面的内容：

有理由退工。依照《劳动法》第二十五条规定，在试用期内，用人单位必须有证据证明劳动者不符合录用条件时，方可单方解除劳动合同。也就是说，用人单位承担的是完全的举证责任，在劳动者有明显过错的情况下，依法解除劳动合同。

无理由辞职。依照《劳动法》第三十二条规定，劳动者在试用期内可以随时通知用人单位解除劳动合同,无须提供任何理由。

试用期合同无效。根据《劳动部关于贯彻执行中华人民共和国劳动法若干问题的意见》的规定:劳动者被用人单位录用后,双方可以在劳动合同中约定试用期,试用期应包括在劳动合同期限内。即试用期不是劳动合同中的法定条款,可以约定也可以不约定。而如果约定试用期,则只能在劳动合同中约定,劳动合同是试用期存在的前提条件。不允许只签订试用期合同,而不签订劳动合同。这样签订试用期合同是无效的,但"试用期"合同的无效,并不导致《劳动法》对劳动者的保护失效。

3. **《劳动法》有关工作时间和休息休假的规定**。根据《劳动法》第三十六条,国家实行劳动者每日工作时间不超过 8 小时、平均每周工作时间不超过 44 小时的工时制度。用人单位应当根据以上规定,合理确定计件工作者的劳动定额和计件报酬标准,保证劳动者每周至少休息一日。企业因生产特点不能实行以上规定的,经劳动行政部门批准,可以实行其他工作和休息办法。用人单位在下列节日期间应当依法安排劳动者休假:元旦,春节,国际劳动节,国庆节,其他休假节日。用人单位由于生产经营的需要,经与工会和劳动者协商后可以延长工作时间,一般每日不得超过 1 个小时;因特殊原因需要延长工作时间的,在保障劳动者身体健康的条件下延长工作时间每日不得超过 3 个小时,但是每月不得超过 36 个小时。

4. **关于工资、劳动安全卫生、女职工特殊保护与社会保险和福利的规定**。

首先,《劳动法》的第五章(从四十六条至五十一条)专门对支付工资的原则和方法做了详细规定,主要内容有:工资分配应当遵循按劳分配原则,实行同工同酬;工资应当以货币形式按月支付给劳动者本人;不得克扣或者无故拖欠劳动者的工资;劳动者在法定休假日和婚丧假期间以及参加社会活动期间,用人单位应当依法支付工资等。

其次,《劳动法》要求,用人单位必须为劳动者提供符合国家规定的劳动安全卫生条件和必要的劳动防护用品,对从事有职业危害作业的劳动者应当定期进行健康检查;劳动者对用人单位管理人员的违章指挥、强令冒险作业,有权拒绝执行;对危害生命安全和身体健康的行为,有权提出批评、检举和控告。

再次,国家对女职工和未成年工实行特殊劳动保护。女大学生就业时应该特别留意相关法律条款在劳动合同中的落实情况,加强自我保护的能力。

5. **有关法律责任的规定**。《劳动法》规定的法律责任是劳动者权益的救济性内容,该部分内容占有比较大的比重,第十二章共 16 条劳资双方以及劳动行政部门的法律责任做了明确规定。其中涉及劳动者权益保护的内容主要有:用人单位制订的劳动规章制度违反法律、法规规定的,对劳动者造成损害的,应当承担赔偿责任;用人单位不得违反法律规定延长劳动时间;用人单位侵害劳动者合法权益的,不仅要支付劳动者的工资报酬、经济补偿,还要支付赔偿金等等。

二、《劳动合同法》

《中华人民共和国劳动合同法》(以下简称《劳动合同法》)于 2007 年 6 月 29 日第十届全国人民代表大会常务委员会第二十八次会议通过,2008 年 1 月 1 日起施行。《劳动合同法》是规范劳动关系的一部重要法律,劳动合同在明确劳动合同双方当事人的权利和义务的前提下,重在对劳动者合法权益的保护,为构建与发展和谐稳定的劳动关系提供法律保障。它的颁布实施对包括大学生在内的所有劳动者是一种保障。其中和大学生就业相关的内容主要如下。

(一)劳动者的权利

1. **同工同酬的权利**。同工同酬是《劳动合同法》确立的一条原则。所谓同工同酬,是指在相同或者相近的工作岗位上,付出相同的劳动,应当得到相同的劳动报酬。《劳动合同法》规定:用人单位与劳动者约定的劳动报酬不明确或者对劳动报酬约定有争议的,按照集体合同规定的标准执行;被派遣劳动者享有与用工单位的劳动者同工同酬的权利;用工单位无同类岗位劳动者的,参照用工单位所在地相同或者相近岗位劳动者的劳动报酬确定。

2. **及时获得足额劳动报酬的权利**。及时获得足额劳动报酬是劳动者基本权利之一。《劳动合同法》第十八条规定:劳动合同中缺少"劳动报酬"条款的,由劳动行政部门责令改正;给劳动者造成损害的,由用人单位承担赔偿责任;用人单位拖欠或者未足额支付劳动报酬的,劳动者可以依法向当地人民法院申请支付令,人民法院应当依法发出支付令;用人单位未按照劳动合同的约定或者国家规定及时足额支付劳动者劳动报酬的,由劳动行政部门责令限期支付劳动报酬;劳动报酬低于当地最低工资标准的,应当支付差额部分;逾期不支付的,责令用人单位按应付金额百分之五十以上百分之一百以下的标准向劳动者加付赔偿金等。

3. **拒绝强迫劳动、违章指挥、强令冒险作业的权利**。为了保障劳动者拒绝强迫劳动、违章指挥、冒险作业的权利的实现,《劳动合同法》第三十二条规定:劳动者拒绝用人单位管理人员违章指挥、强令冒险作业的,不视为违反劳动合同;劳动者对危害生命安全和身体健康的劳动条件,有权对用人单位提出批评、检举和控告。第三十八条还规定:用人单位以暴力、威胁或者非法限制人身自由的手段强迫劳动者劳动的,或者用人单位违章指挥、强令冒险作业危及劳动者人身安全的,劳动者可以立即解除劳动合同,不需事先告知用人单位。

4. **要求依法支付经济补偿的权利**。劳动合同法延续了劳动法的有关规定,赋予了劳动者要求用人单位依法支付经济补偿的权利,并对应当给予经济补偿的情形和补偿标准进一步作了具体规定。

（二）用人单位的主要义务

1. **保障劳动者的知情权**。《劳动合同法》第八条规定：用人单位招用劳动者时，应当如实告知劳动者工作内容、工作条件、工作地点、职业危害、安全生产状况、劳动报酬，以及劳动者要求了解的其他情况。

2. **招聘时不得扣押劳动者的证件和收取财物**。《劳动合同法》第九条规定：用人单位招用劳动者，不得扣押劳动者的居民身份证和其他证件，不得要求劳动者提供担保或者以其他名义向劳动者收取财物。

3. **劳动合同解除或者终止后对劳动者的义务**。在解除或者终止劳动合同后，劳动关系便不存在了。但为了切实保护好劳动者合法权益，促使劳动者尽快重新找到工作，《劳动合同法》第五十条规定：用人单位应当为劳动者出具解除或者终止劳动合同的证明，并在十五日内为劳动者办理档案和社会保险关系转移手续；用人单位依照本法有关规定应当向劳动者支付经济补偿的，在办结工作交接时支付。

三、《就业促进法》

《中华人民共和国就业促进法》（以下简称《就业促进法》）由中华人民共和国第十届全国人民代表大会常务委员会第二十九次会议于 2007 年 8 月 30 日通过，自 2008 年 1 月 1 日起施行。该法律的主要目的在于促进就业，促进经济发展与扩大就业相协调，促进社会和谐稳定，内容包括政策支持、公平就业、就业服务和管理、职业教育和培训、就业援助、监督检查、法律责任等。作为一部普惠性的法律，《就业促进法》确立了坚持劳动者自主择业、市场调节就业、政府促进就业的方针，高举公平就业的旗帜。在毕业生就业形势依然严峻的情况下，它的颁布施行对大学生就业具有积极意义。

1. **推动大学生更新就业观念，创新就业模式**。《就业促进法》第七条规定：国家倡导劳动者树立正确的择业观念，提高就业能力和创业能力；鼓励劳动者自主创业、自谋职业。大学生是社会的智力型人力资源，引导更新观念，自主创业，不仅能缓解我国当前存在的就业结构性矛盾，在宏观上形成更有利于促进大学生就业的整体环境，而且通过适当的政策扶持，智力型人才的自主创业还能孵化出高素质的经济实体，吸纳更多人员就业，推动整个国民经济可持续发展。为此，《就业促进法》把对创业的金融支持以法律的形式确定下来，在第十九条特别规定，对自主创业人员在一定期限内给予小额信贷等扶持，显示了国家在促进大学生创业和提升国民经济质量的决心。

2. **保护平等就业权，减少就业歧视**。《就业促进法》的重要目的就是创造公平的就业环境，第三章共有七条内容对公平就业做了详细规定。第二十五规定：各级人民政府创造公平就业的环境，消除就业歧视，制订政策并采取措施对就业困难人员给予扶持和援助；第二十六条规定：用人单位招用人员、职业中介机构从事职业中介活动，应当向劳动者提供平等就业机会和公平就业条件，不得实施就业歧视。此外，《就业促进法》还把就业歧视的法律救济途径写进第六十二条，指出违反本法规定，实施就业歧视的，劳动者可以向人民法院提起诉讼。《就业促进法》最大的突破意义就在于，当劳动者遭遇就业歧视时，可以根据法律通过诉讼维护自己公平就业的权利。

3. **促进就业援助与扶持工作的深入开展**。就业提供援助服务，是《就业促进法》新提出的制度，也是该法的一大亮点。《就业促进法》第二十一条规定，各级人民政府应当统筹做好城镇新增劳动者就业、农村富余劳动者转移就业、失业人员再就业工作。各级人民政府应当根据妇女、残疾人、高等学校和中等职业学校毕业生、退役军人等不同就业群体的特点，采取相应措施，鼓励社会各方面通过开展有针对性的创业培训、就业服务等活动，提高其就业能力和创业能力，并依法给予扶持和帮助。城镇新增劳动力的主力就是青年，其中包括未就业的大学生。《就业促进法》的有效实施，将会使大学生成为重要的受益群体，这不仅有利于高校毕业生发挥才干、建功立业，还关系到千万个家庭的幸福和国家的长治久安。

四、《就业服务与就业管理规定》

2007年11月5日，劳动保障部颁布了《就业服务与就业管理规定》（劳动和社会保障部令第28号）。《就业服务与就业管理规定》（以下简称《规定》）共9章77条，对《就业促进法》中就业服务与管理、就业援助的相关制度做了进一步细化和完善，首次提出培育完善人力资源市场的要求，对促进就业，发挥市场在人才资源配置中的积极作用，具有重要意义。

《规定》针对《就业促进法》的相关内容做了全面的细化，对就业服务与管理、就业援助的相关制度都做了进一步完善，有许多特点。[1]

1. **细化了公平就业的规定**。如第二十条要求用人单位的招工简章、招聘广告以及职业中介机构发布的就业信息都不得包含歧视性内容。第十九条规定：用人单位在招用人员时，除国家法律、行政法规和国务院卫生行政部门规定禁止乙肝病原携带者从事的工作外，不得强行将乙肝病毒血清学指标作为体检标准，《规定》对此还设置了处罚条款。

2. **完善了公共就业服务制度**。主要是确定劳动保障行政部门和公共就业服务机构的相关职责，落实免费就业服务项目，充实就业服务内容，提升就业服务质量，拓展职业指导服务功能、为用人单位服务以及为残疾人服务的内容，要求推进人力资源市场信息化建设，并明确要求公共就业服务机构不得从事经营性活动、招聘会不得向劳动者收取费用等。

3. **强化了就业援助制度。**《规定》专设"就业援助"一章,确立了公共就业服务机构对于就业援助的工作任务,特别是对街道、社区公共就业服务机构的援助职责做出了明确规定。要求公共就业服务机构建立就业困难人员帮扶制度和零就业家庭即时岗位援助制度,实施优先扶持和重点帮助。

4. **健全了就业登记和失业登记制度。**《规定》六十二条明确,有用人单位的劳动者,由用人单位在招用后到公共就业服务机构为其办理就业登记;从事个体经营或灵活就业的劳动者,由本人到街道社区公共就业服务机构办理就业登记。为加强与劳动用工备案工作的衔接,《规定》将备案程序作为就业登记制度的具体内容,使用工备案工作与就业登记工作有效整合。

五、《公务员法》

《中华人民共和国公务员法》(以下简称《公务员法》)于2006年1月1日起施行。这部法律系统地规定了公务员的条件、义务与权利,职务与级别,录用,考核,职务任免,职务升降,奖励,惩戒等,其制订的目的为了规范公务员的管理,保障公务员的合法权益,加强对公务员的监督,建设高素质的公务员队伍,促进勤政廉政,提高工作效能。考取公务员是当前大学生就业的重要途径之一,了解《公务员法》的相关规定是大学生拓宽就业渠道,正确树立就业目标的必要前提。

《公务员法》第二条规定,公务员,是指依法履行公职、纳入国家行政编制、由国家财政负担工资福利的工作人员。"公务员录用"是指国家行政机关按照一定的标准,通过法定的方法和程序,从社会上(包括应届毕业生)选拔优秀人才到政府机关工作,并与之建立公务员权利和义务等法律关系的行为。被录用人员一般担任主任科员以下及其他相当职务层次的非领导职务公务员,采取公开考试、严格考察、平等竞争、择优录取的办法。公务员录用考试采取笔试和面试的方式进行,考试内容根据公务员应当具备的基本能力和不同职位类别分别设置,一般笔试内容包括基础知识、行政职业能力测试等。录用程序包括发布招考公告,根据报考资格条件对报考申请进行审查,对审查合格的进行公开考试,对考试合格进行体检和政治思想、道德品质、工作能力等方面的考核,提出录用人员名单,办理录用手续等。新录用的公务员试用期为一年。试用期满合格的,予以任职;不合格的,取消录用。机关对新录用人员应当在试用期内进行初任培训。

《公务员法》第八十条规定:公务员辞去公职,应当向任免机关提出书面申请。审批期间申请人不能擅自离职,辞职离开国家行政机关的不再保留国家公务员身份。被辞退的公务员,可以领取辞退费或者根据国家有关规定享受失业保险。第八十一条规定:国家公务员未满国家规定的最低服务年限的,以及重要公务尚未处理完毕,且须由本人继续处理的等五种情形,不能辞职。

六、《劳动争议调解仲裁法》

《中华人民共和国劳动争议调解仲裁法》于 2007 年 12 月 29 日通过，自 2008 年 5 月 1 日起施行，其制订的目的是为了公正及时解决劳动争议，保护当事人合法权益，促进劳动关系和谐稳定。作为劳动程序方面的立法，它是继《劳动合同法》、《就业促进法》之后出台的又一部规范劳动关系的重要法律。该法在缩短周期、减少环节、提高成效、降低成本等方面作出了许多新的规定，目的在于建立方便、快捷、有效、低廉的劳动争议处理制度。劳动者应充分运用这些新的规定，提高维护自身权益的本领。

1. **扩大受案范围，解决劳动者"投诉无门"的问题。**[2] 与 1993 年国务院发布的《企业劳动争议处理条例》相比，该法第二条规定的受案范围增加了"因确认劳动关系发生的争议"，因"工作时间、休息休假"发生的争议，因"工伤医疗费、经济补偿或者赔偿金等发生的争议"。这些都是当前引发劳动争议的主要情形，也是劳动者普遍关心的问题，把它们纳入受案范围，使劳动者申诉有据。此外，第五十二条规定："事业单位实行聘用制的工作人员与本单位发生劳动争议的，依照本法执行；法律、行政法规或者国务院另有规定的，依照其规定。"这一规定解决了事业单位实行聘用制工作人员面临劳动争议申诉无门的问题。

2. **举证责任倒置，加大劳动者维权力度。**[3] 该法第六条规定："发生劳动争议，当事人对自己提出的主张，有责任提供证据。与争议事项有关的证据属于用人单位掌握管理的，用人单位应当提供；用人单位不提供的，应当承担不利后果"。第三十九条第二款还规定："劳动者无法提供由用人单位掌握管理的与仲裁请求有关的证据，仲裁庭可以要求用人单位在指定期限内提供。用人单位在指定期限内不提供的，应当承担不利后果。"

这些举证倒置的规定，是对劳动者举证责任上的照顾，将遏止不法用人单位的恶意规避行为。与此同时，一旦由用人单位掌握的证据发生遗失毁损，用人单位也将承担不利后果，这也间接起到保护劳动者权益的作用。

3. **调解渠道拓宽，降低维权成本。**[4] 为拓宽调解渠道，该法第十条规定在保留"企业劳动争议调解委员会"的基础上，调解渠道增加了司法机关设立的"基层人民调解组织"和"在乡镇、街道设立的具有劳动争议调解职能的组织。"后一种组织指的是区域性行业性劳动争议调解组织，这是近年来各地出现的新型劳动争议调解组织，实践效果较好，这次被写进《调解仲裁法》，其法律地位得到了确认。调解渠道的拓宽，既能够有效利用社会资源，也能够弥补大量非公有制企业缺少调解组织的不足。

同时，该法第十六条规定：因支付拖欠劳动报酬、工伤医疗费、经济补偿或者赔偿金事项达成调解协议，用人单位在协议约定期限内不履行的，劳动者可以持调解协议书依法向人民法院申请支付令，人民法院应当依法发出支付令。本条规定缓解了劳动者维持生计和维护权利之间的冲突，劳动者可以直接申请支付令而无须经过仲裁中间环节，减少时间损耗，降低了维权成本。而且，该法第二十一条所确定仲裁管辖采取合同履行地优先原则，第四十三条的劳动争议仲裁审理期限限定，第四十七条的特殊仲裁裁决的一裁终局制，第五十三条的劳动争议仲裁不收费等规定，从时间、空间和经济等各个角度赋予劳动者维权的便利，凸显了对劳动者最基本的"生存权"的人文关怀，极大地促进劳动者法律民主意识的觉醒和维权能力的提升。

第二节 就业的侵权与维权

大学生是我国优质的人才资源，保护好他们的就业权益，有助于加速他们所学知识的资本化进程，是我国实施人才战略的有机组成部分。如何保障大学生就业过程中的正当权益，正成为社会、政府、高校和大学生日益关心的课题。重视并保障大学生就业权益，促进毕业生充分有效就业是贯彻科学发展观，构建和谐劳动关系，推动全面建设小康社会进程的必然要求。加强对大学生就业指导与服务，进一步明确大学毕业生在就业中的合法权益，使其掌握相关法律知识，依法维护自身权益，已成为高等学校就业指导部门一项紧迫的任务。

一、当代大学生面临的就业困境

由于面临着就业的结构性矛盾，目前我国大学生"毕业即失业，报到就下岗"已经不是个别现象，在严峻就业形势下，一些不法用人单位乘机利用优势地位，针对大学生频频设置就业陷阱，使得大学毕业生在就业中的弱势地位进一步加剧，严重侵犯了他们的合法权益。

（一）弱势地位

就我国当前就业情况而言，无论在劳动力市场整体还是在微观劳动关系中，劳动者和用人单位都处于不平等的状态。宏观层面上，高校扩招后的毕业生人数与日俱增，大学生的就业形势愈发严峻。在结构性矛盾的影响下，我国劳动力市场存在"供大于求"的情况，面对市场化的竞争和就业的巨大压力，大学生"天之骄子"的地位正在日渐丧失，他们承受就业压力远远大于用人单位的招聘压力，处于"不平等"地位。微观层面上，除了掌握紧缺专业和尖端领域知识的稀缺人才外，就业中的"买方市场"地位难以撼动，用人单位有着"用人自主"的权利，"人尽其才"指导原则无法有效发挥作用，在一般的劳动关系中就业者具有明显的从属性，这使得大学生在择业过程中处于相对不平等状态。地位上的弱势现状，产生了一系列连锁反应，加剧了大学生就业中的矛盾。

（二）就业歧视[5]

就业歧视作为一种具有普遍性的社会现象，与任何其他社会现象一样都是受到各种因素的影响，比如经济、政治、制度、历史以及文化等，在这些因素的影响下就业歧视呈现出不同的形式与结果。在严峻的就业形势下，就业歧视成为大学生就业难以承受之重，形形色色的歧视，如户籍、年龄、性别、经验、文凭等方面的歧视，破坏了和谐的劳动关系，影响了人才的自由流动和合理配置。

1．**地域歧视**。目前，在我国表现得最为严重的就业歧视就是现存的户籍歧视。有些单位和地方把非本地人口看成本地人口的竞争对手，从而制订了一系列排斥和歧视非本地户口的人才政策。优先接受本地生源，就意味着外地生源在就业时要遭受着不平等的待遇。一些企业和行业还存在招聘的"潜规则"，对某些涉及财务、安全等领域的职位，也基本不聘用外地人，而有些行业即便聘用了，也是和本地人同工不同酬。而且，由地域歧视还派生出了社会关系歧视和方言歧视。有些单位以非本地人口不像本地人那样具有相应社会关系，不熟悉当地方言和习惯，不利于开展工作和业务为由，对外来就业人口拒之门外。

2．**年龄歧视**。由于《中华人民共和国劳动法》只规定了"劳动者就业，不因民族、种族、性别、宗教信仰不同而受歧视。"但没有对"禁止年龄就业歧视"作出规定。目前在剧烈市场竞争中，就业者年龄成为不少单位招聘人才的"硬指标"。这个给一些有复读、辍学经历的毕业生，以及通过自考等途径获得国家认可学历的社会人员的就业造成了困难。

3．**性别歧视**。在现实中就业的性别歧视仍然比较严重，有的用人单位在招聘毕业生时重男轻女，有的甚至拒绝接受女大学生，剥夺了女大学生工作的权利，有的即使聘用了，却对男女求职者采取双重标准，"男性优先"的不成文规定造成了一定范围内的"宁要武大郎不要穆桂英"和男女同工不同酬现象的存在。在现实中，女性大学生就业往往还受"单身条款"、"禁孕条款"、"禁假条款"等歧视性条件的限制。

4．**学历（文凭）歧视**。人才市场的恶性竞争下，高标准严要求成为就业领域内难以跨越的障碍，人才高消费和浪费的现象比较严重。不少单位"咬定文凭不松口"，"抓住学历不放松"，非原始学历不可，非名牌学校不要。还有的单位公开拒绝自学考试和其他国家认可的学历。一味追求高学历、名牌学校，导致了不少大学生、研究生等高层次人才被迫"低位"就业。

5．**专业（经验）歧视**。不同岗位，确实需要不同专业的人才，适当的专业分工具有合理性。但过分强调专业的做法，难以避开歧视的嫌疑。专业和专业能力是有区别的两回事，现代社会需要的是宽领域、复合型、创造性的人才，在不太需要过于"细分"专业的行业领域内挑剔专业，造成不少人才求职无门。与此同时，在我国，一些招聘单位或雇主经常向求职者提出要求具备工作经验的条件，这实际上是

235

招聘单位或雇主逃避社会责任,仅仅关注自身盈利目标的一种异化现象,这也使得应届大学生就业以及人才流动遭遇尴尬。

6. **人身歧视**。近年来身高、容貌、视力、体型和体检标准等身体条件越来越频繁地成为用人单位的参考因素,身体标准和健康歧视也成为就业争议最多的话题,有些单位无视国家规定的相关体检标准和身体条件要求,人为拔高或有意突出某些指标,使不少合格人才被拒之门外,甚至在一些单位还存在着"以貌定薪"的现象。

(三)就业陷阱

1. **试用期滥用**。试用期是指用人单位对新招收的合同制职工进行思想品德、劳动态度、实际工作能力、身体情况等进行进一步考察的时间期限。根据我国劳动法的规定,劳动合同可以规定试用期,其期限的长短由企业根据不同工种的实际情况确定,但最长不得超过六个月。劳动合同试用期作为劳动合同中的一个特殊阶段,对于帮助用人单位以最低的成本风险争取优秀人才加入,促进劳动者的风险意识和竞争意识,提高就业者对用人单位及岗位的认识水平,都有极其重要的意义。但在实际就业中,不少大学生遭遇到了用人单位以实习期、见习期为由规避试用期规定,利用试用期随意解除劳动合同,甚至是恶意拉长试用期榨取劳动力的陷阱。

2. **规避劳动合同**。[6]《劳动法》第十六条、第十九条规定,"建立劳动关系应当订立劳动合同","劳动合同应当以书面形式订立"。但受降低用工成本的驱动,为逃避缴纳社会保险和解雇成本的法律责任,用人单位存在用就业协议签订代替劳动合同签订,甚至是拒绝签订劳动合同的做法,来规避自身责任。就业协议与劳动合同性质截然不同,就业协议仅为毕业生、用人单位和学校三方达成的用人单位同意接收毕业生的承诺,并不涉及劳动合同的具体条款,其效力始于签订之日,终于学生到工作岗位报到之时。显然,就业协议不能取代劳动合同,劳动合同才是真正就业的法律体现。缺少书面劳动合同,一旦发生争议,劳动者合法权益得不到有效维护。

3. **合同短期化**。目前就业市场中劳动合同期限以短期合同为主,这在较大程度上影响了职工的职业稳定感、岗位责任感和社会归属感。这种现象对大学毕业生尤为严重,无法稳定就业状况使他们在面临着生存与竞争危机,在就业以后仍然承受着巨大的心理压力和精神负担。一旦合同到期无法续聘,在脱离本行的情况下,他们更是面临着年龄偏大、经验局限等就业障碍,难以找到比较适合自己的工作岗位。

4. **合同条款格式化**。现实中,用人单位在劳动合同的订立中居于主导地位,大学生就业者在劳动关系中一般只处于从属地位。在劳动合同订立时,用人单位大多使用的是预先拟定好的合同文本,大学生就业者只有签与不签的选择,很少也很难与用人单位讨价还价,使劳动合同事实上成为格式条款,有的格式条款更演化为侵权的"霸王条款"。因此,用人单位往往存在着回避提醒义务,免除自身责任的便利。一旦大学生不小心签下"霸王合同",日后其就会成为用人单位侵权的挡箭牌,劳动者维权起来十分困难。鉴于格式条款存在的问题,很多学者认为,格式条款是对合同自由的破坏,甚至有学者将其称为"合同的死亡"。[7]

5. **考核形式化**。有些单位的用人计划已经有了内定的意向人,但是为了应付相关主管部门的监督,树立自身公平、公开、公正的形象,走过场式地开展考核工作,导致不少求职心切的毕业生花费了大量的精力和成本,在求职过程中疲于应对的同时,丧失了一些相关岗位的竞聘机会。

6. **招聘信息虚假化**。一些用人单位为了招聘到高层次人才,装点单位门面,常常在介绍招聘岗位信息时歪曲、编造、美化,极尽包装之能事。这些单位经常以高薪和发展前景为诱饵,口头承诺优厚待遇,迫使应聘者立刻签订合同以及约定高额毁约金的方式,千方百计套牢求职者。又如一些不规范的网站和中介机构,通过接取求职简历,获取大量个人信息,出售给企业作为销售信息。

二、大学生就业的合法权益

大学毕业生在就业过程中可享有多种权益,根据目前劳动就业领域内的相关法律法规,大学毕业生享有的权益主要可以归纳为两大部分:一是在择业过程中享有的权利;一是录用单位予以的权利。

(一)大学毕业生在择业过程中享有的权利

1. **获取信息权**。就业信息是毕业生择业成功的前提和关键。毕业生只有在充分占有信息的基础上,才能选择适合自身发展的用人单位。政府、高校、社会以及用人单位为毕业生提高信息应该符合公开、及时、全面的要求。

2. **接受就业指导权**。学生有权获得来自学校、政府相关部门以及公共就业服务机构的指导与服务。劳动和社会保障部颁布的,自2008年1月1日起实施的《就业服务与就业管理规定》在第四章中有多款条文对公共就业服务机构的就业指导的内容进行了规定。

3. **被推荐权**。高等学校在就业工作中的一个重要职责,就是向用人单位推荐毕业生。大学生在毕业时享有被推荐权,包含以下三方面的内容:其一,如实推荐。即应根据毕业生本人的实际情况,向用人单位进行介绍、推荐,不能故意贬低或随意捧高。其二,公正推荐。公正推荐是学校的基本责任,也是毕业生享有的最基本的权利。学校对毕业生进行推荐应做到公平、公开、公正。其三,择优推荐。学校根据毕业生的在校表现,在公正、公开的基础上择优推荐。

4. **选择权**。根据国家有关规定,高校毕业生在国家就业方针、政策指导下自主选择用人单位,学校、其他单位和个人均不得干涉。任何将个人意志强加给毕业生,强令毕业生到某单位工作的行为都是侵犯毕业生选择权的行为。毕业生的选择权以供需见面,双向选择的形式来落实。

5. **公平待遇权**。公平受录用权是毕业生最为迫切、最需要得到维护的权利。根据《劳动法》规定,一旦被用人单位录用,发生劳动关系,毕业生就应享有取得劳工报酬、休息休假、劳动安全保护、接受就业技能培训、享受社会福利和社会保险等方面的权利。用人单位在录用毕业生的过程中,也应公正、公平的原则,做到一视同仁。

6. **违约及求偿权**。毕业生、用人单位签订协议后,任何一方不得擅自毁约。如用人单位无故要求解约,毕业生有权要求对方严格履行就业协议,否则用人单位应对毕业生承担违约责任,支付违约金,毕业生也有权要求用人单位进行补偿。

7. **试用期无理由辞职权**。依照《劳动法》第三十二条规定,劳动者在试用期内可以随时通知用人单位解除劳动合同,无须提供任何理由。

(二)按照法律规定由录用单位予以实现的权利

没有义务,权利便不再存在;没有权利,便没有义务存在的必要。权利的实现是以义务的履行作为条件的;义务的履行是以权利的实现作为目标的。权利的实现要有条件,其直接相应的条件就是义务人要履行应尽的义务。毕业生与用人单位建立的法律关系,实质上就是权利和义务关系。为了切实保障毕业生劳动就业的权利实现,必须使用人单位真正地履行以下两方面的义务:

1. **履行协议,并接收毕业生的义务**。协议书是国家专用于毕业生就业的正式文本,具有法律效力。双方一旦签约,就有义务严格履行协议,不得无故进行更改。用人单位必须依照协议接收毕业生,并妥善安排毕业生的工作,提供相应的工作和生活条件,以保证毕业生的正常工作。

2. **按照《劳动法》的规定,提供毕业生各种劳动保障的义务**。《劳动法》第三条规定:"劳动者享有取得劳动报酬的权利、休息休假的权利、获得劳动安全卫生保护的权利、接受职业技能培训的权利、享受社会保险和福利的权利、提请劳动争议处理的权利以及法律规定的其他劳动权利。"毕业生到用人单位报到后应与单位签订劳动合同,用人单位则应该按照《劳动法》第五十二条的具体规定,主动履行义务,为毕业生提供符合法律规定的和职业要求的劳动条件。

三、大学生就业维权重在预防

大学生既是高等教育改革和发展的受益者,也是就业制度改革后果的直接承受者。大学生就业难、难就业,已经成为不争的事实,伴随这个问题产生的大学生就业权益保护问题也日显急迫。如何保护好大学生就业权益,关系到高校毕业生就业制度改革的成效,成为一个事关国计民生的大课题。毕业生就业权益的保护是一个系统工程,需要政府、社会、高校和用人单位形成合力,从战略的高度和全局的角度,采取全方位、多层次、多样化的手段予以综合治理,但最为根本的是要强化毕业生就业权益的自我保护，做到预防为主，把握时机，争取主动。

（一）为在事先，自我救济

大学生应该清醒地认识到，在如今的就业形势下，侵犯毕业生就业权益的现象时有发生，临时突击补习的做法已经满足不了将来就业的法律需求，在学习的过程中就要抓紧时间学习相关的法律政策。在就业过程中一旦自身的合法权益受到侵犯时，要做到不等不靠、不屈不挠，在第一时间内积极主动采取各种方法进行自我救济。

1. 平日里要积极争取来自学校、就业主管部门和公共就业服务机构的指导和服务，提高就业选择的质量和水平。高校的保护对毕业生权益的保护最为直接，它可以通过指导与服务，站在"后台"为毕业生提供信息、机会和指导，又可以组织的形式直接对供需见面和就业选择中的不公平、不公正的行为进行抵制。

2. 要树立信心，端正就业态度。求职与招聘是一个双向选择的过程，双方是平等的，只有双赢，才真正有利于双方。求职时不应低三下四、任人摆布，更不应怨天尤人、听天由命，而应积极主动，有尊严、有信心地与招聘单位进行平等交往。

3. 对来自不同招聘渠道的信息进行客观冷静地分析。一般来自学校就业网站和校园招聘会的信息是最可信赖的，但学校就业部门毕竟只能起一道"防火墙"的作用，要真正甄别真假，还要自己多了解；对信息量最大的网上招聘不能轻信，真正比较权威的网站应该是与政府人事部门、教育部门、劳动部门有链接的官方网站；对社会上举办的招聘会不能"漫天撒网"，应该有的放矢，否则会有让自己的简历落入非法中介机构的风险；

4. 在得到应聘机会时，要注意从多方面了解应聘单位是否合法规范，是否与自己的就业目标和职业理想相一致，可采取实地考察，从已就业的学长那里了解该公司的声誉，在参加面试时观察该单位的工作氛围、人员素质，也可以从一些官方权威网站查找该单位的信息等方式对用人单位的实况进行确认。

5. 发生就业争议时候，要主动自我救济。[8]

（1）依靠组织力量，寻求校方支持。毕业生充分有效就业是学校责无旁贷的义务，以学校为后盾进行协商和调节，可以在一定程度上克服毕业生的弱势地位，组织与组织之间的沟通有利于矛盾的协调和解决。而且，这样也可以帮助学校及时发现大学生就业中存在的问题，为日后更有效开展就业指导与服务创造条件，为其他同学提供警醒的案例。

（2）依法举报，惩治违法行为。当发现用人单位有违法违纪行为时，要坚决、及时地予以举报。就业和劳动主管部门可以利用行政力量进行检查，发现违法现象可以进行行政处罚，并能强制用人单位给受害者赔偿。

（3）放下包袱，采用司法途径。如果碰到问题无法与单位协商解决，可以向单位所在地劳动争议仲裁委员会要求仲裁；对仲裁裁决不服的，可以向单位所在地人们法院提起诉讼。特别是 2008 年 5 月 1 日起施行的《劳动争议调解仲裁法》在缩短周期、减少环节、提高成效、降低成本等方面作出了许多新的规定，建立起方便、快捷、有效、低廉的劳动争议处理制度，劳动者应充分运用这些新的规定，提高维护自身权益的本领。

（4）借助媒体，发挥舆论导向作用。新闻媒体与网络高度发达的时代，它们可以发挥很好的舆论导向作用，对各种不公正和违法的现象进行曝光，既能为弱者积聚正义力量，也能引起相关部门的重视，从而促使这些问题的有效解决。

（二）提高认识，防患于未然

虽然求职者在权益受侵犯后可以通过协商、调节、申请劳动仲裁等方式保护自己，可是事后的补救都会有其弊端，不如防患于未然。关键还要让毕业生用好法律这把利剑，注意订立合同时的法律问题，掌握权益自我保护的知识。唯有如此，大学生才有可能从根本上做到有理、有利、有节地处理好就业过程中的法律权益保障问题。

1．**确认合同相关内容**。毕业生要与用人单位订立劳动合同，这是除国家招聘公务员是根据人事部门的招聘条件外，一切用人单位必须具有的一个形式。聘用合同由必须用人单位所在地政府人事部门鉴证。在订立时要注意以下问题。

（1）用人单位必须具备主体资格。具有订立劳动合同的主体资格的单位是我国境内的企业、个体经济组织和国家机关、社会团体、事业组织等。即只有与这些单位订立的用人合同才受到劳动法的保护。在实践中有一些人没有注意到用人单位的合法性，导致劳动权利无法得到保证。

（2）要以书面的形式订立劳动合同。我国劳动部门在订立劳动合同时，不但要求必须以书面形式，而且要求劳动合同订立以后，企业应当向当地劳动行政主管部门备案。

（3）合同中必须具有的内容。一般来说，劳动合同中必须具备以下条款：合同的期限；试用期限；生产、工作岗位及应当完成的任务；生产、工作条件；劳动报酬及保险福利待遇；劳动纪律；违反劳动合同的责任等。

（4）双方约定的事项。在订立劳动合同时，双方就协商一致后所形成的一些事项也要写进合同中，实践中有以下内容：针对特定的人和事所达成的比较优惠的待遇；培训费用的承担；合同的变更和解除；知识产权的归属；商业秘密的保护等。由于大学生就业属于知识阶层，与用人单位涉及的企业商业秘密比较多，有些用人单位为了保护本单位的商业秘密往往在合同中规定离开本单位时的竞业限制。

此外，订立劳动合同不得违反法律行政法规。除主体合法，合同的内容合法外，当事人协商达成的劳动合同不得违反国家禁止性规定，不得损害国家、社会、集体和他人的合法权益，有关劳动报酬劳动保护、保险、职业培训、工作时间、民主管理等方面的规定不得与国家的法律行政法规相抵触。

2. **要了解劳动争议制度的原则和模式。**根据《劳动法》和《劳动争议调节仲裁法》的相关规定，我国劳动争议制度的原则和基本模式是，解决劳动争议，应当根据事实，遵循合法、公正、及时、着重调解的原则，依法保护当事人的合法权益；发生劳动争议，劳动者可以与用人单位协商，也可以请工会或者第三方共同与用人单位协商，达成和解协议；发生劳动争议，当事人不愿协商、协商不成或者达成和解协议后不履行的，可以向调解组织申请调解；不愿调解、调解不成或者达成调解协议后不履行的，可以向劳动争议仲裁委员会申请仲裁；对仲裁裁决不服的，除本法另有规定的外，可以向人民法院提起诉讼。

3. **运用实体法保护自己的合法权益。**作为一名刚刚投入社会、即将就业的大学生，应当知道成为劳动者在我国的法律规定中具有哪些基本权利，掌握相关法律规定的劳动者应当掌握相关实体法律的主要内容，以此来判断解决纠纷是否会胜诉。

（1）劳动权。对每一个选择就业的人来说，劳动既是权利，又是义务。我国《宪法》、《劳动法》规定："中华人民共和国公民有劳动的权利和义务，国家通过各种途径，创造劳动就业条件，加强劳动保护，改善劳动条件"；"劳动者享有平等就业和选择职业的权利"；我国公民的就业权，不因民族、种族、性别、宗教信仰不同而受歧视。就权利来讲，首先是平等就业和选择职业的自由；再者是享受国家对劳动者所创造的就业条件和劳动保护。

（2）劳动报酬权。劳动者付出劳动，同时获取其报酬，这是我国《宪法》和《劳动法》赋予劳动者的一项权利。作为择业的劳动者应理解这一报酬有两层含义，一是劳动者与用人单位约定报酬的权利，二是用人单位必须遵守劳动法有关规定支付劳动报酬。其中劳动者与用人单位有关劳动报酬的约定必须符合法律的有关规定，主要有以下三方面：一、有关最低工资标准的规定，即用人单位支付给劳动者的工资不得低于当地最低工资保障水平；二是有关工资支付的规定，用人单位应当以货币的形式按月支付劳动者的工资不得克扣或者无故拖欠工资；三是有关特殊规定，劳动者在法定节假日和婚丧假期间，用人单位应当支付工资。

（3）劳动保护权和劳动保障权。劳动者在劳动过程中其身体健康和生命安全应受到保障的权利，《劳动法》第五十二条对劳动保护作了具体的规定，要求用人单位对劳动者要提供安全、卫生、特种劳动作业者的身体保障措施的条件。

（4）职业培训权。劳动者的职业培训权是实现劳动者的劳动权的重要前提条件，职业培训是劳动者为提高职业技能或就业能力而进行各种业务学习和职业技能训练的权利。《劳动法》第六十三条规定："用人单位应当建立职业培训制度，按照国家的规定提取和使用职业培训费用，根据本单位实际，有计划地对劳动者进行职业培训"。

（5）社会保险、福利权。社会保险、福利权是劳动者在年老、患病、工伤、失业、生育或丧失劳动能力情况下获得物质帮助和补偿的权利。《劳动法》第七十三条规定：劳动者在退休、患病、因工伤残或者患职业病、失业、生育等情形下依法享受社会保险待遇；劳动者享受的社会保险金必须按时足额支付。第七十六条规定，用人单位应当创造条件，改善集体福利，提高劳动者的福利待遇。

除以上权利外还有法律法规规定的其他权利，都是作为选择就业的大学生首先应当掌握的劳动者的劳动权利的内容。另外用人单位违反宪法和劳动法所规定的劳动者的权利，违反当事人双方的约定不履行合同的规定的情形，都是诉讼必胜的实体内容。

4．**熟悉程序规则避免权利得不到保护**。劳动争议的解决是由实体和程序两个方面进行的，作为刚刚就业的大学生，只了解法律上的实体权利是不够的。许多人由于不能掌握程序的规则，使原本在实体上应当保护的权利失去了，所以程序规则尤为重要。

首先，劳动争议发生后，当事人可以寻求单位内工会组织的帮助，也可以向本单位劳动争议调解委员会申请调解；调节未达成协议的，劳动者可以申请仲裁，提出仲裁要求的一方应当自劳动争议之日起 60 日之内向劳动争议仲裁委员会提出书面申请；劳动争议当事人对仲裁裁决不服的，可以自收到仲裁裁决书之日起 15 日内向人民法院起诉。

其次，劳动者解除合同应当提前 30 日以书面形式通知用人单位；在试用期内提前三日通知用人单位，可以解除劳动合同。

以上法定程序，除非不可抗力，必须在法定的期限内主张权利，（即要求调解或诉讼）否则超过有效时效，权利将不能被保护。

第三节　就业法律意识培养

"天高任鸟飞，海阔凭鱼跃"。目前大学生就业是一个双向选择的过程，也是对大学生综合素质的考验。对于刚刚跨出学校的应届大学毕业生来讲，机遇与挑战并存。在社会这座大舞台上和人才市场中既要遵守游戏规则，又要做好充分的准备，发挥主观能动性，迎接各种各样的挑战。生活中不会总是阳光明媚的，就业路途不可能一帆风顺，这其中会遇到挫折，遇到困难，甚至遇到某些用人单位的有意或无意的侵权。为避免权利受到侵害，大学生不但要知法、懂法、守法，学习法律知识，提高法律意识，增强维权意识，遵守国家的法律法规，而且要提高警惕，防范他人的不法侵害，用法律的武器来维护自己的合法权益。当然这种法律意识的培养是一个长期的过程，必须成为一条主线贯穿到高校就业指导与服务的全过程。

当双向选择、自主应聘成为大学生择业的主渠道时，却遇到了大学生在就业择业中的法律意识淡薄甚至出现盲点的尴尬问题。目前，我国出现过就业歧视和就业侵权的诉讼，但相对于普遍存在的类似事件，进入司法程序的数量可谓微乎其微。权利意识的薄弱使社会的弱者失去了自我救济的能力，而维权机制无法在主体者维权意识缺席的情况下自动发挥作用。因此，需要在就业指导中加强大学生法律意识的培养，用法律的理念去分析问题、解决问题，维护自身的合法权益的同时又不触犯相关法律，从而实现成功就业。

消除就业歧视，保障就业权益，要立足于毕业生自身"认真对待权利"的态度，归根到底还是有赖于求职者自身权利意识的觉醒，大学生应该树立以下几种法律意识。

1. **法制意识**。面对就业市场的严峻形势，一部分学生求职心切，不惜铤而走险，制造假学历证明、假荣誉证书、假证书来美化自己、装饰自己。一旦被用人单位发现庐山真面目，追究起来，那么所签订的就业协议就会失效。当面对用人单位的追击和解约时，大多数学生都声称自己认识不清，只知道这种行为是欺骗，但没想到是违法，不知道会产生如此严重后果。这种认识上的误区，恰恰反映了部分学生法制观念的淡薄。

市场经济是法治经济，大学生就业也必须走法制化之路。社会主义市场经济体制改革下的就业体制，政府以指导、调控和服务为主，毕业生就业要在尊重市场经济规律和适应经济发展要求的基础上，与用人单位进行双向选择。毕业生必须了解与就业相关的法律法规、政策制度，了解就业与劳动用工的相关规定，并且在学习这些法律、政策、规定的过程中，逐步培养成一种用法律进行思维的意识，即法律意识，进而能在这种意识的指导下，真正做到懂得法律、遵守法律、使用法律。法律意识要求毕业生在求职过程中，运用法律的思维来思考碰到的一些问题，大体了解哪些情况是违法的，哪些情况又是政策允许的。只有具备这种意识，认识到了就业过程中各种相关行为的性质，才可能对自己的权益进行保护。

2. **权利义务意识**。没有无义务的权利，也没有无权利的义务。权利和义务都不可能孤立地存在和发展，它们的存在和发展都必须以另一方的存在和发展为条件。法律规定人们的权利，既是对人们行为自由的资格、能力、可能性的认可，又是对这种行为自由的性状和限度的界定，所以法赋予人们以权利并不意味着承认人们行为的绝对自由，任何一方过度地"享受"自由都会给对方带来权益上的伤害，给自己带来法律纠纷。可见，权利的实现要有条件，其直接相应的条件就是义务人要履行应尽的义务。[9]

法律是权利和义务的载体，也是一定数量权利、义务的总和。劳动合同和就业协议所形成的法律关系是一种权利和义务关系。就毕业生和用人单位的签约而言，双方要维护自身的权益，都要为对外守约、履行法定和约定的义务为前提。毕业生在享受由用人单位履行义务带来的权利时，也必须履行应尽的义务来保障用人单位的权利。只有双方共同配合，使法律规定的权利与义务落实到位，才能使用人和就业的需求都得到满足。可以说，大学生主动地履行就业协议和劳动合同中的义务，既是对自由本质和权利内涵的正确认识，对他人权利和利益的尊重，也是"明哲保身"，避免法律纠纷，对自我权益的有效保护。强化权利与义务对等的意识，有利于大学生和用人单位在签订就业协议过程中主张权利、履行义务，在落实就业工作过程中少出法律问题。因此，大学生要对《劳动法》、《劳动合同法》、《就业促进法》和相关法规多一些了解，认清签订就业协议过程中的权利和义务，及时履行自己应尽的责任和义务，主张自己的权利，为自己的顺利就业创造一个与用人单位和谐、友好的氛围。

3. 合同（契约）意识。就业实践中，大学生为了另谋高就，存在着不少的毁约行为，在其观念里，不遵守就业协议只是一种不守信用的道德问题，而不是违法的问题，认为就业协议只是一个协议而不是法律上的劳动合同，不用承担法律责任。事实上就业协议与劳动合同虽然有差别，但是都具有法律效力。毕业生对就业协议的错误认识造成了违约行为，进而扰乱了就业市场，也对学校的声誉产生了负面的影响，也给自己带来许多不便。

在一定程度上，市场经济就是契约经济。契约必须遵守，契约即是交易各方间必须遵守的"法律"。契约的内容与形式是在双方相互自愿基础上确定的，契约一经形成，法律即承认其法制效力。契约各方在平等自愿的原则下依法变更、终止民事权利与义务，但任何一方因非法定理由解除协议的，都要给予权利受损方赔偿。毕业生与用人单位签订的协议是一种合同，是确立双方当事人之间劳动关系的一种契约，具有法律效用。因此契约意识的作用在毕业生就业过程中显得更加突出。大学生已经具有完全的民事行为能力，按照法律规定应该为自己的行为负责。因此，毕业生在择业过程中签约时一定要慎重。

契约意识要求当事人互相尊重、平等对待、信守契约。学校就业指导中要倡导"守规范，重诚信"的契约意识，提高毕业生对就业协议重要性的认识，慎重选择，认真履约。契约意识在就业过程中主要体现在两个方面，一是要求毕业生充分重视和深刻理解就业协议的重要性，要有通过就业协议来保护自己合法权益的意识；二是必须严格遵守就业协议的意识。谨慎签约、积极履约有利于毕业生通过协议书内容的约定保护自己的合法权益。

针对毕业生常常陷入合同陷阱的现象，就业指导中应强化毕业生的合同意识。毕业生的就业过程就是毕业生和用人单位双方签订合同、履行合同的过程。这个过程当然要受《劳动合同法》的保护，双方的权利和义务都应当遵循法律要求。大学生应该对《劳动合同法》、《劳动法》和相关法规多一些了解，认识到签订就业协议和劳动合同的重要性，知道哪些合同不能签，哪些合同条款不合法律规定，哪些地方含义不清，日后可能引起争议。与之相对应的，当要求自己的权利得到保证时，应当自觉地恪守自己的承诺，正确、及时履行自己应尽的义务，只有这样，才能有效避免法律纠纷和侵犯权益现象的产生，形成和谐的劳动关系。

4. 维权意识。大学生就业市场发育不够成熟、制度不够健全和规范的情况，导致了不少损害大学生合法权益现象的发生。大学生在就业过程中往往求职心切，忽视了自身应有的合法权益。有的大学生认为找到工作已经很满足了，当权利不能合法享有时，不敢与之抗衡，委曲求全，以吃亏来换取职业的"稳定"。当受到就业歧视和工作排挤时，不能用法律的手段去主张自己的平等就业权和公平待遇权，采取听之任之，或者一走了之的方法。甚至在面临用人单位毁约，不能履行合约时，还不知所措，不敢行使违约求偿权，实在忍无可忍，也是一走了之，不懂得可以运用法律来维护自己的权利、主张自己的权利。

毕业生在认识到自己的合法就业权益受到了侵害时，是积极运用法律手段或者其他方法来进行救济以维护自己的合法权益，还是息事宁人、当作什么事都没发生过，不同的处理方法就体现了不同的维权意识。具有强烈的维权意识，在碰到问题时能够拿起法律的武器积极主张权利，是毕业生走出权益自我保护的实质性的一步，是由观念转化成行动的一步。毕业生只有养成了积极主张权利的维权意识，不畏法、不畏仲裁诉讼，才能够平等地与用人单位对话，据理力争，切实保障自己的合法权益。维权意识要求毕业生应当知道可以采用下列途径维护自己的就业权利：学校出面调解，向劳动监察部门申诉、举报，向劳动仲裁机构申请仲裁，向人民法院提起诉讼等。高校对大学生进行维权意识教育，必须建立在把《劳动法》、《就业促进法》及相关毕业生就业规定作为就业指导课重要内容的基础上，从大学一年级开始，贯穿于大学生涯的全过程，这样才能逐步树立起大学生敢于对话，勇于抗争的维权意识。任何"临渴掘井"和"临时抱佛脚"的指导方法，都难以帮助大学生织密维护自身就业权益的"法网"，形成对自己应享受的权利和应履行的义务的自觉意识，更无法从深层意识上把大学生培养成为勇于维权的社会公民。

5. 诚信意识。诚实信用原则是民法的一项基本原则，它要求人们在市场活动中讲究信用，恪守诺言，在不损害他人利益和社会利益的前提下，追求自己的利益的最大化。在高信任度的社会里，交易各方都会有比较稳定的预期，而且各方为了不破坏这种预期，也会尽力用行动保持这种信任度。社会主义市场经济不仅是法治经济，而且是诚信经济。诚实信用原则在市场经济中有着不可替代的作用，没有共同的诚信制度，也就不可能建立起良好的社会交易秩序。同样，在市场经济条件下，诚信也是高校毕业生就业制度和市场中的基石，作用非常重要。然而，用人单位和毕业生在招聘和求职过程中诚信意识的缺失，是我国现今毕业生就业市场不成熟、不健康的重要原因，也是毕业生权益被侵犯现象不断发生的成因之一。

"三杯吐然诺，五岳倒为轻"。作为受过高等教育的毕业生应当树立诚信意识，成为遵守诚信原则的典范。毕业生诚信意识的培养和权益的自我保护，主要包括两个方面，一是毕业生自己在求职过程中必须如实向用人单位介绍自己的情况，要实事求是；如果毕业生故意隐瞒自身情况、欺骗单位，可能导致就业协议无效，并要承担缔约过失责任。对于此，高校就业指导者要引导学生充分理解和认同现代法律中所蕴涵的新型伦理道德精神，培养大学生道德自律意识，使学生能够自觉以诚信原则约束自己的日常行为，从日常"修身"做起，继承和发扬中华民族历史上"一诺千金"的优良道德品质，为毕业的诚信就业打下基础。

二是要能够意识到用人单位是不是诚信，比如意识到单位介绍的情况是不是真实、其招聘的真实目的是什么等。要使自己的就业权益得到有效保障，就要练就鉴别用人单位诚信度的"火眼金睛"，学会判断用人单位是否诚信。它要求毕业生有比较丰富的阅历和经验，并通过不同的方法和途径全面了解用人单位的情况。然而一些毕业生在这方面做得还不够，主要是严峻就业形势给他们带来了巨大的心理压力，使得在面对用人单位时心理弱势明显，成为心理上的"矮人"，不敢向用人单位问太多的问题、提更多的要求，在不知不觉中自己的权益已经遭受侵犯。因此必须强化毕业生的诚信意识，在就业指导中普及鉴别用人单位诚信度的知识，把合法有效的手段传授给他们，提高自我保护权益的能力。

6. 证据意识。维权要以法律为准绳，用事实说话。没有证据，事实会变得苍白无力。毕业生在就业过程中应"多留一个心眼"，牢固树立证据意识。证据意识的培养主要体现在三个方面：一是收集证据的意识，要求毕业生在就业时要有意识地叫对方出示或者提供相关资料，来佐证一定的事实，如要求公司出示营业执照、要对方出示表明身份的证件等；二是保存证据的意识，要求毕业生注意保存现有的证据，以便将来在仲裁或诉讼时支持自己的观点，如要注意保存单位在招聘时的海报，与单位往来的传真、邮件等；三是运用证据的意识，毕业生要有用证据证明案件事实的意识，知道什么样的事实需要什么样的证据证明，知道一定事实的举证责任是在对方还是己方等。[10]

阅读材料

锱铢必较 疏而不漏：就业签约注意事项

1. 就业协议和劳动合同有何区别

就业协议和劳动合同是用人单位录用毕业生时所签订的书面协议，但两者又是有区别的。具体表现如下。

（1）毕业生就业协议是毕业生在校时，与用人单位、学校三方面协商签订的，是编制毕业生就业方案和派遣毕业生的依据。劳动合同是毕业生与用人单位明确劳动关系中权利义务关系的协议，学校不是劳动合同的主体，也不是劳动合同的签证方，劳动合同是上岗毕业生从事何工种劳动的依据。

（2）毕业生就业协议的内容一般是毕业生如实介绍自身情况，表示愿意到用人单位就业，用人单位表示愿意接收毕业生，学校同意推荐毕业生并列入就业方案进行派遣，而不涉及毕业生到用人单位报到后所享有的权利和义务。劳动合同的内容涉及劳动报酬、劳动保护、工作内容、劳动纪律，更为具体，劳动权利义务更为明确。

（3）一般来说就业协议签订在前，劳动合同订立在后。如果毕业生与用人单位就工资待遇、住房等有事先约定，亦可在就业协议备注条款中予以说明，日后订立劳动合同时对此内容予以认可。

（4）就业协议是毕业生与用人单位对将来就业意向的初步约定，及对于双方的基本条件以及将签订劳动合同的部分基本内容的大体认可，并经用人单位的上级主管部门和高校就业部门同意和鉴证，经毕业生，用人单位，用人单位主管部门，高校签字盖章后即具有一定的法律效力，是编制毕业生就业方案和将来双方订立劳动合同的依据。

2. 毕业生择业时要了解用人单位哪些情况

毕业生了解工作单位的情况一般包括以下几个方面：
（1）工作单位的准确全称，性质及上级主管部门；
（2）工作单位发展实力及远景规划，在整个行业中排名或在整个社会经济结构中的地位；
（3）工作单位的联系方式，如人事部门联系人，电话，通信地址，邮政编码等；
（4）工作单位需要的专业，具体工作岗位；
（5）工作单位对所需人才的具体要求；
（6）工作单位的地点，工作环境及待遇（工资，福利，住房，奖金等）。

3. 毕业生签订就业协议应注意的问题

（1）查明用人单位的主体资格。签订就业协议的当事人必须具备合法的主体资格，一般而言，用人单位必须具有从事各项经营或管理活动的能力，单位应有录用指标和录用自主权。由于就业市场招聘单位类型多样，不乏有鱼目混珠的情况，因此毕业生在与用人单位签订就业协议时应慎重，要仔细了解用人单位基本情况，才能做出正确的判断，以避免浪费其他的就业机会。

（2）签订协议的规定程序与步骤。毕业生就业协议的签订应按照规定的程序进行，一般而言，毕业生与用人单位达成签约后，到学院申领就业协议书，学院、学校在就业协议书上签意见，毕业生与用人单位及其上级主管部门签约后将协议书交用人单位、学院和学校就业指导中心登记，学校统一到省大中专毕业生就业中心签证，省大中专毕业生就业指导中心作最后把关，更有利于维护学生的合法权益。

（3）有关条款的内容必须明确。毕业生就业协议一般由主管部门事先拟定，对毕业生与用人单位起示范作用。毕业生与用人单位经协商可对有关条款进行修改，还可以增加相关条款。如确有必要进行变更或增加，须在内容上明确，不要产生歧义，尤其是涉及福利和待遇，工作期限，违规责任等，否则一旦发生争议，不利于自身合法权益的保护。如无附加条款，应当将协议书中的空白部分划去，注明以下空白。

（4）注意与劳动合同的衔接。由于毕业生就业协议签订在先，为避免在日后订立劳动合同时产生纠纷，应尽可能将劳动合同的主要内容体现在就业协议的约定条款中，并明确表示在今后订立劳动合同时应予以确认。否则双方日后就劳动合同有关内容达不成一致意见，且事先无约定时，若毕业生表示不愿在该单位工作，用人单位反过来要毕业生承担违反就业协议的责任，因而毕业生在就业的过程中应就劳动报酬、试用期、服务期等劳动合同的主要条款与用人单位事先协商，体现在就业协议中，并将协议结果书面化，而不应只作口头约定。

（5）就业协议的解除条件作事先约定。毕业生就业协议一经订立，就对当事人具有约束力，一方不得随意解除，否则应承担违约责任。毕业生如对用人单位的情况不是很了解，或感到不完全如意，但又担心就业市场的变化，一旦放弃后落实就业单位可能更加困难；或本人又在考研，准备出国等情况。在这种情况下，毕业生可与用人单位在就业协议中就解除条件先作约定。若约定条件一旦成立，毕业生可依约解除协议，而无须承担违约责任，避免产生经济损失或其他争议。

4. 毕业生到三资、私营、个体等非公有制企业就业应注意的问题

毕业生到各种非公有制经济性质的企业单位就业，该单位的人事档案关系应当是挂靠在政府人事部门所属的人才服务机构。经挂靠的人才服务机构盖章同意接收该毕业生后，学校才能为毕业生办理就业有关手续，毕业生的档案，户口也转到该人才服务机构。

5. 毕业生与用人单位签订就业协议后应承担的责任

"双向选择"明确规定了学校，用人单位及毕业生三方面的责任，权利与义务，协议书一经签订便视为有效合同，不得随意更改。毕业生必须信守协议。如果确需毁约，就必须在规定的时间内征得原签订单位的同意，经学校就业指导中心批准，并按照有关规定向用人单位和学校分别交纳违约金，方可重新签约。毕业生要加强思想品德和职业道德修养，遵守校规校纪，顺利完成学业。如果毕业生签约后因放松学习，纪律松散，思想品德品质恶劣等个人因素无法符合就业协议相关规定和要求的，用人单位解除所签订的协议，责任由毕业生承担。用人单位违约，则学校支持毕业生维护自身合法权益。

6. 考研毕业生就业协议书签订注意事项

考研毕业生在就业协议签约过程中要主动向用人单位说明，双方达成一致，在协议书中注明"考取研究生协议自动无效"、"交纳违约金后同意解约"或"同意上研究生"等书面材料，否则不予调档。考取研究生的毕业生，在办理调档手续时须将就业协议书交还就业指导中心审验，否则不予办理相关手续。

（资料来源：http://www.526job.com/News/detail.asp?ProductID=4279　北京高校毕业生就业促进会）

 回顾与反思

1. 签订劳动合同时有哪些注意事项？
2. 相关法律规定的劳动者就业权利有哪些？
3. 毕业生应该如何面对就业歧视？
4. 就业维权的渠道有哪些？

【注释】

[1] 劳动和社会保障部．《就业服务与就业管理规定》解读．劳动和社会保障部网．

[2] 张智君．《劳动争议调解仲裁法》关键点解读．工人日报，2008-3-3．

[3] 高西宁．《劳动争议调解仲裁法》十大亮点解读．人才市场报，2008-1-19．

[4] 张智君．《劳动争议调解仲裁法》关键点解读．工人日报，2008-3-3．

[5] 张玮．就业歧视：人才不能承受之重[J]．民主，2004（9）．

[6] 梁平，陈奎．大学生就业困境及法律保障问题研究[J]．河北法学，2007（25）．

[7] 〔美〕E•博登海默，邓正来译．法理学：法律哲学与法律方法[M]．北京：中国政法大学出版社，1999：293．

[8] 吴松强．强化毕业生就业权益的自我保护[J]．大学生就业，2005（2）．

[9] 魏新兴．目前高校毕业生就业签约的法律思考[J]．河南省政法管理干部学院学报，2006（2）．

[10] 吴松强．毕业生就业权益自我保护的五意识．中国教育报，200-8-29．

附　录

1. 《中华人民共和国就业促进法》
2. 《中华人民共和国劳动争议调解仲裁法》
3. 《就业服务与就业管理规定》
4. 《关于组织开展福建省高校毕业生到农村基层从事支教、支农、支医和扶贫工作的通知》
5. 《关于选聘高校毕业生到村任职工作的意见（试行）》

1.《中华人民共和国就业促进法》

（2007年8月30日中华人民共和国第十届全国人民代表大会常务委员会第二十九次会议通过，自2008年1月1日起施行）

第一章　总　则

第一条　为了促进就业，促进经济发展与扩大就业相协调，促进社会和谐稳定，制定本法。

第二条　国家把扩大就业放在经济社会发展的突出位置，实施积极的就业政策，坚持劳动者自主择业、市场调节就业、政府促进就业的方针，多渠道扩大就业。

第三条　劳动者依法享有平等就业和自主择业的权利。

劳动者就业，不因民族、种族、性别、宗教信仰等不同而受歧视。

第四条　县级以上人民政府把扩大就业作为经济和社会发展的重要目标，纳入国民经济和社会发展规划，并制定促进就业的中长期规划和年度工作计划。

第五条　县级以上人民政府通过发展经济和调整产业结构、规范人力资源市场、完善就业服务、加强职业教育和培训、提供就业援助等措施，创造就业条件，扩大就业。

第六条　国务院建立全国促进就业工作协调机制，研究就业工作中的重大问题，协调推动全国的促进就业工作。国务院劳动行政部门具体负责全国的促进就业工作。

省、自治区、直辖市人民政府根据促进就业工作的需要，建立促进就业工作协调机制，协调解决本行政区域就业工作中的重大问题。

县级以上人民政府有关部门按照各自的职责分工，共同做好促进就业工作。

第七条　国家倡导劳动者树立正确的择业观念，提高就业能力和创业能力；鼓励劳动者自主创业、自谋职业。

各级人民政府和有关部门应当简化程序，提高效率，为劳动者自主创业、自谋职业提供便利。

第八条 用人单位依法享有自主用人的权利。

用人单位应当依照本法以及其他法律、法规的规定，保障劳动者的合法权益。

第九条 工会、共产主义青年团、妇女联合会、残疾人联合会以及其他社会组织，协助人民政府开展促进就业工作，依法维护劳动者的劳动权利。

第十条 各级人民政府和有关部门对在促进就业工作中作出显著成绩的单位和个人，给予表彰和奖励。

第二章 政策支持

第十一条 县级以上人民政府应当把扩大就业作为重要职责，统筹协调产业政策与就业政策。

第十二条 国家鼓励各类企业在法律、法规规定的范围内，通过兴办产业或者拓展经营，增加就业岗位。

国家鼓励发展劳动密集型产业、服务业，扶持中小企业，多渠道、多方式增加就业岗位。

国家鼓励、支持、引导非公有制经济发展，扩大就业，增加就业岗位。

第十三条 国家发展国内外贸易和国际经济合作，拓宽就业渠道。

第十四条 县级以上人民政府在安排政府投资和确定重大建设项目时，应当发挥投资和重大建设项目带动就业的作用，增加就业岗位。

第十五条 国家实行有利于促进就业的财政政策，加大资金投入，改善就业环境，扩大就业。

县级以上人民政府应当根据就业状况和就业工作目标，在财政预算中安排就业专项资金用于促进就业工作。

就业专项资金用于职业介绍、职业培训、公益性岗位、职业技能鉴定、特定就业政策和社会保险等的补贴，小额贷款担保基金和微利项目的小额担保贷款贴息，以及扶持公共就业服务等。就业专项资金的使用管理办法由国务院财政部门和劳动行政部门规定。

第十六条 国家建立健全失业保险制度，依法确保失业人员的基本生活，并促进其实现就业。

第十七条 国家鼓励企业增加就业岗位，扶持失业人员和残疾人就业，对下列企业、人员依法给予税收优惠：

（一）吸纳符合国家规定条件的失业人员达到规定要求的企业；

（二）失业人员创办的中小企业；

（三）安置残疾人员达到规定比例或者集中使用残疾人的企业；

（四）从事个体经营的符合国家规定条件的失业人员；

（五）从事个体经营的残疾人；

（六）国务院规定给予税收优惠的其他企业、人员。

第十八条 对本法第十七条第四项、第五项规定的人员，有关部门应当在经营场地等方面给予照顾，免除行政事业性收费。

第十九条　国家实行有利于促进就业的金融政策，增加中小企业的融资渠道；鼓励金融机构改进金融服务，加大对中小企业的信贷支持，并对自主创业人员在一定期限内给予小额信贷等扶持。

第二十条　国家实行城乡统筹的就业政策，建立健全城乡劳动者平等就业的制度，引导农业富余劳动力有序转移就业。

县级以上地方人民政府推进小城镇建设和加快县域经济发展，引导农业富余劳动力就地就近转移就业；在制定小城镇规划时，将本地区农业富余劳动力转移就业作为重要内容。

县级以上地方人民政府引导农业富余劳动力有序向城市异地转移就业；劳动力输出地和输入地人民政府应当互相配合，改善农村劳动者进城就业的环境和条件。

第二十一条　国家支持区域经济发展，鼓励区域协作，统筹协调不同地区就业的均衡增长。

国家支持民族地区发展经济，扩大就业。

第二十二条　各级人民政府统筹做好城镇新增劳动力就业、农业富余劳动力转移就业和失业人员就业工作。

第二十三条　各级人民政府采取措施，逐步完善和实施与非全日制用工等灵活就业相适应的劳动和社会保险政策，为灵活就业人员提供帮助和服务。

第二十四条　地方各级人民政府和有关部门应当加强对失业人员从事个体经营的指导，提供政策咨询、就业培训和开业指导等服务。

第三章　公平就业

第二十五条　各级人民政府创造公平就业的环境，消除就业歧视，制定政策并采取措施对就业困难人员给予扶持和援助。

第二十六条　用人单位招用人员、职业中介机构从事职业中介活动，应当向劳动者提供平等的就业机会和公平的就业条件，不得实施就业歧视。

第二十七条　国家保障妇女享有与男子平等的劳动权利。

用人单位招用人员，除国家规定的不适合妇女的工种或者岗位外，不得以性别为由拒绝录用妇女或者提高对妇女的录用标准。

用人单位录用女职工，不得在劳动合同中规定限制女职工结婚、生育的内容。

第二十八条　各民族劳动者享有平等的劳动权利。

用人单位招用人员，应当依法对少数民族劳动者给予适当照顾。

第二十九条　国家保障残疾人的劳动权利。

各级人民政府应当对残疾人就业统筹规划，为残疾人创造就业条件。

用人单位招用人员，不得歧视残疾人。

第三十条　用人单位招用人员，不得以是传染病病原携带者为由拒绝录用。但是，经医学鉴定传染病病原携带者在治愈前或者排除传染嫌疑前，不得从事法律、行政法规和国务院卫生行政部门规定禁止从事的易使传染病扩散的工作。

第三十一条　农村劳动者进城就业享有与城镇劳动者平等的劳动权利，不得对农村劳动者进城就业设置歧视性限制。

第四章　就业服务和管理

第三十二条　县级以上人民政府培育和完善统一开放、竞争有序的人力资源市场，为劳动者就业提供服务。

第三十三条　县级以上人民政府鼓励社会各方面依法开展就业服务活动，加强对公共就业服务和职业中介服务的指导和监督，逐步完善覆盖城乡的就业服务体系。

第三十四条　县级以上人民政府加强人力资源市场信息网络及相关设施建设，建立健全人力资源市场信息服务体系，完善市场信息发布制度。

第三十五条　县级以上人民政府建立健全公共就业服务体系，设立公共就业服务机构，为劳动者免费提供下列服务：

（一）就业政策法规咨询；

（二）职业供求信息、市场工资指导价位信息和职业培训信息发布；

（三）职业指导和职业介绍；

（四）对就业困难人员实施就业援助；

（五）办理就业登记、失业登记等事务；

（六）其他公共就业服务。

公共就业服务机构应当不断提高服务的质量和效率，不得从事经营性活动。

公共就业服务经费纳入同级财政预算。

第三十六条　县级以上地方人民政府对职业中介机构提供公益性就业服务的，按照规定给予补贴。

国家鼓励社会各界为公益性就业服务提供捐赠、资助。

第三十七条　地方各级人民政府和有关部门不得举办或者与他人联合举办经营性的职业中介机构。

地方各级人民政府和有关部门、公共就业服务机构举办的招聘会，不得向劳动者收取费用。

第三十八条　县级以上人民政府和有关部门加强对职业中介机构的管理，鼓励其提高服务质量，发挥其在促进就业中的作用。

第三十九条　从事职业中介活动，应当遵循合法、诚实信用、公平、公开的原则。

用人单位通过职业中介机构招用人员，应当如实向职业中介机构提供岗位需求信息。禁止任何组织或者个人利用职业中介活动侵害劳动者的合法权益。

第四十条　设立职业中介机构应当具备下列条件：

（一）有明确的章程和管理制度；

（二）有开展业务必备的固定场所、办公设施和一定数额的开办资金；

（三）有一定数量具备相应职业资格的专职工作人员；

（四）法律、法规规定的其他条件。

设立职业中介机构，应当依法办理行政许可。经许可的职业中介机构，应当向工商行政部门办理登记。

未经依法许可和登记的机构，不得从事职业中介活动。

国家对外商投资职业中介机构和向劳动者提供境外就业服务的职业中介机构另有规定的，依照其规定。

第四十一条　职业中介机构不得有下列行为：

（一）提供虚假就业信息；

（二）为无合法证照的用人单位提供职业中介服务；

（三）伪造、涂改、转让职业中介许可证；

（四）扣押劳动者的居民身份证和其他证件，或者向劳动者收取押金；

（五）其他违反法律、法规规定的行为。

第四十二条　县级以上人民政府建立失业预警制度，对可能出现的较大规模的失业，实施预防、调节和控制。

第四十三条　国家建立劳动力调查统计制度和就业登记、失业登记制度，开展劳动力资源和就业、失业状况调查统计，并公布调查统计结果。

统计部门和劳动行政部门进行劳动力调查统计和就业、失业登记时，用人单位和个人应当如实提供调查统计和登记所需要的情况。

第五章　职业教育和培训

第四十四条　国家依法发展职业教育，鼓励开展职业培训，促进劳动者提高职业技能，增强就业能力和创业能力。

第四十五条　县级以上人民政府根据经济社会发展和市场需求，制定并实施职业能力开发计划。

第四十六条　县级以上人民政府加强统筹协调，鼓励和支持各类职业院校、职业技能培训机构和用人单位依法开展就业前培训、在职培训、再就业培训和创业培训；鼓励劳动者参加各种形式的培训。

第四十七条　县级以上地方人民政府和有关部门根据市场需求和产业发展方向，鼓励、指导企业加强职业教育和培训。

职业院校、职业技能培训机构与企业应当密切联系，实行产教结合，为经济建设服务，培养实用人才和熟练劳动者。

企业应当按照国家有关规定提取职工教育经费，对劳动者进行职业技能培训和继续教育培训。

第四十八条　国家采取措施建立健全劳动预备制度，县级以上地方人民政府对有就业要求的初高中毕业生实行一定期限的职业教育和培训，使其取得相应的职业资格或者掌握一定的职业技能。

第四十九条　地方各级人民政府鼓励和支持开展就业培训，帮助失业人员提高职业技能，增强其就业能力和创业能力。失业人员参加就业培训的，按照有关规定享受政府培训补贴。

第五十条　地方各级人民政府采取有效措施，组织和引导进城就业的农村劳动者参加技能培训，鼓励各类培训机构为进城就业的农村劳动者提供技能培训，增强其就业能力和创业能力。

第五十一条　国家对从事涉及公共安全、人身健康、生命财产安全等特殊工种的劳动者，实行职业资格证书制度，具体办法由国务院规定。

第六章　就业援助

第五十二条　各级人民政府建立健全就业援助制度，采取税费减免、贷款贴息、社会保险补贴、岗位补贴等办法，通过公益性岗位安置等途径，对就业困难人员实行优先扶持和重点帮助。

就业困难人员是指因身体状况、技能水平、家庭因素、失去土地等原因难以实现就业，以及连续失业一定时间仍未能实现就业的人员。就业困难人员的具体范围，由省、自治区、直辖市人民政府根据本行政区域的实际情况规定。

第五十三条　政府投资开发的公益性岗位，应当优先安排符合岗位要求的就业困难人员。被安排在公益性岗位工作的，按照国家规定给予岗位补贴。

第五十四条　地方各级人民政府加强基层就业援助服务工作，对就业困难人员实施重点帮助，提供有针对性的就业服务和公益性岗位援助。

地方各级人民政府鼓励和支持社会各方面为就业困难人员提供技能培训、岗位信息等服务。

第五十五条　各级人民政府采取特别扶助措施，促进残疾人就业。

用人单位应当按照国家规定安排残疾人就业，具体办法由国务院规定。

第五十六条　县级以上地方人民政府采取多种就业形式，拓宽公益性岗位范围，开发就业岗位，确保城市有就业需求的家庭至少有一人实现就业。

法定劳动年龄内的家庭人员均处于失业状况的城市居民家庭，可以向住所地街道、社区公共就业服务机构申请就业援助。街道、社区公共就业服务机构经确认属实的，应当为该家庭中至少一人提供适当的就业岗位。

第五十七条　国家鼓励资源开采型城市和独立工矿区发展与市场需求相适应的产业，引导劳动者转移就业。

对因资源枯竭或者经济结构调整等原因造成就业困难人员集中的地区，上级人民政府应当给予必要的扶持和帮助。

第七章　监督检查

第五十八条　各级人民政府和有关部门应当建立促进就业的目标责任制度。县级以上人民政府按照促进就业目标责任制的要求，对所属的有关部门和下一级人民政府进行考核和监督。

第五十九条　审计机关、财政部门应当依法对就业专项资金的管理和使用情况进行监督检查。

第六十条　劳动行政部门应当对本法实施情况进行监督检查，建立举报制度，受理对违反本法行为的举报，并及时予以核实处理。

第八章　法律责任

第六十一条　违反本法规定，劳动行政等有关部门及其工作人员滥用职权、玩忽职守、徇私舞弊的，对直接负责的主管人员和其他直接责任人员依法给予处分。

第六十二条　违反本法规定，实施就业歧视的，劳动者可以向人民法院提起诉讼。

第六十三条　违反本法规定，地方各级人民政府和有关部门、公共就业服务机构举办经营性的职业中介机构，从事经营性职业中介活动，向劳动者收取费用的，由上级主管机关责令限期改正，将违法收取的费用退还劳动者，并对直接负责的主管人员和其他直接责任人员依法给予处分。

第六十四条　违反本法规定，未经许可和登记，擅自从事职业中介活动的，由劳动行政部门或者其他主管部门依法予以关闭；有违法所得的，没收违法所得，并处一万元以上五万元以下的罚款。

第六十五条　违反本法规定，职业中介机构提供虚假就业信息，为无合法证照的用人单位提供职业中介服务，伪造、涂改、转让职业中介许可证的，由劳动行政部门或者其他主管部门责令改正；有违法所得的，没收违法所得，并处一万元以上五万元以下的罚款；情节严重的，吊销职业中介许可证。

第六十六条　违反本法规定，职业中介机构扣押劳动者居民身份证等证件的，由劳动行政部门责令限期退还劳动者，并依照有关法律规定给予处罚。

违反本法规定，职业中介机构向劳动者收取押金的，由劳动行政部门责令限期退还劳动者，并以每人五百元以上二千元以下的标准处以罚款。

第六十七条　违反本法规定，企业未按照国家规定提取职工教育经费，或者挪用职工教育经费的，由劳动行政部门责令改正，并依法给予处罚。

第六十八条　违反本法规定，侵害劳动者合法权益，造成财产损失或者其他损害的，依法承担民事责任；构成犯罪的，依法追究刑事责任。

第九章　附　则

第六十九条　本法自 2008 年 1 月 1 日起施行。

2.《中华人民共和国劳动争议调解仲裁法》

（2007 年 12 月 29 日第十届全国人民代表大会常务委员会第三十一次会议通过）

第一章　总则

第一条　为了公正及时解决劳动争议，保护当事人合法权益，促进劳动关系和谐稳定，制定本法。

第二条　中华人民共和国境内的用人单位与劳动者发生的下列劳动争议，适用本法：

（一）因确认劳动关系发生的争议；

（二）因订立、履行、变更、解除和终止劳动合同发生的争议；

（三）因除名、辞退和辞职、离职发生的争议；

（四）因工作时间、休息休假、社会保险、福利、培训以及劳动保护发生的争议；

（五）因劳动报酬、工伤医疗费、经济补偿或者赔偿金等发生的争议；

（六）法律、法规规定的其他劳动争议。

第三条　解决劳动争议，应当根据事实，遵循合法、公正、及时、着重调解的原则，依法保护当事人的合法权益。

第四条　发生劳动争议，劳动者可以与用人单位协商，也可以请工会或者第三方共同与用人单位协商，达成和解协议。

第五条　发生劳动争议，当事人不愿协商、协商不成或者达成和解协议后不履行的，可以向调解组织申请调解；不愿调解、调解不成或者达成调解协议后不履行的，可以向劳动争议仲裁委员会申请仲裁；对仲裁裁决不服的，除本法另有规定的外，可以向人民法院提起诉讼。

第六条　发生劳动争议，当事人对自己提出的主张，有责任提供证据。与争议事项有关的证据属于用人单位掌握管理的，用人单位应当提供；用人单位不提供的，应当承担不利后果。

第七条　发生劳动争议的劳动者一方在十人以上，并有共同请求的，可以推举代表参加调解、仲裁或者诉讼活动。

第八条　县级以上人民政府劳动行政部门会同工会和企业方面代表建立协调劳动关系三方机制，共同研究解决劳动争议的重大问题。

第九条　用人单位违反国家规定，拖欠或者未足额支付劳动报酬，或者拖欠工伤医疗费、经济补偿或者赔偿金的，劳动者可以向劳动行政部门投诉，劳动行政部门应当依法处理。

第二章　调解

第十条　发生劳动争议，当事人可以到下列调解组织申请调解：

（一）企业劳动争议调解委员会；

（二）依法设立的基层人民调解组织；

（三）在乡镇、街道设立的具有劳动争议调解职能的组织。

企业劳动争议调解委员会由职工代表和企业代表组成。职工代表由工会成员担任或者由全体职工推举产生，企业代表由企业负责人指定。企业劳动争议调解委员会主任由工会成员或者双方推举的人员担任。

第十一条　劳动争议调解组织的调解员应当由公道正派、联系群众、热心调解工作，并具有一定法律知识、政策水平和文化水平的成年公民担任。

第十二条 当事人申请劳动争议调解可以书面申请，也可以口头申请。口头申请的，调解组织应当当场记录申请人基本情况、申请调解的争议事项、理由和时间。

第十三条 调解劳动争议，应当充分听取双方当事人对事实和理由的陈述，耐心疏导，帮助其达成协议。

第十四条 经调解达成协议的，应当制作调解协议书。

调解协议书由双方当事人签名或者盖章，经调解员签名并加盖调解组织印章后生效，对双方当事人具有约束力，当事人应当履行。

自劳动争议调解组织收到调解申请之日起十五日内未达成调解协议的，当事人可以依法申请仲裁。

第十五条 达成调解协议后，一方当事人在协议约定期限内不履行调解协议的，另一方当事人可以依法申请仲裁。

第十六条 因支付拖欠劳动报酬、工伤医疗费、经济补偿或者赔偿金事项达成调解协议，用人单位在协议约定期限内不履行的，劳动者可以持调解协议书依法向人民法院申请支付令。人民法院应当依法发出支付令。

第三章 仲裁

第一节 一般规定

第十七条 劳动争议仲裁委员会按照统筹规划、合理布局和适应实际需要的原则设立。省、自治区人民政府可以决定在市、县设立；直辖市人民政府可以决定在区、县设立。直辖市、设区的市也可以设立一个或者若干个劳动争议仲裁委员会。劳动争议仲裁委员会不按行政区划层层设立。

第十八条 国务院劳动行政部门依照本法有关规定制定仲裁规则。省、自治区、直辖市人民政府劳动行政部门对本行政区域的劳动争议仲裁工作进行指导。

第十九条 劳动争议仲裁委员会由劳动行政部门代表、工会代表和企业方面代表组成。劳动争议仲裁委员会组成人员应当是单数。

劳动争议仲裁委员会依法履行下列职责：

（一）聘任、解聘专职或者兼职仲裁员；

（二）受理劳动争议案件；

（三）讨论重大或者疑难的劳动争议案件；

（四）对仲裁活动进行监督。

劳动争议仲裁委员会下设办事机构，负责办理劳动争议仲裁委员会的日常工作。

第二十条 劳动争议仲裁委员会应当设仲裁员名册。

仲裁员应当公道正派并符合下列条件之一：

（一）曾任审判员的；

（二）从事法律研究、教学工作并具有中级以上职称的；

（三）具有法律知识、从事人力资源管理或者工会等专业工作满五年的；

(四)律师执业满三年的。

第二十一条　劳动争议仲裁委员会负责管辖本区域内发生的劳动争议。

劳动争议由劳动合同履行地或者用人单位所在地的劳动争议仲裁委员会管辖。双方当事人分别向劳动合同履行地和用人单位所在地的劳动争议仲裁委员会申请仲裁的,由劳动合同履行地的劳动争议仲裁委员会管辖。

第二十二条　发生劳动争议的劳动者和用人单位为劳动争议仲裁案件的双方当事人。

劳务派遣单位或者用工单位与劳动者发生劳动争议的,劳务派遣单位和用工单位为共同当事人。

第二十三条　与劳动争议案件的处理结果有利害关系的第三人,可以申请参加仲裁活动或者由劳动争议仲裁委员会通知其参加仲裁活动。

第二十四条　当事人可以委托代理人参加仲裁活动。委托他人参加仲裁活动,应当向劳动争议仲裁委员会提交有委托人签名或者盖章的委托书,委托书应当载明委托事项和权限。

第二十五条　丧失或者部分丧失民事行为能力的劳动者,由其法定代理人代为参加仲裁活动;无法定代理人的,由劳动争议仲裁委员会为其指定代理人。劳动者死亡的,由其近亲属或者代理人参加仲裁活动。

第二十六条　劳动争议仲裁公开进行,但当事人协议不公开进行或者涉及国家秘密、商业秘密和个人隐私的除外。

第二节　申请和受理

第二十七条　劳动争议申请仲裁的时效期间为一年。仲裁时效期间从当事人知道或者应当知道其权利被侵害之日起计算。

前款规定的仲裁时效,因当事人一方向对方当事人主张权利,或者向有关部门请求权利救济,或者对方当事人同意履行义务而中断。从中断时起,仲裁时效期间重新计算。

因不可抗力或者有其他正当理由,当事人不能在本条第一款规定的仲裁时效期间申请仲裁的,仲裁时效中止。从中止时效的原因消除之日起,仲裁时效期间继续计算。

劳动关系存续期间因拖欠劳动报酬发生争议的,劳动者申请仲裁不受本条第一款规定的仲裁时效期间的限制;但是,劳动关系终止的,应当自劳动关系终止之日起一年内提出。

第二十八条　申请人申请仲裁应当提交书面仲裁申请,并按照被申请人人数提交副本。

仲裁申请书应当载明下列事项:

(一)劳动者的姓名、性别、年龄、职业、工作单位和住所,用人单位的名称、住所和法定代表人或者主要负责人的姓名、职务；

（二）仲裁请求和所根据的事实、理由；

（三）证据和证据来源、证人姓名和住所。

书写仲裁申请确有困难的，可以口头申请，由劳动争议仲裁委员会记入笔录，并告知对方当事人。

第二十九条　劳动争议仲裁委员会收到仲裁申请之日起五日内，认为符合受理条件的，应当受理，并通知申请人；认为不符合受理条件的，应当书面通知申请人不予受理，并说明理由。对劳动争议仲裁委员会不予受理或者逾期未作出决定的，申请人可以就该劳动争议事项向人民法院提起诉讼。

第三十条　劳动争议仲裁委员会受理仲裁申请后，应当在五日内将仲裁申请书副本送达被申请人。

被申请人收到仲裁申请书副本后，应当在十日内向劳动争议仲裁委员会提交答辩书。劳动争议仲裁委员会收到答辩书后，应当在五日内将答辩书副本送达申请人。被申请人未提交答辩书的，不影响仲裁程序的进行。

第三节　开庭和裁决

第三十一条　劳动争议仲裁委员会裁决劳动争议案件实行仲裁庭制。仲裁庭由三名仲裁员组成，设首席仲裁员。简单劳动争议案件可以由一名仲裁员独任仲裁。

第三十二条　劳动争议仲裁委员会应当在受理仲裁申请之日起五日内将仲裁庭的组成情况书面通知当事人。

第三十三条　仲裁员有下列情形之一，应当回避，当事人也有权以口头或者书面方式提出回避申请：

（一）是本案当事人或者当事人、代理人的近亲属的；

（二）与本案有利害关系的；

（三）与本案当事人、代理人有其他关系，可能影响公正裁决的；

（四）私自会见当事人、代理人，或者接受当事人、代理人的请客送礼的。

劳动争议仲裁委员会对回避申请应当及时作出决定，并以口头或者书面方式通知当事人。

第三十四条　仲裁员有本法第三十三条第四项规定情形，或者有索贿受贿、徇私舞弊、枉法裁决行为的，应当依法承担法律责任。劳动争议仲裁委员会应当将其解聘。

第三十五条　仲裁庭应当在开庭五日前，将开庭日期、地点书面通知双方当事人。当事人有正当理由的，可以在开庭三日前请求延期开庭。是否延期，由劳动争议仲裁委员会决定。

第三十六条　申请人收到书面通知，无正当理由拒不到庭或者未经仲裁庭同意中途退庭的，可以视为撤回仲裁申请。

被申请人收到书面通知，无正当理由拒不到庭或者未经仲裁庭同意中途退庭的，可以缺席裁决。

第三十七条　仲裁庭对专门性问题认为需要鉴定的，可以交由当事人约定的鉴定机构鉴定；当事人没有约定或者无法达成约定的，由仲裁庭指定的鉴定机构鉴定。

根据当事人的请求或者仲裁庭的要求，鉴定机构应当派鉴定人参加开庭。当事人经仲裁庭许可，可以向鉴定人提问。

第三十八条　当事人在仲裁过程中有权进行质证和辩论。质证和辩论终结时，首席仲裁员或者独任仲裁员应当征询当事人的最后意见。

第三十九条　当事人提供的证据经查证属实的，仲裁庭应当将其作为认定事实的根据。

劳动者无法提供由用人单位掌握管理的与仲裁请求有关的证据，仲裁庭可以要求用人单位在指定期限内提供。用人单位在指定期限内不提供的，应当承担不利后果。

第四十条　仲裁庭应当将开庭情况记入笔录。当事人和其他仲裁参加人认为对自己陈述的记录有遗漏或者差错的，有权申请补正。如果不予补正，应当记录该申请。

笔录由仲裁员、记录人员、当事人和其他仲裁参加人签名或者盖章。

第四十一条　当事人申请劳动争议仲裁后，可以自行和解。达成和解协议的，可以撤回仲裁申请。

第四十二条　仲裁庭在作出裁决前，应当先行调解。

调解达成协议的，仲裁庭应当制作调解书。

调解书应当写明仲裁请求和当事人协议的结果。调解书由仲裁员签名，加盖劳动争议仲裁委员会印章，送达双方当事人。调解书经双方当事人签收后，发生法律效力。

调解不成或者调解书送达前，一方当事人反悔的，仲裁庭应当及时作出裁决。

第四十三条　仲裁庭裁决劳动争议案件，应当自劳动争议仲裁委员会受理仲裁申请之日起四十五日内结束。案情复杂需要延期的，经劳动争议仲裁委员会主任批准，可以延期并书面通知当事人，但是延长期限不得超过十五日。逾期未作出仲裁裁决的，当事人可以就该劳动争议事项向人民法院提起诉讼。

仲裁庭裁决劳动争议案件时，其中一部分事实已经清楚，可以就该部分先行裁决。

第四十四条　仲裁庭对追索劳动报酬、工伤医疗费、经济补偿或者赔偿金的案件，根据当事人的申请，可以裁决先予执行，移送人民法院执行。

仲裁庭裁决先予执行的，应当符合下列条件：

（一）当事人之间权利义务关系明确；

（二）不先予执行将严重影响申请人的生活。劳动者申请先予执行的，可以不提供担保。

第四十五条　裁决应当按照多数仲裁员的意见作出，少数仲裁员的不同意见应当记入笔录。仲裁庭不能形成多数意见时,裁决应当按照首席仲裁员的意见作出。

第四十六条　裁决书应当载明仲裁请求、争议事实、裁决理由、裁决结果和裁决日期。裁决书由仲裁员签名,加盖劳动争议仲裁委员会印章。对裁决持不同意见的仲裁员,可以签名,也可以不签名。

第四十七条　下列劳动争议,除本法另有规定的外,仲裁裁决为终局裁决,裁决书自作出之日起发生法律效力:

(一)追索劳动报酬、工伤医疗费、经济补偿或者赔偿金,不超过当地月最低工资标准十二个月金额的争议;

(二)因执行国家的劳动标准在工作时间、休息休假、社会保险等方面发生的争议。

第四十八条　劳动者对本法第四十七条规定的仲裁裁决不服的,可以自收到仲裁裁决书之日起十五日内向人民法院提起诉讼。

第四十九条　用人单位有证据证明本法第四十七条规定的仲裁裁决有下列情形之一,可以自收到仲裁裁决书之日起三十日内向劳动争议仲裁委员会所在地的中级人民法院申请撤销裁决:

(一)适用法律、法规确有错误的;

(二)劳动争议仲裁委员会无管辖权的;

(三)违反法定程序的;

(四)裁决所根据的证据是伪造的;

(五)对方当事人隐瞒了足以影响公正裁决的证据的;

(六)仲裁员在仲裁该案时有索贿受贿、徇私舞弊、枉法裁决行为的。

人民法院经组成合议庭审查核实裁决有前款规定情形之一的,应当裁定撤销。

仲裁裁决被人民法院裁定撤销的,当事人可以自收到裁定书之日起十五日内就该劳动争议事项向人民法院提起诉讼。

第五十条　当事人对本法第四十七条规定以外的其他劳动争议案件的仲裁裁决不服的,可以自收到仲裁裁决书之日起十五日内向人民法院提起诉讼;期满不起诉的,裁决书发生法律效力。

第五十一条　当事人对发生法律效力的调解书、裁决书,应当依照规定的期限履行。一方当事人逾期不履行的,另一方当事人可以依照民事诉讼法的有关规定向人民法院申请执行。受理申请的人民法院应当依法执行。

第四章　附则

第五十二条　事业单位实行聘用制的工作人员与本单位发生劳动争议的,依照本法执行;法律、行政法规或者国务院另有规定的,依照其规定。

第五十三条　劳动争议仲裁不收费。劳动争议仲裁委员会的经费由财政予以保障。

第五十四条　本法自 2008 年 5 月 1 日起施行。

3.《就业服务与就业管理规定》

《就业服务与就业管理规定》已于 2007 年 10 月 30 日经劳动和社会保障部第 21 次部务会议通过，现予公布，自 2008 年 1 月 1 日起施行。

第一章　总　则

第一条　为了加强就业服务和就业管理，培育和完善统一开放、竞争有序的人力资源市场，为劳动者就业和用人单位招用人员提供服务，根据就业促进法等法律、行政法规，制定本规定。

第二条　劳动者求职与就业，用人单位招用人员，劳动保障行政部门举办的公共就业服务机构和经劳动保障行政部门审批的职业中介机构从事就业服务活动，适用本规定。

本规定所称用人单位，是指在中华人民共和国境内的企业、个体经济组织、民办非企业单位等组织，以及招用与之建立劳动关系的劳动者的国家机关、事业单位、社会团体。

第三条　县级以上劳动保障行政部门依法开展本行政区域内的就业服务和就业管理工作。

第二章　求职与就业

第四条　劳动者依法享有平等就业的权利。劳动者就业，不因民族、种族、性别、宗教信仰等不同而受歧视。

第五条　农村劳动者进城就业享有与城镇劳动者平等的就业权利，不得对农村劳动者进城就业设置歧视性限制。

第六条　劳动者依法享有自主择业的权利。劳动者年满 16 周岁，有劳动能力且有就业愿望的，可凭本人身份证件，通过公共就业服务机构、职业中介机构介绍或直接联系用人单位等渠道求职。

第七条　劳动者求职时，应当如实向公共就业服务机构或职业中介机构、用人单位提供个人基本情况以及与应聘岗位直接相关的知识技能、工作经历、就业现状等情况，并出示相关证明。

第八条　劳动者应当树立正确的择业观念，提高就业能力和创业能力。

国家鼓励劳动者在就业前接受必要的职业教育或职业培训，鼓励城镇初高中毕业生在就业前参加劳动预备制培训。

国家鼓励劳动者自主创业、自谋职业。各级劳动保障行政部门应当会同有关部门，简化程序，提高效率，为劳动者自主创业、自谋职业提供便利和相应服务。

第三章　招用人员

第九条　用人单位依法享有自主用人的权利。用人单位招用人员，应当向劳动者提供平等的就业机会和公平的就业条件。

第十条 用人单位可以通过下列途径自主招用人员：
（一）委托公共就业服务机构或职业中介机构；
（二）参加职业招聘洽谈会；
（三）委托报纸、广播、电视、互联网站等大众传播媒介发布招聘信息；
（四）利用本企业场所、企业网站等自有途径发布招聘信息；
（五）其他合法途径。

第十一条 用人单位委托公共就业服务机构或职业中介机构招用人员，或者参加招聘洽谈会时，应当提供招用人员简章，并出示营业执照（副本）或者有关部门批准其设立的文件、经办人的身份证件和受用人单位委托的证明。

招用人员简章应当包括用人单位基本情况、招用人数、工作内容、招录条件、劳动报酬、福利待遇、社会保险等内容，以及法律、法规规定的其他内容。

第十二条 用人单位招用人员时，应当依法如实告知劳动者有关工作内容、工作条件、工作地点、职业危害、安全生产状况、劳动报酬以及劳动者要求了解的其他情况。

用人单位应当根据劳动者的要求，及时向其反馈是否录用的情况。

第十三条 用人单位应当对劳动者的个人资料予以保密。公开劳动者的个人资料信息和使用劳动者的技术、智力成果，须经劳动者本人书面同意。

第十四条 用人单位招用人员不得有下列行为：
（一）提供虚假招聘信息，发布虚假招聘广告；
（二）扣押被录用人员的居民身份证和其他证件；
（三）以担保或者其他名义向劳动者收取财物；
（四）招用未满16周岁的未成年人以及国家法律、行政法规规定不得招用的其他人员；
（五）招用无合法身份证件的人员；
（六）以招用人员为名牟取不正当利益或进行其他违法活动。

第十五条 用人单位不得以诋毁其他用人单位信誉、商业贿赂等不正当手段招聘人员。

第十六条 用人单位在招用人员时，除国家规定的不适合妇女从事的工种或者岗位外，不得以性别为由拒绝录用妇女或者提高对妇女的录用标准。

用人单位录用女职工，不得在劳动合同中规定限制女职工结婚、生育的内容。

第十七条 用人单位招用人员，应当依法对少数民族劳动者给予适当照顾。

第十八条 用人单位招用人员，不得歧视残疾人。

第十九条 用人单位招用人员，不得以是传染病病原携带者为由拒绝录用。但是，经医学鉴定传染病病原携带者在治愈前或者排除传染嫌疑前，不得从事法律、行政法规和国务院卫生行政部门规定禁止从事的易使传染病扩散的工作。

用人单位招用人员，除国家法律、行政法规和国务院卫生行政部门规定禁止乙肝病原携带者从事的工作外，不得强行将乙肝病毒血清学指标作为体检标准。

第二十条　用人单位发布的招用人员简章或招聘广告，不得包含歧视性内容。

第二十一条　用人单位招用从事涉及公共安全、人身健康、生命财产安全等特殊工种的劳动者，应当依法招用持相应工种职业资格证书的人员；招用未持相应工种职业资格证书人员的，须组织其在上岗前参加专门培训，使其取得职业资格证书后方可上岗。

第二十二条　用人单位招用台港澳人员后，应当按有关规定到当地劳动保障行政部门备案，并为其办理《台港澳人员就业证》。

第二十三条　用人单位招用外国人，应当在外国人入境前，按有关规定到当地劳动保障行政部门为其申请就业许可，经批准并获得《中华人民共和国外国人就业许可证书》后方可招用。

用人单位招用外国人的岗位必须是有特殊技能要求、国内暂无适当人选的岗位，并且不违反国家有关规定。

第四章　公共就业服务

第二十四条　县级以上劳动保障行政部门统筹管理本行政区域内的公共就业服务工作，根据政府制定的发展计划，建立健全覆盖城乡的公共就业服务体系。

公共就业服务机构根据政府确定的就业工作目标任务，制定就业服务计划，推动落实就业扶持政策，组织实施就业服务项目，为劳动者和用人单位提供就业服务，开展人力资源市场调查分析，并受劳动保障行政部门委托经办促进就业的相关事务。

第二十五条　公共就业服务机构应当免费为劳动者提供以下服务：

（一）就业政策法规咨询；

（二）职业供求信息、市场工资指导价位信息和职业培训信息发布；

（三）职业指导和职业介绍；

（四）对就业困难人员实施就业援助；

（五）办理就业登记、失业登记等事务；

（六）其他公共就业服务。

第二十六条　公共就业服务机构应当积极拓展服务功能，根据用人单位需求提供以下服务：

（一）招聘用人指导服务；

（二）代理招聘服务；

（三）跨地区人员招聘服务；

（四）企业人力资源管理咨询等专业性服务；

（五）劳动保障事务代理服务；

（六）为满足用人单位需求开发的其他就业服务项目。

公共就业服务机构从事劳动保障事务代理业务，须经县级以上劳动保障行政部门批准。

第二十七条　公共就业服务机构应当加强职业指导工作，配备专（兼）职职业指导工作人员，向劳动者和用人单位提供职业指导服务。

职业指导工作人员经过专业资格培训并考核合格，获得相应的国家职业资格证书方可上岗。

公共就业服务机构应当为职业指导工作提供相应的设施和条件，推动职业指导工作的开展，加强对职业指导工作的宣传。

第二十八条　职业指导工作包括以下内容：

（一）向劳动者和用人单位提供国家有关劳动保障的法律法规和政策、人力资源市场状况咨询；

（二）帮助劳动者了解职业状况，掌握求职方法，确定择业方向，增强择业能力；

（三）向劳动者提出培训建议，为其提供职业培训相关信息；

（四）开展对劳动者个人职业素质和特点的测试，并对其职业能力进行评价；

（五）对妇女、残疾人、少数民族人员及退出现役的军人等就业群体提供专门的职业指导服务；

（六）对大中专学校、职业院校、技工学校学生的职业指导工作提供咨询和服务；

（七）对准备从事个体劳动或开办私营企业的劳动者提供创业咨询服务；

（八）为用人单位提供选择招聘方法、确定用人条件和标准等方面的招聘用人指导；

（九）为职业培训机构确立培训方向和专业设置等提供咨询参考。

第二十九条　公共就业服务机构在劳动保障行政部门的指导下，组织实施劳动力资源调查和就业、失业状况统计工作。

第三十条　公共就业服务机构应当针对特定就业群体的不同需求，制定并组织实施专项计划。

公共就业服务机构应当根据服务对象的特点，在一定时期内为不同类型的劳动者、就业困难对象或用人单位集中组织活动，开展专项服务。

公共就业服务机构受劳动保障行政部门委托，可以组织开展促进就业的专项工作。

第三十一条　县级以上公共就业服务机构建立综合性服务场所，集中为劳动者和用人单位提供一站式就业服务，并承担劳动保障行政部门安排的其他工作。

街道、乡镇、社区公共就业服务机构建立基层服务窗口，开展以就业援助为重点的公共就业服务，实施劳动力资源调查统计，并承担上级劳动保障行政部门安排的其他就业服务工作。

公共就业服务机构使用全国统一标识。

第三十二条　公共就业服务机构应当不断提高服务的质量和效率。

公共就业服务机构应当加强内部管理，完善服务功能，统一服务流程，按照国家制定的服务规范和标准，为劳动者和用人单位提供优质高效的就业服务。

公共就业服务机构应当加强工作人员的政策、业务和服务技能培训，组织职业指导人员、职业信息分析人员、劳动保障协理员等专业人员参加相应职业资格培训。

公共就业服务机构应当公开服务制度，主动接受社会监督。

第三十三条　县级以上劳动保障行政部门和公共就业服务机构应当按照劳动保障信息化建设的统一规划、标准和规范，建立完善人力资源市场信息网络及相关设施。

公共就业服务机构应当逐步实行信息化管理与服务，在城市内实现就业服务、失业保险、就业培训信息共享和公共就业服务全程信息化管理，并逐步实现与劳动工资信息、社会保险信息的互联互通和信息共享。

第三十四条　公共就业服务机构应当建立健全人力资源市场信息服务体系，完善职业供求信息、市场工资指导价位信息、职业培训信息、人力资源市场分析信息的发布制度，为劳动者求职择业、用人单位招用人员以及培训机构开展培训提供支持。

第三十五条　县级以上劳动保障行政部门应当按照信息化建设统一要求，逐步实现全国人力资源市场信息联网。其中，城市应当按照劳动保障数据中心建设的要求，实现网络和数据资源的集中和共享；省、自治区应当建立人力资源市场信息网省级监测中心，对辖区内人力资源市场信息进行监测；劳动保障部设立人力资源市场信息网全国监测中心，对全国人力资源市场信息进行监测和分析。

第三十六条　县级以上劳动保障行政部门应当对公共就业服务机构加强管理，定期对其完成各项任务情况进行绩效考核。

第三十七条　公共就业服务经费纳入同级财政预算。各级劳动保障行政部门和公共就业服务机构应当根据财政预算编制的规定，依法编制公共就业服务年度预算，报经同级财政部门审批后执行。

公共就业服务机构可以按照就业专项资金管理相关规定，依法申请公共就业服务专项扶持经费。

公共就业服务机构接受社会各界提供的捐赠和资助，按照国家有关法律法规管理和使用。

公共就业服务机构为用人单位提供的服务，应当规范管理，严格控制服务收费。确需收费的，具体项目由省级劳动保障行政部门会同相关部门规定。

第三十八条　公共就业服务机构不得从事经营性活动。

公共就业服务机构举办的招聘会，不得向劳动者收取费用。

第三十九条　各级残疾人联合会所属的残疾人就业服务机构是公共就业服务机构的组成部分，负责为残疾劳动者提供相关就业服务，并经劳动保障行政部门委托，承担残疾劳动者的就业登记、失业登记工作。

第五章　就业援助

第四十条　公共就业服务机构应当制定专门的就业援助计划，对就业援助对象实施优先扶持和重点帮助。

本规定所称就业援助对象包括就业困难人员和零就业家庭。就业困难对象是指因身体状况、技能水平、家庭因素、失去土地等原因难以实现就业，以及连续失业一定时间仍未能实现就业的人员。零就业家庭是指法定劳动年龄内的家庭人员均处于失业状况的城市居民家庭。

对援助对象的认定办法，由省级劳动保障行政部门依据当地人民政府规定的就业援助对象范围制定。

第四十一条　就业困难人员和零就业家庭可以向所在地街道、社区公共就业服务机构申请就业援助。经街道、社区公共就业服务机构确认属实的，纳入就业援助范围。

第四十二条　公共就业服务机构应当建立就业困难人员帮扶制度，通过落实各项就业扶持政策、提供就业岗位信息、组织技能培训等有针对性的就业服务和公益性岗位援助，对就业困难人员实施优先扶持和重点帮助。

在公益性岗位上安置的就业困难人员，按照国家规定给予岗位补贴。

第四十三条　公共就业服务机构应当建立零就业家庭即时岗位援助制度，通过拓宽公益性岗位范围，开发各类就业岗位等措施，及时向零就业家庭中的失业人员提供适当的就业岗位，确保零就业家庭至少有一人实现就业。

第四十四条　街道、社区公共就业服务机构应当对辖区内就业援助对象进行登记，建立专门台账，实行就业援助对象动态管理和援助责任制度，提供及时、有效的就业援助。

第六章　职业中介服务

第四十五条　县级以上劳动保障行政部门应当加强对职业中介机构的管理，鼓励其提高服务质量，发挥其在促进就业中的作用。

本规定所称职业中介机构，是指由法人、其他组织和公民个人举办，为用人单位招用人员和劳动者求职提供中介服务以及其他相关服务的经营性组织。

政府部门不得举办或者与他人联合举办经营性的职业中介机构。

第四十六条　从事职业中介活动，应当遵循合法、诚实信用、公平、公开的原则。

禁止任何组织或者个人利用职业中介活动侵害劳动者和用人单位的合法权益。

第四十七条　职业中介实行行政许可制度。设立职业中介机构或其他机构开展职业中介活动，须经劳动保障行政部门批准，并获得职业中介许可证。

经批准获得职业中介许可证的职业中介机构，应当持许可证向工商行政管理部门办理登记。

未经依法许可和登记的机构，不得从事职业中介活动。

职业中介许可证由劳动和社会保障部统一印制并免费发放。

第四十八条　设立职业中介机构应当具备下列条件：

（一）有明确的机构章程和管理制度；

（二）有开展业务必备的固定场所、办公设施和一定数额的开办资金；

（三）有一定数量具备相应职业资格的专职工作人员；

（四）法律、法规规定的其他条件。

第四十九条　设立职业中介机构，应当向当地县级以上劳动保障行政部门提出申请，提交下列文件：

（一）设立申请书；

（二）机构章程和管理制度草案；

（三）场所使用权证明；

（四）注册资本（金）验资报告；

（五）拟任负责人的基本情况、身份证明；

（六）具备相应职业资格的专职工作人员的相关证明；

（七）法律、法规规定的其他文件。

第五十条　劳动保障行政部门接到设立职业中介机构的申请后，应当自受理申请之日起 20 日内审理完毕。对符合条件的，应当予以批准；不予批准的，应当说明理由。

劳动保障行政部门对经批准设立的职业中介机构实行年度审验。

职业中介机构的具体设立条件、审批和年度审验程序，由省级劳动保障行政部门统一规定。

第五十一条　职业中介机构变更名称、住所、法定代表人等或者终止的，应当按照设立许可程序办理变更或者注销登记手续。

设立分支机构的，应当在征得原审批机关的书面同意后，由拟设立分支机构所在地县级以上劳动保障行政部门审批。

第五十二条　职业中介机构可以从事下列业务：

（一）为劳动者介绍用人单位；

（二）为用人单位和居民家庭推荐劳动者；

（三）开展职业指导、人力资源管理咨询服务；

（四）收集和发布职业供求信息；

（五）根据国家有关规定从事互联网职业信息服务；

（六）组织职业招聘洽谈会；

（七）经劳动保障行政部门核准的其他服务项目。

第五十三条　职业中介机构应当在服务场所明示营业执照、职业中介许可证、服务项目、收费标准、监督机关名称和监督电话等，并接受劳动保障行政部门及其他有关部门的监督检查。

第五十四条　职业中介机构应当建立服务台账，记录服务对象、服务过程、服务结果和收费情况等，并接受劳动保障行政部门的监督检查。

第五十五条　职业中介机构提供职业中介服务不成功的，应当退还向劳动者收取的中介服务费。

第五十六条　职业中介机构租用场地举办大规模职业招聘洽谈会，应当制定相应的组织实施办法和安全保卫工作方案，并向批准其设立的机关报告。

职业中介机构应当对入场招聘用人单位的主体资格真实性和招用人员简章真实性进行核实。

第五十七条　职业中介机构为特定对象提供公益性就业服务的，可以按照规定给予补贴。可以给予补贴的公益性就业服务的范围、对象、服务效果和补贴办法，由省级劳动保障行政部门会同有关部门制定。

第五十八条　禁止职业中介机构有下列行为：

（一）提供虚假就业信息；

（二）发布的就业信息中包含歧视性内容；

（三）伪造、涂改、转让职业中介许可证；

（四）为无合法证照的用人单位提供职业中介服务；

（五）介绍未满16周岁的未成年人就业；

（六）为无合法身份证件的劳动者提供职业中介服务；

（七）介绍劳动者从事法律、法规禁止从事的职业；

（八）扣押劳动者的居民身份证和其他证件，或者向劳动者收取押金；

（九）以暴力、胁迫、欺诈等方式进行职业中介活动；

（十）超出核准的业务范围经营；

（十一）其他违反法律、法规规定的行为。

第五十九条　县级以上劳动保障行政部门应当依法对经审批设立的职业中介机构开展职业中介活动进行监督指导，定期组织对其服务信用和服务质量进行评估，并将评估结果向社会公布。

县级以上劳动保障行政部门应当指导职业中介机构开展工作人员培训，提高服务质量。

县级以上劳动保障行政部门对在诚信服务、优质服务和公益性服务等方面表现突出的职业中介机构和个人，报经同级人民政府批准后，给予表彰和奖励。

第六十条　设立外商投资职业中介机构以及职业中介机构从事境外就业中介服务的，按照有关规定执行。

第七章　就业与失业管理

第六十一条　劳动保障行政部门应当建立健全就业登记制度和失业登记制度，完善就业管理和失业管理。

公共就业服务机构负责就业登记与失业登记工作，建立专门台帐，及时、准确地记录劳动者就业与失业变动情况，并做好相应统计工作。

就业登记和失业登记在各省、自治区、直辖市范围内实行统一的就业失业登记证（以下简称登记证），向劳动者免费发放，并注明可享受的相应扶持政策。

就业登记、失业登记的具体程序和登记证的样式，由省级劳动保障行政部门规定。

第六十二条　劳动者被用人单位招用的，由用人单位为劳动者办理就业登记。用人单位招用劳动者和与劳动者终止或者解除劳动关系，应当到当地公共就业服务机构备案，为劳动者办理就业登记手续。用人单位招用人员后，应当于录用之日起30日内办理登记手续；用人单位与职工终止或者解除劳动关系后，应当于15日内办理登记手续。

劳动者从事个体经营或灵活就业的，由本人在街道、乡镇公共就业服务机构办理就业登记。

就业登记的内容主要包括劳动者个人信息、就业类型、就业时间、就业单位以及订立、终止或者解除劳动合同情况等。就业登记的具体内容和所需材料由省级劳动保障行政部门规定。

公共就业服务机构应当对用人单位办理就业登记及相关手续设立专门服务窗口，简化程序，方便用人单位办理。

第六十三条　在法定劳动年龄内，有劳动能力，有就业要求，处于无业状态的城镇常住人员，可以到公共就业服务机构进行失业登记。其中，没有就业经历的城镇户籍人员，在户籍所在地登记；农村进城务工人员和其他非本地户籍人员在常住地稳定就业满6个月的，失业后可以在常住地登记。

第六十四条　劳动者进行失业登记时，须持本人身份证件和证明原身份的有关证明；有单位就业经历的，还须持与原单位终止、解除劳动关系或者解聘的证明。

登记失业人员凭登记证享受公共就业服务和就业扶持政策；其中符合条件的，按规定申领失业保险金。

登记失业人员应当定期向公共就业服务机构报告就业失业状况，积极求职，参加公共就业服务机构安排的就业培训。

第六十五条　失业登记的范围包括下列失业人员：

（一）年满16周岁，从各类学校毕业、肄业的；

（二）从企业、机关、事业单位等各类用人单位失业的；

（三）个体工商户业主或私营企业业主停业、破产停止经营的；

（四）承包土地被征用，符合当地规定条件的；

（五）军人退出现役、且未纳入国家统一安置的；

（六）刑满释放、假释、监外执行或解除劳动教养的；

（七）各地确定的其他失业人员。

第六十六条 登记失业人员出现下列情形之一的，由公共就业服务机构注销其失业登记：

（一）被用人单位录用的；

（二）从事个体经营或创办企业，并领取工商营业执照的；

（三）已从事有稳定收入的劳动，并且月收入不低于当地最低工资标准的；

（四）已享受基本养老保险待遇的；

（五）完全丧失劳动能力的；

（六）入学、服兵役、移居境外的；

（七）被判刑收监执行或被劳动教养的；

（八）终止就业要求或拒绝接受公共就业服务的；

（九）连续6个月未与公共就业服务机构联系的；

（十）已进行就业登记的其他人员或各地规定的其他情形。

第八章 罚 则

第六十七条 用人单位违反本规定第十四条第（二）、（三）项规定的，按照劳动合同法第八十四条的规定予以处罚；用人单位违反第十四条第（四）项规定的，按照国家禁止使用童工和其他有关法律、法规的规定予以处罚。用人单位违反第十四条第（一）、（五）、（六）项规定的，由劳动保障行政部门责令改正，并可处以一千元以下的罚款；对当事人造成损害的，应当承担赔偿责任。

第六十八条 用人单位违反本规定第十九条第二款规定，在国家法律、行政法规和国务院卫生行政部门规定禁止乙肝病原携带者从事的工作岗位以外招用人员时，将乙肝病毒血清学指标作为体检标准的，由劳动保障行政部门责令改正，并可处以一千元以下的罚款；对当事人造成损害的，应当承担赔偿责任。

第六十九条 违反本规定第三十八条规定，公共就业服务机构从事经营性职业中介活动向劳动者收取费用的，由劳动保障行政部门责令限期改正，将违法收取的费用退还劳动者，并对直接负责的主管人员和其他直接责任人员依法给予处分。

第七十条 违反本规定第四十七条规定，未经许可和登记，擅自从事职业中介活动的，由劳动保障行政部门或者其他主管部门按照就业促进法第六十四条规定予以处罚。

第七十一条 职业中介机构违反本规定第五十三条规定，未明示职业中介许可证、监督电话的，由劳动保障行政部门责令改正，并可处以一千元以下的罚款；未明示收费标准的，提请价格主管部门依据国家有关规定处罚；未明示营业执照的，提请工商行政管理部门依据国家有关规定处罚。

第七十二条 职业中介机构违反本规定第五十四条规定，未建立服务台账，或虽建立服务台账但未记录服务对象、服务过程、服务结果和收费情况的，由劳动保障行政部门责令改正，并可处以一千元以下的罚款。

第七十三条 职业中介机构违反本规定第五十五条规定，在职业中介服务不成功后未向劳动者退还所收取的中介服务费的，由劳动保障行政部门责令改正，并可处以一千元以下的罚款。

第七十四条 职业中介机构违反本规定第五十八条第（一）、（三）、（四）、（八）项规定的，按照就业促进法第六十五条、第六十六条规定予以处罚。违反本规定第五十八条第（五）项规定的，按照国家禁止使用童工的规定予以处罚。违反本规定第五十八条其他各项规定的，由劳动保障行政部门责令改正，没有违法所得的，可处以一万元以下的罚款；有违法所得的，可处以不超过违法所得三倍的罚款，但最高不得超过三万元；情节严重的，提请工商部门依法吊销营业执照；对当事人造成损害的，应当承担赔偿责任。

第七十五条 用人单位违反本规定第六十二条规定，未及时为劳动者办理就业登记手续的，由劳动保障行政部门责令改正，并可处以一千元以下的罚款。

第九章 附 则

第七十六条 省、自治区、直辖市劳动保障行政部门可以根据本规定制定实施细则。

第七十七条 本规定自 2008 年 1 月 1 日起施行。劳动部 1994 年 10 月 27 日颁布的《职业指导办法》、劳动和社会保障部 2000 年 12 月 8 日颁布的《劳动力市场管理规定》同时废止。

4.《关于组织开展福建省高校毕业生到农村基层从事支教、支农、支医和扶贫工作的通知》

各市、县（区）党委和人民政府，省直各单位：

为贯彻落实中共中央办公厅、国务院办公厅《关于引导和鼓励高校毕业生面向基层就业的意见》（中办发〔2005〕18 号）和中共福建省委办公厅、福建省人民政府办公厅《关于贯彻落实中共中央办公厅、国务院办公厅〈关于引导和鼓励高校毕业生面向基层就业的意见〉的通知》（闽委办[2005]75 号）精神，根据国家人事部等八部委《关于组织开展高校毕业生到农村基层从事支教、支农、支医和扶贫工作的通知》（国人部发〔2006〕16 号）和国家人事部《2006 年高校毕业生"三支一扶"计划实施方案》（国人厅发〔2006〕38 号）要求，决定组织开展我省高校毕业生到农村基层从事支教、支农（含林业、海洋与渔业，下同）、支医和扶贫工作（以下简称"三支一扶"计划）。现将有关事项通知如下：

一、指导思想

实施我省高校毕业生"三支一扶"计划，要以邓小平理论和""三个代表"重要思想为指导，全面贯彻落实中央和省委、省政府关于做好高校毕业生面向基层就业工作的一系列指示和精神，引导和鼓励高校毕业生到农村去、到基层去、到人民最需要的地方去经受锻炼，健康成长，为促进农村基层教育、农业、卫生、扶贫等社会事业的发展，建设社会主义新农村、构建社会主义和谐社会和建设海峡西岸经济区做出贡献。

二、组织领导

实施"三支一扶"计划要在各级党委、政府领导下组织开展各项工作。为保证该计划的顺利实施，经省委、省政府研究，决定成立省"三支一扶"工作领导小组和省"三支一扶"工作协调管理办公室（以下简称省"三支一扶"办），负责这项工作的规划、协调和指导工作。领导小组由省政府分管领导任组长，省委组织部、省委农办、省人事厅、省教育厅、省财政厅、省农业厅、省林业厅、省卫生厅、省海洋与渔业局、团省委为成员单位。省"三支一扶"办挂靠省人事厅，具体负责"三支一扶"计划的组织实施。省委组织部、省人事厅、省教育厅负责工作方案制订，协调整个方案的组织实施，协调高校招募动员工作和相关政策的落实；省财政厅负责安排经费预算，对经费使用进行监督管理；省委农办、省教育厅、省卫生厅、省农业厅、省林业厅、省海洋与渔业局负责指导督促检查本系统服务岗位的收集上报，落实"三支一扶"计划及相关政策，指导本系统用人单位做好实施"三支一扶"计划工作；团省委负责确定兼任乡（镇）团委副书记人选，落实好相关任职程序。各设区市、承担"三支一扶"计划任务的县（市、区）要相应成立"三支一扶"工作领导小组和工作协调管理办公室，负责本地相关工作的组织实施及材料上报等工作。

三、组织招募

按照公开招募、自愿报名、组织选拔、统一派遣的方式，从2006年开始连续5年，省里每年统一招募约500名高校毕业生，安排到享受省财政一般转移支付和财力相当于一般转移支付水平的财政困难县（市、区）的乡（镇）从事支教、支农、支医和扶贫工作，服务期限一般为2年。各市、县（区）要根据实际需要，参照省里的政策，招募一定数量的高校毕业生到本地区的乡（镇）从事支教、支农、支医和扶贫工作，具体实施方案由各市和县（区）负责制定和实施。

（一）招募对象和条件。招募对象主要为本省普通高校未就业毕业生、省外普通高校福建生源未就业毕业生，并应具备以下条件：1、政治素质好，热爱社会主义祖国，拥护党的基本路线和方针政策；2、学习成绩良好，具有相应的专业知识；3、具有敬业奉献精神，遵纪守法，作风正派；4、年龄一般不超过25周岁（研究生学历的可放宽至28周岁）；5、身体健康。

（二）招募原则和程序。招募工作应坚持"公开、平等、竞争、择优"的原则，优先考虑家庭经济困难的毕业生。省里统一招募按以下程序进行：

1. 岗位征集。从2007年起，每年三月底前，由各设区市、县（区）"三支一扶"

办按照统一格式将本地乡（镇）一级教育、农业、卫生、扶贫等基层岗位需求信息（计划安排应侧重于省扶贫开发工作重点地区等需要重点支持和扶持的地区）上报省"三支一扶"办。省"三支一扶"办对全省岗位需求信息进行收集、汇总，向全国"三支一扶"办上报，并根据全国"三支一扶"办下达的招募计划，面向全省公布招募岗位和数量。

2．组织报名。每年四月底前，省"三支一扶"办和省内普通高校通过现场、网络等方式组织招募。

3．考核。省"三支一扶"办根据下达的招募计划和实际情况，主要依托各高校对报名者进行考核，确定参加体检的高校毕业生名单。

4．组织体检。省"三支一扶"办按照全国"三支一扶"办制定的体检标准，统一指定时间和医院，对入选高校毕业生进行体检。

5．确定人选。每年五月底前，省"三支一扶"办对体检合格的毕业生进行审核，确定人选，同时组织入选毕业生填写《高校毕业生"三支一扶"计划登记表》，并将确定的"三支一扶"毕业生名单上报全国"三支一扶"办备案。

6．岗前培训。省"三支一扶"办组织"三支一扶"毕业生进行上岗前的集中培训，培训内容主要是党和国家有关基层工作特别是农业、农村、教育、卫生、扶贫等方面的方针政策、本地区基层工作的现状、拟服务单位和岗位的基本情况、乡（镇）共青团有关工作业务、基层工作安全教育等。

7．派遣报到。每年六月底前，省"三支一扶"办派遣"三支一扶"毕业生到服务单位报到，各服务单位和当地"三支一扶"办做好"三支一扶"毕业生的接收安排工作。

四、服务期间的管理

服务期间的管理坚持服务单位所在乡（镇）党委、政府管理为主，坚持"谁用人、谁受益、谁负责"和培养与使用并重的原则。各级"三支一扶"办及有关部门要高度重视，切实做好"三支一扶"毕业生服务期间的管理服务工作。

（一）户口、档案、组织关系管理。参加"三支一扶"的毕业生离校时，可根据本人意愿将户口迁往服务单位所在地或家庭户籍所在地或服务单位所在的市、县（区）人才中介机构，迁入地公安机关凭毕业生报到证、毕业证书、户口迁移证及"三支一扶"有关证明为其办理落户手续。人事档案统一转至服务县（市、区）"三支一扶"办，由服务县（市、区）"三支一扶"办委托政府所属人才中介机构统一管理。党团组织关系转至服务单位；对服务期间积极要求入党的，由乡（镇）一级党组织按规定程序办理。服务期满，户口、档案和组织关系根据就业地转迁。

（二）日常管理。服务单位要负责为"三支一扶"毕业生安排工作岗位，提供必要的生活条件，承担其日常管理工作，并根据工作需要积极为其提供业务培训机会。县（市、区）委组织部、团委要根据实际需要在接收"三支一扶"毕业生的乡（镇）

择优选拔 1-2 名条件适宜的毕业生兼任乡（镇）团委副书记，并负责协调落实相关任职程序。领导小组成员单位及"三支一扶"办要引导并教育"三支一扶"毕业生遵纪守法，服从分配，虚心学习，联系群众，自觉遵守服务单位的各项规章制度，接受服务单位的管理，充分运用掌握的知识和技能为基层群众服务。

（三）考核管理。县级政府人事部门负责"三支一扶"毕业生年度考核和服务期满考核工作，凡兼任乡（镇）团委副书记的毕业生，由团县（市、区）委会同乡（镇）党委负责考核其担任团干部期间的工作情况，并将考核材料汇总报送县级政府人事部门，考核情况存入本人档案，并报省"三支一扶"办公室备案。服务期满考核合格的，经省"三支一扶"办公室审核，颁发由人事部统一印制的《高校毕业生到农村基层服务证书》，作为服务期满后享受相关就业优惠政策的依据。"三支一扶"毕业生应按照规定期限完成服务工作，由于身体状况等特殊原因不能继续服务的，须经省"三支一扶"办批准，并履行有关手续。

（四）经费保障。"三支一扶"计划服务期间给予毕业生的生活补贴、交通补贴、保险等费用由各级财政安排专项经费予以解决。到省里统一组织的享受省财政一般转移支付和财力相当于一般转移支付水平的财政困难县（市、区）服务的毕业生的每人每月生活补贴、交通补贴和体检、培训、人身意外伤害保险、住院医疗保险等费用以及省"三支一扶"办所需工作经费由省财政安排专项经费支付；人身意外伤害保险、住院医疗保险按省"三支一扶"办统一确定的保险公司、险种和保额办理。到其他县（市、区）服务人员的生活补贴、交通补贴、体检、培训、人身意外伤害保险、住院医疗保险等费用由各市、县（区）财政原则上按 1∶1 比例安排专项经费支付。生活补贴和交通补贴按经费来源，分别由各级"三支一扶"办为"三支一扶"毕业生办理银行卡，直接发到个人。各市、县（区）财政分别安排一定经费作为本级"三支一扶"办工作经费。同级政府对参加"三支一扶"计划毕业生提供免费公共服务的人才中介和职业中介机构，给予适当经费补助。

（五）"三支一扶"毕业生服务期满后自主择业，也可以申请延长服务期限；考核合格的，参加全省公务员录用考试、事业单位公开招聘工作人员考试、报考研究生和自主创业可享受相关优惠政策。

（六）对服务期满表现突出、考核优秀的毕业生，省有关部门将予以表彰。

五、政策支持

各级组织、农办、人事、教育、财政、农业、林业、卫生、海洋与渔业、团委等部门要积极制定优惠政策，采取切实有效措施，鼓励高校毕业生参加"三支一扶"计划。"三支一扶"毕业生，可享受以下政策待遇：

（一）服务期间享受每人每月不低于 800 元的生活补贴，并按月发放。其中到享受省财政一般转移支付和财力相当于一般转移支付水平的财政困难县（市、区）服务的生活补贴为 800 元，同时，享受每人每年 300 元的人身意外伤害保险、住院医疗保险和每人每年200元的交通补贴。到其他县（市、区）服务的由各设区市、县（市、区）确定其生活补贴、交通补贴和人身意外伤害保险、住院医疗保险标准，但不得低于省里统一确定的标准。

（二）服务期满考核合格的，符合报考条件，在服务期满后三年内报考省内普通高校硕士研究生，初试总分加10分；在同等条件下招生单位优先录取。各高校出台的政策如优惠于此政策则参照高校政策执行。对于已被录取为研究生的应届高校毕业生参加"三支一扶"的，学校应为其保留学籍至服务期满。

（三）国有企事业单位新增专业技术人员、管理人员时，同等条件下应优先考虑接收服务期满的"三支一扶"毕业生。事业单位招考工作人员时，服务期满考核合格的"三支一扶"毕业生报考省、设区市事业单位的，笔试总分加3分，报考服务县（市、区）、乡（镇）事业单位的，笔试总分加5分。对于服务期满考核合格并愿意继续留在服务单位的，在服务单位新增工作人员时，可免于参加统一招考，直接办理就业手续。各级人事部门要根据实际需要，组织专门面向"三支一扶"服务期满考核合格毕业生（包括参加"一村一社区一名大学生计划"、"志愿服务欠发达地区计划"、"志愿服务西部计划"等其他相关项目服务期满二年以上的毕业生）的事业单位招聘考试。

（四）服务期满后考核合格的，三年内报考公务员，可按有两年以上基层工作经验的条件，也可不受应届毕业生身份限制。全省公务员招考中，面向有两年以上基层工作经历的高校毕业生的比例不低于三分之一；"三支一扶"服务期满考核合格毕业生报考省、设区市公务员的，笔试总分加3分；报考服务县（市、区）、乡（镇）公务员的，笔试总分加5分。公务员主管部门要根据岗位的实际需要，组织专门的公务员考试，面向参加"三支一扶"计划服务期满考核合格的毕业生（包括参加"一村一社区一名大学生计划"、"志愿服务欠发达地区计划"、"志愿服务西部计划"等国家和地方项目服务期满二年以上的毕业生）招收。

（五）各级人事部门及其所属人才服务机构要为"三支一扶"毕业生建立专门的人才库，广泛收集各类用人单位的岗位需求信息，动员各类用人单位接收"三支一扶"毕业生，有针对性地提供就业指导和推荐，采取多种形式，开辟多种渠道，积极为其就业创造条件，帮助其落实就业单位。

（六）服务期满自主创业的，可享受行政事业性收费减免、小额贷款担保等有关政策。从事个体经营的，除国家限制的行业外，自工商行政管理部门登记注册之日起3年内免缴登记类、管理类和证照类的各项行政事业性收费。开业有贷款需求的，可享受小额担保贷款相关扶持政策。

（七）实行贫困生助学贷款国家代偿政策。到享受省财政转移支付和财力相当于一般转移支付水平的财政困难县（市、区）所辖乡（镇）参加"三支一扶"的毕业生，其在校期间的国家助学贷款本息，由服务县（市、区）财政按每年2000元代为偿还。各高校要根据自身特点，结合实际制定鼓励和引导毕业生参加"三支一扶"等基层就业项目的具体措施，也可以奖学金等方式支持毕业生参加"三支一扶"服务和为困难毕业生偿还助学贷款。

（八）进入机关和国有企事业单位的，其服务期限，计算为工龄，是教学人员的，计算为教龄；由接收单位按照所任职务比照同等条件人员确定其工资标准；在今后晋升中高级专业技术职务时，同等条件下优先评聘。

六、工作要求

实施高校毕业生"三支一扶"计划是一项系统工程，涉及面广，政策性强，协调量大。各地各有关部门要增强政治意识、责任意识和大局意识，加强协调，密切配合，相互支持，狠抓落实，采取切实有效的措施，把"三支一扶"实施方案的各项要求落到实处。

（一）要加强工作领导机构和工作机制的建设，明晰职责，精心组织，加强沟通，及时分析工作中出现的新情况、新问题，研究提出解决问题的办法和思路，把这项工作涉及的各项政策和措施落到实处。各设区市可根据本地实际，进一步制定实施细则，加大政策扶持力度，探索更加有效、便捷的实施和管理办法。为便于管理，有关县（市、区）对参加"三支一扶"计划的毕业生可适当集中安排工作岗位，切实把参加这一计划的毕业生引导好、使用好、管理好，确保计划的顺利实施。

（二）要制定和完善有关工作制度，明确各级"三支一扶"办、服务单位和"三支一扶"大学生三方主体的权利和义务。工作制度要细致全面，涵盖服务期间的补贴发放、日常管理、安全保障、年度考核、服务要求以及服务期满的离岗交接、享受政策等事项。

（三）各级"三支一扶"办和省内高校要充分利用各类媒体发布项目计划招募信息，确保每一个高校毕业生及时了解；要努力在社会和校园中营造良好舆论氛围，形成投身基层大有作为的积极导向，在毕业生中进一步唱响"到农村去，到基层去，到人民最需要的地方去"的时代强音；引导毕业生自觉选择到基层、到艰苦环境中锻炼成才，同人民紧密结合，为祖国奉献青春。

（四）要关心爱护"三支一扶"毕业生，建立定期联系制度，深入了解其上岗服务情况，及时协助解决其工作和生活上出现的问题，要重视对他们的教育培养。对在基层做出突出贡献的"三支一扶"毕业生，要通过各种新闻媒体，广泛宣传其典型事迹，适时予以表彰鼓励。

中共福建省委办公厅
福建省人民政府办公厅
2006年9月13日

5. 关于选聘高校毕业生到村任职工作的意见（试行）

为加强农村基层组织建设，培养有知识、有文化的新农村建设带头人；培养具有坚定理想信念和奉献精神，对人民群众有深厚感情的党政干部后备人才，形成来自基层和生产一线的党政干部培养链；引导高校毕业生转变就业观念，面向基层就业创业，到经济社会发展最需要的地方施展才华，为建设社会主义新农村、实现全面建设小康社会宏伟目标提供人才支持和组织保证，决定在全国范围内开展选聘高校毕业生到村任职工作。现就做好这项工作提出如下意见：

一、选聘数量和名额分配

选聘高校毕业生到村任职工作从 2008 年开始，连续选聘 5 年。选聘数量为 10 万名，每年选聘 2 万名。各省（区、市）和新疆生产建设兵团的选聘名额，由各地结合实际提出选聘计划，报中央组织部统筹研究后具体下达。

二、选聘对象、条件和程序

选聘对象为 30 岁以下应届和往届毕业的全日制普通高校专科以上学历的毕业生，重点是应届毕业和毕业 1 至 2 年的本科生、研究生，原则上为中共党员（含预备党员），非中共党员的优秀团干部、优秀学生干部也可选聘。选聘的基本条件是：（1）思想政治素质好，作风踏实，吃苦耐劳，组织纪律观念强。（2）学习成绩良好，具备一定的组织协调能力。（3）自愿到农村基层工作。（4）身体健康。

参加人力资源和社会保障部、团中央等部门组织的到农村基层服务的"三支一扶"、"志愿服务西部计划"等活动期满的高校毕业生，本人自愿且具备选聘条件的，经组织推荐可作为选聘对象。对于各省（区、市）此前已经选聘到村任职的高校毕业生，本人自愿，通过组织考察推荐，可转为选聘对象。

选聘工作要坚持公开、平等、竞争、择优和德才兼备的原则，一般通过个人报名、资格审查、组织考察、体检、公示、决定聘用、培训上岗等程序进行。

三、选聘任职

选聘的高校毕业生是中共正式党员的，一般安排担任村党组织书记助理职务；是中共预备党员或非中共党员的，一般安排担任村委会主任助理职务；是共青团员的，可安排兼任村团组织书记、副书记职务。经过一段时间的实际工作、被大多数党员和群众认可的，可通过推荐参加选举担任村党组织书记、副书记等职务。

四、待遇和保障政策

选聘到村任职的高校毕业生，享受以下政策待遇。
（1）比照本地乡镇从高校毕业生中新录用公务员试用期满后工资收入水平确定

工作、生活补贴标准，在艰苦边远地区工作的，按规定发放艰苦边远地区津贴，补贴、津贴按月发放；参加养老社会保险。

（2）在村任职期间，办理医疗、人身意外伤害商业保险。

（3）符合国家助学贷款代偿政策规定、聘期考核合格的，其在校期间的国家助学贷款本息由国家代为偿还。

（4）在村任职 2 年以上，具备"选调生"条件和资格的，经组织推荐，可参加选调生统一招考。

（5）在村任职 2 年后报考党政机关公务员的，享受放宽报名条件、增加分数等优惠政策，同等条件下优先录用。县乡机关公务员应重点从选聘到村任职的高校毕业生中招录。

（6）聘期工作表现良好、考核合格的，报考研究生享受增加分数等优惠政策，在同等条件下优先录取。

（7）被党政机关或企事业单位正式录用（聘用）后，在村任职工作时间可计算工龄、社会保险缴费年限。

（8）到西部和艰苦地区农村任职的，户口可留在现户籍所在地。

各地可根据《关于引导和鼓励高校毕业生面向基层就业的意见》（中办发[2005] 18 号）精神和上述政策规定，结合本地实际，细化选聘高校毕业生到村任职工作的有关规定。

五、管理及服务

（1）选聘到村任职的高校毕业生为"村级组织特设岗位"人员，系非公务员身份，工作管理及考核比照公务员的有关规定进行，由乡镇党委、政府负责；人事档案由县委组织部门管理或县级人事部门所属人才服务机构免费代理，党团关系转至所在村。工作期间，县级组织人事部门与高校毕业生签订聘任合同，合同中要明确各自遵守的条文。

（2）选聘的高校毕业生在村工作期限一般为 2—3 年。工作期满后，经组织考核合格、本人自愿的，可继续聘任。不再续聘的，引导和鼓励其就业、创业。

（3）要组织开展到村任职高校毕业生的岗前培训和岗位培训，内容主要是农村工作的基本知识和有关政策规定，也可组织他们到本地先进村进行短期考察见习，掌握做好农村基层工作的基本方法。

（4）乡镇党委、政府要安排好选聘到村任职高校毕业生的食宿及日常生活，为他们开展工作创造条件、提供方便。到村任职的高校毕业生可安排住在村级组织活动场所。

（5）选聘到村任职的高校毕业生聘用期间必须在村里工作，乡镇以上机关及其他单位均不得借调使用。

六、财政补贴

对选聘到村任职的高校毕业生给予一定补贴。补贴主要用于到村任职高校毕业生的工作、生活补助和享受保障待遇应缴纳的相关费用等。补贴资金由中央财政和地方财政共同承担。中央财政补贴西部地区的费用按人均每年 1.5 万元的标准拨付，补贴中部地区的费用按人均每年 1 万元的标准拨付，补贴东部地区的费用按人均每年 0.5 万元的标准拨付。不足部分由地方财政承担。

对选聘到村任职的高校毕业生，中央财政按人均 2000 元的标准发放一次性安置费。

中央财政补贴资金通过财政部门下拨各地。

七、组织实施

选聘高校毕业生到村任职工作的宏观指导由中央组织部牵头，会同中农办、教育部、公安部、民政部、财政部、人力资源和社会保障部、农业部、国家林业局、国务院扶贫办、团中央共同组织开展。各地的选聘工作由省（区、市）党委、政府组织人事部门负责组织，要重点把好选聘"入口"关、抓好政策待遇的落实、搞好服务保障工作，切实为选聘到村任职高校毕业生干事创业、发挥作用创造良好的环境和条件。各省（区、市）可根据本《意见》精神，结合本地实际，制定《选聘高校毕业生到村任职工作实施细则》。各级各有关部门要注重做好宣传动员工作，为高校毕业生到村任职营造良好的舆论氛围。要坚持高校毕业生自觉自愿的原则，不硬性分配，不追求数量，确保质量，讲求实效。各地实施的情况报中央组织部备案。

各地可结合选聘高校毕业生到村任职工作，有计划地选派省、市、县机关年轻干部到村任职或挂职。对选派下村的干部也应给予适当补贴。各地在做好选聘高校毕业生到村任职工作的同时，要加强对农村现有人才的培养和使用，充分发挥农村高校和中等职业学校毕业生、复退军人、回乡务工经商人员等在建设社会主义新农村中的作用；要进一步建立健全本地农村基层干部的激励保障机制，逐步提高村干部的报酬待遇，逐步建立和完善村干部养老保险、医疗保险、离职补偿等制度，逐步解除他们的后顾之忧，进一步调动他们的工作积极性。

各省（区、市）在做好选聘高校毕业生到村任职工作的同时，要继续鼓励和引导大学生志愿服务西部和基层，参加支农、支教、支医和扶贫等工作，充分发挥他们在推进社会主义新农村建设中的作用。

中共中央组织部办公厅
2008 年 4 月 11 日印发

后　　记

赵麟斌

春华秋实，厚积薄发。掩卷间，心潮难平，欲语还休，几多思虑，几多未寐。然每念当下高校学子就业创业之艰难时，频添惆怅，且感慨系之，欲索取解困之计，恐难尽绵薄之力。

《朱子家训》曰，"宜未雨而绸缪，勿临渴而掘井"。是故，少年，以博学审问慎思明辨笃行为本分；师者，以传道授业解惑为己任。唯此，方长少年之智、之才、之志。亦如饮冰室主人所言，少年智则国智，少年富则国富，少年强则国强，少年独立则国独立，少年自由则国自由，少年进步则国进步，少年雄于地球，则国雄于地球。若无此心，何堪为少年，怎堪为就业，更何况创业？

吾辈不揣才陋，忝列师者，冒昧以窥天地之灵气，诚如李时珍《本草纲目》云：窥天地之奥而达造化之极。一语激起五体之气，万不敢奢谈天下先，然不为世上后，尽平生之力，多行善建，以益少年，更益就业，期冀创业，此亦犹造七级浮屠。

竹林聚首，灯下探赜，少许的斑驳，无语的期待。蓦然间，集诸君之智，顺约者之意，挑灯夜战，戮力合作，终有《大学生职业生涯规划与就业指导》再版。参众名录，现列于下，权当念记。

我任主编，李秋斌、洪建设、陈一收任副主编，具体分工为：再版在原有版本编撰基础上，由福建师范大学陈一收、吴贤军、黄志斌、简伟雄分别对第一至二章、第三至六章、第七至八章、第九至十一章进行修改。洪建设负责统稿，最后由我审阅定稿。

拙作编撰中，《资治通鉴》有云，"鉴前世之兴衰，考当今之得失"，故多借鉴，多荟萃，多融汇，集众家之长，撷方家菁华，诸君所赐由衷之意难以言表。

再版仍需感谢中共福建省委组织部副部长、福建省公务员局局长丛远东为本书第一版而欣然作序，彼赞誉之情付诸笔颖，恐本人深愧之心难以自容。我的博士生洪建设、陈一收、黄志斌、吴贤军和硕士生简伟雄为本书的版本恪尽职守，尽心尽力。北京大学出版社姚成龙主任与卢英华编辑亦为之挥汗，且多费心，诚挚至之，不胜感激。

班门弄斧之虑，实多不宜之处，若见粗糙，请君雅正，则幸莫大焉。

辛卯年仲夏于己得斋

参 考 文 献

[1] 陈刚，彭建华. 大学生就业与创业[M]. 杭州：浙江大学出版社，2005.
[2] 赵云芬，李荣华. 大学生就业与创业指导[M]. 北京：中国农业大学出版社，2004.
[3] 冯建力，宁焰. 就业教育基础[M]. 北京：科学出版社，2005.
[4] 秦自强，王刚. 大学生就业指导新编[M]. 北京：北京大学出版社，2004.
[5] 赵居礼. 大学生就业与创业指导教程[M]. 北京：机械工业出版社，2001.
[6] 刘新玲. 大学生就业导航[M]. 厦门：厦门大学出版社，2000.
[7] 张文勇，马树强. 大学生职业规划与就业指导[M]. 北京：科学出版社，2006.
[8] 邓长青，李斌成，王燕. 大学生就业指导概论[M]. 武汉：华中科技大学出版社，2005.
[9] 王国贞，李福清. 大学生就业指导[M]. 北京：知识产权出版社，2005.
[10] 高桥. 大学生就业指导[M]. 北京：清华大学出版社，2006.
[11] 唐晓林. 大学生就业生涯规划与就业指导[M]. 北京：中国言实出版社，2006.
[12] 许明. 激发你的梦想—大学生就业指导[M]. 北京：清华大学出版社，2006.
[13] 唐金士. 大学生就业与创业指导[M]. 南京：东南大学出版社，2006.
[14] 林永和. 毕业生就业指导[M]. 北京：经济管理出版社，2006.
[15] 吴雅杰. 大学生"回炉"折射就业市场供求矛盾[J]. 中国劳动保障，2007.
[16] 张建军. 基于劳动力市场分割理论透视大学生就业市场[J]. 思想理论教育，2007.
[17] 梁志敏. 解读大学生就业"市场失灵"问题[J]. 财经界，2007.
[18] 雷振海. 当前就业市场环境分析及建议[J]. 集团经济研究，2007.
[19] 张爱玲. 浅析大学生就业市场的不规范行为及对策分析[J]. 牡丹江大学学报，2007.
[20] 景深，闻青. 找工作保工作的秘密[M]. 北京：中国轻工业出版社，2005.
[21] 宿礼春，邢群麟. 世界500强面试成功[M]. 北京：中国和平出版社，2006.
[22] 田光哲，马成功. 求职简历100种[M]. 北京：石油大学出版社，2002.
[23] 范小龙. 求职指南—成功面试100问[M]. 北京：海潮出版社，2003.
[24] 姜纳新. 大学生就业指导[M]. 北京：中国传媒出版社，2006.
[25] 徐升，王建新. 人才测评[M]. 北京：企业管理出版社，2000.
[26] 〔美〕安德娅•克伊著，周慕宇等译. 让你找到理想工作的技巧[M]. 成都：四川大学出版社，2001.
[27] 胡修池，刘紫婷. 当代大学生就业指导[M]. 郑州：郑州大学出版社，2003.
[28] 董文强，谭初春. 大学生就业指导[M]. 西安：西北工业大学出版社，2004.
[29] 胡文娟等. 大学生就业指导[M]. 济南：济南出版社，2005.
[30] 许安标. 中华人民共和国公务员法释义[M]. 北京：人民出版社，2005.
[31] 全国高等教育学生信息咨询与与就业指导中心组. 大学生就业指导（第三版）[M]. 北京：高等教育出版社，2001.
[32] 晨曦. 大学生求职面试与口才技巧[M]. 北京：中国物资出版社，2000.
[33] 赵卫东. 学生就业指导与创新模式案例实务全书. 北京：中科多媒体电子出版社，2003.

[34] 谭一平. 职道—赢在起步的60个细节[M]. 北京：中国商业出版社，2005.

[35] 《求职必胜》专家编写组. 求职必胜—通向职场的桥梁[M]. 北京：北京大学音像出版社，2005.

[36] 黄希庭等. 当代中国大学生心理特点与教育[M]. 上海：上海教育出版社，2002.

[37] 陶亦亦. 大学生择业教育读本[M]. 苏州：苏州大学出版社，2004.

[38] 吴薇. 就业指导[M]. 上海：华东师范大学出版社，2006.

[39] 罗开元. 大学生就业简论[M]. 北京：中国人民公安大学出版社，2004.

[40] 陈核来. 大学毕业生就业指南[M]. 长沙：国防科技大学出版社，2003.

[41] 张智勇，边慧敏. 大学生就业指导[M]. 成都：西南财经大学出版社，2003.

[42] 张玲玲，张芝萍. 大学生就业指导[M]. 北京：科学出版社，2004.

[43] 贾德民，张金刚. 大学生就业指导教程[M]. 天津：天津社会科学出版社，2002.

[44] 杨河清. 职业生涯规划与择业[M]. 北京：中国劳动社会保障出版社，2005.

[45] 杜映梅. 职业生涯管理[M]. 北京：中国发展出版社，2006.

[46] 周文霞. 职业生涯管理[M]. 上海：复旦大学出版社，2004.

[47] 张桂树. 职业分类介绍[M]. 浙江：浙江教育出版社，1991.

[48] 王兆明. 职业生涯规划[M]. 江苏：苏州大学出版社，2005.

[49] 李光辉. 职业道德与职业指导[M]. 重庆：重庆大学出版社，2002.

[50] 赵莉莉. 职业道德[M]. 大连：东北财经大学出版社，2002.

[51] 张洪霖. 职业学教程[M]. 北京：北京工业大学出版社，2007.